스케일의 법칙

THE VOLTAGE EFFECT

스케일의 법칙

존 리스트 지음 · **이경식** 옮김

작은 아이디어를 빅 비즈니스로 만드는
5가지 절대 법칙

리더스북

재미있으면서 현명하고, 실용적이면서 심오한 책이 과연 세상에 몇 권이나 될까? 존 리스트는 경제학자이자 과학자이며 마술사이기도 하다. 그는 세상을 바꾸고 있다. 그리고 이 책을 통해 그 방법을 더 많은 이들에게 전하고 있다. 이 책은 내가 읽은 최고의 경제학 서적이며, 행동경제학의 최신 고전이다!

캐스 선스타인 · 하버드대학교 로스쿨 교수, 『넛지』 공동저자

이 책은 스케일에 대해 다룬 단연 최고의 책이다. 최신 연구에 기반을 두고 있으며, 매우 실용적이고 훌륭하다. 세상을 바꾸는 일에 관심이 있거나 자기 인생에서 보다 더 나은 결정을 내리고 싶다면, 이 책을 읽어라. 이 책은 바로 당신을 위한 것이다.

앤절라 더크워스 · 펜실베이니아대학교 심리학과 교수, 『그릿』 저자

왜 그토록 많은 유망한 해결책들이 제대로 효과를 달성하지 못하는지 궁금해한 적이 있는가? 그렇다면 다른 책은 볼 필요가 없다. 이 책은 인간 행동의 온갖 비합리적인 모습이 어떤 식으로 우리의 아이디어를 성공이나 실패의 길로 이끄는지 보여주는 대작이다.

스티븐 레빗 · 시카고대학교 경제학과 교수, 『괴짜 경제학』 공동저자

세계 유수의 학자들이나 다보스 포럼에서 나온 아이디어들은 종종 실패한다. 왜냐하면 그들이 다뤄야 하는 문제의 정치적, 역사적 본질이나 이러한 문제가 내제된 사회 현실을 제대로 이해하지 못하기 때문이다. 이 책은 사회적 이익을 위한 좋은 정책을 어떻게 대규모로 적용시킬 수 있는지, 그리고 그 과정에서 나타날 수 있는 예측 가능한 실수를 막을 아주 독창적인 틀을 제시한다. 정책이나 전략을 고민하는 사람들에게 이 책은 필독서다.

대런 애쓰모글루 · MIT 경제학과 교수, 『국가는 왜 실패하는가』 공동저자

존 리스트의 현장실험은 혁명적이다!

게리 베커 · 노벨경제학상 수상자

이 책은 성공을 원하는 야심가들을 위한 도구 상자다. 실리콘밸리의 스타트업에서부터 아프리카의 비영리단체에 이르기까지, 다양한 환경과 상황에 놓인 사람들이 어떻게 규모 확장에 성공하거나 실패하는지를 낱낱이 보여준다. 존 리스트가 수행한 수많은 현장실험을 통해 검증된 탄탄한 원칙과 조언이 이 한 권에 모두 담겨있다. 이 책과 함께라면 어떤 아이디어라도 그 잠재력을 최대한 발

휘할 수 있을 것이다.

스콧 쿡 · 인튜이트(Intuit) 공동 설립자

존 리스트는 유쾌하고도 명쾌하며 사려 깊은 작가다. 그의 책은 크게 성장한 기업과 실패한 기업의 이야기를 상세하게 다루는데, 그것이 매우 설득력 있다.

월 스트리트 저널

나는 해결하고 싶은 브랜딩 문제가 생기면 언제나 사람들의 마음 속에서 찾아본다. 사람의 마음은 수많은 착각들로 이루어져 있다. 그래서 착각을 알 수 없다면 마음도 알 수 없다. 이 책은 사업 역시 마찬가지라는 것을 알게 해준다. 저자는 자신의 경제학 지식과 우버에서의 경험을 바탕으로 사업 성패를 가르는 착각을 파고든다. 자기 일을 객관적으로 볼 수 있게 해준다. 나는 이런 이야기를 좋아한다. 많이 공감하고 또 배웠다. 이 책은 나 말고도 새로운 아이디어로 사업 성장을 준비하는 분들에게 통찰과 구체적인 지침을 줄 것이다.

장인성 · ㈜우아한형제들 CBO, 『마케터의 일』 저자

"당신의 아이디어는 스케일러블scalable(확장 가능)한가?" 구글에서 16년 간 일하면서 가장 많이 듣는 단어 중 하나가 바로 '스케일scale'이다. 구글은 전 세계 수십억 명의 사용자에게 검색을 비롯해 유튜브, 구글플레이, 크롬, 지메일 등의 서비스를 제공하고 있다. 그러니 특정 언어나 특정 지역 사용자들만이 아닌 전 세계 누구에게나 유용하게 사용될 수 있도록 제품의 규모 확장성을 고민하는 일은 어쩌면 당연할 것이다. 그러면 구글이 그동안 런칭했던 모든 제품이 다 규모 확장에 성공했을까? 규모 확장성은 구글뿐만 아니라 수많은 기업이 안고 있는 과제이기도 하다.

이 책은 제품의 규모 확장에 관한 문제뿐만 아니라 조직 내에서 크고 작은 의사결정을 내려야 하는 경우, 그리고 개인의 인생과 커리어에 있어 중대한 갈림길에 선 사람들에게도 중요한 지침을 제공해준다. 다양한 사례와 실험을 통해 비즈니스부터 삶의 문제에 이르기까지 놀랍도록 실질적인 도움과 인사이트를 선사한다. 더 많은 이들에게 이 책을 권하고 싶다.

정김경숙 · 구글 글로벌 커뮤니케이션 디렉터,
『계속 가봅시다 남는 게 체력인데』 저자

세상을 변화시키는
유일한 방법은 규모 확장이다

우버에서 일하려는 계획은 애초에 없었다. 그런 생각은 단 한 번도 하지 않았다. 2016년 여름, 나는 내 경력과 관련해서 야심 찬 몇 가지 프로젝트들 가운데 하나를 진행하느라 무척 바빴다. 그때를 기점으로 6년 전, 나는 시카고대학 경제학과 교수로 재직하면서 강의를 했고 동시에 3~5세 유아를 대상으로 하는 유치원 교육과정을 운영하는 팀을 이끌었다. 이 유치원이 내게는 사실상 살아 있는 연구실이나 다름없었다. 거창한 과학적 연구를 수행하겠다는 계획을 세웠던 것은 절대 아니다. 게다가 나는 교육 분야의 훈련을 따로 받지도 않았다. 다섯 아이들을 키우는 과정에서 이것저것 조금씩 배우긴 했지만 그것이 전문적인 유아교육 지식이라고 할 수는 없었다.

그러나 '야생' 환경에 놓인 사람들을 관찰하는 작업만큼은 30년이 넘는 세월 동안 내가 줄곧 해오던 일이다. 유치원에서 아이들은 특별한 말이나 행동을 언제 어떻게 할지 모른다. 아이들은 언제나 놀라운 모습을 보여준다. 이런 아이들로 가득 찬 유치원을 운영하는 일은 내가 해오던 작업만큼이나 야생적이다. 비록 전혀 다른 방식으로 야생적이긴 하지만 말이다.

많은 사람이 경제학의 여러 원칙이 오로지 돈에 관련된 것이거나, 자본의 흐름과 관련된 것이라고 믿는다. 의외로 이렇게 믿는 사람이 많지만 꼭 그렇지는 않다. 나는 경제학자지만 내가 하는 일에는 재무 관련 데이터를 분석한다거나 주식시장의 동향을 예측하는 등의 작업은 포함되지 않는다. 내가 탐구하는 분야는 행동경제학 현장연구이기 때문이다. 구체적으로 말하면 사람들이 살아가는 실제 세상으로 들어가서, 그들이 날마다 하는 크고 작은 의사결정 뒤에 숨어 있는 동기를 연구하는 일을 한다. 그런데 대개 이 동기들은 놀랍기 짝이 없다.

톰 아마디오Tom Amadio를 비롯해서 시카고하이츠Chicago Heights 학군의 여러 교육 관계자들도 바로 이런 이유로 내게 프로젝트를 제안했다. 그들은 내가 사람들에게 모든 종류의 긍정적인 행동을 하도록 장려하는 여러 가지 실험을 했었다는 사실을 알고 있었다. 교사와 학생에게 동기를 부여함으로써 학생의 성적을 올릴 방법이 있지 않을까 궁금해했고, 그렇게 해서 우리는 만났다.

시카고하이츠는 시카고 남부에서 자동차로 30분 정도 가야 하는 곳에 있으며 약 3만 명 정도의 인구가 살고 있다. 다른 곳에 비해 상대적으로 뒤처진 곳이다. 약탈 위험 때문에 판자로 문을 가린 상점이 대다수이며, 폭력 범죄가 미국의 다른 지역에 비해서 특이할 정도로 많다. 현재 마을 인구의 4분의 1 이상이 빈곤선(육체적 능률을 유지하는 데 필요한 최소한의 생활 수준-옮긴이) 이하로 살고 있다. 이 비율은 내가 처음 시카고하이츠를 방문하던 당시의 주 전체 평균인 13퍼센트와 비교하면 거의 두 배 수준이다.

이처럼 경제적으로 열악한 조건은 거기 사는 아이들에게 당연히 불리하게 작용할 수밖에 없다. 이런 지역의 경우 고등학교 졸업률은 낮고, 많은 고등학생이 읽기와 수학에서 3등급이나 4등급 수준에 머문다. 그 바람에 이 아이들은 미래의 수많은 기회를 박탈당한다. 고등학교 졸업장 없이 살아가는 인생은 고학력을 지닌 사람들이 살아가는 세상과는 전혀 다르다.

시카고하이츠 학군의 교육 관계자들이 제안한 프로젝트는 이런 추세를 올바른 방향으로 바로잡으려는 것이었고, 나는 그 프로젝트에 참여하고 싶었다. 2008년 초, 『괴짜 경제학』의 저자로 유명한 경제학자 스티븐 레빗Steven Levitt과 당시 내 박사과정 학생이던 샐리 새도프Sally Sadoff와 함께 팀을 꾸렸다. '케네스와 앤 그리핀 재단Kenneth and Anne Griffin Foundation'의 아낌없는 지원 덕분에 우리는 시카고하이츠고등학교 학생 및 교사와 함께 실험을 진행할 수 있었다.

예상한 대로 우리가 개입하자 학생들의 성적은 좋아졌다. 그러나 우리가 기대한 만큼 결과가 극적이지는 않았다. 고등학생이 대상이었고, 그 아이들의 발달 과정에서 결정적인 시기에 개입한 게 아니었기 때문에 성과가 제한적일 수밖에 없다고 결론을 내렸다. 발달 과정의 결정적인 시기에 개입했다면 그 아이들의 삶의 궤적을 바꿀 수도 있었을 터였다. 하지만 우리의 개입 시기가 늦어 아이들의 잠재력이 온전하게 발휘되지 못했다. 우리 프로젝트의 대상은 고등학생이었으니 그때 이미 아이들의 잠재력은 꽤 많이 소멸되고 없던 상태였다. 다시 말해 애초에 학생 집단 선정이 잘못되었던 것이다. 문제를 온전하게 해결하려면 학생 집단 선정부터 올바로 해야 했다.

우리는 유아교육 및 발달을 주제로 다루는 실험연구실을 겸한 유치원 설립을 제안했다. 다시 한번 천사 기부자인 그리핀재단에서 무려 1,000만 달러를 지원받았고, 시카고하이츠유아센터Chicago Heights Early Childhood Center, CHECC가 드디어 탄생했다.

2010년 봄, 시카고하이츠에서 진행하던 우리의 작업은 다음 단계로 접어들었다. 경제적 불평등이 학업 성취도에 미치는 영향을 연구하며 당시 하버드대학의 스타로 떠오르던 연구자 롤런드 프라이어Roland Fryer와 내 박사 후 과정 학생이던 안야 사메크Anya Samek도 합류했다. 2010년부터 2014년까지 우리 유치원에는 해마다 1,500명의 유치원생이 새로 들어왔다.

우리의 교육학 실험은 4년 동안 진행되었고 이 실험의 기본적인 토대는 우리가 개발한 커리큘럼이었다. 이 커리큘럼은 사회화와 능동적 경청 그리고 지연된 만족감 등과 같이 인생의 나중 단게, 즉 나이가 든 후 성공에 영향을 미치는 중요한 비인지적 기술들을 강조하는 것이었다. 우리는 이 커리큘럼을 '마음의 도구Tools of the Mind'라고 불렀다.

이 연구 프로젝트에는 결정적으로 중요한 요소가 또 하나 있었다. 바로 '학부모 아카데미Parent Academy'라는 새로운 프로그램이었다. 우리는 이 프로그램을 만들어서 부모가 자녀의 조기교육 개발에 우리가 설정한 특정한 방식으로 참여하도록 동기를 부여했다. 4년이 지난 뒤 애초 계획한 대로 그 유치원은 문을 닫았다.

그러나 그 후로도 우리 유치원에 다녔던 아이들의 데이터를 계속 수집했다. 이런 데이터 수집 작업은 앞으로도 수십 년 동안 계속할 계획이다. 이렇게 하는 이유는 두 집단을 비교하려는 분명한 목적이 있기 때문이다. 한 집단은 일반적인 커리큘럼을 기반으로 유치원 교육을 받았으며, 부모가 '학부모 아카데미'를 통해서 행동상의 넛지nudge(강압하지 않고 부드러운 개입으로 사람들이 더 좋은 선택을 할 수 있도록 유도하는 방법을 일컫는 용어-옮긴이)를 받지 않았던 아이들이다. 다른 집단은 시카고하이츠유아센터에서 교육을 받았던 아이들이다. 이 두 집단의 행동과 학업 성적을 비교하는 것은 큰 의미가 있다.

우리는 시카고하이츠 아이들의 장기적인 결과를 개선할 가설 하나를 마련했다. 이 가설을 실험하기 위한 연구를 설계했고, 그때까지의 결과를 모아서 분석까지 마친 상태였다. 그 결과는 무척이나 인상적이었다. '우리' 아이들은 매우 잘하고 있었고 또 발달 과정에서도 큰 보폭으로 성큼성큼 성장해나갔다. 이 연구에서 도출한 핵심적인 특성들을 우리가 수행했던 다른 연구 결과들과 결합해서 미국의 다른 지역사회 혹은 해외에서 활용될 새로운 커리큘럼 모델을 만들고 싶었다. 이것이 우리의 궁극적인 목표였다.

그런 와중에 우버의 채용 담당자가 전화 연락을 해왔다. 새로 만든 직제인 최고경제책임자chief economist 자리에 나를 채용하고 싶다며 면접을 보자고 했다. 나는 그 제안을 곧바로 거절했다. 내 인생에서 책임져야 할 것들이 이미 버거울 정도로 많고 무거워서 다른 데 눈을 돌릴 여유가 없었다. 시카고하이츠 연구만으로도 너무 바빴다. 게다가 재혼을 앞둔 터라 여덟 명의 아이와 양가 부모님을 보살펴야 했다.

하지만 그 이유 때문만은 아니었다. 사실 우버의 제안이 어쩐지 뜬금없게 느껴졌다. 내가 몸담은 유아교육 분야의 연구 내용이 실리콘밸리의 승차공유업체가 세계 제패를 꿈꾸는 것과 무슨 관련이 있단 말인가? 그러나 곰곰이 생각해보니 그게 아니었다. 내 연구 프로젝트와 우버가 하나의 핵심 목표를 갖고 있음을 깨달았다. 규모, 바로 '규모를 확장하는 것' 말이다.

기업가들과 함께 시간을 보낸 적이 있는 사람이라면 '스케일scale'이라는 말을 자주 들었을 것이다. 또한 기업계에서 스케일은 회사를 성장시키는 과정을 가리키는 꽤 인기 있는 유행어라는 것도 알 것이다. 스케일, 즉 규모를 확장하는 일은 그저 그런 허접스러운 스타트업 영역에서만의 관심사가 아니다. 단순히 사용자를 더 많이 끌어모으거나 시장점유율을 조금 더 높이는 차원의 문제가 아니라는 뜻이다.

규모 확장을 보다 넓은 의미로 규정하면 다음과 같다. 고객이나 학생, 혹은 시민으로 구성된 소집단에서 비롯된 어떤 아이디어를 그보다 훨씬 더 큰 집단에 적용했을 때도 원하는 결과를 얻는다는 뜻이다.

내게는 다른 정책 입안자들과 함께 작업하면서 보냈던 시간과 연구를 통해서 개인적으로 확신을 갖게 된 신념이 하나 있다. 인간의 삶에 중요한 영향을 미치는 잠재력을 가진 아이디어만이 추구할 가치가 있는 아이디어라는 믿음이다. 어떤 아이디어가 보다 폭넓은 영향력을 행사하도록 바꾸려면 그 아이디어를 한층 더 큰 규모로 재현해야 한다.

중요한 아이디어를 제시하고 기업의 규모를 확장해야 하는 작업의 긴급함은 우리에게 날마다 영향을 준다. 그 규모 확장 과정이 공동체의 건강과 안전을 보호하는 것이든 기업의 생존력을 높이는 것이든 상관없다. 혹은 내가 시카고하이츠 주변의 다른 학군들과 같은 모델을 구축함으로써 미래 세대의 교육 환경과 기회를 개선하고, 이것이 언젠가 전 세계가 실행할 수 있는 모델로 자리를 잡는 것이든 간에 말이다.

규모 확장은 모든 사회적·기술적 진보의 토대다. 세상을 바꾸는 혁신은 많은 사람에게 영향을 주기 때문이다. 어떤 사회 운동에서든 새로운 의학적 발명이 미치는 영향만큼 커다란 영향을 미칠 수 있으려면 반드시 규모 확장이 필요하다. 그러나 규모 확장의 과정은 단순하지 않다. 그 과정의 모든 단계마다 함정이 놓여 있기 때문이다. 어떤 아이디어의 씨앗을 심는 순간부터 시작해서 해당 프로젝트를 진행하고, 나아가 그 프로젝트를 여러 차례 반복해서 성공한 뒤에도 여전히 함정은 도사리고 있다.

그러나 2016년이 되어서야 나는 어떤 비밀 하나가 시카고하이츠에 숨겨져 있음을 깨달았다. 그것도 눈에 훤히 잘 보이는 곳에 말이다. 4년이라는 시간 동안 아이들의 교육 결과 개선을 목표로 삼았던 내 연구는 한편으론 규모 확장에 관한 연구이기도 했다. 즉, 왜 규모 확장이 때로는 효과가 있고 때로는 효과가 없을까 하는 의문을 탐구하는 과정이었다. 내가 우버에 관심을 갖게 된 것도 이런 이유 때문이다. 전 세계 70개국이 넘는 곳으로 빠르게 확장해서 1억 명 가까운 고객에게 서비스를 제공하는 우버에서 일을 해본다면, 다른 분야나 영역에도 적용할 만한 새로운 통찰을 얻을 수 있지 않을까 생각했다.

게다가 우버가 많은 데이터를 갖고 있음을 알았다. 나 같은 경제학자에게 빅데이터는 단지 밥벌이를 위한 수단만은 아니다. 빅데이터는 내가 직업적인 전문성을 발휘할 수 있는 분야였다. 우버는 심지어 사용자가 시민권을 갖고 있는지 어떤지, 뒷좌석의 남녀 고객이 어느 쪽에 앉는지, 우버 운전자들 사이의 친목 네트워크가 어떤지까지 추적한다는 소문도 있었다.

나는 학문적 연구로 전환될 수 있는 그 모든 정보 속에 규모 확장에 대한 어떤 비밀들이 숨겨져 있을지도 모른다고 생각했다. 그러자 우버에서 일한다는 것이 연구자로서도 특이할 게 없다는 생각에 이르렀다. 게다가 나는 도전을 좋아한다. 우버는 이미 몇몇 다른 경제학자들을 만나 면접을 했지만 자기들이 판단하기에는 적임자가 없었다고 내게 은근히 경고하기도 했다. 때문에 우버가 원하는 조건을 충족시켜 내가 그 자리를 차지할 것이라 자신할 수도 없었다. 이런 상황에서 나는 채용 면접을 하기 위해 비행기를 타고, 시카고에서 대륙을 가로질러 태평양 연안의 샌프란시스코로 갔다.

당시 우버의 글로벌 본사는 마켓스트리트의 날렵한 근육질 빌딩에 있었다. 나는 그 건물로 들어선 다음 곧장 엘리베이터를 타고 올라가서 면접장으로 들어갔다. 그때 우버의 중앙 공동사무실 기둥들에 붙어 있던 문구가 눈에 들어왔다. "데이터는 우리의 DNA다." 그때까지 나는 데이터를 향한 존경심은 오로지 학문을 연구하는 대학교에만 존재한다고 생각했다.

'내가 죽어서 천국에 온 것일까? 이곳 사람들이 사용하는 말은 분명 내가 사용하는 말과 똑같은데… 어떻게 된 거지?' 우버에서는 평균적인 회사보다 더 많은 과학이 진행되고 있었다. 그 사실을 나는 곧바로 알아차렸다.

이어서 면접이 시작됐고 나는 잔뜩 긴장했다. 임원 다섯 명이 면접관으로 나와 있었다. 내가 프레젠테이션을 하는 동안 그 자리에 있던 면접관들 중 한 명이 계속 말을 끊으며 질문했다. 그는 티셔츠와 청바지 차림이었고, 옆머리에 새치가 드러나기 시작했지만 젊어 보이는 남자였다. 그리고 몇 분 뒤에야 그 남자가 우버의 창업자인 39세의 트래비스 캘러닉Travis Kalanick임을 알아차렸다.

트래비스는 그때까지 내가 만난 사람 중 가장 자신감이 넘쳤다. 사실 그럴 만도 했다. 자기 아이디어를 믿지 못하는 사람이라면, 무엇보다도 자기의 본능을 확신하지 못하는 사람이라면 어떻게 전 세계 도시의 교통수단을 바꿀 수 있었겠는가! 또 단 7년 만에 시가총액 660억 달러의 기업을 일굴 수 있었겠는가! 그는 분명 매력적인 인물이었다.

하지만 그는, 내가 나름대로 철저하게 준비한 파워포인트 슬라이드를 넘길 때마다 딴지를 걸며 물고 늘어졌다. 손실 회피loss aversion를 주제로 진행했던 여러 가지 연구에 대해 이야기할 때는 그의 딴지가 더 심했다(손실 회피는 행동경제학자들이 가장 좋아하는 개념인데, 손실은 의사결정의 강력한 동기부여가 된다). 트래비스는 아무것도 모른 채 무방비 상태로 있는 먹잇감을 금방이라도 덮치려는 사자처럼 회의실 뒷공간을 서성거렸다. 그러고는 2분 간격으로 내 말을 끊고 질문을 해댔다. 나보다 앞서 면접을 봤다는 경제학자들이 면접을 통과하지 못한 이유가 무엇이었는지 짐작하고도 남았다.

"그건 말이 안 되는데요?"

내가 중국의 한 공장에서 진행했던 실험을 설명할 때 그가 했던 말이다. 그래서 그의 판단이 틀렸음을 말하고 그 이유를 설명했다. 나는 다음 슬라이드로 넘어가서 또 다른 실험을 설명하기 시작했다. 그는 회의실 뒷공간을 왔다 갔다 하더니 또다시 내 말을 끊었다. 나는 그의 판단이 왜 틀렸는지 다시 설명했다. 이런 식으로 우리는 45분 동안이나 그 작고 귀여운 '밀당'을 했다. 그는 부지런히 딴지를 걸었고 나는 부지런히 방어했다. 우리 둘 다 물러서지 않았다. 그런 밀당 끝에 마침내 면접이 끝났다. 나는 면접관들과 일일이 악수하고 회의실에서 나왔다.

'그것 참, 괜히 시간만 낭비했네.'

그렇게 생각하면서 로비로 걸어 나갔다. 그런데 엘리베이터 안으로 막 발을 들어놓으려던 순간 면접관 한 명이 헐레벌떡 뛰어오며 나를 불렀다.

"잠깐만요, 축하합니다! 우리는 당신을 채용하고 싶습니다."

그리고 며칠 뒤에 나는 우버의 최고경제책임자 임기를 시작했다. 내게는 전혀 다른 두 개의 세계가 만나는 날이었다. 경제 분야에서 쌓은 오랜 학문적 경력과 21세기 초고속 사업에서의 내 새로운 경력이 하나로 엮이는 순간이었다. 이 두 세계의 융합은 데이터를 활용해서 아이디어가 실제 현실에서 얼마나 잘 살아남을 수 있을지 평가하는 방법에 대한 연구를 촉진할 것이다. 뿐만 아니라 데이터를 사용해서 그 아이디어가 기하급수적으로 더 많은 사람에게 제공되도록 그 아이디어의 규모를 확장하는 방법을 알려줄 것이다. 나아가 그 방법에 대한 나의 이해도를 한층 심화시킬 것이다. 나는 우버에서 과학의 적용 규모를 어떻게 하면 확장할 수 있는지, 그 방법론을 연구할 수 있었다. 한마디로 말해 우버는 내 새로운 실험실이나 마찬가지였다.

시카고하이츠유아센터 설립은 놀라운 아이디어였고 우버도 마찬가지였다. 수없이 많은 다른 영역에 수없이 많은 다른 아이디어들이 존재한다. 하지만 좋은 아이디어 혹은 위대한 아이디어라고 해도 거기에 담긴 모든 잠재력이 현실에서 실현될 수는 없다. 그건 결코 당연한 일이 아니다. 사실 모든 위대한 아이디어의 공통점은 성공이 보장되지 않는다는 점이다.

의료 분야의 혁신이든 제품의 혁신이든 기술의 혁신이든 정부가 추진하는 프로그램이든 혹은 어떤 기업이든 간에, 초기의 전망이 실현되어 보다 폭넓은 영향력을 행사하는 데까지 나아가려면 단 하나의 요건이 필요하다. 그것은 바로 강력하고 지속 가능한 방식으로 규모를 확장하는 능력인 '확장성scalability'이다.

간단히 말하자면 '오로지 규모 확장을 통해서만 세상을 바꿀 수 있다'는 뜻이다.

◆──── 성공과 실패를 가르는 전압 효과

'규모 확장'은 우리에게 필요한 것이 보편적으로 응용될 수 있는 명확하게 정의된 어떤 방법이다. 그럼에도 모호한 설명이나 야망 때문에 너무 자주 사용되는 대중적이지만 부정확한 용어가 되고 말았다.

번창하는 어떤 중소기업이 언제 더 많은 지점을 개설할 준비가 되었다고 판단할 수 있을까? 기술 스타트업의 경우 올바른 제품이나 시장을 확보했음을 스스로 어떻게 알아볼 수 있을까? 정책 입안자들에게 공중보건 시범 프로젝트가 전국적으로 성공할 것이라는 시그널은 어떤 것일까? 사회의 변화를 추구하는 풀뿌리 운동은 어떤 과정을 거쳐서 전국적인 운동으로 성장할까? 어떤 기업의 문화가 흐려지고 훼손되는 이유는 무엇일까? 그리고 꿈을 향해 전력투구하는 모든 사람이 안고 있는 가장 기본적인 질문은 '어떻게 하면 내가 가진 아이디어를 키울 수 있을까?'다.

내가 하는 일과 이 책에 담긴 모든 내용은 이처럼 포괄적인 의미에서의 규모 확장에 관한 것이다. 따라서 영리를 추구하는 기업과 공익을 추구하는 공공정책, 그리고 이 양극단의 스펙트럼 위에 놓이는 모든 것을 다룬다. 그 각각의 영역에서, 작은 것에서 큰 것으로 나아가는 것은 중요한 도전과제인 동시에 중요한 기회다.

나는 경제 분야에서 30년을 일했다. 그 덕분에 이런 질문들에 체계적으로 대답할 수 있는 독특하고도 과학적인 관점을 가질 수 있다. 내가 박사 학위 과정을 마쳤던 1990년대 중반에 사회과학은, 특히 경제학은 신뢰성 혁명credibility revolution을 겪고 있었다. 당시 이 분야는 대부분 이론과 계산 모델들을 주로 다루었다. 하지만 이런 연구는 실제 현실에 나타나는 현상을 설득력 있게 설명하는 연구로 전환되지 못했다. 그렇게 될 수밖에 없었던 가장 큰 이유는 대부분의 조언 뒤에 있던 증거가 실제 인간 행동을 토대로 한 인과적인 데이터에서 도출된 결론이 아니라, 가설적 이론이나 상관성을 토대로 했기 때문이다. 이것이 바로 내 전문 분야인 현장 작업이 시작된 지점이다.

경제학에 대한 내 관심은 고등학교 때부터 해오던 행동에서 비롯됐다. 그 행동은 야구 카드를 사고파는 것이었다(야구 카드에는 앞면과 뒷면에 각각 선수의 사진과 정보가 담겨 있으며, 해당 선수의 성적이 좋으면 사람들 사이에서 매매되는 가격이 올라간다-옮긴이). 1980년대 후반부터 나는 지역 야구 카드의 미시경제학을 연구했는데 그 분야는 그야말로 신기하고 멋진 또 하나의 세상이었다. 살아 숨 쉬는 그 시장을 분석하면서 나는 그 세상을 내 실험실로 바라봤고, 곧이어 그 시장의 과학적인 데이터를 본격적으로 수집하기 시작했다.

현실 세계에서 어떤 결정을 하는 사람들을 연구한 덕분에 원인과 결과에 대한 믿을 만한 결론에 도달할 수 있었다. 더 나아가 사람들과 그들이 하는 행동의 동기를 더 잘 이해할 수 있었다. 내 관심의 폭은 무한하게 넓었다. 어떻게 하면 시장이 조금이라도 더 효율적으로 운영될 수 있을까 하는 따분한 주제도 내 관심 분야다. 또 사람들이 왜 인종 차별적인 행동을 하는가처럼 매우 심각한 사회 문제도 내 관심 분야다. 나중에는 관심의 폭을 더욱 넓혀서 다양한 사람들 및 인구 집단에 걸쳐 무수하게 많은 행동을 연구하기 시작했다. 이 연구를 하면서 전 세계를 돌아다녔다. 플로리다 중심부에서 코스타리카로 또 아프리카와 아시아로 그리고 마지막에는 시카고로 가서 연구를 진행했다.

때로 내 연구는 성별과 관련된 기존의 상식을 뒤엎었다. 여성은 남성보다 천성적으로 덜 경쟁적이라는 가설이 당연한 것으로 받아들여졌지만, 사실 여성의 그런 특성은 사회적으로 길들여진 특성임을 밝혀낸 연구가 대표적인 예다.[1] 자선 모금에 대한 기존의 상식도 뒤엎었다.[2] 자선 모금을 할 때는 기부자에게 꾸준하게 연락을 취하기보다는 이번 한 번만 도와주면 다시는 손을 벌리지 않겠다고 약속할 때 더 효과적이었다. 단기적으로뿐만 아니라 장기적으로도 더 많은 돈을 모을 수 있다. 또 동기부여에 대한 기존의 상식, 즉 '이미 확보한 보상을 잃는 것에 대한 두려움은 미래에 받을 수 있는 보상에 대한 약속보다 더 강력한 동기부여가 된다'는 것도 뒤집었다.[3]

나는 이런 방향으로 학문적인 업적을 쌓고 영역을 넓혀가는 데 만족했다. 그러나 내 경력은 예상하지 못한 전환점을 맞았다. 2002년에 조지 부시 행정부의 경제수석으로 와달라는 제안을 받은 것이다. 정치적 견해나 부시 대통령과 그의 행정부가 자초한 모든 비판을 제쳐두고 말하자면, 부시 행정부가 옳았음에도 제대로 인정받지 못한 점이 한 가지 있다. 그것은 철저하게 증거를 토대로 하는 정책을 펼치는 데 중점을 뒀다는 점이다.

물론 대량 살상무기에 관한 것은 예외다. 거기에 대해서는 확실히 정보가 부족했다. 부시 행정부는 이라크의 후세인 정권이 대량 살상무기를 갖고 있다는 이유로 이라크를 침공했지만 대량 살상무기는 애초 없었던 것으로 판명됐다. 내가 백악관에서 일한 시점은 그 추악한 일이 벌어지기 전이었으며 나는 그 일에 전혀 관여하지 않았다는 사실만큼은 분명하게 말해두고 싶다.

부시 행정부는 의사결정을 이끌어낼 연구를 원했다. 지금 시점에서 생각해보면, 그것은 과학과 정부라는 두 영역이 맺는 관계에서 일종의 분수령인 셈이었다. 나는 연방정부에서 시행한 정책과 프로그램에 대한 비용편익분석을 연구하는 팀의 일원이 됐다. 비용편익분석은 투자나 정책 등의 의사결정을 할 때 비용과 편익을 따져 여러 대안 중 최적의 대안을 선정하는 기법이다. 이처럼 내가 하는 일은 다양한 분야로 범위를 넓혀나갔다.

예컨대 이런 일들이었다. 콜린 파월 국무부 장관과 그의 후임인 콘돌리자 국가안보보좌관에게 국경 통제 강화에 따른 경제 분야 효과에 대해서 조언한다거나, 당시 상원의원이던 힐러리 클린턴 팀과 협력해서 '깨끗한 하늘법Clear Skies Act(1963년에 제정된 대기정화법을 수정해 2002년 제정된 법률인데 환경단체들은 기존의 법률보다 후퇴했다고 비판했다-옮긴이)' 제정을 위한 경매를 설계하는 것 등이었다.

그 모든 것을 하나로 연결하는 핵심 고리가 있었다. 그것은 바로 '규모 확장'이었다. 즉, 어떻게 하면 가장 많은 사람에게 가장 긍정적인 영향을 가장 효과적으로 줄 수 있는 정책을 설계할 수 있을까 하는 문제였다. 비록 그 당시에는 그 문제들을 내가 온전하게 꿰뚫지 못했지만 말이다.

아무런 정보도 없는 상태에서 정책이 만들어지는 터무니없는 경우가 너무도 많았다. 실제 현실에 적용될 때 비용 대비 효과가 과연 얼마나 될지 거의 고려하지 않은 채 정책을 제안하고 투표하고 의결했다. 불행하게도 이런 실수는 실제 현실에 심각한 결과를 초래한다. 소수만이 해당 정책의 혜택을 받는 사회적 불평등에서부터 꼭 필요한 제도나 서비스에 투입되어야 할 예산을 삭감함으로써 발생하는 막대한 예산 낭비에 이르기까지 부정적인 결과가 미치는 영향력은 광범위하다.

물론 한 사람의 아이디어가 갖는 규모 확장의 가능성 평가를 게을리할 때 정책 결정이나 정부 차원을 넘어서는 많은 분야에서 비슷한 결과가 나타날 수 있다. 내가 직접 목격한 사례 하나를 함께 살펴보자(사례 속 인물 이름은 모두 가명이다).[4] 2000년대 초에 중서부 지역의 한 작은 학군은 수십 년 동안 유치원생이 초등학교에 입학하기 전에 갖추어야 할 학습 준비 문제로 어려움을 겪어왔다. 담당자들은 그들이 할 수 있는 모든 시도를 다 했지만 아무런 성과도 없다고 느꼈다. 그리고 그 학군의 책임자 그레타는 도무지 어떻게 해야 할지 몰랐다. 그런데 학교위원회의 새로운 위원이던 메이슨이라는 사람이 나섰다. 메이슨은 조기교육학의 헌신적인 추종자였다. 그는 최근 다른 학군들에서 놀라운 성과를 거둔 새로운 프로그램의 보고서를 읽었다. 그 보고서는 동료평가를 거친 학계 전문가들의 것이었는데, 새로운 프로그램이 몇몇 학습 준비 지표를 크게 높여준다고 보고했다. 그해 학교위원회 마지막 회의에서 다른 사람들이 한숨만 쉬고 있을 때 메이슨이 자신만만하게 말했다.

"우리가 안고 있는 문제를 단번에 해결할 묘책을 발견했습니다. 비용 대비 효과가 거의 무한대가 될 수도 있습니다. 정말 대단한 겁니다."

학교위원회는 메이슨이 제안한 그 프로그램을 즉각 채택하기로 의결했다. 그것은 과연 탁월한 결정이었을까?

그해 가을, 그 학군은 새로운 프로그램을 '실험적인 신제품 발표 experimental rollout' 형식으로 조심스럽게 도입했다. 그리고 기가 막히게 좋은 새로운 커리큘럼의 이점을 지역사회에 확실하게 보여주었다. 그레타와 메이슨은 그 프로그램이 성공할 것이라 확신했고, 두 사람은 본인들이 참석하는 공적·사적 모임에서 자신감을 드러냈다. 메이슨은 라이온스클럽의 팬케이크 조찬 모임에서 이렇게 자랑했다.

"이 학생들이 대학에 지원할 때 어떤 모습일지 두고 보세요. 우리 학군에서 최초의 하버드대학교 입학자가 나올 겁니다."

그렇게 1년이 지났고 새로운 프로그램에 대한 비용편익분석 결과가 나왔다. 인지행동 테스트 결과를 받아본 메이슨과 그레타는 충격을 받았다. 결과는 너무도 실망스러웠다. 그 프로그램은 '모든 문제를 단번에 해결할 묘책'은커녕 비용 대비 효과가 오히려 마이너스였다. 의기소침해진 메이슨은 혼잣말로 중얼거렸다.

"이번에는 과학이 틀렸나 보네."

문제는 과학이 아니었다. 그 프로그램이 문제였다. 그 프로그램의 규모가 확장되지 않았던 것이 문제의 핵심이었다. 안타까운 사실이지만 그레타와 메이슨의 이야기는 깜짝 놀랄 정도로 흔한 이야기다.

다른 예들을 살펴보자. 한 제약회사가 연구실에서 획기적인 수면제를 개발했지만, 그 약은 무작위 대조시험에서 애초의 기대치에 부응하지 못했다. 미국 태평양 연안 지역에 있던 한 작은 회사가 어떤 제품을 성공적으로 출시한 다음에 이 제품의 유통을 확장했다. 그런데 이 제품은 대서양 연안 지역에서는 잘 팔리지 않았다. 한 벤처캐피털회사는 새로 개발한 음식 배달 앱에 수백만 달러를 투자했다. 이 일은 사람들의 관심을 끄는 데는 성공했지만 결국 이 투자는 막대한 손실을 기록했다.

확장성은 정책과 과학에서뿐만 아니라 아이디어의 성공에서 이익을 얻고자 하는 모든 사람에게 결정적으로 중요한 요소다. 유망한 아이디어들이 규모 확장에 실패해서 무너지는 일은 너무도 자주 일어난다. 이 모든 경우가 '전압 강하voltage drop'의 사례다. 전압 강하란, 기업이 규모라는 차원에서 무너지며 긍정적인 결과가 흐지부지되고 마는 경우를 일컫는 재현 과학implementation science 분야의 용어다.[5]

전압 강하는 사람과 조직을 움직이는 잠재력의 거대한 전하電荷가 흩어질 때 나타나는 현상이다. 이때는 돈과 노력과 시간은 말할 것도 없고 희망조차 흔적도 없이 사라진다. 그런데 전압 강하는 충격적일 정도로 흔하게 일어난다. '스트레이트 토크 온 에비던스Straight Talk on Evidence(증거에 대한 솔직한 대화)'는 소프트웨어 개발에서부터 의학과 교육 그리고 그 밖의 여러 분야에 걸친 연구의 타당성을 모니터링할 목적으로 만들어진 벤처업체다. 이들에 따르면 전체

프로그램이나 프로젝트의 50~90퍼센트가 규모 확장 과정에서 전압을 잃는다.[6]

이 책은 규모 확장의 과학에 관한 것이다. 즉, 어떤 아이디어는 실패하는데 다른 아이디어는 세상을 바꾸는 이유가 무엇인지, 어떻게 하면 모든 아이디어가 성공에 이르도록 최고의 기회를 줄 수 있을지 탐구하는 데 목적이 있다. 성공과 실패는 운에 따라서 갈리는 게 아니다. 어떤 아이디어는 실패하고 어떤 아이디어는 성공하는 데는 근거와 이유가 있다. 어떤 아이디어는 예측 가능한 확장성이 있는 반면 어떤 아이디어는 예측 가능한 비확장성이 있다. 예측 가능한 확장성이 있는 아이디어를 확장하는 사람이라면 틀림없이 많은 돈을 벌고 또 세상에 긍정적인 영향을 줄 것이다.

사람들은 규모 확장이 가능한 아이디어에는 '만병통치의 묘책', 즉 반드시 알아챌 수밖에 없는 매력적인 특성이 있을 거라고 생각한다. 이런 생각은 근본적으로 틀렸다. 규모 확장 여부에 따라서 성공 가능성이 있는 아이디어와 그렇지 않은 아이디어를 구분할 수 있는 단일한 특성은 존재하지 않는다.

하지만 확장성을 가진 아이디어라면 반드시 갖고 있는 다섯 가지 특성이 있다. 이 핵심적인 특성을 나는 '다섯 가지 활력 신호^{Five Vital Signs}'라고 부른다. 굳이 이런 이름으로 부르는 것은 규모 확장 이전에 해당 아이디어의 활력 평가가 필요하기 때문이다. 이 다섯 가지 가운데 하나라도 없으면 아무리 좋은 아이디어도 규모가 확장될 수 없다. 그리고 그 어떤 기업도 전압 강하에서 완벽하게 자유로울 수 없다. 우버처럼 성공한 기업이나 미국뿐 아니라 그 어떤 선진국 정부도 마찬가지다. 그레타나 메이슨처럼 선의를 가진 공무원도 마찬가지다.

모든 조직 혹은 모든 사람이 '여기'에서 효과가 있는 것이 '저기'에서도 효과가 있을 것이라고 오해한다. 이것은 정말이지 흔하디흔한 실수다. 이 실수의 결과는 매우 심각하다. 따라서 아이디어가 떠오른 순간부터 이 아이디어를 실제로 구현하고, 성공을 거둔 이후에도 전압 강하를 예방하는 일은 결정적이라고 할 만큼 중요하다.

이 책은 전압 손실voltage loss을 다룰 뿐만 아니라 규모 확장 과정에서 전압 손실을 피하는 방법도 다룬다. 전압 효과는 양방향으로 작용한다. 규모 확장 과정에서의 전압 이득voltage gain을 조정하는 검증된 기술들에 대해서 간략한 설명을 하는 이유도 바로 여기에 있다. 구체적으로 그 기술들은 규모를 유지하게 해줄 뿐만 아니라 충격과 영향을 증폭시켜줄 인센티브의 유형들과 문화적 특성들 그리고 경제적 원리들이다.

나쁜 아이디어는 쳐내고 위대한 아이디어는 규모를 확장해서 잠재력을 최대한 발휘하게 만들고 싶은 사람들에게 구체적이며 단계적인 지침을 제공하는 것이 이 책의 궁극적인 목적이다. 이것이 내게 왜 중요한지 이유를 미리 밝힐 필요가 있을 것 같다. 나는 시카고하이츠유아센터 및 이와 비슷한 프로젝트들이 전압 테스트를 통과해서 최대한 큰 규모에서 극적인 변화가 탄생하길 바란다.

혁신적인 기업이 성공해서 우리의 삶을 한층 더 좋게 만들고 또 경제를 한층 더 튼튼하게 만들어주길 바란다. 또 정부의 정책이나 프로그램이 모든 사람에게 평등하게 혜택을 주고 납세자의 부담을 줄여주길 바란다. 위대한 아이디어들이 한층 더 큰 규모로 확장할 때 우리 모두 승자가 된다.

나는 이 책을 통해 규모 확장의 개념과 사례를 설명하고 소개하고 있다. 하지만 증거를 기반으로 하는 규모 확장의 통찰은 21세기를 살아가는 우리 모두에게 필요하다. 이 통찰은 학문적인 의문들이나 기업계의 실험들 그리고 세계에서 가장 똑똑한 사람들이 해답을 찾으려고 하는 긴급한 문제들이 융합된 산물만은 아니다.

독자들이 이 책에서 읽을 전압 이득이나 전압 손실에 대한 여러 교훈은 전체 인류가 통과하고 있는 역사적 순간, 즉 빅데이터 시대의 산물이기도 하다. 이 데이터를 어떻게 제어하고 사용할지는 우리에게 달려 있다. 그러나 한 가지 사실은 분명하다. 오늘날에는 사실상 누구나 모든 유형의 인간 행동에 대해 수집할 수 있는 방대한 데이터가 있다는 점이다. 또 이 데이터를 분석할 계산 능력도 이미 마련되어 있다. 데이터 수집과 분석이 올바르게 결합될 때 회사의 확장성을 높이려는 모든 사람이 소중한 통찰을 얻을 수 있다.

빅데이터가 너무 깊고도 방대하다는 사실에 많은 사람이 당혹해한다. 특히 정부와 기업이 시민과 고객의 데이터를 갖고서 할 수 있는 여러 가지 일들, 즉 사생활 침해를 비롯한 온갖 문제를 심각하게 걱정하는 것은 당연하다. 하지만 빅데이터가 가져다주는 혁신은 인류에게 중요한 기회이기도 하다.

예를 들어 전 세계의 온갖 사망 원인에 대한 데이터 덕분에 수백만 명, 아니 수십억 명의 수명을 늘리고 복지를 개선하는 새로운 공중보건 체계로 규모를 확장할 수 있다. 환경 문제도 마찬가지다. 빅데이터는 가정이나 기업 차원의 에너지 절약을 강화하는 데 도움을 준다.

빅데이터는 심지어 부부의 침실에도 긍정적인 충격을 준다. 예를 들어보자. 미국 여성의 약 10퍼센트가 불임 문제로 고통스러워한다.[7] 생물학적으로 배란기 추적은 여성의 몸이 언제 임신할 준비가 되었는지 알 수 있는 가장 효과적인 방법 중 하나다. 그런데 지금은 빅데이터가 중요한 출산 징후를 추적해서 여성의 임신을 돕는다. 생리 주기를 추적해 정확한 배란일과 가임기를 알려주는 앱 '오비아 퍼틸러티Ovia Fertility' 등이 대표적인 예다. 그 덕분에 비용이 많이 들고 번거로운 불임센터를 방문하지 않아도 된다. 이 모든 것들이 빅데이터를 활용한 규모 확장으로 가능해졌다.

사람이나 기업은 대부분 데이터가 자기에게 찾아오기를 기다린다. 즉, 이미 존재하는 데이터만 활용한다는 말이다. 반면 실제 세상을 연구실로 사용하는 현장실험자로서 나는 세상 속으로 들어간다. 세상 속으로 들어가서 학교, 《포춘》 선정 500대 기업, 정부, 비영리기관, 스타트업 등과 손을 잡고 데이터 뒤에 숨어 있는 '이유'를 포착하려 노력한다.

왜 특정한 조건 아래에서 어떤 사람들은 자선단체에 기부하는 데 다른 사람들은 그렇게 하지 않을까? 왜 일부 도심지 학교는 쪼그라드는데 다른 학교는 번창할까? 왜 처음에는 훨씬 더 유망하던 아이디어가 규모 확장에 실패하는 반면 그다지 유망하지 않았던 아이디어가 규모 확장에 성공할까? 우리는 데이터를 생성함으로써 전압 이득과 전압 손실을 식별할 뿐만 아니라 이런 것들이 발생하는 이유를 이해할 수 있다.

독자들은 이 책을 통해 내 오랜 연구 활동의 총체와 빅데이터의 결합을 통해 창출된 전략들을 배우게 될 것이다. 이 책은 정책 입안자들에게 증거를 기반으로 하는 정책에서 정책을 기반으로 하는 증거로 관심의 초점을 이동시킬 것을 제안한다. 또 기업가에게는 전압 효과를 통해 어떤 아이디어가 확장성이 가장 높은지 판정하는 데 지침이 될 일련의 과학적 원리를 제시한다.

◆─────── 규모 확장의 과학을 연구한 살아 있는 실험실

사람은 누구나 자기가 살아가는 삶의 과정에서 다른 사람과 공유하고 싶은 지식과 지혜를 얻는다. 이 책은 내가 30년간 경제학자로 살면서 얻은 통찰의 규모를 확장하기 위한 나의 겸손한 시도다. 당신 역시 그렇게 받아들여주길 바란다. 이런 교훈들의 핵심은 도전에서 비롯된다. 내 아내 다나 서스킨드와 내가 샌프란시스코의 우버 본사 근처에 있는 마켓스트리트의 어떤 카페에 앉아 있을 때였다. 그날 아내는 내게 새로운 시도를 해보라고 권했다. 그때까지 내가 경험했던 일들이나 학문적 성취를 바탕으로 해서 규모 확장이라는 주제의 새로운 과학을 펼쳐보라고 한 것이다.

그것은 결코 만만한 도전과제가 아니었다. 나는 어떤 도전과제에서든 물러서지 않는 사람이기에 아내의 제안을 받아들였다. 그러나 그 작업이 성공하려면 훌륭한 동반자가 반드시 몇 명 있어야 한다는 사실을 알았다. 그래서 나는 과거에 아내 다나와 내 박사과정 학생이었으며 나와는 공동저자가 되어 작업을 자주 함께했던 오마르 알-유바이들리Omar Al-Ubaydli를 동반자로 선택했다. 사실 오마르와 나는 그때까지 몇 년 동안 규모 확장 분야를 다룬 일련의 학술 논문들을 함께 썼다.

지루하기 짝이 없는 수학과 온갖 그리스 기호들 그리고 모호한 전문용어들로 가득한 논문들이었다. 이 책에서 나는 규모 확장 과학에 대한 새로운 이해를 바탕으로 학생, 기업의 임원, 비영리기관의 활동가, 연구자, 백악관의 정책 담당자, 그리고 가정주부에 이르기까지 모든 사람이 실천할 수 있도록 그 내용을 풀어냈다. 간단히 말하면, 전압 효과는 자신이 가진 아이디어나 기업의 성공 가능성을 높이고자 하는 모든 사람을 위한 것이다.

이 책은 1부와 2부로 구성되어 있다. 1부는 규모 확장이 쉽게 부서질 수 있는 개념임을 알려주는 데 집중했다. 전압 강하를 유발하고 유망한 아이디어의 도약을 가로막는 '다섯 가지 활력 신호'를 쉽게 풀어서 설명한다. 첫 번째 신호는 긍정 오류false positive다. 이것은 처음부터 전압이 전혀 없음에도 전압이 있는 것처럼 보이는 경우다. 두 번째는 자기 아이디어를 과대평가하는 것이다. 흔히 이런 과대평가는 자기 아이디어를 받아들일 사람을 알지 못하거나, 자기 아이디어를 받아들이는 소수의 집단이 일반 대중을 대표한다고 착각하는 데서 비롯된다. 이런 이유 때문에 아이디어의 규모를 확장하려고 애를 써도 많은 사람에게 미치지 못한다. 세 번째는 아이디어가 초기에 성공했지만, 이 성공이 규모가 확장될 수 없는 요소(즉, 규모 확장 과정에서 재현될 수 없는 어떤 독특한 조건들)에 의지했다는 사실을 올바로 파악하지 못하는 경우다. 네 번째는 아이디어를 구현했을 때 의도하지 않았던 결과나 파급 효과가 나타나서 애초의 아이디어에 역효과를 주는 경우다. 다섯 번째는 규모 확장이 '공급 측면의 경제학'과 관련되는 것이다. 예를 들어서 어떤 아이디어를 실행하려면 비용이 너무 많이 들어서 규모를 확장한 상태로 유지하기 어려운 경우다. 이 '다섯 가지 활력 신호'에서 장애물을 제거하고 나면, 자기 아이디어가 확장성을 가졌는지 아닌지 알 수 있다.

2부는 최대의 효과를 가져다주는 규모 확장에 필요한 실천방안을 채택해서 전압 이득을 생성하는 방법을 다룬다. 여기서는 규모 확장을 수행해서 긍정적인 결과를 강화하는 데 필요한 검증된 기술 네 가지를 자세하게 설명한다. 그 네 가지는 다음과 같다. 첫째, 손실 회피와 같은 행동경제학적 인센티브를 사용해서 신속한 이득을 창출하는 것이다. 둘째, 운영 과정에서 쉽게 놓쳐버리는 여러 기회를 활용하는 것이다. 셋째, 장기적인 차원의 성공을 위해서 단기적으로 언제 포기할지 아는 것이다. 넷째, 확장된 규모에서도 높은 전압이 지속가능할 수 있도록 설계하는 것이다.

이 과정에서 전압 효과의 교훈을 보여주는 실제 사례들을 자세하게 살펴볼 것이다. 바이오 스타트업인 테라노스Theranos의 창업자 엘리자베스 홈스Elizabeth Holmes가 투자자와 대중을 어떻게 속였는지, 유명 요리사이자 기업가였던 제이미 올리버Jamie Oliver의 요식업 제국이 왜 무너졌는지, 그리고 자동차 안전을 개선하려던 선의의 캠페인이 왜 한계점에 도달해서 역효과를 냈는지 등을 새로운 관점으로 분석하려 한다.

나는 항공사 버진애틀랜틱Virgin Atlantic이 수백만 달러를 절약하도록 도왔고, 도미니카공화국 정부가 1억 달러의 세금을 더 걷을 수 있도록 도왔다. 이런 일이 가능하도록 내가 고안했던 행동 넛지들도 소개할 것이다.

그뿐 아니다. 내가 우버에서 일하던 시절의 이야기를 통해 트래비스 캘러닉의 몰락을 바라보는 내 내면의 관점이 어떤지 알려주려 한다. 또 규모 확장의 가능성을 가진 문화를 구축하는 것과 관련해 우버의 몰락에서 배워야 할 교훈이 무엇인지도 살펴보려 한다. 아울러 내가 우버의 라이벌인 리프트로 자리를 옮긴 배경도 설명할 것이다. 나는 리프트에서 최고경제책임자로 일하며 규모 확장에 대한 또 다른 새로운 데이터 기반 통찰을 얻었다. 이 이야기들은 시험관이 있는 실험실이 아니라 실제 현실 세상인 살아 있는 내 실험실에서 나온 규모 확장 과학의 증거물들이다.

　21세기에 우리가 개인으로서 또 글로벌 공동체로서 직면하는 문제들은 인류가 지금까지 다루었던 문제들 중 가장 심각하고 또 가장 멀리까지 영향을 미치는 문제들이다. 따라서 너무 늦기 전에 그 문제들을 해결하려면 규모와 관련된 혁신이 필요하다. 당신이 어떤 회사의 설립자든, 그 회사의 임원이든, 공무원이든, 학계의 연구자든, 걱정을 한아름 안고 있는 시민이든, 혹은 누군가의 부모든 상관없다. 당신은 지역사회, 회사, 가족, 또는 사회 전반에 걸쳐 일어나는 긍정적인 변화의 규모를 한층 더 크게 확장할 수 있는 잠재력 가득한 아이디어를 분명히 갖고 있다.

　자, 이제 전압을 올려보자.

— 차례 —

1 부   규모 확장을 가로막는 5가지 신호

─①─ 긍정 오류

─②─ 과대평가

─③─ 잘못된 판단

2 부   규모 확장을 성공시키는 4가지 기술

규모 확장을 가로막는
5가지 신호

THE VOLTAGE EFFECT

─◇1◇─
긍정 오류
좋은 아이디어라는 거짓된 믿음

1986년 9월 14일, 영부인 낸시 레이건이 백악관 2층의 웨스트시팅홀 소파에 앉아 있는 모습으로 국영방송에 등장했다. 그녀는 남편인 로널드 레이건 대통령 옆에 앉아서 카메라를 응시하며 이렇게 말했다.

"오늘날 이 나라에는 마약 중독과 알코올 중독이 만연해 있으며 그 누구도 이런 것들에서 안전하지 않습니다. 여러분도 그렇고 저도 그렇습니다. 우리 아이들이 안전하지 않다는 건 분명합니다."

영부인은 지난 5년 동안 미국 젊은이들에게 마약 사용의 위험을 인식시키려 노력했다. 그리고 그날 방송은 그 모든 노력을 완성하는 절정의 순간이었다. 그녀는 레이건 대통령이 진행했던 '마약과의 전쟁'에서 예방을 담당하는 대표적 얼굴로 이미 대중에게 각인

돼 있었다. 그녀의 메시지는 수백만 명이 지금도 여전히 기억하며 구호로 사용하고 있다. 그날 저녁 방송에서 그녀는 그 구호를 다시 한번 더 사용했다. 낸시 레이건은 시청자들에게 이렇게 말했다.

"얼마 전 방문한 캘리포니아 오클랜드의 아이들에게서 이런 질문을 받았습니다. 누가 자기에게 마약을 주면 어떻게 해야 하느냐고요. 나는 이렇게 대답했습니다. '그냥 싫다고 말해라Just say no'라고요."

이 악명 높은 구호가 어디에서 가장 처음 시작되었는지 따지는 설명은 여러 가지다. 학술 논문에서 나왔다는 말도 있고, 광고 제작사가 만들었다는 말도 있다. 또 낸시 레이건이 처음 썼다는 말도 있다. 그러나 마케팅 슬로건 투의 용어를 사용하는 그 '고착성stickiness'만큼은 부인할 수 없을 정도로 강력했다.

이 문구는 광고판과 노래와 텔레비전 프로그램에 등장했다. 학교의 여러 동아리도 그 문구를 동아리 이름으로 사용했다. 그리고 정부와 법 집행 당국자들이 벌이던 레이건 시대의 마약 예방 캠페인 '마약남용저항교육Drug Abuse Resistance Education(이하 DARE)'의 소중한 상징물로 바라보던 대중의 시각과 하나로 녹아들었다.

1983년에 로스앤젤레스 경찰국장이던 대릴 게이츠Daryl Gates는 마약과의 전쟁을 수행하는 로스앤젤레스 경찰국의 접근법을 바꾸겠다고 발표했다. 마약을 소지한 아이들을 소탕하는 데서 애초에 마약이 그 아이들의 손으로 들어가지 않도록 예방하는 쪽으로 초점을 이동하겠다는 내용이었다. 이렇게 해서 검은 바탕에 붉은 글

씨로 쓴 상징적인 로고 'D.A.R.E.'가 탄생한다.

DARE, 즉 마약남용저항교육은 사회적 접종social inoculation이라는 심리학 이론을 토대로 형성된 교육 프로그램이다. 질병의 예방을 위해 역학에서 실시하는 예방접종을 인간 행동에 적용한 것이다. 이 프로그램에서는 제복을 입은 경찰관을 학교로 초청한 뒤 역할극을 비롯한 여러 교육 기법을 사용해서 아이들이 마약의 유혹에 맞서도록 했다. 이 접근법은 확실히 좋은 아이디어처럼 보였다. 이 교육 프로그램에 대한 초기 연구는 고무적인 결과를 예고했다. 정부는 대규모 예산을 편성해서 이 프로그램의 규모를 전국의 중학교와 고등학교로 확장했다. 그 후로 24년 동안 40여 개국의 4,300만 명이나 되는 청소년이 이 교육 프로그램을 이수했다.[1]

그런데 단 한 가지 문제가 있었다. DARE가 실제 현실에서는 아무 효과가 없었다는 점이다. 낸시 레이건이 미국의 젊은이들에게 누가 마약을 준다고 하면 '그냥 싫다고 말해라'라고 제안한 이후 수십 년 동안 실제로는 아이들을 설득하지 못했다. 이 사실을 수많은 연구저작물이 입증해왔다.[2] 이 교육 프로그램은 아이들에게 마약과 술에 대한 정보를 많이 제공했다. 하지만 이 아이들이 마약이나 술을 접할 기회가 생겼을 때 그 유혹을 물리치고 마약이나 술의 사용을 유의미한 수준으로 줄이는 데는 역할을 하지 못했다는 말이다. 심지어 이 교육 프로그램이 오히려 마약에 대한 아이들의 호기심을 자극해서 실제로 시도해보는 아이들이 늘어났음을 확인한 논문도 있다.[3]

DARE의 규모를 확장함으로써 발생한 전압 강하 비용은 이루 말할 수 없을 정도로 컸다. 이 프로그램은 아이들을 위해 헌신했던 수천 명의 교사 및 경찰관의 시간과 노력을 오랜 세월 낭비했다. 납세자가 낸 돈이 낭비되었음은 말할 것도 없다.

DARE의 규모를 확장하는 과정에서 이런 일이 벌어지고 만 것은 그 프로그램에 대한 전제가 근본적으로 잘못되었기 때문이다. 설상가상으로 그 프로그램은 바람직한 결과를 가져왔을지도 모를 다른 프로그램들에 투입될 지원과 자원까지도 독점하다시피 했다. DARE가 결국 재난으로 끝나고 말았던 이유는 무엇일까? 그것은 DARE가 어떤 아이디어 혹은 기업의 규모를 확장하고자 하는 모든 사람이 피해야 할 첫 번째 함정에 빠졌기 때문이다. 그 함정은 바로 긍정 오류(거짓을 참으로 잘못 판단하는 것-옮긴이)다. DARE는 긍정 오류의 함정에 빠진 매우 교과서적인 사례다.

◆──── 데이터는 종종 사실로 거짓말을 한다

긍정 오류에 대한 첫 번째 진실은 이런 오류가 '거짓말' 또는 '거짓 경보'로 보일 수 있다는 것이다. 어떤 증거나 데이터가 사실이 아닌데도 누군가 이것을 사실이라고 해석할 때 긍정 오류가 발생한다.

예를 들어보자. 헤드셋을 생산하는 중국의 첨단공장에서 정상적인 헤드셋 제품이 누군가의 실수로 불량품으로 표시돼 있다면 이것은 긍정 오류다. 재판 과정에서 배심원이 무고한 용의자에게 유죄 평결을 내릴 때도 긍정 오류가 발생한다. 긍정 오류는 의학 분야에서도 나타난다. 이는 코로나19 팬데믹 기간에 주목을 받았던 현상이기도 하다. 바이러스 검사가 실제로 감염되지 않은 환자를 감염자로 판정할 때 검사 결과는 신뢰성을 잃는다. 안타깝게도 긍정 오류는 모든 분야에서 모든 경우에 걸쳐 나타난다. 2005년에 발표된 한 연구저작에 따르면, 도난경보 전화 가운데 94~99퍼센트가 잘못된 경보이며 경찰이 받는 신고 전화 가운데 10~20퍼센트가 잘못된 것이라고 한다.[4]

DARE의 경우를 보자. 하와이 호놀룰루의 어린이 1,777명을 대상으로 한 미국 법무부 산하 국립사법연구소[National Institute of Justice, NIJ]의 1986년 보고서는 "이 프로그램의 잠재적인 예방 효과가 상당히 높다."고 평가했다.[5] 이 보고서가 나온 직후 로스앤젤레스에서 진행됐던 후속 연구도 DARE가 청소년의 약물 접근을 줄였다는 결론을 내렸다.[6] 강력하게 긍정적인 이런 결과들을 보고 학교와 경찰과 연방정부는 DARE 프로그램을 전국적으로 확대하는 조치에 동의했다. 그러나 그 후 10년에 걸쳐 이 프로그램과 관련해 알려진 모든 연구와 데이터를 살펴본 결과, DARE가 실제로는 청소년에게 의미 있는 영향을 주지 않았다는 명백한 증거를 확인했다.[7] 도대체 어떤 일이 일어났던 것일까?

이 질문에 간단하게 대답하자면, 데이터가 '거짓말'을 하는 것은 드문 일이 아니다. 예를 들어 앞서 언급한 호놀룰루 연구에서 연구자들은 자신의 데이터가 긍정 오류를 생성할 확률이 2퍼센트라고 계산했다. 그러나 그 뒤에 이어졌던 연구에 따르면, 그 연구자들이 가능성을 과소평가했거나 혹은 불행하게도 그들이 그 2퍼센트 범위 안에 갇혀 있었던 것으로 보인다. DARE에는 그 어떤 전압도 형성돼 있지 않았다.

신성한 과학의 전당에서 어떻게 이런 일이 일어날 수 있는 것일까? 첫째, 그 자료가 '거짓말을 한다'고 말할 때 내가 실제로 언급하는 것은 '통계적 오류'임을 분명히 해야 한다. 예를 들어서 특정한 모집단(즉 하와이의 어떤 단일한 도시에 사는 어린이들)에서 표본 집단을 추출할 때 그들 사이의 무작위적인 차이들이 연구자를 잘못된 결론으로 유도하는 '이상치 집단^{outlier group}'을 만들어낸다('outlier'는 '국외자'라는 뜻이지만 통계에서는 검출된 결과들 중 다른 값들에 비해 지나치게 높거나 낮은 값을 뜻한다-옮긴이). 만약 그 연구자들이 호놀룰루의 원래 어린이 집단으로 돌아가서 새로운 학생 집단을 대상으로 DARE를 평가하고 분석했다면 어땠을까? 아마도 그들은 DARE가 효과가 없다는 사실을 발견했을 것이다.

이것과 관련이 있는 추론 문제는 한 집단에서 나온 결과가 다른 집단으로 일반화되지 않는 경우다. 이에 대해서는 2장에서 자세하게 살펴볼 것이다. 불행하게도 이런 종류의 통계적 실패는 언제 어디에서나 일어난다.

DARE를 놓고 살펴보았듯이 긍정 오류에는 비싼 대가가 따른다. 잘못된 정보에 따른 의사결정으로 이어져 다른 곳에 투자되었더라면 더 나은 결과를 가져왔을 시간과 비용을 낭비하기 때문이다. 어차피 성공하지도 못할 프로젝트나 기업이 규모를 확장하는 과정에서 전압 강하를 필연적으로 겪게 되는 경우에는 특히 더 그렇다. 다른 말로 표현하면 DARE에서 그랬던 것처럼 결국 진실은 드러나게 마련이다. DARE를 비판하는 사람들이 이 교육 프로그램이 효과가 없다는 것에 대해 놀라울 정도로 많은 경험적 증거를 제시한 것처럼 말이다. 나는 기업계에 몸담고 있으면서 이런 일을 직접 목격했다.

2006년에 크라이슬러의 새로운 CEO 토머스 라소다^{Thomas LaSorda}는 파산 직전의 회사를 살리려고 안간힘을 다해 일했다. 라소다는 나와 시카고대학교 동료인 스티븐 레빗, 그리고 채드 사이버슨^{Chad Syverson}에게 손을 내밀었다. 그는 자기 회사의 수익을 높일 방법이 있을지 물었다.

우리는 라소다와 크라이슬러 임원 네 명을 시카고로 초대했다. 함께 편하게 대화를 나누던 자리에서 나온 한 가지 아이디어는 '웰니스 프로그램^{wellness program}'이었다. 웰니스는 웰빙^{wellbeing}과 건강^{fitness}을 합친 합성어로 신체적·정신적·사회적 건강이 조화를 이루는 이상적인 상태를 가리킨다. 사실 웰니스 프로그램은 시장점유율을 높이려고 분투하는 자동차회사에 권하기에는 어쩐지 이상한 제안처럼 보일 수 있다. 그러나 수익을 개선하는 노력은 판매 분야에만 국한되지 않는다.

크라이슬러는 직원들이 상습적으로 결근하는 문제를 안고 있었다. 회사는 병가를 내고 결근하는 직원을 대신할 '불펜 직원'을 유지해야 했고, 그 바람에 불필요한 돈을 낭비하고 있었다. 크라이슬러가 세계적으로 내로라하는 자동차회사라는 점만 본다면 이 비용이 사소하게 보일 수도 있다. 그러나 10퍼센트의 결근율 때문에 회사는 해마다 수백만 달러의 '불펜 직원 임금'을 지출해야 했다. 불필요한 지출은 또 있었다. 우리는 크라이슬러 스털링하이츠 공장의 불량률을 조사했다. 3년 동안 결근율을 5퍼센트 줄이자 불량품 발생 건수가 한 달에 약 500건이나 줄어들었다.

크라이슬러는 높은 결근율뿐만 아니라 높은 의료비 지출과 프리젠티즘presenteeism(질병을 앓고 있거나 업무 스트레스 및 피로 때문에 몸과 마음 상태가 좋지 않은데도 회사에 출근하는 행위-옮긴이)에도 시달리고 있었다. 여러 연구는 직원을 대상으로 하는 복리후생 프로그램이 이런 복합적인 문제들을 해결할 수 있음을 보여주었다.[8] 그래서 라소다는 행동경제학의 원리에 입각한 복리후생 프로그램의 도입이 크라이슬러에 도움이 되리라 믿었고, 나도 같은 결과를 기대했다.

스테이웰 헬스 매니지먼트Staywell Health Management는 크라이슬러의 직원 건강 및 생산성 관련 프로그램과 서비스를 제공하는 회사였다. 본격적인 실험에 앞서 이 회사는 우리와 함께 시험적인 예비연구를 하나 진행하기로 했다. 7개월 동안 진행될 이 예비연구에 우리는 '새롭고 건강한 생활ANewHealthyLife'이라는 이름을 붙였다. 크라이슬러의 31개 공장 가운데 하나를 선정해서 진행한 이 연구에서 우리는 직원들이 건강한 활동에 적극 참여하도록 유도하려고 금전적 인센티브를 동원했다. 참가자에게 돈을 지급하기로 했다는 말이다.

초기에는 결과에 대한 전망이 무척 밝았다. 이 웰니스 프로그램에 참가한 직원은 그렇지 않은 직원에 비해서 건강한 활동을 더 많이 했다. 의료비 지출이 상대적으로 줄어들었으며 결근 횟수도 상대적으로 적었다. 간단히 말해서 우리의 실험은 꽤 짧은 시간에 크라이슬러가 많은 돈을 절약할 수 있게 해주었다. 적어도 확실히 그렇게 보였다. 라소다는 매우 만족했고 나머지 30개 공장에도 이 프로그램을 진행하도록 인적자원을 투입했다.

우리 팀은 결과에 만족했다. 그러나 우리는 한층 더 신중했다. 나는 여러 해에 걸쳐서 현장연구를 했고 또 다른 사람들이 했던 연구를 검토했다. 그런데 이 과정에서 내가 저질렀던 긍정 오류 몇 가지를 확인했다. 웰니스 프로그램이 효과적이라는 증거는 단지 한 공장에 있던 단 하나의 표본에서 나온 것이므로 본격적인 연구를 하기 전에 예비연구를 한 차례 더 진행해야 한다고 나는 주장했다. 내 주장에 회사가 동의해주었다. 우리는 같은 공장 직원들 중 새로운 표본 집단을 만들어 동일한 프로그램을 실행했다.

이번에 나온 결과는 어땠을까? 첫 번째 예비연구의 결과보다 전망이 어두웠다. 웰니스 프로그램에 참가한 직원들이 그렇지 않은 직원들보다 결근율, 프리젠티즘, 건강 관련 비용 등의 결과 측정치에서 유의미할 정도로 낮다는 결과를 얻지 못했다. 첫 번째 결과는 통계 차원의 오류, 즉 긍정 오류가 아니었나 싶었다. 다른 말로 하면 첫 번째 데이터가 거짓말을 하는 것처럼 보였다.

우리는 보다 신중하고 명확한 결론을 얻기 위해 그 프로그램을 두 개의 다른 공장에서 실행했다. 그렇게 두 번이나 더 실행한 결과, 안타깝게도 우리의 웰니스 프로그램은 아무런 영향도 주지 않았다. 우리의 개입이 아무런 의미도 없었던 것이다. 이 프로그램은 최초의 시범적인 운영 데이터가 일러주었던 것만큼 효과적이지 않았다.

라소다는 실망했다. 그러나 만일 크라이슬러가 회사의 31개 공장 전체를 대상으로 그 프로그램을 실행했다면 엄청난 비용을 들이고도 의미 있는 효과를 보지 못했을 터였다. 우리의 실험이 바라던 효과를 내지 못해서 실망스럽긴 했지만, 31개 공장 전체를 대상으로 했을 때 느꼈을 실망에 비하면 훨씬 작은 것이었다. 우리는 긍정 오류를 초기에 포착함으로써 문제의 그 프로그램을 나중에 효과적인 것으로 판명된 다른 웰니스 프로그램으로 바꿀 수 있었다.

크라이슬러의 사례는 어떤 연구를 하려고 표본 집단을 선정할 때 그 집단은 단지 표본에 지나지 않음을 분명하게 알아야 한다는 것을 상기시키는 강력한 사례다. 표본은 전체 모집단을 대표하지 않을 수도 있다. 즉, 표본에서 얻은 결과가 전체 모집단의 특성과 다를 수도 있다는 말이다. 크라이슬러에서 우리가 했던 예비연구에 참여한 직원들은 해당 공장의 전체 직원을 대표하는 집단이 아니었다. 다른 30개 공장의 직원을 대표하지 않음은 말할 것도 없다. 이처럼 우리가 얻은 초기 자료는 확실한 것처럼 보였지만 그 자료는 온전한 진실을 말하지 않았다.

긍정 오류와 같은 통계적 오류들은 잘 설계된 연구에서도 얼마든지 발생할 수 있다. 이런 사실은 연구자들에게 불안감을 안겨준다. 나를 포함해서 과학을 진실의 보루로 여기는 사람들에게는 특히 더 그렇다. 그러나 민주주의에 대해 윈스턴 처칠이 했던 말을 기억해야 한다. 그는 '민주주의는 다른 모든 정부 형태를 제외하면 최악의 정부 형태'라고 했다.[9] 과학적 방법 역시 마찬가지다. 과학적 방법은 중요한 아이디어를 검증하고 다듬을 목적으로 우리가 사용하는 '나쁜 방법들 가운데서 그나마 나은' 방법이다. 물론 아이디어의 규모 확장을 가로막는 방해꾼, 다시 말해 데이터에 박혀 있는 온갖 지뢰를 피하는 방법이 있긴 하다. 이에 대해서는 조금 뒤에서 살펴볼 것이다.

통계적 오류들은 그토록 많은 분야나 영역에서 긍정 오류가 발견될 수 있는 여러 이유 중 단지 하나일 뿐이다. 또 다른 중요한 함정은 인간 정신의 깊은 곳에 숨어 있는 온갖 편향들이다.

◆──── 확증 편향, 밴드왜건 효과, 그리고 승자의 저주

1974년에 심리학자 대니얼 카너먼Daniel Kahneman과 아모스 트버스키Amos Tversky가 「불확실성 아래에서 내리는 판단: 어림짐작과 편향들「Judgment Under Uncertainty: Heuristics and Biases」이라는 학술 논문을 발표했다.[10] 아무리 좋은 아이디어라도 좋은 브랜드 없이는 유행하지 못한다는 주장에 대한 반증이 필요하다면 이 논문이 바로 그 반증이 될 수 있다. 학계에서 관심을 받으려면 우선 논문 제목이 선정적이어야 한다. 그러나 카너먼과 트버스키는 전혀 선정적이지 않은 제목의 이 논문으로 '인지 편향 연구'라는 완전히 새로운 학문 분야를 열었다. 두 사람은 기발한 실험을 동원해서 사람들이 이성적인 의사결정을 하지 못하도록 만드는 인간적인 판단의 숨은 약점들을 드러냈다.

인지 편향은 계산 과정의 오류나 잘못된 정보로 인한 이런저런 오류와는 전혀 다르다. 잘못된 정보 때문에 저지르는 실수는 그보다 더 정확한 정보를 확보하면 얼마든지 바로잡을 수 있다. 그러나 인지 편향은 다르다. 이것은 이미 뇌에 '배선돼hardwired' 있으므로 쉽게 수정되지 않는다. 정확한 정보를 마음이 잘못 해석해서 빚어지는 문제이기 때문이다. 즉, 정보의 문제가 아니라 해석의 문제다.

카너먼과 트버스키의 기념비적인 협력 이후 이 분야의 성과는 여러 권의 책으로 이어진다. 대니얼 카너먼의『생각에 관한 생각』, 댄 애리얼리Dan Ariely의『상식 밖의 경제학』, 그리고 마이클 루이스의『생각에 관한 생각 프로젝트』등이 그런 책이다. 이들이 연구한 인지 편향 중 일부는 심지어 문화적인 용어로까지 자리를 잡았다. 이런 용어들 가운데 하나가 확증 편향confirmation bias이다. 이것은 너무도 명백할 뿐 아니라 얼마든지 피할 수 있는 긍정 오류가 그렇게 자주 나타날 수밖에 없는 이유를 설명하는 데 도움을 준다.

기본적으로 확증 편향은 자기가 설정한 가정을 위태롭게 만들 수도 있는 가능성을 보지 못하게 만든다. 또 어떤 정보든 간에 자기가 이미 갖고 있는 믿음에 부합하는 방식으로 수집하고 해석하고 소환하게 만든다.[11] 그렇다면 사람들은 자신의 사고(생각) 과정에 왜 이런 탈출구를 마련해두는 것일까?

사람이 외부에서 어떤 정보를 제공받을 때 그 사람의 뇌에는 이전에 얻은 엄청난 양의 정보와 사회적 맥락 그리고 새로운 정보가 이미 가득 차 있다. 이런 것들이 그 새로운 정보에 의미를 투영한다. 하지만 사람의 뇌가 그 모든 것들을 처리하기에는 한계가 있다. 그래서 사람은 신속한 결정, 때로는 직감적인 차원의 결정을 내리기 위해서 정신적인 지름길을 사용한다.

이런 정신적인 지름길 가운데 하나가 바로 자기가 생각하는 기대나 가정과 일치하지 않는 정보를 걸러내거나 무시하는 것이다. 기존의 기대나 믿음과 상충하는 새로운 정보를 수용하는 데는 상대적으로 더 많은 정신적 에너지가 필요하다. 이것은 이미 과학적으로 확인된 사실이다.[12] 이런 이유로 사람의 뇌는 상대적으로 손쉬운 경로를 선호한다.

이런 경향은 자신의 이익과 상충하는 것 같기도 하다. 그러나 인간의 오랜 진화 과정에 비추어볼 때 확증 편향은 완벽하게 일리가 있다. 인간의 뇌는 불확실성을 줄이고 외부의 자극에 효율적으로 대응하는 쪽으로 진화했기 때문이다. 인류의 조상에게는 자기

주변에 어른거리는 그림자가 포식자였을 가능성이 높다. 따라서 그림자가 자기에게 접근하는 것이라고 가정하고 달아날 때 목숨을 건졌을 확률이 높다. 만일 곧바로 달아나지 않고 조금 더 많은 정보를 수집할 요량으로 도망치던 발길을 멈추고 뒤를 돌아봤다가는 포식자의 먹이가 되고 말았을 것이다.

확증 편향은 먼 과거에 우리 종에게 유용했고 또 특정한 상황에서는 지금도 여전히 유용하다. 그러나 심층적인 분석과 심사숙고가 필요할 때는 확증 편향이 걸림돌이 된다. 예컨대 어떤 혁신적인 아이디어의 규모를 확장하고자 하는 경우라면 말이다. 확증 편향은 창의성과 비판적 사고를 해칠 수 있는데, 이 두 가지야말로 혁신과 퀄리티가 높은 작업을 떠받치는 기둥이다.

확증 편향 때문에 의사는 환자에게 잘못된 진단을 내리고 엉뚱한 치료를 권할 수 있다. 정책 입안자, 기업가, 행정 관리자, 투자자 등이 잘못된 정책이나 사업에 막대한 자원을 쏟아붓도록 유도할 수도 있다. 또한 사업 분야에서든 과학 분야에서든 간에 정보를 해석하는 데서도 긍정 오류를 유발할 수 있다.

영국의 심리학자 피터 웨이슨Peter Wason이 1960년대에 개발한 고전적인 '규칙 발견 테스트Rule Discovery Test'는 행동에서 드러나는 확증 편향을 생생하게 보여준다. 이 실험의 진행 방식은 단순했다. 실험 참가자들에게 세 개의 숫자를 제시하고, 그 숫자 나열에 실험 진행자가 어떤 규칙을 적용했는지 알아맞히게 하는 것이었다.

예를 들어서 실험 진행자가 '2, 4, 6'이라는 수열을 제시한다. 이

때 사람들은 일반적으로 그 수열의 규칙이 짝수라고 생각해서 그 다음에 이어질 짝수를 제시한다. 그러면 실험 진행자는 실험 참가자가 제시한 숫자가 해당 수열의 규칙에 맞는지 틀리는지 대답한다. 이런 과정을 몇 차례 거치면서 실험 참가자는 자기가 생각하는 가설이 맞는지 최종적으로 판단한다.

실험 참가자는 몇 차례 시도한 끝에 진행자가 생각하는 규칙을 발견했다고 믿게 된다. 그러나 사실 실험 참가자는 진행자가 설정했던 그 수열의 규칙을 알아맞히지 못한다. 왜냐하면 짝수라는 규칙이 아니라 단순하게 앞의 숫자보다 큰 숫자만 나오면 된다는 게 실험 진행자가 설정했던 규칙이었기 때문이다.

이 연구에서 가장 흥미로운 점은 거의 모든 실험 참가자가 자신이 머릿속으로 설정한 가설에 부합하는 숫자만을 제시하면서 그것이 맞는지 틀리는지 확인했다는 사실이다. 반면 자신이 생각하는 가설에 부합하지 않는 숫자를 제시한 사람은 극소수였다.

사람들은 지능이 높고 낮음에 상관없이 대부분 자기가 머릿속으로 설정한 가설이 틀렸을지도 모른다는 사실을 인정하려 들지 않는다. 웨이슨의 실험은 이처럼 사람들이 자신의 가설을 비판적으로 검토하지 않는다는 사실을 증명했다. 사람들은 그저 신속한 어림짐작, 즉 정신적 지름길을 이용해 '빠르게 생각하기fast thinking'로 자기 가설이 옳음을 확인하려고만 했던 것이다.

긍정 오류를 유발하는 재주가 있는 또 다른 정신적 지름길은 밴드왜건 편향bandwagon bias이다. 밴드왜건은 서커스 같은 행렬의 선두에 선 악대차를 뜻하는 말로, '양떼 효과'나 '폭포 효과'라는 이름으로 알려졌다. 밴드왜건 효과는 사회적 영향이 사람의 머릿속에서 진행되는 정신적 과정에 작용함으로써 발생한다. 밴드왜건 편향은 확증 편향과 마찬가지로 정보를 정확하게 기억하고 평가하는 능력을 방해한다. 그러나 다른 점이 있다. 사람들이 다른 사람의 견해와 행동, 즉 의사결정의 사회적 측면에 무의식적으로 좌우된다는 점이다.

1951년에 선구적인 사회심리학자 솔로몬 애시Solomon Asch가 유명한 실험실 실험laboratory experiment 하나를 개발했다.[13] 이 실험은 밴드왜건 편향이 유발한 집단사고group-think를 이해하는 데 도움을 준다. 애시는 시각 실험을 진행할 것이라면서 이 실험에 참가할 학생들을 모집했다. 그런데 실험 참가자들 가운데는 순수한 학생 실험 참가자들 외에 다른 사람들도 섞여 있었다. 학생으로 가장한 연구자들이거나 연구자들의 지시를 따로 받는 사람들이었다.

실험 진행자는 실험 참가자들이 모여 있는 자리에서 길이가 다른 선분 세 개를 보여준 다음 어떤 선분이 가장 긴지 한 명씩 큰 소리로 대답하게 했다. 세 개의 선분 가운데 하나는 다른 두 개보다 길이가 월등히 길어서 누가 보더라도 정답이 명백했다. 그런데 진행자의 지시를 받은 가짜 학생들 모두가 잘못된 답을 먼저 말했다. 그러자 순수한 실험 참가자들 가운데 3분의 1 이상이 명백하게 틀린 그 답을 그대로 따라갔다. 12회의 질문이 이어지는 동안에 적어도 한 번 이상 다른 사람들을 따라서 명백한 오답을 선택한 참가자

비율은 무려 75퍼센트나 됐다.

그러나 가짜 학생이 개입하지 않은 집단에서는 사실상 모든 참가자가 너무도 명백한 바로 그 정답을 선택했다. 이 실험은 사람들의 독립적인 판단이 '무리 가운데 한 명'으로 소속되고 싶다거나 '무리에 적합한' 존재가 되고 싶은 욕망에 얼마나 쉽게 훼손되는지를 잘 보여준다. 이 욕망은 자유로운 사고를 하는 개인이라는 이미지에 충격적인 타격을 준다. 뿐만 아니라 규모 확장의 과학에도 영향을 미쳐서 불안하게 흔들어놓는다.

제품 수요의 규모를 확장해야만 하는 마케팅 담당자의 관점에서 밴드왜건 효과를 본다면 어떨까? 인간 정신의 이 기묘함은 신이 준 선물이나 다름없다. 자신의 생각과 행동을 공동체나 사회에 맞춰서 순응하려는 이 욕구는 돈벌이의 훌륭한 발판이 될 수 있다. 실제로 밴드왜건 효과가 소비자의 구매 선택을 어떻게 결정하는지 보여주는 연구저작들은 무수히 많다.

예를 들어보자. 우리가 구매하는 옷은 어째서 해마다 색깔과 스타일이 달라질까? 아이들이 부모에게 사달라고 조르는 장난감의 유행은 왜 그토록 빠르게 바뀔까? 사람들이 응원하며 기념품을 사는 스포츠팀도 마찬가지다. 미국에서 가장 많이 팔리는 농구 셔츠는 해마다 다르다. 그해 NBA 결승전에 진출한 스타 선수들의 이름이 새겨진 셔츠가 가장 많이 팔린다. 밴드왜건 효과는 때로 '사회적 전염'이라고도 불릴 정도로 영향력이 막강하다. 심지어 사람들의 정치적 성향에 영향을 줘서 선거 결과를 좌우하기도 한다.

이런 이유로 밴드왜건 효과는 어떤 특정한 선택을 우선적으로 하도록 사람들을 유도하는 일이 직업인 마케팅 담당자나 선거 전략가들에게는 더할 나위 없이 매력적이다. 혹은 사회에 보탬이 되는 혁신을 창조하고 실행하는 사람들에게도 마찬가지다. 그러나 이것은 긍정 오류를 유발해서 잘못된 아이디어의 규모 확장으로 이어지게 만들 위험도 있다. 밴드왜건 편향은 규모 확장이라는 차원에서 전압 강하를 초래할 수 있다. 아이디어를 자유롭게 선택하는 사람들 전체가 아닌 소수의 개인에게만 한정할 가능성이 있기 때문이다.

내 경험으로 미루어보자면 백악관 회의든 기업 이사회 회의든 상관없이 거의 매번 똑같은 일들이 반복된다. 평소 가장 열정적이고 또 의지가 강한 리더급 인물이 가장 먼저 큰 소리로 이야기를 하는 경향이 있다. 이렇게 그 리더의 뜻에 따라서 의제가 결정되고, 그 이후의 대화도 그 리더가 지배한다. 암묵적으로든 명시적으로든 간에 리더가 다른 모든 사람의 의견과 결정에 영향을 미친다. 결국 대부분의 사람은 승진과 연봉 인상을 결정하는 사람의 의견에 자기 의견을 맞춘다.

그런데 이 대화의 흐름을 형성하는 데는 굳이 어떤 권력관계가 필요하지 않다. 누구든 자기 생각을 다른 사람들보다 먼저 밝히기만 하면 밴드왜건 편향은 얼마든지 작동할 수 있다. 그래서 신뢰할 수 있거나 영향력 있는 어떤 주체가 특정 아이디어나 정책을 소리 높여 옹호할 때, 다른 사람들은 그 주장에 동조하게 된다. 이런 과정은 얼핏 보면 정직한 합의처럼 보이지만 사실은 그렇지 않다. 긍정 오류가 나타나는 과정일 뿐이다. 만약 사람들 사이에 애초 순응 욕구가 존재하지 않았다면, 그 자리에 있던 많은 사람이 목소리 큰 사람이 낸 의견에 반대했어야 한다.

여기서 또 한 가지를 알 수 있다. 그 자리에 모인 사람들이 나쁜 아이디어의 규모를 확장하는 데 찬성했거나, 혹은 추가로 연구조사를 하기도 전에 너무 빨리 규모 확장에 찬성했다는 사실이다. 만약 리더가 다른 사람들의 말을 경청했더라면 어땠을까? 그리고 합의를 암묵적으로 강요하는 것이 건강한 합의 도출 과정이 아님을 이해했더라면 어땠을까? 다시 말해 밴드왜건 편향을 충분히 경계했더라면 그런 일들은 얼마든지 피할 수 있었을 것이다.

미국 법무부 산하 국립사법연구소가 1986년에 DARE의 효과를 긍정적으로 평가했던 사실을 생각해보자. 이는 나중에 가서야 긍정 오류로 판명됐다. 그러나 긍정적인 평가가 긍정 오류의 결과였음이 널리 인정된 것은 그 프로그램이 전국적으로 확대되고 한참 지나고 나서다.

그때는 이미 DARE가 온갖 영향력 있는 인물들로 확장돼 강력한 인맥을 구축한 뒤였다. 그 영향력 있는 인물들에는 경찰서장에서부터 교육자와 지역사회 리더들, 그리고 낸시 레이건에 이르는 사람들이 포함돼 있다. 낸시 레이건은 해당 분야의 전문가가 아니었지만 수백만 명이 그녀를 신뢰했고, 그녀가 주창한 '그냥 싫다고 말해라' 운동은 이미 엄청난 호응을 얻은 상태였다. 게다가 그 시점에 DARE는 넉넉한 예산 지원을 받고 있었다. 이것은 그 아이디어가 잘못된 것임에도 겉으로 보기에는 매우 유망하며 규모 확장이 가능한 것으로 인식하게끔 유도하는, 또 다른 형태의 사회적 신호로 작용했다.

여기에서 중요한 점은 나쁜 아이디어들이 영향력 있는 사람과 기관의 신뢰와 승인을 받을 때 이 아이디어들이 다른 사람들에게 쉽게 전염될 수 있다는 사실이다. 그리고 일단 충분하게 많은 대중이 밴드왜건에 올라타서 밴드왜건 효과가 발휘되면 확증 편향이 발동한다. 그래서 사람들이 현재 갖고 있는 신념을 바꾸도록 설득하기가 훨씬 더 어려워진다. 결점 투성이의 DARE 프로그램이 철폐되기까지 오랜 세월과 막대한 예산이 낭비될 수밖에 없었던 이유도 바로 여기에 있다.

이런 불행한 양상은 교육에서부터 의학에 이르기까지 어디에서나 나타날 수 있다.[14] 예컨대 시류에는 맞지만 효과적이지 않은 새로운 커리큘럼을 채택하는 경우나 효과가 검증되지 않은 치료법을 폭넓게 사용하는 경우 등. 이 모든 경우에서 밴드왜건 효과로 인한 편향은 사회적으로나 경제적으로 해를 끼쳤다. 뿐만 아니라 한층 더 유익했을 프로그램이나 아이디어에 돌아갔어야 할 예산을 가로채서 쓸데없이 낭비했을 가능성 또한 높다. 결과적으로 보면 여러 세대에 걸쳐 한층 더 좋은 효과를 발휘했을 아이디어들이 박탈당한 셈이다.

규모 확장을 방해하는 마지막 행동 양식은 무엇일까? 매몰비용 오류sunk cost fallacy와 결합한 승자의 저주winner's curse다. 매몰비용 오류에 대해서는 7장에서 자세하게 다룰 예정이다.

이런 상상을 해보자. 당신은 어떤 회사를 인수하려고 하는 사모펀드 회사의 사장이다. 당신 회사와 다른 경쟁사들이 인수 대상 회사를 놓고 입찰 전쟁을 벌인다. 이 전쟁의 게임 규칙은 가장 높은 금액을 써낸 회사가 승리하고, 승자는 제시한 돈을 내고 그 회사를 사들여야 한다. 이런 상황에서 당신은 어떻게 할까? 경쟁자들을 따돌리고 말겠다는 생각에 당신 회사가 감당할 수 있는 금액을 훌쩍 넘어서는 가격을 입찰가로 써내고 싶은 유혹을 받지 않을까?

나는 이 상황을 학생들을 대상으로 교실에서 실험해보았다. 물론 경매 대상은 회사가 아니라 동전이 가득 든 통이었다(얼마가 들어 있는지는 알 수 없다). 모든 학생이 입찰가를 적어서 냈다. 나는 최고가인 25달러를 적은 학생을 승자로 발표했다. 승자인 일라이는 싱글벙글 좋아했다. 내가 물었다.

"축하해 일라이, 이 통에 있는 돈 전부를 25달러에 샀어! 지금 기분이 어때?"

"기분 정말 좋죠."

그러나 그 통에 들어 있던 동전을 쏟아내서 하나씩 세어보니 10달러도 되지 않았다. 일라이는 오히려 15달러 넘게 손해를 본 셈이었다. 이런 사실을 확인한 일라이의 기분은 어땠을까?

지금까지 나는 이 실험을 학기 초마다 10년 넘게 하고 있다. 그런데 매번 학생들은 일라이가 그랬던 것처럼 통 안에 들어 있는 돈보다 훨씬 더 많은 돈을 내고 그 통을 산다. 그렇게 될 수밖에 없는 이유는 사람들이 그 통의 가치를 다양하게 추정하기 때문이다. 어떤 사람들은 가치를 너무 낮게 매기고 어떤 사람들은 너무 높게 매긴다. 그들 중 가장 높은 가격을 써낸 입찰자가 그 게임에서 이긴다. 그러나 이 '승자'는 그 돈을 지불해야 하므로 반드시 손해를 본다.

이것은 전형적인 승자의 저주 사례로, 경쟁 입찰이 포함되는 모든 경우에 언제나 일어나는 일이다. 승자의 저주는 유망한 앱에 투자할 기회를 확보하려고 경쟁하는 벤처 투자가들 사이에서, 그리고 흥행을 보장해줄 것 같은 시나리오를 좇는 할리우드 제작자들 사이에서 어김없이 일어난다. 장 미셸 바스키아Jean-Michel Basquiat의 그림을 손에 넣으려는 미술품 수집가들 사이에서도 일어나고, 이베이에서 응찰하는 사람들 사이에서도 일어난다.

이런 것들은 한층 더 광범위한 현상을 드러내는 몇 가지 사례에 불과하다. 가치가 불확실한 자산을 놓고 경쟁이 벌어질 때마다 경매에서 이긴 승자는 종종 실제 자산 가치보다 더 많은 돈을 지불한다. 또는 어떤 아이디어를 사거나 모든 회사에서 탐내는 인재를 채용하는 경우에도 그렇다.

겉으로 보기에 규모 확장이 가능할 것 같은 아이디어는 내가 앞에서 예로 든 동전통이나 마찬가지다. 사람들은 어떤 것을 처음 시작하려고 할 때 너무 많은 돈을 지불한다. 그리고 나중에 그 아이디어가 전혀 좋지 않음을 알고 나서도 그 사실을 무시한 채 규모 확장을 계속한다. 그러는 이유는 비용 편향 때문이다. 즉, 자기가 잘못된 사업이나 프로그램에 투자했음을 인정하고 싶지 않은 심리가 작용하는 것이다. 그러나 나쁜 아이디어에 돈을 아무리 많이 쏟아붓는다고 해도 문제는 사라지지 않는다. 그럴수록 손실만 커질 뿐이다.

이런 상황에서 자신이 가장 높은 가격을 써낸 입찰자여도 마음이 편안할 수 있는 경우가 있다. 그 아이디어를 위대한 프로그램이나 제품, 혹은 회사로 만들어줄 비결을 갖고 있을 때다. 또는 경제학자들이 '비교우위'라고 부르는 것을 확보하고 있을 때다. 비교우위는 어떤 아이디어를 확장하는 데 필요한 특허기술, 확장된 규모에 맞춰 운영하는 데 반드시 필요한 핵심 자원의 소유권, 혹은 경쟁자들보다 더 빠른 속도로 아이디어를 확장할 수 있는 개인적인 전문성의 형태로 나타날 수 있다. 이런 비교우위 요소를 갖고 있어야만 승자의 저주를 피할 수 있다. 최종적으로 승리해야 승리하는 것이기 때문이다.

어떤 아이디어가 실제보다 더 확장될 수 있다는 믿음은 거의 언제나 과잉지출과 매몰비용(어떤 선택의 번복 여부와 무관하게 회수할 수 없는 비용-옮긴이)으로 이어진다. 통계적 오류 때문일 수도 있고 인간적인 판단의 오류 때문일 수도 있다. 그러나 다행스럽게도 이런 종류의 긍정 오류에 빠지지 않는 방법이 있다. 우리 모두 고마움을 느낄 이 방법은 과학의 역사를 바꾸어놓은 한 잔의 차 덕분에 발견됐다.

재현 혁명,
반복을 통해 신뢰성을 높이다

1920년대 초, 로널드 피셔Ronald Fisher라는 젊고 똑똑하고 고집불통인 통계학자가 런던에서 30마일 떨어진 곳에 있던 로담스테드연구소Rothamsted Research에 근무하고 있었다. 당시 그의 동료 중에는 뛰어난 생물학자로 조류藻類(수중에 생육하는 부유 식물의 총칭-옮긴이)를 전공했던 뮤리얼 브리스틀Muriel Bristol도 있었다. 어느 날 쉬는 시간에 피셔가 차를 만들어서 브리스틀에게 권했지만 그녀는 거절했다. 피셔가 이유를 묻자, 브리스틀은 방금 자신이 컵에 우유를 따랐기 때문이라고 답했다. 자기는 차를 먼저 따른 다음에 우유를 따랐을 때의 풍미를 더 좋아하는데, 우유를 먼저 따랐으니 차를 넣지 않겠다는 것이다.

피셔는 차와 우유를 컵에 따르는 순서에 따라서 맛이 달라진다는 브리스틀의 발상에 코웃음을 쳤다. 피셔로서는 그 발상을 도무지 과학적으로 이해할 수 없었다. 무엇을 먼저 따르든 간에 최종적인 분자 구성은 동일하기 때문이다. 그러나 브리스틀은 완강하게 고개를 저었다. 자기는 우유를 먼저 따른 다음에 차를 따른 음료와 차를 먼저 따른 다음에 우유를 따른 음료를 맛으로 구분할 수 있다고 주장했다. 두 사람과 동료 사이인 화학자 윌리엄 로치William Roach는 누구 말이 맞는지 함께 실험해보자고 제안했다. 그렇게 해서 웅장한 결전의 무대가 마련됐다.

세 사람은 아주 단순한 방법으로 실험을 진행했다. 두 사람은 브리스틀이 보지 못하는 곳에서 차를 먼저 따른 음료와 우유를 먼저 따른 음료를 각각 네 잔씩 무작위 순서로 준비했다. 그리고 브리스틀은 이 여덟 잔의 차를 모두 맛보았다. 과연 브리스틀은 각각을 구분했을까?

그랬다. 그녀는 여덟 잔 모두 정확하게 맞혔다. 피셔는 깜짝 놀랐다. 브리스틀이 그저 허세를 부린 게 아님이 입증됐다. 만약 그들이 영국의 과학자가 아니라 미국 서부 개척지의 총잡이들이었다면, 브리스틀은 상대방을 쓰러뜨린 총구에서 피어오르는 연기를 여유롭게 불며 승자의 기쁨을 만끽했을 터다.

그러나 이 세 사람의 만남에서 비롯된 과학사의 중요한 돌파구는 우유나 차와는 아무런 관련이 없었다. 나중에야 밝혀진 사실이지만, 우유에 차를 따르거나 차에 우유를 따르는 경우 순서에 따라 실제로 맛이 미묘하게 달랐다. 각각의 경우 우유 방울들이 다르게 반응하기 때문이다. 어쨌든 간에 그 만남이 과학사에 남긴 유산은 바로 이것이었다. 피셔는 여덟 잔의 차 테스트를 설계하면서 과학적인 실험에는 진정한 과학이 있음을 깨달았고 곧 이것을 연구하기 시작했다.

피셔는 1925년에『연구자들을 위한 통계적 방법론Statistical Methods for Research Workers』을 출간했다. 그리고 10년 뒤에는『실험의 설계The Design of Experiments』를 출간했다. 두 책 모두 획기적인 저서로 평가받았으며 연구자들의 기초 교재가 됐다. 그가 확립한 실험 설계의 핵심적인 기둥 가운데 하나는 바로 '재현replication'이다. 이것은 실험을 반복하는 행위가 결과의 신뢰성을 높인다는 발상에서 나온 것이다.

피셔가 '숙녀의 차 시음 실험lady tasting tea experiment'이라고 이름을 붙였던 바로 그 실험에서 브리스틀은 두 잔이 아니라 여덟 잔을 시음함으로써 정확도의 신뢰를 높였다. 연구자는 규모가 한층 더 큰 데이터세트를 마련함으로써 결과의 변동성이나 통계적 오류의 가능성을 줄인다. 실제로 차 논쟁에서 패배의 쓰라림을 맛본 피셔는 브리스틀의 정확한 추측이 우연한 요행이 아니었음을 확실하게 하려면 브리스틀에게 차를 한층 더 많이 시음시켰어야 했다고 결론 내렸다. 즉, 실험을 많이 반복할수록 긍정 오류의 가능성이 그만큼 줄어들 것이라고 믿었다.

그러나 재현 자체는 긍정 오류를 차단할 수 없다. 재현 개념에서 한 단계 더 업그레이드해 자기가 얻은 결과에 대한 독립적인 재현을 모색해야 한다. 즉, 성공과 실패 여부에 아무런 이해관계가 없는 사람이나 팀이 어떤 아이디어가 반복해서 성공이라는 결과를 낳는지 반복해서 테스트해야 한다는 말이다. 그렇지만 DARE 프로그램에 대해서는 국립사법연구소의 보고서가 너무 늦게 나왔고, 그때까지 재현 개념의 반복 테스트는 이루어지지 않았다.

반면 우리가 크라이슬러를 위해서 만들었던 웰니스 프로그램으로 접근했던 방법론은 독립적인 재현 발상과 매우 비슷했다. 실험을 독립적으로 재현하지 않고, 숨어 있는 긍정 오류를 토대로 그 제도를 전사적으로 시행했더라면 크라이슬러는 막대한 자산을 낭비했을 것이다. 물론 내 연구자 경력과 신뢰도 역시 크게 손상되었을 게 분명하다.

크라이슬러의 경우 우리는 독자적인 재현을 하지 않고서도 다행히 오류를 발견했다. 왜냐하면 우리는 스스로를 의심하도록 동기가 부여돼 있었기 때문이다. 크라이슬러가 그 프로그램을 회사전체 차원으로 확장했다가 실패할 경우 우리의 평판이 심각하게 손상될 것임을 잘 알고 있었다. 또 그런 일이 일어나지 않게 하려고 노력한 덕분에 그 프로그램의 오류를 발견할 수 있었다.

효과적으로 재현을 수행하려면 성공했던 경우와 동일한 유형의 모집단을 사용해서 동일한 연구, 프로그램, 제품을 테스트해야 한다. 이상적으로 말하자면 동일한 테스트를 서너 번 한 다음에야 결과의 진실성을 확신할 수 있다는 뜻이다. 어떤 경우에는 이런 시도가 아예 불가능할 수도 있다. 그러나 가장 중요한 점, 그런 경우에는 '빠르게 움직여서 망가뜨리기'보다는 조심해서 한 걸음씩 나아가야 한다는 것이다. 그렇게 하지 않았다가는 금방 파산하거나 경력에 커다란 구멍을 내고 말 테니 말이다.

이 원칙은 과학적인 연구 분야에도 유효하다. 사람들은 일상생활에서 언제나 동일한 기본적인 접근법을 사용한다. 데이트를 놓고 생각해보자. 파티에서 당신은 누군가와 잠깐 이야기를 나누고 그 사람에게서 당신과 통하는 어떤 연결고리가 있음을 느낀다. 그에게 따로 만나자고 말할까 말까 고민한다. 그러다가 이런 생각을 하게 된다. '그때 내가 느꼈던 감정이 진짜일까? 혹시 기분 좋게 마신 술기운 때문에 그 사람과의 만남이 실제보다 더 좋게 느껴졌던 것은 아닐까?' 어쩌면 데이트를 몇 차례 하고 나면 그날 상대방이 했던 혹은 당신이 했던 농담이나 이야기의 반짝거림이 시들해질지도 모른다. 그러곤 '과연 그 감정이 진짜였을까?' 하고 의문을 품을 수도 있다.

이 질문의 해답을 알아낼 방법이 딱 하나 있다. 그 사람과 보다 더 많은 시간을 함께하는 것이다. 그래야만 두 사람이 진정으로 서로에게 끌리고 통하는지 알 수 있다. 새로운 식당, 새로운 앱, 새로운 취미 등을 시도할 때도 마찬가지다. 단 한 번의 좋은 경험은 긍정 오류의 결과일 수 있지만 서너 차례의 반복된 좋은 경험은 신뢰할 수 있는 데이터가 됨을 우리는 본능적으로 안다. 다시 말해 재현은 인간 행동 속에 반영된다.

훨씬 더 많은 것이 걸려 있는 실제 현실 속의 또 다른 예들을 생각해보자. 당신은 병원에 가서 흉부 엑스레이를 찍는다. 그런데 왼쪽 폐 윗부분에서 암일지도 모르는 게 발견된다. 큰일났다! 이 시점에서 당신은 폐 하나를 잘라내겠다는 결정을 곧바로 할 수도 있고, 다른 전문의를 만나볼 수도 있다. 이 전문의는 자기가 판단한 상황을 설명할 것이고 조직검사를 제안할 것이다. 또 폐 하나를 잘라내는 수술을 해야 할지 여부를 결정하기 위해서 추가로 데이터를 수집할 것이다. 이 '재현' 과정이 문제의 그 병변은 심각하지 않은 염증일 뿐이며 암 진단은 긍정 오류였을 뿐임을 밝혀낼 수 있다.

건강과 관련된 심각한 문제라면 의사를 네 명까지 따로 만나서 소견을 들어봐야 한다는 주장이 있을 수 있다. 이런 주장이 터무니없게 들린다면, 2016년에 존스홉킨스병원의 연구자들이 실시했던 충격적인 연구조사 결과를 살펴보기 바란다. 이 연구조사는 해마다 25만 명 이상의 미국인이 의료 실수로 사망하는데, 이것이 심장병과 암에 이어 세 번째로 높은 사망 원인이라고 추정했다.[15]

기업에서 나타나는 긍정 오류는 의료계의 경우보다 더 쉽게 파악할 수 있다. 어떤 제품이나 특성에 대해 그저 표본 고객을 대상으로 테스트하면 되기 때문이다. 예를 들어 차량공유 앱인 리프트가 새로운 기능(서비스)을 테스트하길 원한다고 치자. 이럴 때 리프트는 앱에 그 기능을 내장해서 사용자들이 그것을 이용할 수 있게 한다. 그리고 보통 두세 개 시장에서만 먼저 시작해본다. 이렇게 함으로써 새로운 기능이 규모 확장의 가치가 있는지 여부를 판단하는 데 필요한 분석 데이터가 충분히 축적된다.

그러나 과학 연구와 공공정책이 겹치는 영역에서는 그런 데이터를 얻기가 훨씬 더 어렵다. 독립적인 재현과 느리게 진행되는 평가에 필요한 예산이 부족하기 때문이다. 오래전 플로리다에서는 어린이 교육 강화 프로그램의 일환으로 '협력적이고 전략적인 독서Collaborative Strategic Reading'라는 소규모 시범 사업이 운영됐다. 그리고 이것이 어린이 독서 습관을 높이는 것으로 나타났다.[16] 이 독서 프로그램은 다른 지역으로 빠르게 확대됐지만 참담한 실패로 끝나고 말았다.[17]

오클라호마와 텍사스의 다섯 개 지역에서 실시된 일련의 검증에서 이 프로그램이 읽기와 이해 분야에서 뚜렷한 효과를 보이지 않았던 것이다. 만약 그들이 규모 확장을 하기 전에 오클라호마와 텍사스의 소규모 학생 집단을 대상으로 검증 과정을 거쳤더라면 많은 예산을 절약했을 터다. 물론 그런 프로그램들이 널리 시행되기까지는 훨씬 더 오랜 시간이 걸리겠지만, 그래도 그런 시도는 결코 나쁘지 않았을 것이다.

현재 과학계에서는 재현의 관행이 뜨거운 쟁점이 돼버렸다. 미디어가 즐겨 언급하는 소위 '재현성 위기replication crisis'로 이어지고 있다. 2010년대 이후 연구자들은 주요 신문과 텔레비전에서 세간의 이목을 끄는 유명한 몇 가지 실험을 재현하기 시작했다. 특히 심리학 영역에서 무척 활발했다. 놀랍게도 그 결과는 재현 실패로 나타났다.

이런 사실에 자극을 받은 한 심리학자는 저명한 학술지들에 결과가 발표되었던 100가지 실험을 재현해보자고 나섰다.[18] 이렇게 해서 재현 시도가 이루어졌는데, 지금까지 우리가 살펴본 긍정 오류를 전제로 한다면 그다지 충격적이지 않은 결과가 나왔다. 100가지 실험 가운데서 39개만이 기존에 발표되었던 결과 그대로 재현됐다.

이 재현성 위기는 당연히 신뢰도 위기를 초래했는데, 과학자들은 이 문제를 해결하려고 열심히 노력하는 중이다. 나도 출판 편향publication bias이라고 일컬어지는 '파일 서랍 문제file drawer problem'를 해결하기 위해 노력하는 중이다. 이것은 원하는 결과를 도출하지 못한 연구들이 발표를 통해서 대중에게 알려지지 않고 책상 서랍에 묵혀지는 현상을 일컫는다. 물론 이것은 문제다. 심지어 이런 실패들조차, 아니 특히 이런 실패들이야말로 덩치를 점점 키워가는 과학 지식에 기여하며 또 이런 실패들을 통해서 모든 사람이 혜택을 누리기 때문이다. 좀 더 설명하자면, 자기 가설이 실패로 끝나버린 연구자들을 제외한 모든 사람이 혜택을 누린다는 뜻이다. 바로 이런 이유 때문에 그 연구자들은 굳이 실패한 가설을 발표하지 않고 서랍 속에 묻어둔다. 직접 나서서 '남 좋은 일'을 하고 싶지 않다는 마음이 작용하는 것이다.

잘못된 과학에 바탕을 둔 발상들을 시도하는 시간과 자원을 낭비하는 과정은 학습이 아니다. 학습은 실패를 통해서 이루어진다. 재현은 이런 사실을 분명하게 확인시켜주는 열쇠다.

지금까지 살펴보았듯이 대부분의 긍정 오류는 통계적인 오류 혹은 인간의 인지와 행동을 결정하는 수많은 인지 편향에서 비롯된다. 긍정 오류 그 자체로는 아무 잘못이 없다는 말이다. 그러나 거기에는 한층 더 어두운 측면이 있다. 긍정 오류가 이중성^{duplicity}의 영역으로 넘어가는 지점이 문제다. 이중성은 규모 확장의 또 다른 적이다. 아울러 과학의 고귀한 의도에 어두운 그림자를 드리우는 한편 사업과 투자를 위해서 수십억 달러나 되는 돈을 쓸어버리는 해결하기 어려운 문제다.

의심의 스위치를 꺼버리는
사기꾼 효과

브라이언 완싱크^{Brian Wansink}는 록스타와 같은 인물이
었다. 행동과학자가 문화 분야의 주요 인사가 될 정도로, 그는 음
식 심리학 분야에서 슈퍼스타급 인물이었다. 완싱크는 코넬대학의
그 유명한 식품브랜드연구소^{Food and Brand Lab} 소장으로 있었다. 이곳
에서 진행한 환경과 식품 소비 및 구매 패턴이 교차하는 영역에 대
한 획기적인 연구 덕분에 학계에서뿐만 아니라 학계 바깥에서도
주목을 받았다.

완싱크는 여러 해에 걸쳐서 여러 놀라운 발견들을 발표했다. 예
를 들어서 그는 배고플 때 식품 쇼핑을 하면 고칼로리 식품을 사게
된다거나,[19] 큰 그릇에 음식을 담아 먹으면 상대적으로 더 많은 음
식을 먹게 된다고 주장했다.[20] 또 이제는 고전의 반열에 오른 요리
책인『요리의 즐거움^{The Joy of Cooking}』의 개정판이 나올 때마다 점점
건강에 '덜' 좋은 요리법을 제공한다는 놀라운 사실을 발표했다.[21]

언론에서 어지러울 정도로 많이 보도한 이런 발견들 덕분에 그
는 연방정부부터 기업계에 이르는 다양한 영역에서 커다란 권위
와 영향력을 갖게 됐다. 그는 미국 정부가 새로운 식생활 지침을
발행하도록 도왔고, 구글과 미군에게 자문을 제공했으며, 대중의
마음을 사로잡은 책도 여러 권 냈다. 권력을 가진 사람들은 완싱크
를 신뢰했고 그가 가진 아이디어들의 규모를 확장하기 위해 다양
한 자원을 투자했다.

그런데 반전이 일어났다. 완싱크가 오랜 세월 동안 결과를 조작했다는 사실이 밝혀진 것이다. 슈퍼스타처럼 화려한 그의 경력이 알고 보니 부패한 과학을 기반으로 하고 있었다.

이 원고를 쓰는 지금 시점을 기준으로 완싱크의 논문 가운데 19개가 철회되었고, 수십 개의 논문은 검토를 받는 중이다.[22] 2018년에 《미국의학협회저널Journal of the American Medical Association》은 그의 논문 가운에 여섯 개를 하루에 한꺼번에 철회했다.[23] 완싱크가 자기 논문을 옹호하는 동안에도 논문의 타당성을 반증하는 증거는 줄어들기는커녕 오히려 늘어났다.

코넬대학은 조사를 시작했다. 그리고 완싱크가 '데이터를 조작한 점, 데이터의 정확성과 무결성을 보장하지 못한 점, (…) 연구 방법이 부적절했던 점, 그리고 꼭 필요한 연구승인을 받지 못한 점' 등을 포함해서 그가 학문적 부정행위에 관여했다는 보도자료를 발표했다. 보도자료 발표는 해당 조사의 정점을 찍었다.[24] 2019년에 완싱크는 코넬대학뿐 아니라 학계를 영원히 떠났다. 완싱크라는 별은 땅에 떨어지고 말았다.

불행하게도 이런 행동은 당신이 생각하는 것보다 훨씬 더 일상적으로 나타난다. 이 점에 대해서 나는 여러 해 전에 「학계의 경제학자들이 나쁘게 행동하는가? 비윤리적인 행동의 세 가지 영역에 대한 조사Academic Economists Behaving Badly? A Survey on Three Areas of Unethical Behavior」라는 논문을 썼다.[25] 나와 동료들은 민감한 쟁점을 둘러싼 진실을 알고자 할 때 사용하는 '무작위 반응조사법'을 사용해서 경제학자 수천 명에게 윤리적 행동과 관련된 다양한 질문을 했다.

놀랍게도 응답자의 거의 5퍼센트는 "연구 데이터를 위조한 적이 있는가?"라는 간단한 질문에 '그렇다'고 답했다. 내 친구 안토니오 그라시아스Antonio Gracias는 테슬라 이사회의 전 이사장이자 수십억 달러 규모의 투자사인 밸러 에퀴티 파트너스Valor Equity Partners의 설립자다. 그는 이런 사람들을 '사기꾼duper'이라고 지칭했는데, 그런 이들이 응답자의 5퍼센트나 된다는 말이었다. 긍정 오류를 유발하거나 자신이 원하는 것을 얻으려고 고의로 거짓말하거나 잘못된 정보를 전달하는 사기꾼임을 스스로 인정하는 사람이 응답자의 5퍼센트나 됐던 것이다.

인센티브를 연구하는 경제학자로서 나는 궁금했다. 완싱크 같은 사람들이 아무리 좋게 봐도 잘못된 신념에 찬 과학일 뿐이며, 나쁘게 보면 뻔뻔한 사기 행각인 그런 행동을 하도록 동기를 부여하는 것은 무엇일까? 바로 이 점에 관심을 가졌다. 도대체 무엇이 이런 식으로 학자의 명성과 경력을 위태롭게 만드는 것일까? 이 질문에 대한 대답은 '인센티브가 구조화되는 방식'이라고 할 수 있다.

학계에서는 어떤 연구자가 연구 결과를 저명한 학술지에 발표하면 위상이 높아진다. 연구소를 맡아서 운영하게 되고 급여와 강연료가 높아지면서 거액의 경제적인 지원까지 확보하게 된다. 그런데 어떻게 하면 최고의 학술지에 논문을 발표할 수 있을까? 참신하고 흥미진진한 발견을 하면 된다. 미디어가 반길 만한 내용이면 더욱 좋다. 그래서 완싱크가 더러운 지름길을 택하고 심지어 노골적으로 사기 행각을 벌인 것은 어떻게 보면 학계에 구축된 인센 티브에 효과적으로 대응했던 것이라고 할 수 있다.

물론 완싱크가 도달했던 것과 같은 높은 수준의 성공을 거둔 연 구자 대부분은 합법적인 연구와 혁신과 힘든 노력을 통해서 그 자 리까지 올라갔다. 그러나 이 연구자들 역시 완싱크와 동일한 보상 에 의해서 동기부여가 된다. 이런 관점으로 보면 그들의 행동에 대 해 조금은 이해할 수 있다. 과학자가 과학과 과학의 윤리에 대한 존경심은 손톱만큼도 없는 접근법을 채택하면서까지 '성공'하겠다 는 유혹에 빠지는 과정을 말이다.

거짓말이나 속임수를 동원하겠다는 유혹은 기업계에서 훨씬 더 크다. 고군분투하던 창업자를 하루아침에 백만장자 또는 심지어 억 만장자로 만들어주는 기업공개^{IPO}(기업이 주식을 일반 대중에게 분산하고 재무 내용을 공시하는 일-옮긴이)의 세계에서는 특히 더 그렇다.

21세기의 가장 악명 높은 사기꾼들 가운데 한 명으로 꼽히는 엘 리자베스 홈스의 사례가 대표적이다. 홈스의 회사 테라노스는 투 자자들에게서 7억 달러가 넘는 투자금을 받았다. 그리고 전 세계 의학계에 혁명을 가져다줄 획기적인 혈액 검사 기술을 개발한 덕 분에 이 회사는 90억 달러의 가치를 가진 것으로 평가됐다. 물론 지금의 우리는 테라노스라는 회사가 사실은 언제 터질지 모르는 시한폭탄이었음을 알고 있다. 전 세계적으로 엄청난 인기를 끌었 던 그 기술이 실제로는 존재하지 않았기 때문이다. 하지만 당시에 는 모두 감쪽같이 속았다.

홈스는 수십억 달러의 투자금을 받아서 만든 휴대용 혈액분석기가 아무짝에도 쓸모없다는 게 분명해지자 다른 회사들이 만든 기계를 사용해서 거짓말을 하기 시작했다. 당연한 결과였지만, 존재하지도 않는 기술의 규모를 확장하는 일은 불가능했다. 결국 기업의 역사에서 가장 심각하고 악명 높은 전압 강하가 나타났다.

홈스의 이야기는 여러 가지 이유로 흥미롭다. 첫째, 이 사례는 많은 고위험 투자의 핵심이라고 할 수 있는 취약성을 강조한다. 이 취약성은, 사람들이 아이디어 그 자체뿐만 아니라 그 아이디어를 제시한 사람을 믿고 돈을 건다는 데서 비롯된다. 이러한 취약성은 '오랜 세월에 걸친 연구와 개발'이 필요한 테라노스의 '문샷 moonshot(원래는 달 탐사선 발사를 뜻하지만, 급진적이고 혁신적인 프로젝트를 가리키는 용어로 사용된다-옮긴이)' 기술에서 특히 더 두드러졌다. 시장에 출시할 준비가 끝나서 성공을 가늠할 수 있는 제품이 아직 마련되지도 않은 상황이었다. 그럼에도 투자자들은 명백하게 존재하는 데이터보다 사회적 증거에 의존했다.

홈스는 영리하고 카리스마가 있었다. 그래서 투자자들을 쉽게 설득했다. 투자자들은 그녀를 다른 투자자에게 소개하며 보증했고 결국 밴드왜건 효과로 이어졌다. 게다가 확증 편향도 작용했을 것이다. 테라노스에 투자한 사람들은 그 회사가 엄청난 성공을 거둘 것이라는 자신들의 예상과 상충하는 신호들을 무시하고 간과했을 가능성이 높다. 더 놀라운 것은 이 투자자들이 아무것도 모르는 무지한 사람들이 아니었다는 점이다. 그들 가운데는 루퍼트 머독

Rupert Murdoch, 카를로스 슬림Carlos Slim, 래리 엘리슨Larry Ellison 등과 같은 금융계의 거물들이 포함돼 있었다. 그런데도 그런 어처구니없는 일이 일어났다.

그런데 이 엄청난 재앙을 피하려고 했다면 피할 수 있었을까? 아니면 이런 재앙을 초래하는 사람들은 결국 이중적인 행동을 할 수밖에 없는 사기꾼일까? 이 질문에 대한 대답은 인센티브로 귀결된다. 엘리자베스 홈스는 자기가 갖고 있던 스톡옵션 덕분에 테라노스가 성공을 거둘 때 가장 많은 것을 얻을 수 있었다. 그랬기에 성공을 위해서라면 그녀는 무엇이든 다 할 기세였다. 어떤 시점에선가 그녀가 갖고 있던 스톡옵션의 가치는 40억 달러가 넘는 것으로 평가되었다! 다시 말해 그녀에게는 그 기술로 승리를 거두기만 하면 40억 달러를 번다는 인센티브가 작동했던 셈이다.

그러나 혁명적인 혈액검사 기술을 확보할 것이라는 테라노스의 전망이 달성할 수 없는 허망한 목표라는 사실이 점점 분명해지면서 일은 심각해졌다. 드디어 악몽이 시작됐다. '금전적 성공'이라는 장기적인 인센티브는 피할 수 없는 재앙을 미루기 위해 '진실 은폐'라는 단기적인 인센티브로 대체됐다. 비유적으로 말하자면 그녀가 띄운 비행기는 실제 제품과 사업 계획을 동력으로 하늘을 나는 게 아니었다. 돈이라는 새로운 연료로 비행기가 하늘에 강제로 떠 있게 만들었을 뿐이다. 그 비행기에 공급할 연료는 무한하지 않았고 결국 비행기는 추락하고 말았다.

만일 테라노스 내부의 다른 사람들이 무언가 잘못되었다는 신호를 포착하고, 여기에 대해 목소리를 높이도록 유도하는 인센티브가 있었다면 어땠을까? 그 재앙이 일어나지 않았을까? 테라노스에서는 회사 내부의 문제에 대해 경고 신호를 울렸다는 이유로 직원들이 공격을 받은 적이 있다. 이런 사례처럼 직원이 자기 상사가 바라는 것과 상충하는 정보를 외부에 드러낼 때, 그 직원들은 내부 정보를 공개했다는 이유로 소송당하거나 탄압받으면 어떤 일이 생길까?[26] 만약 그렇다면 회사의 직원들은 의식적으로든 무의식적으로든 자신을 보호할 목적으로 진실을 외면한 채 보고서의 내용을 왜곡해서 작성할 수 있다.

그러나 만일 회사가 내세우는 가정이나 희망을 반박하는 데이터를 공유하는 행위에 대해서 보상해주거나 최소한 처벌하지 않는다는 문서상의 보장이 마련돼 있었다면 어땠을까? 그러면 이 직원들은 진실을 보고하도록 동기부여가 될 테고, 진실은 어떤 식으로든 드러났을 터다. 만약 테라노스가 이런 식으로 운영되었더라면 조금이라도 일찍, 그리고 덜 참혹하게 무너졌을 것이다.

직원 인센티브에 대한 보다 일반적인 질문은 어떤 제품이나 프로젝트의 규모를 확장하는 데 있어 매우 중요한 문제다. 내가 우버에서 일할 때 이야기를 다시 해보자. 어떤 관리자가 회사에 이익이 될 가능성이 있다고 생각하는 아이디어를 갖고 있을 경우, 그 아이디어를 테스트하는 담당자는 누구였을까? 놀라지 마라, 바로 그 아이디어를 낸 당사자였다! 우버에서 직원의 승진 기준이 무엇이었을지 맞춰보라. 그렇다, 실제로 실현되는 제품 아이디어를 얼마나 많이 내놓았는지에 따라서 직원의 승진 여부가 결정됐다.

물론 어떤 아이디어의 강점을 강조하거나 약점을 축소하는 방식으로 데이터를 보여주는 것은 의도적으로 데이터를 조작하는 것과는 다르다. 그러나 이 두 가지 문제를 해결하는 방법은 동일하다. 그것은 바로 독립적인 재현이다. 독립적인 재현은 과학계에서만큼이나 기업에서도 중요하다. 만약 누군가가 어떤 아이디어를 갖고 있다면 당사자가 그것을 시험하거나 재현해서는 안 된다. 그 아이디어 덕분에 금전적인 이득을 얻을 일이 없는 사람, 그 아이디어와 무관한 사람이 시험해야 한다. 그리고 그것이 현실에서 구현되기 전에 재현해야 한다. 그렇지 않으면 인센티브는 온전한 정직성과 충돌할 수밖에 없다.

그러므로 속임수에서 자신을 보호하는 가장 좋은 방법은 인센티브를 최우선으로 여기는 것이다. 예를 들어, 어떤 회사를 인수할 생각이라고 가정해보자. 그 사람은 회사를 팔 사람이 앞으로도 계속해서 그 회사 운영에 관여하고자 하는지에 대해 고려해야 한다. 만약 그 사람이 해당 회사의 지분 가운데 일정량을 계속 보유할 계획이라면, 그들은 회사의 이익을 위해서 행동하도록 동기가 부여된다.

그런데 만약 그 사람이 회사를 팔면서 자기 지분을 모두 처분하고자 한다면 어떨까? 회사에서 진행 중인 연구나 제품, 시장과 관련해서 인수자가 알지 못하는 어떤 부정적인 비밀이 있는지도 모를 일이다. 또 그 비밀은 회사를 팔고자 하는 그 사람만 잘 알기 때문이라고 볼 수 있다. 회사와 관련된 데이터가 충실하게 진실을 일러준다는 사실은 회사를 파는 그 사람만 알 뿐이다.

오래전에 MBA 과정 학생들을 대상으로 이 상황을 시뮬레이션하는 실험을 한 적이 있다. 이때 학생들에게 기업가로서 판단하라고 했고, 판매와 관련된 아이디어 하나를 주었다. 학생들은 각자 자기가 가진 아이디어의 규모 확장 가능성을 보여주는 데이터를 갖고서 어떤 내용으로든 판단을 해야 했다. 그러고 나서 나는 그들에게 여러 가지 거래 선택지를 제시했다. 그 아이디어를 팔아서 당장 현금을 챙길 수도 있었고, 나중에 그 아이디어가 제품으로 출시되었을 때 그 제품의 성과와 연동해서 인센티브를 받을 수도 있었다. 이것은 경제학 용어로 '수익 흐름 공유sharing profit flow'의 한 형태다.

이 실험의 결과는 누구나가 예상한 대로 나왔다. 자기가 가진 아이디어가 성공하지 못할 것임을 아는 사람들은 아이디어의 매각 대금을 즉시 받으려 했다. 아이디어를 넘긴 뒤에는 그 회사와 완전히 결별하는 것을 선택했다. 그들은 그 아이디어를, 즉 규모 확장이 불가능한 아이디어를 상당한 이익을 남기며 처분했다.

여기에서 얻을 수 있는 일반적인 교훈은 이것이다. 어떤 직원이 아이디어를 판매하는 것 외에도 중요한 규모 확장이나 구매 관련 결정을 내리는 경우에는 그 직원과 수익 공유를 더 많이 해야 한다는 사실이다. 이런 일은 스타트업의 세계 바깥에서는 드물다. 그러나 직원에 대한 보상을 미래의 성과 지표와 연동시킬 때 조직 내에서 인센티브가 한층 더 정확하게 조정되고 규모 확장 오류도 줄어드는 사례가 많이 있다. 예를 들어서 소매유통점의 구매 담당자나 출판사의 판권 구매 담당자는 자신이 선택한 제품이나 책의 매출액 규모에 따라서 추가로 보상을 받기도 한다.

만일 당신이 리더의 지위에 있다면 직원들이 '편견 파괴자'가 되도록 장려해야 한다. 지금까지 살펴보았듯 조직은 항상 직원에게 진실만을 말하도록 동기를 부여하지는 않는다. 또 어떤 아이디어의 검증 책임자가 그 아이디어의 최고 제안자인 경우도 많다. 이런 사실은 기업을 포함해서 모든 조직에 한층 더 많은 데이터와 더 많은 증거를 요구하는 '악마의 옹호자' 역할을 할 사람이나 조직 단위가 필요함을 웅변한다. 다시 말해 합리적이고 균형 잡힌 결론이 나올 수 있도록 조직 내에서 주류 의견에 반대 의견을 제시하는 사람이 필요하다. 진정으로 훌륭하고 확장성 있는 아이디어는 아무리 엄정한 검증에도 빛을 잃지 않는다.

* * *

여기까지 읽었다면 성공적인 규모 확장을 가로막는 가장 위험한 장애물은 무지가 아님을 분명하게 깨달았을 것이다. 그 장애물은 바로 오해의 소지가 있는 데이터, 그리고 숨어 있는 편향이다. 더불어 노골적인 사기 행위로 비로소 드러나는 환상, 즉 자기는 모든 것을 다 알고 있다는 환상이다.

다행히 우리가 지금까지 살펴본 것처럼 이런 장애물은 얼마든지 극복할 수 있다. 그러나 독립적으로 재현되는 단단한 데이터와 신뢰할 수 있는 사람, 그리고 올바른 인센티브가 확보돼 있다고 하더라도 그것이 어떤 기업이나 아이디어의 규모 확장을 절대적으로 보장하지는 않는다. 설령 당신의 아이디어가 특정 집단(혹은 집단들) 사이에서 입증되었다고 하더라도, 그 결과가 반드시 대중의 지지를 받는다는 뜻은 아니다.

당신의 아이디어나 제품에서 이득을 얻는 사람들이 그 아이디어나 제품의 규모 확장을 보장할 정도로 충분히 큰 집단을 대표하는가? 이 질문에 대한 대답이 당신이 운영하는 기업이나 조직의 성패를 좌우한다.

2

과대평가
당신의 고객을 잘못 선정하는 실수

　샌프란시스코에서 트래비스 캘러닉을 비롯해 우버의 면접관들 앞에서 면접을 보고 거의 2년쯤 지난 2018년 봄에 나는 우버를 떠났다. 그리고 다른 승차공유업체인 리프트에서 일하게 됐다. 캘리포니아 노동법의 특이함 덕분에 나는 많은 시간을 기다리지 않고도 곧바로 우버의 경쟁사에서 일할 수 있었다. 금요일에 우버에서 사직한 다음 주말 동안 쉬었다가 월요일에 곧바로 리프트의 최고경제책임자로 일했으니 말이다.

　캘러닉은 2017년 여름에 일련의 스캔들을 일으킨 뒤 우버를 떠났고(이에 대해서는 9장에서 더 자세하게 설명하겠다), 이 회사가 거의 무너지는 상황을 목격한 뒤에 나는 변화를 모색했다. 세상의 풍파와 거리가 있어 상대적으로 조용한 학계로 돌아갈 수도 있었고, 실리콘밸리에서 또 다른 경험에 도전할 수도 있었다. 이 두 가지 선택지를 놓고 고민했다. 그 무렵 리프트의 공동창업자이자 CEO인 로건 그린Logan Green을 소개받았다.

그는 장난기가 넘치는 유머 감각의 소유자였다. 몇 년 동안 리프트의 차량은 앞부분 그릴에 회사의 상징인 분홍색 '카스태시carstache('자동차'와 '콧수염'의 합성어로 콧수염 형태의 커다란 자동차 장식물을 일컫는다-옮긴이)'를 달고 다닌 것만 봐도 알 수 있다. 생각이 깊고 내성적인 로건은 트래비스와는 전혀 다른 유형의 인물이었다. 그와 만난 지 10초 만에 이 사실을 알아차렸다. 로건은 악수를 나눈 뒤 여러 가지 질문을 했으며 내가 하나씩 대답할 때까지 차분하게 기다렸다. 그러나 도시 운송 시스템을 바꾸겠다는 열정만큼은 트래비스와 다르지 않을 만큼 뜨거웠다.

로건은 트래비스와 마찬가지로 로스앤젤레스 출신이었다. 이것은 결코 우연이라 할 수 없다. 두 사람 모두 자동차 안에서 답답하게 시간을 보내야만 하는 로스앤젤레스의 교통체증 지옥을 경험하면서 성장했기 때문이다. 자기 차를 모는 운전자들은 자동차 구입비는 말할 것도 없고 기름값과 보험료로 많은 돈을 지출했다. 이것은 시간을 낭비하고 환경을 오염시키는 행동이었다! 이런 모습을 로건은 도무지 받아들일 수 없었다.

그는 다른 방법이 없을지 생각에 생각을 거듭했다. 자동차를 중심으로 돌아가는 도시가 아니라 사람을 중심으로 돌아가는 도시를 만들어야 한다고 생각했다. 대학교를 졸업한 뒤에 로건은 마침내 해답을 찾아냈다. 그것은 바로 장거리 카풀을 안전하게 이용하려는 사람들을 고객으로 삼아서 중개인 역할을 하는 승차공유 회사를 만드는 것이었다. 그는 우버가 창업하기 2년 전인 2007년 친구 존 짐머^{John Zimmer}와 함께 짐라이드^{Zimride}라는 회사를 창업했다. 이 회사는 얼마 후에 리프트로 이름을 바꾸었다.

실리콘밸리의 회사들이 대부분 그렇듯 규모 확장에 접근하는 리프트의 방식은 데이터 중심적이었다. 그래서 나는 우버에 처음 발을 들여놓을 때와 마찬가지로 리프트에서도 마음이 편안했다. 또 하나 중요했던 점은 리프트의 문화였다. 리프트는 고객의 생활을 개선하겠다는 로건의 진정한 욕구가 반영된 긍정적인 업무수행 문화를 갖고 있었다. 그러나 당시 리프트는 시장에서 입지를 굳히고 적자 상태에서 벗어나야 했다. 이는 우버와 같은 공격적이고 효율적인 경쟁자를 상대로 해서는(비록 트래비스 캘러닉이 떠났다고는 해도) 결코 쉽게 달성할 수 있는 목표가 아니었다.

내가 리프트에 들어갔을 무렵 이 회사는 한층 더 빠르게 규모를 확장할 획기적인 혁신 방안을 찾고 있었다. 입사하고 약 6개월이 지난 2018년 말 즈음 로건은 그 해답의 실마리를 찾았다고 느꼈다. 고객에게 특별한 혜택을 제공함으로써 더 많은 충성 고객을 확보할 수 있는 방법을 찾은 것이다. 그것은 바로 회원제 프로그램^{membership program}이었다.

로건은 이 아이디어를 어떻게 떠올릴 수 있었을까? 충성 고객이 가진 힘을 그가 온전하게 이해한 것도 부분적으로 작용했다. 그는 코스트코의 충실한 고객이기도 했는데, 코스트코가 다른 대형 할인점인 이른바 '빅 박스' 경쟁사들과 자신을 어떻게 차별화하는지 가까이에서 지켜보았다. 코스트코의 소비자들은 다른 대형 할인점의 소비자와는 달랐다. 그들은 대용량과 저가 그리고 다양한 슈퍼마켓과 백화점 상품의 접근성을 매력으로 내세우는 회원제 프로그램에 기꺼이 지갑을 열었다. 로건은 높은 수익성과 고객 만족도를 모두 갖춘 코스트코 모델을 높이 평가했다.

로건은 리프트를 회원제로만 운영하고 싶지는 않았다. 그러나 단골 승객을 위한 선택지로 회원제를 마련하고, 이들이 보너스 서비스에 대한 특별한 접근성을 갖도록 하는 아이디어 역시 놓치고 싶지 않았다. 그는 회원제가 커다란 잠재력을 지닌다고 믿었다.

그런데 그런 모델들이 운송업계에서는 드문 게 아니었다. 항공사부터 주유소나 철도회사에 이르기까지 전 세계 많은 회사가 유료회원제를 통해 고객들에게 업그레이드, 할인, 추가 서비스(예를 들면 공항에서 편안하게 대기할 수 있는 전용 라운지 이용) 등과 같은 혜택을 제공한다. 로건은 회원제를 제대로만 설계한다면 리프트에도 효과가 있으리라 생각했다. 나아가 1억 명의 코스트코 고객이 코스트코에 충성을 다하듯 회원제가 자사의 고객을 충성 고객으로 만들 장기적인 전략이 되리라 생각했다.

로건은 회원제 프로그램 개발에 나서기 전에 나를 포함한 직원들에게 자신의 아이디어가 어떤지 물었다. 물론 나도 거기에 대해서는 의견이 있었다. 한마디로 말하면, 유료회원제 프로그램은 확장성을 가질 수 없다는 게 내 의견이었다.

그런데 내 의견은 소수 의견에 속했다. 그 뒤 몇 달 동안 나는 내게 맡겨진 일들을 여러 임원과 원만하게 처리했다. 그런데 마치 타운홀 토론(지역사회의 모든 주민이 초대되어 중요한 정책이나 쟁점 사안에 관련된 공무원들의 설명을 듣고 자기 견해를 밝히는 회의-옮긴이)처럼 느껴졌던 네 차례의 회의가 특히 기억에 남는다. 직원 수십 명이 지켜보는 가운데 나를 포함한 고위 간부들이 그 문제를 놓고 논쟁을 벌였다. 내가 투우였고 로건을 비롯한 다른 간부들이 투우사였을 수도 있고, 그 반대였을 수도 있다. 당시에는 어느 쪽인지 확신할 수 없었다. 아무튼 그 자리가 다른 직원들에게 좋은 볼거리였음은 분명했다.

제품 차별화와 고객 충성도가 우버와 경쟁하기 위한 리프트의 핵심 전략이 돼야 한다는 로건의 논지에 나는 전적으로 동의했다. 우버 같은 강력한 경쟁자를 상대로 벌이는 치열한 가격 경쟁에서 벗어날 수 있는 유일한 방법은, 가격이 아닌 다른 어떤 것에 집중하는 것이기 때문이다.

그러나 그 두 가지 요소를 중심으로 리프트의 새로운 전략을 추진하는 방법에 대해서는 의견이 달랐다. 로건은 회원제가 해답이라고 확신했고, 나는 그렇지 않다고 확신했다. 리프트는 코스트코나 넷플릭스 같은 회사들과 다르게 기본적으로 자기만의 독특한 취약성을 전제로 해야 한다는 것이 내 주장의 요점이었다. 나는 구독subscription이라는 모델은 그 방법이 아니고서는 쉽게 이용하거나 접근할 수 없는 상품이나 서비스일 경우에 규모 확장이 가능하다고 생각했다. 이것이 코스트코가 거둔 성공의 비결이었다. 코스트코에서는 쇼핑객이 매장에 들어가려면 회원카드를 제시해야 한다. 그런데 이런 회원제 프로그램은 스마트폰의 화면을 몇 차례 누르기만 하면 몇 초 안에 차량이 나타나고, 승객이 택시나 기차와 같은 다른 저가 선택지에 쉽게 접근할 수 있는 승차공유 시장과는 맞지 않았다.

간단하게 말하면, 어떤 소비자가 코스트코에서 닭가슴살 1파운드를 사려고 스마트폰의 앱을 터치하다가 갑자기 '샘스클럽Sam's Club'의 닭가슴살을 자기 바구니에 담지는 않는다는 것이다. 게다가 식품과 생필품들의 가격은 실시간으로 바뀌지 않고 매장마다 거의 동일하게 유지되는 경향이 있다. 따라서 코스트코가 제공하는 다양한 선택지와 비용 절약을 다른 유통점에서는 쉽게 확보할 수 없다.

반면 승차공유는 가격, 수요, 공급, 차량을 기다리는 시간이 끊임없이 바뀌는 마이크로마켓에서 거래가 이루어지는 역동적인 상품이다. 어떤 업체에서 승차공유 차량 공급이 부족해서 승차요금이 갑자기 오르거나 대기 시간이 길어지면 사람들은 쉽게 다른 업체를 찾을 수 있다. 실제로 많은 사람이 우버와 리프트의 앱을 모두 깔아둔 채 최종 선택하기 전에 이 둘의 대기 시간과 가격을 빠르게 비교한다. 스마트폰 앱을 몇 차례만 눌러보면 금방 알 수 있기 때문이다. 그래서 사용자는 이 앱을 사용하다가도 저 앱으로 쉽게 갈아탄다. 한 번 누르고, 두 번 누르고, 끝!

그런데 코스트코의 모델은 이런 식으로 돌아가지 않는다. 시청자가 충동적으로 구독을 취소하고 즉석에서 다른 스트리밍 서비스로 전환하는 일이 없는 넷플릭스 같은 구독(회원제) 서비스들도 마찬가지다. 넷플릭스 같은 스트리밍 서비스 시장에서는 소비자가 서비스업체를 바꾸려면 계정을 새로 만들고 신용카드 정보를 입력하는 과정을 거쳐야 하기 때문이다. 게다가 스트리밍 서비스의 경우 사람들은 폭넓은 선택지를 갖기 위해 대개 두 개 이상의 플랫폼을 동시에 구독한다.

마찬가지로 코스트코의 회원으로 있는 이들은 다른 곳에서도 쇼핑을 한다. 코스트코에서 대용량 생활용품을 사는 반면, 식료품은 다른 곳에서 다른 브랜드 제품을 살 수 있다. 그런데 승차공유에서는 이런 차별화가 존재하지 않는다. 게다가 대다수 승차공유 차량 앞 유리창에는 리프트와 우버의 스티커가 함께 붙어 있다. 승차공유 차량이 두 개의 앱을 동시에 사용한다는 의미다.

심지어 코카콜라나 펩시콜라처럼 서로 비슷한 제품도 브랜드가 다르다. 반면 리프트의 운전자나 우버의 운전자는 고객에게 특정 브랜드에 대한 충성심을 고취시키려 노력할 이유가 별로 없다. 또한 회원으로 가입하지 않고서는 쉽게 누릴 수 없는 특별한 서비스(리프트가 자기 고객만을 상대로 해서 무료 업그레이드 서비스를 제공하는 유나이티드항공사와 제휴 관계를 맺은 사실을 생각해보라)를 승차공유 경험에 추가할 수 없다면, 회원제 프로그램은 규모 확장이 무척 어려울게 뻔하다.

내가 승차공유 시장에서 회원제가 그다지 효과적이지 않음을 강하게 믿었던 이유도 바로 여기에 있다. 그런데 이런 문제를 놓고 고민한 사람은 나 혼자가 아니었다.

• ──── 교묘한 가격 정책, 디즈니랜드 딜레마

선구적인 경제학자이자 노벨상 수상자인 아서 루이스Arthur Lewis는 1941년에 '이부 가격제two-part tariffs'를 다룬 논문을 발표했다.[1] 그 뒤로 많은 경제학자들이 회원제 프로그램의 가격을 연구해왔다. 이부 가격제는 고객이 구매를 원하는 제품에 접근하려면 먼저 가입비를 내야 하는 제도다. 어쩐지 부당하게 들릴 수도 있다. 하지만 몇몇 상황에서는 구매자와 판매자 사이의 이런 합의는 일리가 있다. 이것은 코스트코의 모델인데 다른 여러 곳에서도 이 접근법을 찾아볼 수 있다.

매달 둘째 주 일요일에 캘리포니아 패서디나의 로즈볼스타디움에서 열리는 그 유명한 로즈볼플리마켓Rose Bowl Flea Market을 살펴보자. 이 행사에 참가한 상인들은 노점을 열고 온갖 기이한 골동품과 희귀한 물건들을 판매한다. 이것들을 접하려면 방문객은 우선 입장료부터 내야 한다. 좋은 물건을 서로 차지하겠다는 경쟁이 치열해서 오전 5시부터 7시까지의 VIP 입장료는 25달러나 된다. 그러나 그 시각 이후로 입장료 가격은 계속 떨어진다. 오전 7시부터 8시까지는 18달러, 8시부터 9시까지는 14달러, 오전 9시부터는 일반 입장료가 9달러다.

놀이공원이 손님들에게 입장료를 받고 또 놀이기구마다 따로 요금을 받는 것이 과연 타당할까? 경제학자 월터 오이Walter Oi는 1971년에 발표한 논문 「디즈니랜드 딜레마The Disneyland Dilemma」에서 이에 대한 타당성을 마련해주는 이론적 조건들을 제공했다. 가격을 추가로 매겼을 때 발생하는 수익이, 그런 조치 때문에 고객이 발길을 돌리는 상황을 충분히 상쇄할 수 있는가를 연구한 것이다. 다시 말해 고객 관점에서 입장료라는 추가 비용을 기꺼이 지불할 필요가 있는지, 이에 대한 이론적인 조건들을 제공했다.

디즈니는 단일 가격제를 선택하고 있었다. 방문객이 입장료를 내고 공원 안으로 들어가면 모든 놀이기구를 무료로 사용할 수 있게 한 것이다. 그러나 디즈니랜드처럼 반*독점적인 마이크로마켓에서는 음식, 기념품, 다른 제공품들이 수익성 있는 2차 가격 상품으로 기능한다. 이것은 정확하게 말하면 회원제 프로그램 그 자체의 사례는 아니다. 그러나 소비자가 달리 접근할 만한 대안이 없는 상황에서 기업이 착취적인 가격 책정을 교묘하게 실행한다는 것만은 분명한 사실이다.

리프트의 경우 회원제 프로그램은 애초부터 고객을 착취하겠다는 의도로 만들어진 게 아니었다. 로건은 일단 모든 사람이 이용할 수 있는 하나의 가격 세트를 만들었다. 그리고 추가로 특별한 혜택을 얻을 수 있는 회원제 프로그램을 선택 사항으로 제공하고 싶어 했다. 즉, 회원제에 가입하지 않아도 기본적인 승차공유 서비스는 이용할 수 있다. 하지만 회원제에 가입하면 기본 요금 할인, 빠른 차량 배차, 특별 숙박 시설 이용권 등의 추가 혜택을 얻을 수 있는 것이다. 일반적으로 소비자는 회원제에 가입함으로써 얻는 편익(저렴한 가격, 빠른 서비스, 그 밖의 특전)이 회원제의 가격보다 더 가치 있다면 기꺼이 가입한다. 그러나 그렇지 않다면 그 프로그램의 규모 확장은 불가능하다.

이런 점에서 회원제 프로그램을 꾸준하게 구매하는 소비자를 두 가지 유형으로 분류할 수 있다. 첫 번째 유형을 '조굿즈^{JoGoods}'라고 부르자. 이 유형은 더 나은 거래가 인센티브로 작용해서 더 많은 제품이나 서비스를 구매한다. 리프트의 경우라면 더 많은 승차 공유를 한다. 심리적으로 이들은 할인 상품을 많이 구매할수록(비록 실제로는 더 많은 지출을 함에도 불구하고) 1차 가격이 자기에게 유리하다고 느낀다. 슈퍼마켓에서 '하나를 더 사면 다른 하나는 반값' 같은 상품이 잘 팔리는 이유도 이런 행동 패턴이 작동하기 때문이다. 소비자는 할인 상품을 구매하길 원하므로, 실제로 자신에게 필요한 제품이 하나라 해도 굳이 하나를 추가해서 두 개를 구입한다.

바로 이것이 기업들에게는 최적점^{sweet spot}이다. 소비자는 자신에게 유리한 거래를 하고 한층 더 나은 서비스를 즐긴다고 느낀다. 또 기업의 관점에서는 보다 더 많은 제품이나 서비스를 판매할 수 있다. 로건은 리프트에도 이런 최적점이 창출되길 기대했다. 진정한 윈-윈을 통해서 수익이 개선되길 기대했던 것이다.

그러나 두 번째 유형의 고객도 있다. 이 유형을 '노굿즈^{NoGoods}'라고 부르자. 노굿즈는 회원제 프로그램이 자신에게 유리한 거래라서 가입하지만 승차공유 횟수를 늘리지는 않는다. 노굿즈에게 회원제 프로그램이 가치 있는 이유는 그들이 승차공유를 자주 하기 때문이며, 할인은 그들이 구매하는 모든 승차공유에 적용된다. 이 것은 리프트로서는 최적점이 아니다. 그들은 동일한 횟수의 승차공유를 하더라도 각각의 승차공유에 대해서 상대적으로 적은 돈을 지불하며, 리프트가 그들에게서 받는 회원제 프로그램의 요금은 그 차감분을 상쇄하지 못한다.

규모 확장이 가능한 회원제 프로그램을 제공하려는 회사들이 맞닥뜨리는 문제는 동일하다. 노굿즈 대비 조굿즈의 비율을 매력적으로 유지하는 것이다. 이 비율이 어그러지면 회사는 오히려 손해를 본다. 그러므로 어떤 고객이 회원제 프로그램을 가장 원하는지 철저하게 꿰뚫고 있어야 한다.

이것이 리프트의 회원제 프로그램 도입을 반대했던 이유다. 나는 리프트에 회원으로 가입하는 사람이라면 대부분 이미 승차공유를 자주 이용하는 사람들일 것이라 판단했다. 이 사람들은 혜택을 가장 많이 받지만 그렇다고 해서 지금보다 승차공유를 더 많이 하지는 않을 사람들이다. 즉, 노굿즈 고객이다. 내 말이 맞다면 이 고객들은 회원제 프로그램에서 창출될 회사의 수익을 까먹을 뿐만 아니라 결국 회사는 이들 때문에 더 많은 비용을 지출할 게 분명했다.

물론 회원제 프로그램은 고객의 충성심을 높이고 리프트를 많은 사람에게 한층 더 매력적으로 만들어줄 것이다(나는 회의에서도 이렇게 말했다). 하지만 회사의 재무 상태를 엉망으로 만들어버릴 수도 있었다. 회사가 망한다면 고객의 충성도가 무슨 의미가 있단 말인가. 결국 로건은 자기 아이디어를 일단 소규모로 시험해보는 것이 중요하다고 판단했다. 나는 여전히 반대하는 입장이었지만, 그 아이디어를 전사적으로 확장하기 전에 파일럿 프로그램을 통해 데이터를 수집하자는 의견에는 동의했다.

이렇게 해서 리프트는 다양한 승차공유 고객이 다양한 할인 혜택 및 선불금으로 구성된 월간 회원제 프로그램에 가입할 수 있도록 시험 운영을 했다. 2019년 3월 초 약 2주 동안, 120만 명가량의 사람들에게 무작위로 할당된 여섯 개의 회원제 프로그램 가운데 하나를 구입할 기회를 제공했다.

1. 선불 5달러를 내면 모든 승차권 5퍼센트 할인
2. 선불 10달러를 내면 모든 승차권 5퍼센트 할인
3. 선불 10달러를 내면 모든 승차권 10퍼센트 할인
4. 선불 15달러를 내면 모든 승차권 10퍼센트 할인
5. 선불 20달러를 내면 모든 승차권 10퍼센트 할인
6. 선불 20달러를 내면 모든 승차권 15퍼센트 할인

2주 동안 여섯 가지 제안 가운데 하나를 받아들인 리프트의 고객들이 승차공유 서비스를 이용하면서 데이터를 남겼다. 여섯 개

집단 각각의 행동 이면에 놓여 있는 패턴은 회원제 모델이 과연 규모 확장의 잠재력을 갖고 있는지 아닌지를 말해줄 것이다. 만일 그렇다면 이는 회사와 고객 모두에게 이상적인 가격대와 할인율은 얼마일지 확인할 수 있는 열쇠가 될 것이다.

모든 데이터를 분석한 결과 내 판단이 옳았음이 밝혀졌다. 우리가 시험한 여섯 가지 가격 구조 가운데 규모 확장의 가능성을 보인 것은 단 하나도 없었다.

이렇게 될 수밖에 없었던 이유를 정리하기 위해서 조굿즈와 노굿즈로 분류했던 두 가지 고객 유형으로 돌아가 살펴보자. 120만 명에 달하는 실험적인 승차공유 사용자들의 특성은 동일하지 않았다. 그들이 돈을 지출하는 방법과 시점이 제각기 달랐음은 말할 것도 없고, 승차공유의 필요성이나 소득수준도 모두 달랐다. 그리고 저마다 다른 독특한 소비 스타일 때문에 그들은 자기가 구매한 회원권을 제각기 다르게 사용할 게 분명했다. 어떤 사람들은 돈을 더 많이 지출할 것이고 어떤 사람들은 돈을 더 많이 절약할 터였다.

우리 팀은 특정한 패턴을 이끌어내기 위해서 특성별로 집단을 분류하는 작업을 했다. 그 데이터를 통해 회사가 어떤 유형의 회원에게서는 손해를 보고, 어떤 유형의 회원에게서는 이득을 볼지 추정할 수 있기 때문이었다. 그런데 결과는 극명하게 갈렸다. 노굿즈 고객 수는 조굿즈의 거의 세 배나 됐다. 즉, 월정 선불금으로 한 달 회원이 된 고객 대부분이 승차 횟수를 늘리지 않았다는 말이다. 그들은 동일한 횟수의 승차공유를 할인된 요금으로 구매했다. 물론 조굿즈 덕분에 전반적으로 탑승률이 증가한 건 사실이다. 그러나 회원제 프로그램의 규모 확장 가능성을 판단하는 열쇠는 단순히 승차 횟수를 세는 것이 아니라 어떤 사람이 더 많이 승차하는지 파악하는 데 있었다.

데이터에 따르면 조굿즈 대 노굿즈의 비율이 3대 1일 때를 기준으로 회원제 프로그램을 확대하면 할수록 노굿즈에게 손해 보는 돈이 조굿즈에서 벌어들이는 돈보다 더 커졌다. 결국 회원제 프로그램의 규모 확장은 실패로 끝나고 말 것이라는 뜻이었다.

경제학의 기초로 돌아가서 살펴보면, 선불금을 대폭 높이거나 회원제 프로그램의 혜택을 한층 더 매력적으로 만듦으로써 비용편익계산의 틀을 바꿀 필요가 있었다. 실험 데이터를 깊이 분석한 결과, 선불금을 대폭 높이는 경우에는 선불금이 더 많고 할인액이 동일할 때가 선불금이 동일하고 할인율이 더 높을 때보다 가입자 수가 더 적어지는 경향이 나타났다.

만일 우리가 단순히 가입자의 수를 최대로 늘리고자 했다면 해결책은 분명했다. 그것은 바로 할인율을 높이는 것이었다. 그러나 얼마나 많은 사람이 가입할 것인지에 대해서는 전혀 신경 쓰지 않았음을 기억해야 한다. 가입자 수는 그리 중요하지 않다. 우리가 신경을 쓴 것은 과연 누가 가입할 것인가 하는 점이었다. 우리로서는 조굿즈를 더 많이 가입시키는 한편 노굿즈를 더 적게 가입시키는 구조를 찾을 필요가 있었다.

이 모든 데이터를 분석한 결과 최적의 회원제 프로그램 구조는 처음에 고려했던 것들 중 하나가 아니었다. 최적의 구조는 선불금 19.99달러에 한 번씩 승차할 때마다 적용하는 할인율이 7.5퍼센트인 것으로 드러났다. 이 가격 구조에서는 비록 고객이 줄어들긴 해도(실제로 리프트 고객 가운데 이 회원제 프로그램을 사용할 사람은 극히 일부였다) 회사의 수익은 늘어날 수 있었다.

가격과 할인율 구조에 대한 이런 사실을 확인하고 나자 비로소 로건은 회원제 프로그램의 규모를 확장하려면 우선 잠재고객의 수를 늘려야 하고, 회원제 프로그램에 한층 더 매력적인 혜택을 넣어야 한다는 것을 깨달았다. 그러나 이때 잊지 말아야 할 것이 있다. 그 혜택은 회원으로 가입하지 않으면 결코 누릴 수 없는 혜택이어야 한다는 점이다.

고객을 대상으로 한 설문조사 및 컨조인트 분석conjoint analysis(어떤 제품 또는 서비스가 가진 속성 하나하나에 고객이 부여하는 가치를 추정함으로써 그 고객이 어떤 제품 또는 서비스를 선택할지 예측하는 분석 기법-옮긴이)을 통해서 해답을 찾을 수 있었다. 우리는 고객이 안전하고 믿을 수 있는 저렴한 승차 서비스 외에도 공항 픽업, 깜짝 할인, 취소 수수료 면제, 전용 할인 혜택 등을 좋아한다는 사실을 알아냈다.

리프트는 이 모든 것을 종합적으로 고려한 끝에 2019년 말, 리프트핑크Lyft Pink라는 프로그램을 내놓았다. 한 주에 두세 번 리프트를 이용하는 고객에게 추천했던 이 프로그램은 월 19.99달러라는 월정액을 내는 고객에게 다음과 같은 '우월한' 경험을 제공하겠다고 약속했다. 승차 횟수와 상관없이 승차요금 무제한 15퍼센트 할인, 공항에서의 우선 승차권 제공, 15분 이내에 재예약하는 경우에 한해서 월 3회 취소 수수료 면제, 차에 두고 내린 분실물 회수 수수료 면제, 깜짝 할인 및 특별 할인 혜택, 몇몇 시장에서 리프트가 제공하는 자전거 공유 서비스를 통해 월 3회 30분간 자전거 또는 스쿠터 사용 등. 승차요금 할인은 아이스크림이었고 그 밖의 다른 혜택들은 그 아이스크림 위에 얹는 체리였다. 로건은 승차요금 15퍼센트 할인 혜택과 결합된 추가 혜택들이 더 많은 조굿즈들을 리프트핑크 회원으로 끌어당길 것이라고 믿었다.

이 제안은 호텔의 스위트룸만큼이나 매력적이었다. 그래서 프로그램 개시 석 달 뒤에는 수천 명이 리프트핑크 회원으로 가입했다. 그러나 코로나 바이러스가 세상을 강타했다. 2020년 3월 중순에는 거의 전 세계가 셧다운 조치를 시행했다. 승차공유 서비스가 설 자리는 거의 사라지고 말았다. 셧다운이 해제된 뒤에도 리프트는 사업의 모든 부분이 예전 같지 않았다. 리프트는 비용 측면에서부터 고객 측면에 이르기까지 모든 면에서 운영을 정상화하려고 안간힘을 썼다.

회사 내부에서는 리프트핑크가 이후 훨씬 더 중요한 역할을 할 것이라고 믿었다. 이 원고를 쓰는 시점을 기준으로 말하면, 우리는 지금 코로나 팬데믹에서 막 벗어나고 있다. 따라서 리프트핑크가 규모 확장이 가능한 아이디어인지 아닌지는 오로지 시간과 데이터가 일러줄 것이다. 나는 여전히 낙관적으로 바라본다. 그러나 명확한 증거는 직접 실천해본 끝에야 확인할 수 있으리라. 궁극적으로는 노굿즈 대비 조굿즈의 비율이 리프트핑크가 규모 확장이 가능한 아이디어인지 아닌지를 결정할 것이다.

· ─── 당신의 고객이 누구인지 파악하라

리프트핑크 이야기는 온갖 다양한 유형의 규모 확장 프로젝트가 맞닥뜨리는 과제가 무엇인지 생생하게 보여준다. 그 과제는 바로 해당 기업 혹은 해당 아이디어나 프로젝트가 소구하는 고객이 누구인지 파악하는 것이다.

내 고객이 누구인지 아는 것은 매우 중요하다. 현재 당신 회사의 다양한 고객 유형을 제대로 이해하지 못하면 당신 회사의 제품이나 서비스 혹은 규모 확장 프로그램에 누가 반응할 것인지 정확하게 예측할 수 없기 때문이다. 따라서 1장에서 살펴본 긍정 오류라는 장애물을 말끔하게 제거하고, 또 확장을 위해서 당신이 하고 있는 노력의 효과를 확실하게 입증한 다음 단계에서 해야 할 일이 있다. 그것은 바로 "그 아이디어가 과연 얼마나 광범위하게 작동할 것인가?"라는 질문에 답하는 것이다.

어떤 아이디어나 프로젝트를 문화, 기후, 지리, 사회경제 등의 측면에서 다양한 집단을 대상으로 규모 확장을 시도할 때, 제각기 다른 사람들은 당연하게도 제각기 다른 선택을 한다. 그리고 시험적인 소규모의 예비 시도에 참여하는 사람들은 언제나 특정한 지역이나 문화의 영향을 받기 때문에 일반적이지 않으며 독특한 방식으로 행동할 수 있다. 따라서 당신이 이 특수한 결과를 일반적인 것으로 잘못 해석할 위험은 언제든지 존재한다.

이해를 돕기 위해 이와 관련된 예를 들어보자. 터무니없어 보이지만 매우 현실적이고 생생한 사례다. 남부 캘리포니아에서 새로운 디자인의 비치웨어가 불타나게 팔리는 상황을 가정해보자. 이런 유행이 태평양 해안을 따라서 알래스카까지 확장되지는 않을 것이다. 마찬가지로 지진에 취약한 미국의 일부 지역에서는 지진 대비 용품이 잘 팔리겠지만 다른 지역에서는 그다지 잘 팔리지 않을 것이다. 그러므로 지진 대비 용품의 광고 캠페인을 미국 전역을 대상으로 확장하는 것은 어리석은 짓이다.

코미디언을 비유로 들어 생각해보자. 코미디언이 청중을 쥐고 흔들며 웃기려면 청중이 어떤 사람들인지 알아야 한다. 집을 무너뜨린다는 농담이 어떤 환경에 놓인 사람에게는 웃음을 줄 수 있지만, 어떤 환경에 놓인 사람에게는 의도치 않게 상처를 상기시킬 수 있다. 마찬가지로 한 집단에서 성공을 거둔 아이디어라 해도 다른 집단에서는 실패할 수 있다. 이것이 바로 내 고객이 누구인지, 즉 해당 아이디어가 누구를 위한 것인지 정확히 알아야 하는 이유다.

소셜미디어 플랫폼인 핀터레스트Pinterest는 주로 여성이 많이 사용한다. 이 플랫폼은 사용자 기반 및 수익 잠재력을 애초부터 제한한다. 물론 많은 기업이 기본적으로 자기 고객의 범위를 제한하며 이것은 아무런 문제가 되지 않는다. 이 회사의 아이디어는 여전히 해당 목적에 부합하며, 설령 한계가 있다고는 하더라도 여전히 수익을 창출한다.

데이트 앱들을 보자. 이 앱들은 확장성이 높아서 규모 확장이 원활하게 이루어진다. 하지만 명확한 한계가 있어서 그 한계를 넘어서까지 규모 확장이 이루어지지는 않는다. 이 앱이 배우자에게 충실한 사람들에게까지 확장되지 않는다는 점은 개발업체가 애초부터 알고 있는 사실이다. 예컨대 "인생은 짧다. 바람을 피우자.Life is short. Have an affair"라는 슬로건을 내건 기혼자 불륜 알선 앱인 애슐리 매디슨Ashley Madison을 살펴보자. 이 업체는 부부 관계를 유지하고는 있으나 상대방에게 헌신적이지 않은 7,000만 명만을 고객으로 설정한다고 당당하게 주장한다.[2] 서로에게 충실한 부부는 그들의 고객이 아니라는 것이다.

그러나 어떤 제품이나 프로그램이 최대 효과를 낼 수 있도록 규모를 확장하고자 할 때는 최대한 많은 사람에게 서비스를 제공하는 것이 이상적이다. 해당 아이디어의 매력이 보편적일수록 확장성은 높아진다. 이런 사실을 염두에 두고 소비자를 이해해야 한다. 소비자의 니즈, 소비 습관, 행동 성향은 제각기 다르다는 점을 감안해서 소비자의 관심과 편익이 가장 많이 겹치는 지점을 찾는 것이 중요하다. 신화에 등장하는 외눈박이 괴물들이 모여 사는 나라에서는 우리가 흔히 보는 통상적인 안경은 팔리지 않을 테니 말이다.

특이한 집단들이나 세분화된 고객들의 니즈와 요구를 무시할 때는 반드시 전압 강하가 일어난다. 이와 관련된 교과서적인 사례가(실제로 나는 경제학 교과서에 이 내용을 넣었다) 궁금하다면 케이마트

Kmart가 시행했던 블루 라이트 스페셜Blue Light Special을 보면 된다.

1965년, 인디애나주에 있던 어떤 케이마트 점장은 그야말로 기발한 아이디어를 하나 떠올렸다. 그는 팔리지 않고 남아 있는 상품들의 가격을 내린 다음 그 제품들을 매대에 모아놓았다. 그리고 매대 위에 파란색 경찰 순찰차 조명이 번쩍거리게 하고는 직원에게 스피커로 이렇게 고함을 지르라고 지시했다.

"고객 여러분에게 알립니다! 3번 통로에 있는 남성용 겨울 재킷이 50퍼센트 할인되었습니다. 품절되기 전에 빨리 달려가세요!"

이 광경이 쇼핑객의 주의를 끌었고, 사람들은 혹시 그 제품이 품절되면 어떡하나 싶어 서둘러 3번 통로로 달려갔다. 이렇게 해서 케이마트의 그 유명한 '블루 라이트 스페셜'이 탄생했다. 이것이 현재 '플래시 세일'로 알려진 것의 최초 혁신이다.

이 소문은 빠르게 퍼졌다. 곧 전국의 모든 케이마트에 블루 라이트 스페셜이 도입돼 비슷한 성공을 거두었다. 이는 판매를 촉진하는 매우 혁신적인 방법으로 눈부시게 규모가 확장됐다. 눈과 귀를 사로잡는 과장된 시청각 요소, 이것이 쇼핑객들 사이에서 불러일으키는 긴박감이야말로 블루 라이트 스페셜이 갖는 탁월함의 한 부분이었다.

그리고 또 다른 부분은 어떤 상품을 세일 상품으로 선택할 것인지다. 쇼핑객들이 누구인지 가장 잘 아는 점장이 세일 상품을 결정했다는 것이야말로 블루 라이트 스페셜이 성공한 가장 중요한 포인트다. 점장은 쇼핑객들과 자주 이야기를 나누었으며 동일한 지역사회에 살았다. 또 특정한 경험을 공유하고 있었다. 그랬기에 케이마트 점장들은 팔리지 않고 오래도록 매대를 차지하고 있는 비인기 상품들을 어떻게 팔아야 할지 누구보다 잘 알았다. 뿐만 아니라 특정한 장소와 시간에 특정한 쇼핑객의 요구에 맞춰서 할인 상품을 선정할 수 있었다. 폭설이 내린 다음 날 아침에 눈삽이나 제설제 등을 할인해서 파는 것 등이 그 예다. 월마트의 창업자 샘 월턴^{Sam Walton}은 블루 라이트 스페셜을 '역사상 최고의 판촉 아이디어 가운데 하나'로 꼽았다.

그런데 케이마트는 결국 모든 것을 망쳐버리고 말았다. 개별 매장이 독자적으로 할인 상품을 선택하도록 허용하지 않은 것이다. 전국의 케이마트 매장에서 블루 라이트 스페셜로 판매될 모든 상품을 일리노이의 호프먼 이스테이츠에 있는 본사 사무실에서 몇 달 전에 정하기 시작했다. 이것은 매장이 어느 지역에 있든 상관없이 특정한 날에는 특정한 동일 상품이 블루 라이트 스페셜로 판매된다는 뜻이었다.

여름 무더위가 새러소타를 강타하거나 폭우가 시애틀을 강타할 때 해당 지역 케이마트 점장들은 고객에게 한층 더 나은 서비스를 제공할 수 없었다. 예전처럼 자율성을 갖고 판촉 대상 상품을 조정할 수 없었기 때문이다. 결국 이 새로운 정책은 니즈와 소비 습관과 행동 성향 등이 제각기 다른 고객 집단의 특수성을 무시함으로써, 효과가 검증된 프로그램의 규모 확장 가능성을 죽여버렸다.

선택 편향으로 잘못된 표본을 연구하다

고객층이 다양하기 때문에 변동성은 필연적이며, 이 변동성은 규모 확장에 또 다른 과제를 안겨준다. 진정으로 광범위한 영향력을 행사할 수 있으려면 현재의 고객이나 소구 대상이 지역이나 인구통계학적 특성 등에 따라서 집단별로 어떻게 다른지 이해하는 것만으로는 충분하지 않다. 현재의 고객이 미래의 고객과 어떻게 다를지도 생각해야 한다.

다시 말해 당신에게 초기의 성공을 안겨준 최초의 고객층(또는 테스트 표본이나 세분시장)이 해당 아이디어의 규모를 확장했을 때, 그 제품이나 서비스를 제공하고자 하는 바로 그 대규모 집단을 정확하게 대표하는지 확인해야 한다. 어떤 기업이나 프로젝트의 초기 단계에서 나타난 결과를 평가할 때는 과학자들이 모집단의 대표성representativeness of population이라고 부르는 것을 정확하게 측정하고 있는지 반드시 확인할 필요가 있다.

비#대표성은 우연히 발생할 수도 있고 의도적인 표본 선택을 통해서 발생할 수도 있다. 비대표성이 우연히 발생할 때 그 현상을 선택 편향selection bias, 즉 표본 선정에서 발생하는 편향이라고 부른다. 이 편향은 표본 선정에서 반드시 지켜져야 하는 무작위성의 원칙이 깨졌을 때 나타난다. 시범적인 프로그램 혹은 연구 사업에서는 본인이 원해서 참가한 사람들이 혜택을 받을 가능성이 가장 높다. 때문에 이 편향은 문제가 된다. 물론 새로 개발된 수면제를 얻기 위해 임상실험에 참가하는 자원자 가운데 압도적인 다수는 불면증 환자다. 그런데 이처럼 혜택받을 가능성이 가장 높은 사람들이 전체 표본 가운데서 불균형적으로 많을 때는 결과가 왜곡될 가능성이 높다. 이는 해당 프로젝트의 규모를 확장했을 때 나타나는 결과를 한층 더 낙관적으로 전망하게 만든다. 바로 이것을 가리켜 과학자들은 '선택 효과'라고 부른다.

이와 마찬가지로, 건강 프로그램에 가입한 사람들은 가입하지 않은 사람들보다 건강에 신경을 더 많이 쓴다. 따라서 건강에 도움이 되는 다른 행동을 더 많이 할 수 있다. 이런 경우에는 건강이 개선될 때 이것이 프로그램 참가자가 갖고 있는 다른 건강한 습관들 덕분이 아니라 해당 프로그램의 개입 덕분이라고 잘못 판단할 수 있다. 긍정 오류가 작동하기 때문이다.

예를 들어보자. 새로운 수면제를 개발하는 연구개발팀이 선택 편향을 예측해서 바로잡지 못한다면 어떻게 될까? 그 신약이 전체 집단이 아닌 전체 집단 가운데 일부 집단에게만 효과가 있음에도 그 약이 전체 집단에 효과가 있다고 잘못된 결론을 내릴 수 있다. 이것은 수면제 신약 개발에 거액을 투자했다가 결국 커다란 손실을 보게 되는 제약회사에게 좋지 않다. 나아가 신약 수면제를 절실하게 필요로 하는 불면증 환자들에게도 좋지 않다.

내가 가르쳤던 학생이기도 한 토바 러빈Tova Levin은 재능 넘치는 연구자다. 러빈은 의료회사인 휴마나Humana에서 실험 전략을 이끌고 있다. 이 회사는 신속한 테스트를 통해서 의사결정을 한다. 그렇기 때문에 규모가 확장된 조건에서도 기대하던 바람직한 효과가 잘 유지될 수 있도록 철저하게 설계된 연구들에 의존한다.

토바가 이끄는 연구팀은 외로움이나 식량 불안 등과 같은 건강의 사회적 결정 요인을 개선하기 위해 제각기 다른 몇 가지 연구를 진행했다. 연구팀은 이 연구에서 선택 효과로 결과가 오염되지 않도록 하기 위한 장치를 마련하고자 했다. 따라서 통계적으로 의미가 있도록 무작위로 추출한 집단들을 비교하는 여러 연구를 설계했다.

선택 효과가 결과를 오염시키는 일은 다른 기업에서도 얼마든지 나타날 수 있다. 1990년대 중반에 맥도날드는 한층 더 정성을 들인 약간 더 비싼 햄버거로 각광받을 메뉴인 아치디럭스^{Arch Deluxe}를 개발했다. 그리고 시장조사를 위해 광범위한 포커스그룹을 대상으로 테스트를 실시했다. 포커스그룹에 속했던 사람들이 아치디럭스에 보인 반응은 무척 좋았다. 이 신메뉴를 미국 전역으로 확장해도 아무런 문제가 없을 것처럼 보였다. 그러나 아치디럭스는 규모 확장에서 '디럭스'하게 실패했다.[3]

왜 이런 일이 일어난 것일까? 포커스그룹에 속한 사람들이 맥도날드의 전체 고객을 충실하게 대표하지 못했기 때문이다. 맥도날드 포커스그룹에 참여하겠다고 신청한 사람들은 아마도 맥도날드의 열광적인 팬이거나 햄버거라면 종류를 가리지 않고 모두 좋아하는 사람이었을 것이다. 그러나 평균적인 사람은 환상적인 버전의 빅맥이 아니라 그냥 빅맥을 먹으려고 맥도날드 매장으로 간다. 여기서 우리가 얻을 교훈은 분명하다. 초기 고객이 전체 고객 모집단을 대표한다고 가정해서는 안 된다는 점이다.

지금까지 제시한 몇 가지 사례를 보면 모집단의 대표성을 갖지 못하는 사람들로 구성된 표본 집단이 테스트에 참가했다. 이로써 선택 효과가 나타났다. 규모 확장의 희망을 뭉개는 선택 효과의 위협은 의도가 들어간 표본에서도 발생할 수 있다.

빈혈을 초래하는 철분 결핍은 인도를 비롯해 여러 지역에서 널리 문제가 되고 있다. 연구자들이 이 치료법을 찾기 시작했을 때 어떤 일이 일어났는지를 보자. 빈혈에 시달리는 사람들의 몸에서는 산소를 신체의 각 조직으로 운반하는 건강한 적혈구가 부족해진다. 그래서 피로와 염증, 건강과 삶의 질을 떨어뜨리는 여러 가지 문제가 나타난다.

연구자들은 이 문제를 대규모로 해결할 방법을 찾고자 했다. 그리고 철분을 강화한 소금을 섭취하게 했을 때 어떤 이점이 발생하는지 측정하는 시범적인 연구를 실행했다. 이 치료를 받은 참가자들에게서는 극적인 개선 효과가 나타났다. 그래서 철분을 강화한 소금 섭취를 권하는 프로그램이 대규모로 실행됐다. 그런데 철분 강화 소금은 한층 더 큰 규모의 집단에서는 빈혈 유병률 감소에 전혀 영향을 주지 못했다.[4] 왜 이런 일이 일어났을까?

연구자들은 애초에 사춘기 여성들을 특별히 중점적으로 연구에 참여시켰다. 그 치료법이 그들의 특정한 생리학에는 일부 도움이 됐다. 하지만 한층 더 광범위한 인구 집단에서는 건강상 의미 있는 변화가 나타나지 않은 것이다. 철분 결핍으로 시달리는 빈혈 환자가 모두 사춘기 소녀는 아니었기 때문이다. 애초에 그 시도가 사춘기 소녀에 국한된 것이 아니었다면, 테스트 대상을 사춘기 소녀들로 한정하지 말았어야 했다. 이 사례와 비슷한 실패는 성병 전염률을 낮추고 성관계의 안전성을 높이기 위한 운동의 규모를 확장하려는 시도에서도 나타났다. 성관계와 관련된 습관이나 인식이 공동체마다 다르기 때문이었다.

이 사례들을 통해 분명하게 알 수 있는 점, 반드시 강조해서 지적해야 할 점이 하나 있다. 연구자들이 자신의 연구 결과를 부풀려서 대중의 관심을 끌고자 하는 일은 언제나 있다. 또 연구나 투자 자금을 쉽게 조성할 목적으로 자신의 연구(혹은 개발 중인 상품)에서 가장 이득을 많이 얻을 특정 집단을 의도적으로 선정해 표본으로 삼을 위험은 언제나 존재한다는 사실이다.

그뿐 아니다. 연구에 대상자로 참가하는 사람들이 그 연구를 통해서 이득을 볼 수 있다면, 그 사람들을 연구 대상으로 참가시키는 데 들어가는 비용도 줄일 수 있다. 적은 비용을 들여서 더 나은 결과를 얻을 수 있으니 어떤 연구자들은 이것을 '누이 좋고 매부 좋은 관계'라고 바라볼지도 모른다.

이것을 간호사-가족 동반자 관계Nurse-Family Partnership[5]와 비교해보자. 이 프로그램은 비영리기관이 맡아서 진행했다. 등록된 간호사가 처음으로 출산하는 산모의 가정을 방문하는 일이 태교와 임신 이후의 결과에 미치는 영향을 추적한 것이다. 또한 간호사의 방문이 아동 학대 및 방치를 줄이고 아동의 취학 전 교육 효과를 높이는 데 기여하는지도 조사했다. 이 프로그램을 진행한 데이비드 올즈David Olds는 자신들이 선정한 표본이 최대한 대표성을 가질 수 있게 하려고 세 개의 도시에서 시범적으로 프로그램을 운영했다. 테네시의 멤피스와 콜로라도의 덴버, 그리고 뉴욕의 엘마이라가 선정된 세 도시였다. 이 세 도시는 가구의 인구통계학적 다양성을 보장했다. 멤피스에는 흑인 인구가 많았고, 덴버는 인종적으로 매우 다양했으며, 엘마이라는 주로 백인이 거주하는 전통적인 제조업 도시였다.

이 긍정적인 개입은 매우 가치 있는 것으로 판명됐다. 임신 기간 동안 산모들의 흡연과 건강 관련 문제들이 감소했고, 출산 즉시 재임신 사례도 줄어들었다. 또 사모들이 더 많은 보수를 받는 일자리를 얻었고, 정부 지원에 덜 의존했으며, 친밀한 인간관계 속에서 한결 높은 안정성을 유지했다. 아이들의 경우도 마찬가지였다. 이 프로그램에 등록한 아이들은 간호사의 가정방문을 받지 않은 다른 아이들에 비해서 학업 성적이 우수했고, 언어 능력과 자제력이 더 뛰어났다. 그런데 무엇보다 중요한 점을 발견했다. 이런 이점들이 해당 도시뿐 아니라 다른 도시들에서 이루어진 후속 작업에서도 동일하게 재현되었다는 사실이다.

한층 더 나은 해결책은 오로지 무작위로 선정된 표본만을 테스트하는 것이다. 표본 선정은 최고만 가려서 뽑는 것이 되어서는 안 된다. 고의적으로 최고의 표본을 가려서 선정하면 속임수라는 도덕적 수렁에 빠지고 만다. 이런 일은 실제로도 자주 일어난다. 즉,

선택 효과는 단순한 부주의에 따른 결과인 경우가 많다. 무작위 시험randomized trial이 제약사의 신약 연구에서는 표준인 이유도 여기에 있다.

오파워Opower는 실시간으로 수집한 전력 빅데이터를 기반으로 전기요금 절감 서비스를 제공하는 플랫폼 회사다. 이 회사는 2008년에 에너지 절약 프로그램을 시작했다. 이 프로그램에는 고객에게 해당 지역의 다른 사람들이 전기를 얼마나 사용했는지 보여주는 편지를 보내주는 것도 포함되어 있었다. 이 편지는 자기 이웃들이 에너지를 얼마나 더 또는 덜 사용하는지 알면 사람들이 에너지를 절약하는 데 동기부여가 될 것이라는 발상에서 비롯됐다. 오파워는 미국 전역의 860만 가구가 참여한 111건의 무작위 대조시험에서 이런 행동 '넛지'를 실행했다.[6]

탁월한 젊은 경제학자인 헌트 올콧Hunt Allcott은 이 데이터를 자세히 살펴봤다. 그리고 초기 결과에서 놀라울 정도로 에너지 절약 효과가 크다는 사실을 확인했다. 게다가 이 결과는 그 후로도 여러 차례 재현되었다. 이 프로그램을 전국적으로 확장해도 분명 성공하리라 생각했다. 그러나 이 예측은 빗나갔다. 왜 그런 것일까?

첫 번째 테스트 결과는 수백만 가구에서 그 프로그램이 상당히 효과적임을 보여주었다. 하지만 그 프로그램의 확장 가능성에 대한 진실은 원래의 넛지 프로그램 및 이것의 재현에 참여했던 표본 기관에 따라서 좌우됐다. 먼저 환경 보호라는 주제에 관심이 많은 공공기관이 이런 테스트에 참가할 가능성이 상대적으로 높았다.

또 이런 기관의 고객 역시 그런 넛지에 상대적으로 민감하게 반응했던 것이다. 그러나 환경 보호라는 가치관을 중요하게 여기지 않는 경향이 우세한 지역들에서는 그 편지가 에너지를 절약하도록 유도하지 못했다.

이 운동은 애초의 시장에서는 눈부시게 성공했지만 다른 시장들에서는 효과가 미미했다. 그러므로 이 운동을 전국적 규모로 확장했다면 엄청난 실패로 이어졌거나, 적어도 심각한 전압 강하를 겪었을 것이다.

그런데 오파워는 표본 선정에서의 '선택 편향'을 걸러내지 않았다. 또 데이터 분석에서 자신들이 빠질 수 있는 편향을 예견하지도 않았다. 다양하게 세분화된 표본 집단들이 전체 고객 집단과 어떻게 다른지를 온전하게 이해하지 못하는 것도 잘못된 표본 집단을 선정하는 한 가지 이유다.

나는 이 문제를 시카고하이츠유아센터에서 직접 경험했다. 평균적으로만 보면 우리가 시도했던 학부모아카데미 프로그램은 아이의 교육과 발달 결과를 개선했다.[7] 이것은 커다란 성공이었다. 그러나 그 연구의 데이터를 조금 더 깊이 파고들어서 살펴보면 다른 것들이 보였다. 그 결과는 오로지 히스패닉계 가족만 해당될 뿐 흑인 가족이나 백인 가족에게는 해당되지 않았던 것이다.

여러 세대가 함께 생활하는 환경이 중요하다는 것이 연구의 핵심이었다. 그런데 시카고하이츠 내에서 보자면 히스패닉계 가족이 흑인 가족이나 백인 가족보다 다세대가 함께 사는 경우가 많았고 결손이 없었다. 이것은 부모가 아이를 자주 보지 못하거나 아이의 숙제를 돕지 못할 때 이모나 삼촌, 조부모나 사촌이 곧바로 부모 역할을 대신한다는 뜻이었다.

이 경우 학부모아카데미의 규모 확장이라는 목적을 연구에 올바르게 반영하려면, 우리 프로그램에 특정한 가족 유형이 편중되게 참여하지 않아야 했다. 즉, 어떤 유형의 가족이 우리 프로그램의 개입을 통해서 도움을 받는지 우리가 확실히 알 수 있도록 무작위 가족 표본을 연구 대상으로 선정하는 것이 중요했다. 오파워가 그랬던 것처럼 사람들이 자발적으로 해당 프로그램에 등록하게끔 하지 말았어야 했다는 말이다. 그러나 우리는 원하는 가족은 누구나 자발적으로 등록하도록 했고, 결국 히스패닉계 가족이 우리 연구의 표본에서 압도적인 다수를 차지하고 말았다.

이런 문제들은 심지어 인간 본성을 이해하는 데 여러 도움을 준 사회과학의 토대까지도 흔들어놓았다. 지난 100년 동안 경제학을 포함해서 다른 많은 분야의 심리학자들과 과학자들은 인간 본성의 보편성을 추출하는 실험을 했다. 예를 들어서 사람들이 협력적인 행동에 참여하도록 동기를 부여하는 것이 무엇인지,[8] 시장의 내부 작동 원리가 무엇인지,[9] 사람들이 차별적인 행동을 하는 이유가 무엇인지[10] 등을 실험을 통해서 탐구했다. 그리고 그 실험들에서 발견해낸 것들은 환율 기관의 설계에서부터 연방고용평등법에 이르기까지 모든 것에 영향을 미쳤다. 데이터도 있고 재현 사례도 있다. 그럼 도대체 무엇이 잘못될 수 있다는 것일까? 당연한 사실이지만 모든 것이 다 잘못될 수 있다.

1990년대 중반에 조지프 헨리히$^{Joseph\ Henrich}$는 인류학을 전공하며 박사과정을 밟던 뛰어난 학생이었다. 헨리히는 페루로 가서 현지의 아마존 공동체를 대상으로 현장연구를 수행했다. 그는 그 공동체에 속한 사람들이 공정성에 대해서 동일한 태도를 보이는지 밝히기 위해 행동경제학 실험을 진행했다. 공정성이라는 것은 예컨대 이기적으로 행동한 사람은 당연히 벌을 받아야 한다는 믿음이다. 과학자들은 이 공정성을 인간 인식의 기본적인 덕목으로 여긴다.

그가 진행했던 실험에서 이기적인 행동은 게임을 하며 돈을 공평하게 나누지 않는 행동으로 설정되어 있었다. 그런데 놀랍게도 페루의 실험 참가자들은 공정하지 못한 행동을 한 사람을 처벌하겠다고 나서지 않았다. 이 발견은 헨리히가 그 뒤 25년이라는 시간을 들여서 연구하게 될 의문 하나를 제기했다. 그 의문은 바로 이것이었다.

사회과학의 보편적인 통찰이라는 것이 과연 내가 '이상한^{WEIRD}'이라고 이름을 붙인 사람들, 즉 서구의^{Western} 교육을 잘 받고^{educated} 산업화되었으며^{industrialized} 부유하고^{rich} 민주주의^{democratic}가 확립된 사회에 사는 사람들에게만 적용될까? 서구의 많은 과학적 발견들이 전 세계적으로 확장될 수는 없을까?[11]

그 대답은 안타깝게도 많은 경우에 '적용될 수 없다' 혹은 '확장될 수 없다'인 것 같다. 이 발견으로 많은 분야의 과학자들은 절대

깨질 것 같지 않던 가설을 의심할 수밖에 없었다. 여기에서 당신은 분명 궁금증이 생길 것이다. 문화가 인간의 행동에 미치는 영향, 얼른 봐도 너무나 명백한 그 영향을 어떻게 해서 그렇게 많은 과학자가 간과할 수 있었는지 말이다.

대부분의 연구 주제들이 역사적으로 서구 문화에서 비롯되었다는 단순한 사실 때문이라고 답할 수 있다. 사실 미국의 사회과학 연구자 대부분이 자기가 강의하고 연구하는 대학교의 학생들을 연구 실험에 참여시켜 연구대상 표본으로 삼는다. 미국의 대학교에 다니는 학생들이 전 세계의 수없이 많고 다양한 집단을 대표하는 표본이 아님은 누가 봐도 명백하다.

이 거대한 과학적 맹점은, 겉으로 보기에 아무리 나무랄 데 없는 발견이라고 하더라도 이런 발견들은 '비非 WEIRD 집단(앞서 말한 '이상한WEIRD'이라고 이름을 붙인 사람들이 아닌 사람들)'에는 적용될 수 없음을 시사한다.

내가 했던 현장연구를 예로 들어보자. '여성이 본질적으로 남성보다 덜 공격적'이라는 가부장적인 서구 사회의 광범위한 문화적 가정假定들이 인도의 모계사회에는 적용되지 않음을 확인했다. 적절한 조건 아래에서는 여성이 남성만큼 경쟁적이었고 지배적이었으며 권력을 갈망했다. 게다가 그 사회에서 남성은 서구에서 여성에게 덧씌우는 고정관념과 비슷한 양상으로 행동했다.[12]

사회과학 분야에 종사하는 우리 연구자들이 최대한 영향력을 행사하려면 가장 먼저 해야 할 중요한 일이 있다. 그것은 바로 전 세계의 다양한 지역사회에 속한 사람들을 광범위하게 표본으로 설정해서 새로운 연구를 수행하는 것이다. 또 이런 작업의 많은 부분을 '자연스러운 현장실험natural field experiment'을 통해서 수행해야 한다. 실험 참가자들이 스스로 해당 실험의 표본이 되겠다고 나서지 않아야 한다. 또 이 참가자들이 특정 과제를 자연스럽게 수행하는 형태로 진행돼야 한다.

이런 접근법은 이 실험 방법의 가장 매력적인 요소들과 자연적으로 발생하는 데이터를 하나로 묶어낸다. 그리고 우리 역시 사고 방식 자체를 바꿀 필요가 있다. 증거를 기반으로 하는 정책을 창조해야 한다는 것에서 정책을 기반으로 하는 증거를 생산해야 한다는 쪽으로 말이다.

기업은 자신들의 아이디어나 제품을 문화적으로 한층 더 다양한 집단을 대상으로 테스트함으로써 이런 접근법을 적용할 수 있다. 또 포커스그룹이 아닌 '야생에서' 실험을 수행함으로써 이런 접근법의 적용이 가능하다. 앞으로는 점점 더 많이 그렇게 해야 한다. 우리가 리프트핑크를 어떻게 테스트했는지 돌이켜보라. 그야말로 자연스러운 현장실험이 아니었던가.

여기서 중요하게 새겨야 할 교훈은 지금까지 스스로 위험을 자초하면서 무시했던 바로 그 교훈이다. 당신이 궁극적으로 아우르고자 하는 전체 모집단을 그 표본 집단이 온전하게 대표하는지 겉으로 드러나지 않은 것까지 들춰내서 확인해야 한다는 교훈 말이다. 진정으로 실행 가능한 지식을 발견하려면 이질성을 숨기지 않고 인정하는 것이 중요하다. 사실 나는 여기에서 한 걸음 더 나아가라고 제안한다. 당신이 궁극의 고객으로 삼고자 하는 사람들 사이에 숨어 있는 잘 보이지 않는 차이점들을 밝혀내고 검토하는 데 필요한 모든 것을 하라. 이렇게 하면 해당 아이디어를 확장하는 데 도움이 되는 귀중한 통찰을 얻을 뿐만 아니라 경쟁자들과 구별되는 확실한 차별성을 가질 수 있다. 그 차이점들에는 지리적 위치(케이마트 사례에서 본 것)와 가족 구조(학부모아카데미 사례에서 본 것)에서부터 행동 패턴(리프트의 회원제 프로그램 테스트 사례에서 본 것)과 문화적 태도 및 규범(성 역할 또는 '공정성' 요소를 보여주는 사례에서 본 것)에 이르는 모든 것이 포함된다.

예를 들어서 어떤 고등학교 교장이 학생들의 4년제 대학 입학률을 높이는 데 효과가 있어 보이는 새로운 프로그램을 도입하려 한다고 가정해보자. 그러면 우선 해당 프로그램에 참가하는 학생들의 사회경제적 배경이 그 외의 학생들과 다른지부터 살펴봐야 한다. 미래가 유망한 스타트업에 투자하려는 벤처투자자라면 그 회사의 사업 모델이 정확하게 어디에서 성공을 거두는지, 또 누구를 대상으로 성공을 거두는지 알아봐야 한다. 다시 말해 고객 및 잠재적인 고객을 염두에 두고 생각해야 하는 것이다. 그런 다음, 전압을 높일 준비가 되면 지금 당장은 고객이 아니지만 사업 모델을 조정하기만 하면 고객이 될 수 있는 사람들을 찾아야 한다.

이것은 우리에게 중요한 질문 하나를 던진다. '만약 우리의 현재 모델이 특정한 한계점을 넘어서면서까지 규모가 확장될 수 없다

면 우리는 무엇을 해야 할까? 이런 상황에서도 우리는 여전히 규모 확장이라는 야망을 품어야 할까?'

♦ ─── 잠재고객의 마음을 읽어라

라파엘 일리샤예프Rafael Ilishayev와 야커 골라Yakir Gola는 물담배를 정말 좋아했다. 2013년, 필라델피아에 있는 드렉셀대학교 2학년생이던 스무 살의 동갑내기 친구들은 밤늦도록 물담배를 피우며 이야기를 나누었다. 담배가 떨어지거나 배가 고프면 그제야 자리에서 일어나 아직 영업 중인 근처의 편의점으로 터벅터벅 걸어갔다. 아니면 거기에서 하루를 마치고 잠을 자러 갔다. 이게 두 사람의 일상이었다. 그러다가 마침내 두 사람은 어떤 아이디어 하나를 떠올렸다.

그들은 함께 운영하던 중고가구 매매업으로 종잣돈을 마련해 회사를 창업했다. 이 회사가 고객에게 한 약속은 간단했다. 그 약속은 바로 '배달 서비스를 제공하는 편의점'이었다. 그들은 사용자가 주문할 수 있는 앱을 만들었다. 그리고 나서 물담배, 감자칩, 여섯 개짜리 묶음 맥주 팩, 젤리 웜, 아이스크림, 전자레인지용 타키토 등 온갖 것을 배달했다. 두 사람은 일주일에 100시간씩 운전하며 필라델피아를 돌아다녔다. 그리고 회사명을 자기들에게 딱 들어맞는 고퍼프Gopuff('puff'는 담배를 뻐끔뻐끔 피운다는 뜻-옮긴이)라고 지었다. 고퍼프는 대학생들의 안주 세트를 배달하는 아마존 버전이긴 했지만 배달은 언제나 30분 안에 완료됐다.

소박하게 시작한 고퍼프는 무서운 속도로 규모를 확장했다. 라파엘과 야커는 초기 자금 투자를 받았고, 직원들을 고용했으며, 여러 공급업체와 도매 거래 계약을 맺었고, 자신의 자동차를 운전해줄 기사를 고용했다. 또 소셜미디어를 이용해서 밀레니얼 세대를 대상으로 유쾌한 마케팅을 펼쳤다. 두 사람은 자기 고객을 너무도 잘 알았기 때문에 고퍼프의 확장 가능성은 무궁무진했다. 마침내 그들은 다른 도시들로 사업을 확장했다. 머지않아서 라파엘과 야커는 빠르게 진화하는 새로운 음식 배달 틈새시장에서 상당한 점유율을 차지했다. 이 원고를 쓰는 현재를 기준으로 고퍼프는 직원이 약 7,000명이고, 650개가 넘는 도시에서 사업을 하고 있다. 2019년에는 2억 5,000만 달러가 넘는 매출을 기록했다.[13] 그리고 같은 해에 일본의 대기업 소프트뱅크SoftBank에서 7억 5,000만 달러를 투자받았다.[14]

두 창업자가 처음에 깨달았든 아니든 간에 고퍼프는 애초부터 특정한 고객층으로 확장될 수 있도록 구조가 완벽하게 구축되어 있었다. 그들은 고객에 대해 무척이나 잘 알고 있었다. 바로 자신들과 똑같은 사람들이었기 때문이다. 많은 훌륭한 아이디어들이 그렇듯 두 사람의 아이디어도 자신들이 무엇을 원하는지 파악하는 것에서 비롯됐다. 사실은 다른 많은 사람도 그렇게 해서 성공을 거두었다.

그러나 고퍼프가 수익성이 높음에도 불구하고 성장을 하기에는 한계가 있음을 두 사람은 깨달았다. 어른 대부분은 대학생들과 생활방식이 다르다. 이것은 고퍼프가 현재 무시하고 있는 잠재 고객의 규모가 어마어마하다는 뜻이었다. 고퍼프는 지속적인 규모 확장을 뒷받침해줄 공급망을 이미 갖춘 상태였다. 하지만 우선 고퍼프가 제공하는 상품이 무엇인지, 그리고 그것을 누구에게 제공할 것인지 다시 생각할 필요가 있었다.

2020년에 라파엘과 야쿠는 고퍼프를 새로운 시장에 진출시킬 방법을 논의하려고 내게 연락을 해왔다. 그들이 현재의 고객층과 다른 인구통계학적 집단에 속하는 표적 고객의 실체를 정확하게 파악하지 못한다면, 새로운 시장으로 확장하려는 노력은 물거품이 될 것이다. 즉, 현재의 고객층보다 나이가 많은 고객에 대해 제대로 알아야 한다는 뜻이다. 나는 이 사실을 그들에게 그대로 말했다.

두 사람은 새로운 고객층을 사로잡으려면 한층 더 많은 종류의 제품을 다루어야 한다고 결정했고, 이 결정은 현명했다. 그들에게는 다각화가 필요했기 때문이다. 예를 들어서 나이가 지긋한 고객을 만족시키려면 배달 편의점뿐만 아니라 배달 약국이 되어야 했다. 또 갓난아기가 있는 부부를 고객으로 끌어들이려면 기저귀, 이유식, 물티슈 등을 24시간 연중무휴 판매해야 했다. 나아가 상대적으로 높은 연령층의 고객이 고퍼프라는 존재를 인식하게 만들려면 새로운 마케팅 접근법이 필요했다. 라파엘과 야쿠는 이 모든 변화와 혁신을 실행했다. 그리고 2020년에는 전혀 예상하지 못했던 사건이 두 사람의 사업에 날개를 달아주었다. 그 사건은 바로 코로나 팬데믹이었다. 2020년 상반기에 고퍼프의 매출은 400퍼센트나 늘어났다.

고퍼프는 초기 성공을 재현하거나 동일한 고객에게 원하는 것을 더 많이 제공하는 방식으로 단번에 규모 확장을 시도하지 않았다. 대신 고객 기반을 확대하기 위해서 한층 더 다양한 제품군을 제공하는 방식을 택했다. 이러한 접근법으로 다양한 사람들에게 다양한 선택지를 제공함으로써 고객층을 넓혔다.

패스트푸드점들은 대개 새로운 메뉴를 추가하는 방식으로 고객층을 넓힌다. 이것이 맥도날드의 아치디럭스 개발보다 훨씬 더 효과적이다. 예를 들어보자. 2018년에 타코벨은 '나초프라이'라는 신메뉴를 선보였는데, 이 메뉴는 곧 반세기 이상의 역사를 가진 타코벨에서 가장 인기 있는 메뉴가 됐다.[15] 나초프라이는 미국 외의 다른 나라 매장들에서 이미 주요 메뉴로 존재하고 있었다. 이 메뉴가 미국에서 처음 출시되며 단골고객을 흥분시켰고, 이 흥분은 새로운 메뉴들의 출시로도 이어졌다.

만약 제품 목록을 확대하는 것이 너무 복잡하거나 비용이 많이 들어서 확장된 규모를 유지하기 어렵다면 어떻게 해야 할까? 제품을 동일하게 유지하되 한층 더 저렴하게 또는 쉽게 생산할 방법을 모색해야 한다. 생산 모델이나 유통 모델을 개선하는 등의 방법이 그 예가 될 수 있다. 혹은 그 제품을 필요로 하고 구매할 여유가 있는 사람들, 즉 잠재고객이 많이 있는 더 나은 시장으로 그 제품을 가져갈 수도 있다. 만약 이런 노력이 모두 효과가 없다면 그 제품을 포기하거나 피벗pivot(사업 아이템 혹은 사업 모델을 다른 방향으로 전환하는 것-옮긴이)을 시도해야 한다.

이런 식의 원칙들은 비영리기관이나 공공정책에도 적용된다. 내가 민간 환경운동 단체인 시에라클럽Sierra Club의 기금 모금 작업을 도울 때였다. 사원이 기부금을 내면 기업도 같은 액수를 기부금으로 내는 매칭기프트matching gift 제도를 적용할 때 남성이 더 많은 돈을 기부한다는 사실을 나는 현장실험을 통해 알고 있었다.[16] 하지만 우리가 했던 실험에서 여성은 이런 시스템에 마음이 움직이지 않았다. 여성 기부자를 포기하고 싶지 않아서 작은 선물을 보내게 하는 등 다른 방법들을 모색했다.

마찬가지로 시카고하이츠에서 우리가 했던 학부모아카데미 프로그램이 히스패닉계 가족에게만 효과가 있음을 알았을 때, 우리는 거기서 멈추지 않고 '제품의 수정 변화'를 꾀했다. 그래서 종일제 유치원 프로그램을 개발했고 이것은 흑인 가정과 백인 가족에게 효과가 있었다.

갈피를 잡을 수 없을 정도로 혼란한 세상에서 어떤 프로그램의 규모를 확장할 때는 획일적인 접근법을 넘어서야 할 수도 있다. 모든 집단을 고객으로 삼는 데 필요한 융통성 있는 조정 작업을 해야 하며 그 준비를 갖추고 있어야 한다.

* * *

기업 영역에서든 과학 연구 영역에서든 혹은 교육이나 정책 입안 영역에서든 간에 미래의 고객이나 청중의 요구를 적절하게 해결하는 것은 중요하다. 어떤 아이디어나 프로그램, 프로젝트가 아무리 좋다고 해도 규모가 확장된 환경에서는 전압을 잃는다. 그리고 곧 알게 되겠지만 '다섯 가지 신호' 가운데 세 번째로 넘어야 할 장애물도 그것 못지않게 중요하다.

잘못된 판단

성공 요인에 대한 오해

영국의 유명 요리사 제이미 올리버는 30대 초반의 나이에도 아직 앳된 소년 같은 모습을 하고 있었다. 2008년, 영국에서 '제이미스 이탤리언Jamie's Italian'이라는 식당을 열었을 때 그는 완벽한 레시피를 갖고 있는 것처럼 보였다. 건강하고 맛있는 이탈리아 음식을 싸게 제공했기 때문만은 아니다. 제이미스 이탤리언의 규모가 빠르게 확장될 잠재력을 가진 체인점이라는 이유 때문이었다.

당시 올리버는 전 세계적으로 잘 알려져 있었다. 1997년 BBC 소속의 어떤 제작자 눈에 띈 이후로 이 청년 요리사는 인기 텔레비전 프로그램인 〈네이키드 셰프The Naked Chef〉에 출연했다. 이어서 같은 이름으로 출간된 요리책도 베스트셀러가 됐다. 여기에서 '벌거벗은Naked'은 올리버가 옷을 입지 않았다는 의미가 아니다. 단순하고 간편한 그의 요리 스타일을 지칭하는 단어다.

그는 희귀한 진미나 정교한 기술보다는 신선하지만 저렴한 재료와 간단한 요리법을 중시했다. 집에서 맛있고 영양가 높은 음식을 요리하는 데는 집중적인 훈련을 받을 필요도 없을 뿐더러 위대한 요리를 열망하지 않아도 된다는 것을 사람들에게 보여주었다. 이 접근법은 남녀노소를 불문하고 모든 시청자를 사로잡았다. 그는 금세 대중적인 인기 스타가 됐다.

그 후로도 올리버는 여러 텔레비전 프로그램에 출연했으며 요리책도 여러 권 출판했다. 또한 영국 학교에서 요리와 영양 교육을 장려함으로써 비만과 음식 관련 질병을 줄이려고 노력했다. 그뿐 아니다. 올리버는 자선재단을 설립해 불우한 환경에서 성장한 청년이 요리사가 될 수 있도록 교육하는 비영리 프로그램을 만들었다. 이 프로그램은 청년들이 유망한 직업을 가질 수 있도록 도왔을 뿐만 아니라 외식 산업에 새로운 다양성을 불어넣었다. 그는 요리에 대한 자신의 접근법을 확장했다. 올리버는 이런 활동을 통해 음식이 긍정적인 사회 변화로 나아가는 경로가 될 수 있다는 일련의 가치관과 희망적인 메시지도 함께 확장했다.

부모가 운영하던 동네 술집 주방에서 양파를 썰고 손님 식탁에 나갈 맥주병을 꺼내면서 성장했던 볼 빨간 소년이 가졌던 유일한 목표는 치열한 경쟁이 펼쳐지는 요식업의 세계를 정복하는 것이었다. 적어도 그렇게 보였다. 그 일이 이루어질 것이라고 누가 예상이나 했겠는가? 그가 지금까지 걸어온 길을 살펴보면 정말 놀랍다. 올리버는 요식업계에서 그야말로 거대한 제국을 건설했으며 또 그 과정을 너무도 쉽게 뚝딱 해치웠다.

그랬기에 그가 옥스퍼드에 자기 이름을 붙인 식당 '제이미스 이탤리언'을 열자마자 손님이 구름처럼 몰려들어도 아무도 놀라지 않았다. 당연한 일이었기 때문이다. 이 식당은 영국의 권위 있는 일간지 《가디언》의 찬사를 받았다.[1] 그리고 무엇보다 중요한 사실이 있다. 제이미스 이탤리언이 고품질의 음식을 보통 사람들이 부담 없이 즐길 수 있는 가격으로 제공했다는 점이다. 올리버의 손이 마이더스의 손이라도 된 듯 닿는 음식마다 황금으로 바꾸어놓는 것처럼 보였다.

그러나 그것이 다가 아니었다. 올리버는 제이미스 이탤리언을 위한 야심 찬 확장 계획을 갖고 있었고, 이 계획은 그의 사업 감각이 시험받을 기회였다. 어떤 비평가는 《가디언》에 기고한 글에서 "만약 제이미가 옥스퍼드에서 거둔 첫 번째 성공을 다른 곳에서도 재현할 수 있다면, 그는 곧 불경기에도 전혀 영향을 받지 않는 캐시카우cash cow 떼를 몰고 전 국토를 가로지를 것이다."라고 표현했다. 다시 말해, 만약 그가 성공했던 초기의 개념증명proof of concept(기존 시장에 없었던 신기술을 도입하기 전에 이를 검증하기 위한 시범적인 시도-옮긴이)을 확장할 수만 있다면 '제이미스 이탤리언'은 멈추지 않는 성장 행진을 이어갈 것이라는 뜻이다.

이것은 올리버가 꿈꾸던 야망이었다. 그러나 우리가 이미 살펴보았듯이 규모 확장 과정에서는 흔히 해당 기업의 숨어 있던 단점이 드러난다. 그렇다면 과연 제이미스 이탤리언은 전압을 올려 확장된 환경에서 살아남을 수 있을까? 아니면 전압 강하에 눌려 찌그러지고 말까?

올리버의 새로운 체인은 매우 성공적이었다. 몇 년 안에 27개의 다른 시장에 70개의 지점이 생겼다. 그중 많은 매장은 해외에 있었다.[2] 그가 번개처럼 빠른 속도로 규모를 확장할 수 있었다는 사실이 특히 인상적이었다. 왜냐하면 요리사가 주방에서 펼치는 특별한 손길은 규모가 확장될 수 없다는 것이 일반적인 통념이기 때문이다. 특정한 전문 기술에 대한 한 개인의 독특한 마법은 대량생산될 수 있는 성질의 것이 아니다. 그 사람이 여러 명으로 복제될 수 없다는 매우 단순한 이유 때문에 그렇다. 고전적 경제 용어로 표현하자면 수요가 아무리 많아도 공급은 제한되어 있다. 즉 요리사가 자기의 마법을 수제자들이나 직원들에게 충분히 전수할 수 없다면 규모 확장은 실패로 끝나게 마련이다.

맛과 서비스를 비롯해 모든 경험이 훌륭하다고 소문난 식당이라 해도 분점을 내고 난 다음에는 품질이 떨어지는 경향이 있다. 분점을 내거나 규모를 확장한 뒤 금방 고객의 수가 줄어드는 이유가 여기에 있다. 인간 재능의 규모를 확장하는 일이 불가능하다고는 할 수 없지만 매우 어려운 건 분명하다. 외식업계는 이 교훈을 어렵게 배웠다. 그렇기에 전 세계의 최고 요리사들 가운데 많은 사람이 확장성이 아니라 평판과 품질을 바탕으로 사업의 성공 가능성을 따진다.

스페인에서 전설적인 식당으로 존재했던 엘불리El Bulli의 요리사 페란 아드리아Ferran Adrià가 바로 이런 유형의 성공을 전형적으로 보여주었다.[3] 아드리아가 분자 요리법에서 보여준 대담한 실험은 전적으로 그의 독특한 전문성과 재능에 의존했다. 그의 창의적인 요리 과정은 너무도 강렬하다. 그래서 획기적으로 새로운 요리법을 개발할 때는, 길게는 여섯 달 동안이나 식당 문을 닫고 연구에만 집중했다. 이런 일은 이미 여러 해 동안 반복됐다. 딱 꼬집어서 효율적이라고 할 수는 없지만, 그는 자신의 한계를 알고 있었고 이 한계를 유리하게 활용했다.

엘불리는 2011년 7월에 영원히 문을 닫았다. 문을 닫기 전 몇 년 동안에는 한 해에 100만 명이나 되는 사람이 8,000개의 탁자를 두고 예약 경쟁을 벌였다. 이런 사실은 엘불리의 희소성과 배타성을 잘 보여준다. 아드리아는 선구적인 하얀 콩 거품과 해체된 액체 올리브를 재료로 사용해 자신만의 혁신적인 메뉴를 선보였다. 그리고 자신이 직접 통제하지 않는 주방을 통해서 규모 확장을 꾀한다면 엄청난 전압 강하와 품질 저하가 틀림없이 나타날 것임을 잘 알고 있었다. 그는 주방장인 자신이 엘불리의 성공 비결임을 명확히 인지했던 것이다.

그렇다면 과연 올리버는 어떻게 이 장애물을 우회해서 확장성 없는 식당 사업을 넓힐 수 있었을까?

우선 제이미스 이탤리언은 처음부터 규모 확장에 성공적이었다. 올리버의 이름과 얼굴이 사람들을 끌어당기는 브랜드 역할을 했기 때문이다. 사람들이 누군가를 좋아하고 신뢰할 경우 그 사람의 명성과 브랜드 인지도는 엄청나게 확장될 수 있다. 올리버는 단순히 유명하기만 했던 게 아니라 신용까지 얻은 요리사였다. 그러나 이것만 갖고서 체인점의 확대와 번창을 보장할 수는 없었다. 요리사들을 비롯해 여러 유명한 사람들이 운영했던 수많은 식당이 규모를 확장하기는커녕 그 전에 망해서 문을 닫았다는 사실을 기억하라. 사람들이 끊임없이 제이미스 이탤리언을 찾게 만든 것은 사치스럽고 야단스러운 재료나 엄청난 정성이 들어간 창의성 넘치는 요리가 아니었다. 올리버의 요리책에 나오는 조리법처럼 그저 잘 준비된 신선한 재료에 의존한다는 점이었다. 쉽게 말해 올리버는 페란 아드리아 스타일의 요리사가 아니었다.

그가 주방에서 보인 명석함은 혁신적이거나 기술적인 스타일이 아니라 모든 사람이 할 수 있는 손쉬운 접근법에 있었다. 이것은 다른 요리사들이 그의 요리를 쉽게 복제할 수 있다는 뜻이었고, 그의 요리를 만드는 데는 그다지 큰 비용이 들지 않는다는 뜻이었다. 이런 방식으로 그는 대부분의 위대한 요리사들의 요리가 확장될 수 없게 만들었던 딜레마를 극복했다. 아드리아의 비밀 재료는 그 자신인 반면, 올리버의 비밀 재료는 그가 동원하는 식재료였다. 이 식재료는 특별한 재능을 가진 요리사와 다르게 확장성이 매우 높다.

그러나 빠르게 대규모로 진행된 확장이 올리버의 발목을 잡았다. 올리버가 미처 이해하지 못한 것이 있었기 때문이다. 그의 식당 제국 제이미스 이탤리언이 성공을 거둔 데는 필수적이지만 상대적으로 눈에 덜 띄는 요소들이 있었다. 만일 이것들이 바뀌면 프랜차이즈 제국 전체가 무너질 수도 있을 터였다. 그리고 바로 그 일이 일어나고 말았다.

눈에 덜 띄지만 제이미스 이탤리언의 성공에 꼭 필요한 요소는 무엇이었을까? 우선 회사의 운영을 책임지던 인물인 사이먼 블래그덴Simon Blagden을 들 수 있다. 경험이 풍부한 경영자였던 블래그덴은 체인점 설립 때부터 제이미스 이탤리언을 운영했다. 그는 새로운 매장을 어디에서 언제 어떻게 열어야 할지 훤히 꿰뚫고 있었다. 이 기술은 독특하고 확장하기 어려운 기술이다.

블래그덴은 오랜 세월 외식업계에 종사하면서 쌓은 경험을 활용해 누구를 프랜차이즈 파트너로 선택할 것인지 결정했다. 설령 이윤이 줄어든다고 하더라도 올리버의 가치에 부합하고 좋은 유기농 재료를 공급받아서 음식의 품질을 높은 수준으로 유지하는 것을 우선시했다. 그래서 사업 파트너를 신중하게 선정했다. 또한 블래그덴은 주방 직원들이 다른 식당으로 떠나지 않고 오래 함께할 수 있는 긍정적인 문화를 만들고 이것을 감독했다. 이 일은 이직률이 특히 높은 요식업계에서는 결코 가벼이 여길 일이 아니었다. 블래그덴의 사업 본능은 시간이 지남에 따라서 더욱 연마됐다. 적절한 인재를 고용하는 문제에 관해서는 특히 더 그랬다. 이런 이유들로 그는 제이미스 이탤리언의 규모 확장에서 꼭 필요한 요소였다.

올리버 자신도 규모 확장의 주요 요소였다. 체인점이 많아졌지만 올리버는 체인점 운영을 감독하는 데 최대한 신경을 쓰려고 노력했다. 그의 정신과 사명은 그의 요리 브랜드의 일부였고 이 부분은 확장성을 갖고 있었다. 비록 올리버가 전 세계에서 자기 이름을 달고 제공되는 음식을 직접 요리한 사람은 아니었지만, 그의 식당마다 그의 존재와 영향력이 느껴졌다. 그러나 불행하게도 올리버는 자신이 그 체인점들에서 얼마나 중요한 존재인지 스스로를 과소평가했다.

안정적으로 유지되던 상황은 2017년에 블래그덴이 다른 최고경영진 두 명과 함께 제이미스 이탤리언을 떠나면서 달라지기 시작했다. 올리버는 이들이 하던 일을 맡아서 할 새로운 인물을 발탁했다. 그런데 새로 발탁된 사람에게는 규모가 확장된 제이미스 이탤리언이 제대로 돌아가도록 운영할 역량이 없었다. 그 사람은 그의 처남 폴 헌트^{Paul Hunt}였다.

올리버가 헌트에게 회사 운영의 중책을 맡긴 것은 커다란 실수였다. 주식 중개인이었던 헌트는 1999년에 내부자거래를 한 혐의로 벌금을 부과받았다. 헌트의 이런 도덕적 흠집은 가치 지향적인 제이미스 이탤리언의 문화에 맞지 않았다. 더 중요한 것은 헌트가 맡아서 수행할 업무는 요식업계에서 오랜 세월 축적된 경험을 필요로 했다는 점이다. 안타깝게도 그에게는 그런 경험이 없었다.

헌트는 올리버의 제국 중 수익을 내지 못한 채 제국의 돈을 깎아 먹는 체인점들을 도끼로 찍어내는 데만 능숙했다. 하지만 새로운 장소와 파트너를 찾아내 회사의 규모를 확장하는 과정에서 블래그넨이 보여주었던 마법의 손길이 그에게는 없었다. 나중에 제이미스 이탤리언의 CEO가 될 헌트는 공개적인 자리에서 "우리는 너무 많은 식당을 너무 빨리 그리고 잘못된 장소에서 열었습니다."라고 말했다.4

헌트는 직원을 붙잡아두는 데도 서툴렀다. 이는 결국 규모가 확장된 환경에서 긍정적인 기업 문화를 유지할 준비가 되어 있지 않다는 뜻이었다. 퇴직한 직원들은 나중에 헌트를 양아치이자 성차별주의자로 묘사했다. 아무튼 헌트는 직원들과 회사의 사기를 꺾었다. 상황이 이런데도 올리버는 자기 처남을 공개적으로 옹호하며 헌트에게 쏟아지는 비난을 차단하려고 여러 가지로 노력했다.

설상가상으로 그 무렵 올리버는 제이미스 이탤리언에 최소한의 시간밖에 할애할 수 없었다. 그동안 개인적으로 너무 많은 에너지를 제이미스 이탤리언에 쏟았기 때문이었다. 게다가 시장 상황이 바뀌고 있었다. 음식 배달 앱 때문에 오프라인 식당 산업이 쪼그라들고 있었던 것이다. 헌트의 무능함에 올리버의 부재까지 맞물리면서 리더십에 공백이 생겼다. 그 바람에 제이미스 이탤리언은 변화하는 시장에 민첩하게 대응하지 못했다.

이런 예들은 규모가 확장된 환경에서 성공을 거두려면, 단지 생산과 유통과 수요를 유지하는 것으로는 부족하다는 점을 상기시킨다. 시장 지형이 바뀌기 시작할 때는 민첩하게 적응하는 것이 반드시 필요하다. 그리고 핵심 인력에게 일이 너무 많이 몰리면 회사가 둔해지게 마련이다. 사람은 결코 규모를 확장할 수 있는 대상이 아님을 명심해야 한다.

식당을 운영하는 회사에서 일어날 수 있는 최악의 일이 제이미스 이탤리언에서 일어났다. 그 일은 새로운 경쟁자들에게 시장점유율을 빼앗기는 것보다 더 심각한 문제였다. 바로 음식의 질이 형편없어졌다는 사실이다. 온라인에는 온갖 험악한 리뷰가 끊임없이 올라와 쌓였다. 어떤 고객은 트립어드바이저Tripadvisor에 이런 리뷰를 남겼다. "정말 끔찍하게 형편없는 음식과 서비스네요." 이 리뷰는 수많은 다른 고객이 제이미스 이탤리언에게 느끼던 정서가 반영된 것이었다. 언론에서도 마찬가지였다. 그 무렵 영향력 있는 매체인 《선데이타임스Sunday Times》의 비평가는 제이미스 이탤리언에 대해 불평하면서 이런 식의 글을 썼다. 그 식당에서 음식을 먹고 있자니 갑자기 고래고래 고함을 지르고 싶었으며, 의자고 탁자고 간에 모두 발로 차버리고 싶은 충동이 들었다고 말이다.[5]

아마 제이미 올리버도 똑같은 심정이었을 것이다. 2019년 초, 결국 제이미스 이탤리언의 체인점은 1억 달러의 적자를 기록했다. 올리버는 영국에 있던 25개 식당의 문을 닫았고 직원 1,000명을 해고했다.[6] 또 2020년에는 대만과 홍콩에 있던 식당들을 포함해 더 많은 식당의 문을 닫을 수밖에 없었다.

비록 마지막에는 실패하고 말았지만 그래도 몇 년 동안 올리버는 지극히 소수의 요리사만 할 수 있는 일을 해냈다. 그것은 바로 규모를 확장해서 여전히 성공을 이어가는 것이었다. 그러나 그 전

압 상승은 지속될 수 없는 것으로 판명되었고 결국 그의 요리 제국
은 무너지고 말았다.

협상의 대상으로
삼을 수 있는 것과 없는 것

제이미스 이탤리언이 몰락한 것은 긍정 오류 때문이
아니다. 미각은 절대 거짓말을 하지 않는다. 또 그 회사가 자기 고
객을 제대로 알지 못해서도 아니다. 그 식당의 메뉴와 가격은 중산
층 고객에 철저하게 초점을 맞추었기 때문이다. 진짜 문제는 제이
미스 이탤리언이 경쟁자들을 압도할 수 있었던 몇 가지 핵심 이유
에 대해 올리버가 온전하게 이해하지 못했다는 데 있다. 규모가 확
장된 조건에서 성공을 안겨주었던 여러 조건을 올리버는 제대로
알지 못했다. 계속해서 높은 전압을 유지하려면 반드시 제자리를
지켜야 했던 여러 조건을 그는 중요하게 여기지 않았다.

2장에서는 현재의 고객 집단이 전체 고객이라는 모집단을 얼
마나 대표하는지 잘못 판단할 때, 즉 표본이 대표성을 갖지 못
할 때 전압 손실이 발생할 수 있음을 살펴보았다. 자신의 아이디
어나 회사의 규모를 확장하려는 사람은 반드시 상황의 대표성
representativeness of the situation, 즉 규모 확장에 필요한 환경을 고려해야
한다. 규모가 확장된 환경에서 제이미스 이탤리언이 놓여 있던 상
황적 조건들은 그 회사가 처음 시작하던 때와 비슷했을까? 이에

대한 답은 '그렇다'이다. 적어도 어떤 필수적인 조각들에서 변동사항이 나타나기 전까지는 말이다.

식당 체인점뿐만 아니라 어떤 아이디어나 회사 역시 마찬가지다. 규모가 확장된 상황에서도 시장에서 강력한 우위를 유지하려면 높은 성과를 만들어내는 원동력이 무엇인지 파악하고 있어야 한다. 나아가 이것이 힘을 잃지 않도록 할 수 있는 모든 것을 해야 한다. 먼저 다른 어떤 것보다도 자신의 성공 비결이 '요리사'인지 아니면 '식재료'인지 판단해야 한다. 이것을 다음과 같은 질문으로 제시할 수 있다.

확장되지 않은 작은 규모에서 당신이 거둔 성공의 요소는 무엇인가? 당신의 아이디어나 제품에 반드시 필요한 사람들이 크게 기여했는가? 예를 들어 당신 회사의 플랫폼을 구축한 엔지니어나 당신이 운영하는 비영리단체의 기금 마련에 기여한 유명인사 등. 아니면 그 아이디어나 제품 자체가 성공의 결정적인 요소인가?

만약 성공 비결을 묻는 이 질문에 대한 당신의 답이 사람이라면 이것을 반드시 알아야 한다. 중요한 역할을 하는 그 사람이 아이디어나 제품의 요소들(정책 분야에서는 이것을 '정치적 의지'라고 부른다)에 얼마나 충실한지를 이해하는 것이 핵심이다. 이것은 중요한 정도에 그치지 않는다. 실상 모든 것을 좌우하는 전부다.

그 질문에 대한 답이 '요리사(즉 사람)'라면 당신이 성장할 가능성에는 한계가 있다. 앞에서도 확인했듯이 자기만의 독특한 기술을 가진 사람의 규모를 확장하기란 본질적으로 어렵기 때문이다. 그러나 이런 규모 확장의 한계를 인식한다고 해서 수익성이 보장되지 않는다는 뜻은 아니다. 리스트트럭킹List Trucking은 이것을 증명하는 수많은 사례 가운데 하나다.

나의 할아버지는 가족 사업을 시작했는데 모든 것을 거의 혼자다 했다. 남자 한 명이 트럭 한 대로 사업을 해서 한 가정의 가계를 꾸렸다. 나중에 아버지가 이 사업을 물려받아 사업의 규모를 조금 키우긴 했지만, 그래봐야 트럭 몇 대 규모였고 회사는 혼자 운영했다. 나중에 형이 그 회사를 물려받았고 지금은 다른 사람 한 명과 함께 운영하고 있다.

할아버지와 아버지 그리고 형은 모두 위대한 사람이고 또 열심히 일하는 사람이다. 그런데 이들은 사업의 규모를 확장하지 않았다. 왜냐하면 그 사업은 '식재료' 사업이 아니라 '요리사' 사업에 비유할 수 있기 때문이다. 물론 트럭과 직원이 수백에서 수천까지 되는 운송회사도 있다. 하지만 많은 소규모 회사에서는, 즉 규모 확장이 불가능한 회사일 경우에는 개인적인 차원의 역량이 가장 중요하다. 그래도 괜찮다. 할아버지부터 형까지 우리 집안 남자들은 평생 작은 회사를 운영하는 것을 받아들였고, 지금까지 성공을 거두며 행복하게 살고 있다.

내 말의 요지는 단순하다. 당신이 가진 어떤 아이디어나 제품 혹은 회사가 앞으로도 계속 영세한 규모를 유지하는 것이 맞는지, 아니면 우버처럼 규모를 점점 확장해야 하는지 알아야 한다는 말이다. 만약 아이디어나 제품이 제이미스 이탤리언처럼 '요리사'와

'식재료'의 결합에 의존하는 것이라면, 이 둘의 상대적인 비중을 결정해야 한다. 만일 '식재료'에 철저하게 의존하는 아이디어나 제품이라면, 협상이 가능한 재료와 협상의 대상이 아닌 재료를 구분할 수 있어야 한다. 즉, 이것 없이는 회사의 생존이 불가능하다 싶을 정도로 중요한 재료가 무엇인지 알아야 한다. 그런 다음에는 협상의 대상이 아닌 재료의 규모를 확장하는 것이 가능한지 파악해야 한다.

이 책을 펴낸 출판사 커렌시Currency를 놓고 생각해보자. 이는 펭귄랜덤하우스의 출판사 명칭이다. 그들의 유통망은 사업의 핵심적인 요소이며 확장성을 갖고 있다. 왜냐하면 전국에서 200개의 새로운 서점이 문을 열 때 출판사는 거의 하룻밤 사이에 그 모든 서점에 책을 보낼 수 있는 시스템과 인프라를 갖추고 있기 때문이다. 그러나 또 다른 핵심 요소는 좋은 콘텐츠다. 훌륭한 아이디어와 작가의 수는 제한되어 있으므로 이는 확장성을 갖고 있지 않다. 따라서 그들이 추가로 규모 확장을 계획한다면 어떤 핵심 요소가 확장 가능하고 어떤 요소가 확장 불가능한지 확인해야 한다. 만일 이 출판사의 규모가 두 배로 커진다면, 콘텐츠의 충실도는 유지할 수 있을지 몰라도 유통은 그렇게 할 수 없다.

여기서 잠깐 숨을 고르고 주변을 둘러보라. 협상이 가능한 것과 협상이 불가능한 것을 구분해보자. 그러면 협상의 대상으로 삼을 수 없는 것이 도처에 널려 있음을 알 수 있다. 자동차를 분해해보면 어떤 부품이 협상 가능하고 어떤 부품이 협상 불가능한지 금방 알 수 있다. 자동차가 지닌 운송이라는 기본적인 목적 때문에 엔진과 타이어 네 개는 협상이 불가능하다. 반면 뒷좌석 승객들을 위한 최첨단 내비게이션과 텔레비전 스크린은 얼마든지 협상할 수 있다. 경제학에서는 이런 요소들을 평가하는 분야를 쾌락론 hedonics이라 부른다. 아이디어나 제품에 대해 이와 비슷한 쾌락론적 평가를 하는 것은 규모 확장의 과학에서 핵심적인 부분이다.

협상의 대상으로 삼을 수 없는 것의 가치는 무한하다. 이런 가치가 없다면 규모가 확장된 환경에서 해당 기업이 운영될 수 없기 때문이다. 한편, 협상이 가능한 것의 가치는 유한하다. 규모 확장은 협상 불가능한 것이 제자리를 잡고 있을 때만 성공을 기약할 수 있다. 일반적으로 성장하는 기업이 전압을 잃기 시작하는 시점은 언제일까? 협상의 대상으로 삼을 수 없는 요소들이 더는 규모가 확장되지 않는 지점에 다다랐을 때다.

●───── 협상 불가능한 것에 최대한 충실하기

앞에서 소개한 여러 사례에서 알 수 있듯이 성장 과정에서 높은 전압을 획득하려면 규모 확장이 가능하며 또한 협상의 대상이 아닌 성공의 원천들을 충실하게 유지해야 한다. 예를 들어 숙박공유 서비스를 제공하는 에어비앤비Airbnb를 살펴보자. 에어비앤비가 맨 처음 사업을 시작할 때 협상의 대상이 아닌 요소는 디지털 플랫폼과 고객이 공유할 숙박 시설을 제공하는 호스트들의 네트워크였다. 그리고 에어비앤비는 그 두 가지 요소를 규모가 확장된 환경에서도 유지할 수 있었다. 하지만 이 와중에도 이 회사는 다른 서비스들의 규모를 확장하는 실험을 계속 진행해왔다.

회사가 성장함에 따라서 협상의 대상이 아닌 요소들에 새로운 요소를 추가할 수도 있고 또 기존의 요소를 뺄 수도 있다. 넷플릭스를 예로 들어보자. 초창기에는 넷플릭스가 협상의 대상으로 삼을 수 없다고 판단한 요소들 중 DVD를 우편으로 배송하는 데 필요한 '운송 인프라'가 포함되어 있었다. 그러나 지금 그 인프라는 협상이 가능한 요소로 바뀌었다. 반면 스트리밍 콘텐츠 라이브러리와 해당 콘텐츠가 전송되는 온라인 플랫폼이 협상 불가능한 요소에 새로 포함되어 있다.

협상 불가능한 요소를 잘 아는 것은 매우 중요하다. 그리고 또 알아야 할 것이 있다. 때로는 협상 불가능한 요소가 제대로 이행되지 않아서 규모를 확장하는 데 종종 어려움을 안겨준다는 사실이다. 가장 명확한 사례로 '복약 이행'을 꼽을 수 있다. 의료계에서는 환자가 약을 꾸준하게 복용하는 것을 '복약 이행' 혹은 '복약 준수'라고 부르는데, 이는 의료계 종사자들의 오랜 과제다. 처방된 약의 복용은 효과적인 치료를 위해서는 협상이 불가능한 요소다. 환자는 질병의 치료를 위해 처방된 약을 반드시 먹어야 한다. 즉, '복양 이행'을 해야 한다. 연고를 발라야 진균에 의한 발진이 사라지고, 항생제를 먹어야 연쇄상구균이 빨리 낫는다. 처방된 약을 꾸준히 복용하지 않는 환자는 자신에게 필요한 혜택을, 심지어 자신의 생명을 구해줄 혜택을 받지 못한다. 물론 효능이 과학적으로 검증되지 않은 실험약이나 상호작용 및 부작용의 위험이 매우 높은 약물은 제외하고 말이다.

그러나 복약 이행을 준수하지 않는 환자의 행태가 전 세계의 의료 전문가들을 괴롭힌다. 의사들은 이 현상을 이해하려고 백 년 넘게 노력했다. 환자는 자신을 위해서라도 의사의 복약 처방을 준수해야 한다. 하지만 환자가 이를 충실히 이행하지 않을 경우 의학 발달의 규모 확장은 불가능해진다. 의사의 말을 듣지 않는 고집불통 환자들은 규모 확장의 지속적인 장애물이다.

사람들이 정해진 규정을 잘 지키지 않는 관행은 정책이나 공익의 규모를 확장하는 데도 상당한 장애물로 작용한다. 이런 상상을 한번 해보자. 만약 공원을 사용하는 사람이 아무도 없다면 그 공원을 새로 마련함으로써 지역사회가 얻을 수 있는 편익은 아무것도 없다. 마찬가지로, 취업 프로그램이 마련되어 있어도 아무도 이 프로그램에 등록하지 않는다면 이 프로그램은 아무런 편익도 창출하지 못한다. 이런 개별적인 사례가 중요해 보이지 않을 수도 있다. 그러나 사람들이 이용하지 않는 공원이 500개나 되고 사람들이 등록하지 않는 취업 준비 프로그램이 500개나 된다고 상상해보라. 이런 것들이야말로 규모 확장의 대참사가 아니겠는가.

규모를 확장하는 과정에서 정해진 규정을 지키는 것은 어떤 정책, 프로그램, 기업에서든 협상 대상으로 삼을 수 없는 요소다. 즉 정해진 규정은 반드시 지켜야 한다. 포커스그룹이 규모 확장 환경에서의 모집단을 올바르게 대표하도록 주의를 기울여야 하는 것과 마찬가지다. 시험적인 예비연구를 설계하는 사람이라면 표본의 규모가 커질 때 해당 수준이 대폭 떨어지지 않을지 잘 살펴야 한다. 눈에 띄지 않고 숨어 있는 이 함정은 기업계에도 널려 있다.

의학 분야에서 특히 규정 준수(순응·이행)를 많이 연구하는 데는 그만한 이유가 있다. 의료 기관이 환자의 건강을 염려하는 건 당연하다. 그러나 대규모 제약사가 이윤을 추구하는 동기는 어마어마하게 크다. 따라서 제약사는 자사가 생산한 약을 환자가 복용하도록 하는 것에 관심이 많을 수밖에 없다. 이런 이유로 이 분야의 많은 연구가 대규모 제약사의 연구자금을 지원받는다.

보험사들도 마찬가지다. 보험사는 자사 고객이 가급적 보험금을 청구하지 않기를 바란다. 또한 이들 역시 환자가 복약 규정을 준수해서 하루라도 빨리 건강해지기를 바란다. 생명보험도 마찬가지다. 사람들이 건강하게 오래 살수록 보험료 납입액이 그만큼 더 많이 쌓이고, 또 보험금 지급일은 그만큼 더 유예되기 때문이다.

반복적인 구매와 소비를 기반으로 구축된 모든 기업이 이 규정 준수 문제에 맞닥뜨린다. 즉, 어떤 회사가 규모를 확장하려면 고객이 그 회사 제품이나 서비스를 구매하는 데서 그치지 않고 실제로 그것을 반복 사용함으로써 그것이 제공하는 편익을 충분히 누리게 만들어야 한다.

대형할인마트인 트레이더조Trader Joe's를 예로 들어보자. 고객이 매장으로 찾아와서 찍어 먹는 소스 제품을 사서 먹어보고 만족하지 않는다면 절대로 그 고객을 단골로 만들지 못한다. 담배처럼 신체적으로 중독성이 있는 제품에 대해서도 마찬가지다. 또 어떤 사람이 취업 준비 프로그램이 시작하는 첫날에 강의실에 나타나지도 않고 그저 그 프로그램이 유용하다고 느낀다고 치자. 이 사람이 그 프로그램에 끝까지 참여할 가능성은 매우 낮다. 또 처방된 약을 겨우 며칠만 복용했는데도 어쩐지 아픈 데가 모두 사라진 것처럼 느끼는 사람은 해당 복약 치료를 끝까지 받을 가능성이 희박하다.

어떤 아이디어나 제품이 규모 확장에 성공하려면 단순히 고객을 찾는 것만으로는 충분하지 않다. 거기에서 한 걸음 더 나아가 고객이 해당 아이디어나 제품을 어떻게든 직접 경험하도록 만들어야 한다. 이것은 협상의 대상이 아니다.

사람들이 자신에게 도움이 되는 약을 먹지 않는 이유는 대형할 인마트에서 이것저것 닥치는 대로 물건을 사지 않는 이유보다 한층 더 까다로우며 심리적으로도 복잡하다. 그 차이는 이렇다. 약의 경우 대부분 비용이 즉시 발생하는 반면 통증이 사라진다든가 상처가 아문다든가 기분이 좋아진다든가 하는 편익은 미래에 나타난다. 반면 트레이더조에서 치즈 맛 소스를 살 때는 다르다. 식탁에서 그것을 먹는 순간 곧바로 맛있다는 편익을 경험한다.

사람은 미래에 발생할 효용보다 당장 눈앞의 효용을 중시하는 현재 편향present bias을 갖고 있다. 따라서 복약 이행에 따른 편익이 몇 주 또는 몇 달 안에 발생하지 않는 한 사람들이 정기적이고 지속적으로 복약을 이행하기란 쉽지 않다. 그러나 궁극적으로 보자면 해결해야 할 과제는 동일하다. 왜냐하면 두 경우 모두 인센티브를 올바르게 설정할 때 성공할 수 있기 때문이다. 그리고 그 양극단 사이에 존재하는 모든 경우에서 그렇다. 이렇게 하지 않을 때 어떤 일이 일어나 결국 실패로 끝나고 마는 것을 나는 직접 목격했다. 시카고하이츠유아센터 커리큘럼을 통해서였다.

시카고하이츠유아센터에서 실험을 진행한 지 3년째에 우리는 아이들에게 인상적인 성과를 가져다줄 프로그램 하나를 마련했다. 이 프로그램의 커리큘럼은 협상의 대상으로 삼을 수 없는 두 가지 중심적인 요소를 갖고 있었다. 하나는 인지 능력과 비인지 능력을 개발하는 데 초점을 맞춰서 구체적인 지침을 제시하는 수업 시간을 따로 마련하는 것이었다. 그리고 다른 하나는 부모가 유아센터의 지도를 받아서 아이들의 교육에 참가하는 것이었다.

그런데 많은 학부모가 이런저런 사정 때문에 우리 프로그램이 요구하는 방식대로 참여하기 어려웠다. 우리에게는 학부모가 먼저 학부모아카데미에 등록하게 만들고, 그다음 학부모가 지침을 따르게 만드는 이중적인 과제가 주어진 셈이었다. 학부모의 참여를 유도하기란 쉽지 않은 일이었다. 우리는 현금 인센티브를 제공해서 참여를 독려하기로 했다.

학부모가 자기 자녀의 교육에 적극적으로 참여하도록 동기를 부여하는 수단으로 돈을 제공해서는 안 된다는 낭만적인 생각을 품는 사람이 많이 있다. 그러나 내가 진행했던 연구 결과에 따르면, 금전적인 넛지는 강력한 행동적 넛지가 됐다. 형편이 어려운 상황에서 생활비를 마련하느라 고군분투해야 하는 계층에서는 특히 더 그랬다. 시카고하이츠에서는 그런 금전적인 지원은 필수적인 요건이었고 이 점을 우리는 잘 알았다. 그러나 런던에 있는 어떤 학군 관계자가 우리에게 연락해서 시카고하이츠유아센터 커리큘럼이 성공했다는 내용을 읽었으며, 그 커리큘럼을 자기들도 시행하고 싶다고 말하기 전까지는 그것이 얼마나 필수적인지 정확하게 알지 못했다.

나는 동료 로버트 멧커프Robert Metcalfe, 샐리 새도프와 함께 런던 소재의 그 학군 관계자들이 커리큘럼을 준비하는 것을 도왔다.[7] 그 과정에서 우리는 한 가지 단서를 발견했다. 그 학군은 부모가 자녀 교육에 참여하도록 유도하는 목적의 금전적 인센티브를 정책적으로 금지한다는 사실이었다. 그 정책에는 나름대로 이유가 있었고 그 모든 것을 나는 충분히 이해할 수 있었다. 그러나 부모에게 금전적인 지원을 하는 것이 우리 프로그램의 규모를 확장하는 핵심 요소라는 사실은 바뀌지 않았다. 그래서 우리는 이 점을 런던의 학군 관계자들에게 설명했다. 그들은 어쨌든 간에 시카고하이츠 커리큘럼을 시행하겠다고 주장했다.

아니나 다를까 내가 우려했던 일이 일어났다. 학부모들은 대부분 시간적인 여유가 없어서 학부모아카데미에 등록하기를 꺼렸다. 등록한 학부모들마저 미국에서 학업성취도가 가장 낮은 학군에서 무단결석을 가장 많이 하는 학생들보다 출석률이 낮았다. 사정이 이렇다 보니 이 학부모들의 자녀들이 해당 커리큘럼을 통해서 도움을 받은 건 거의 없었다. 이런 결과는 놀라운 게 아니었다. 당연한 결과였다. 그 학생들은 그 프로그램에서 협상 불가능한 요소의 도움을 받지 못했다. 그것은 꽃가루 알레르기가 한창일 때 약을 먹지도 않은 채 알레르기가 낫기를 마냥 기대하는 것과 다를 게 없었다.

여기서 중요한 것은 당신의 아이디어나 회사의 규모가 확장될 때 사람들이 거기에 참여하는 방식을 완전히 통제할 수 없다는 점이다. 당신은 사람들에게 협상의 대상이 아닌 요소를 그대로 따르도록 인센티브를 제공할 수는 있다. 하지만 그 요소를 강요할 수는 없다. 방금 소개한 런던의 어떤 학군 사례처럼 필요한 조건을 충족하지 못할 때는 극단적인 결과가 빚어진다. 학부모에게 제공하는 금전적인 지원을 없애는 것은 자동차에서 바퀴를 떼는 것과 마찬가지로 치명적인 쾌락론적 실수였다.

다른 경우들에서 협상 불가능한 것에 대한 충실도의 부족은 한층 더 미묘한 결과로 이어진다. 이것은 프로그램 표류program drift 혹은 미션 표류mission drift로 이어진다. 충실도의 부족은 규정을 준수하지 않는 것과는 확연히 다르다. 충실도의 부족은 아이디어의 사용자 행동이 아니라 아이디어 구현자, 즉 프로그램 진행자의 행동에서 비롯되기 때문이다.

프로그램 표류 때문에 규모 확장 환경에서는 협상 불가능한 요소가 충족되지 못하는데, 그 이유는 다음 두 가지 중 하나다. 소규모 표본에서는 나타나지 않는 조직적 제약이 작용하거나, 프로그램 진행자가 프로그램을 충실하게 재현하지 않거나 혹은 재현하지 못했기 때문이다. 이렇게 되면 애초의 의도와 전혀 다른 프로그램이 규모가 확장된 환경에서 제공되는 결과가 빚어진다.

예를 들면 이런 식이다. 어떤 식당이 처음에 체인점 몇 곳에서 랍스터 요리를 판매한다. 그런데 이 체인점이 전국 규모로 확장한 뒤에 새로운 매장에서도 그 요리를 계속해서 제공한다. 그런데 랍스터가 아닌 게를 재료로 삼아 요리를 내놓는 식이다. 프로그램 표류의 한층 더 중요한 사례로는 미국 정부의 헤드스타트^{Head Start} 프로그램(빈민구제사업의 일환으로 저소득층 자녀가 충분한 교육을 받을 수 있도록 취학 전 아동을 대상으로 시행하는 미국의 교육 지원 제도-옮긴이)이 있다.

헤드스타트는 린든 존슨^{Lyndon B. Johnson}이 주창했던 운동인 '위대한 사회^{Great Society}'의 일부로 1965년에 시작됐다. 이 운동은 '빈곤과의 전쟁^{War on Poverty}'을 치르기 위해 새로운 법률까지 제정하는 등 꽤나 광범위한 사회 운동이었다. 이 프로그램의 핵심적인 요소인 헤드스타트는 유아교육에서부터 보건 및 영양 문제에 이르기까지 저소득층이 밀집한 지역사회가 직면한 여러 어려움을 조금이나마 누그러뜨리자는 취지에서 나왔다.

그 30년 뒤에 대상을 한층 더 좁게 설정한 새로운 프로그램인 얼리헤드스타트^{Early Head Start}가 헤드스타트의 우산 아래에서 시작됐다. 이 프로그램은 최근 들어 부쩍 깊어진 아동발달에 대한 과학적 이해를 바탕으로 한다. 특히 출생 직후부터 3세 사이에 얼마나 많은 발달이 일어나는가에 대한 지식의 비약적인 확대에서 비롯됐다. 이런 이유로 이 프로그램은 신생아와 유아의 독특한 필요성에 맞춰서 조정됐다. 또 안전하고 풍부한 보살핌을 통해서 그 아이들의 신체적·인지적·사회적·정서적 발달을 촉진하는 데 초점이 맞춰졌다. 나중에 이 프로그램은 미국 연방정부가 예산을 지원하는 세계 최대의 유아 대상 프로그램들 가운데 하나로 성장했다. 1995년에 68개 프로그램을 시행하는 것으로 시작했지만 나중에는 1,200여 개의 프로그램을 시행할 정도로 규모가 커졌다. 2019년 기준으로 300만 명이나 되는 어린이와 그 가족이 이 프로그램을 거쳐갔다.[8]

얼리헤드스타트는 이미 구축되어 있던 헤드스타트 모델을 따라서 부모가 자녀 교육에 한층 더 적극적인 역할을 하도록 지원하는 것을 목표로 삼았다. 이 프로그램에서 협상 불가능한 요소들 가운데 하나는 가정방문 서비스다. 한 달에 두 번씩 직원 한 명이 각 가정을 90분 동안 방문해서 부모가 자녀의 발달을 자극하는 방법을 찾도록 돕는 프로그램이다. 얼리헤드스타트가 시작되고 몇 년 동안 이 가정방문 프로그램은 취학 준비 및 육아에 상당한 도움을 주었다. 모든 가구가 도움을 받았다. 적어도 소규모로 이루어졌던 경우에는 그랬다.

그러나 프로그램의 규모가 확장되면서 양상이 달라졌다. 특히 위험에 처한 가정을 방문했을 때는 상당한 수준의 전압 강하 현상이 나타났다.[9] 이 프로그램을 자세하게 살펴본 결과, 가정방문의 질에서 지역적 편차가 상당히 크다는 사실이 밝혀졌다. 규모를 확장해서 더 많은 사람에게 서비스를 제공한다는 것은 서비스의 품질이 떨어질 수 있다는 뜻이기도 하다.

문제는 헤드스타트 직원이 위기에 처한 가정을 많이 방문할수록 이 직원은 온갖 문제들 때문에 다른 곳에 정신이 팔린 학부모들을 그만큼 더 많이 상대해야 했다는 점이었다. 이런 학부모들은 자녀 교육에 전념할 시간이 다른 부모들에 비해 훨씬 적었다. 너무 바쁘다 보니 자녀에게 음식을 제대로 챙겨주지도 못했고 청구된 돈을 제때 지불하지도 못했다. 기본적으로 그들은 삶 자체를 방해받고 있었다.

그 결과 가정방문이라는 프로그램은 얼리헤드스타트의 방법론과 임무에서 벗어나 '표류'했다. 그것은 애초에 설계되었던 얼리헤드스타트가 아니었다. 이름은 같지만 내용이 전혀 달랐고, 효과도 덜한 다른 어떤 것으로 변질되고 말았다.

이렇게 해서 결국 가정방문이라는 서비스는 규모가 확장된 조건에서 협상 불가능한 요소를 충실하게 지켜내지 못했다. 얼리헤드스타트는 애초에 협상 불가능한 요소를 제대로 이해하지 못했던 것이다. 즉 부모는 충분한 시간을 갖고 자녀의 학습에 개입하는 일에 집중해야 한다는 조건을 말이다. 그러다 보니 참여율이 떨어졌고, 많은 어린이가 자신의 발달과 미래의 삶에 도움이 될 서비스에서 멀어졌다.[10]

학술적인 연구가 정부나 자선단체의 예산 및 비영리단체의 실천 활동과 교차하는 영역에서 프로그램 표류 현상이 상당히 흔하게 나타난다. 이런 일은 흔히 예산이 복수의 원천에서 지원되기 때문이다. 예산을 제공하는 각각의 주체는 자기만의 우선순위와 목표를 갖고 있다.

예를 들어보자. 자선단체의 기부자들은 모든 학생의 성적이 향상되길 기대하고, 학군이라는 교육 행정 주체는 낙오되는 학생이 생기지 않아야 한다고 요구한다. 또한 대학교의 연구자들은 연구 결과가 번듯하게 발표되어 다른 연구자들의 관심을 받고자 한다. 이 각각의 주체들은 협상 불가능한 요소를 희석하거나 제외하고고 요구할 수도 있다.

이런 상황에서 전압 강하는 특히 심각하게 나타난다. 그 이유는 공적인 체계에서 규모가 확장된 프로그램을 제대로 평가하려면 오랜 시간이 걸리기 때문이다. 이런 프로그램은 심지어 몇 년 동안 점검도 되지 않은 채 관성에 따라서 진행되기도 한다. 결국 많은 예산과 인력이 낭비되고 나서야 비로소 문제를 확인하고 이를 바로잡으려는 시도가 이어진다.

표류^{drift}라는 개념이 나타나는 영역은 정책적인 차원의 개입이나 학술 연구처럼 모든 것이 느리게 진행되는 세상에만 국한되지 않는다. 표류 현상은 특히 제품의 품질이 고객 만족의 기준을 충족하지 못했을 때 기업을 괴롭힌다. 예를 들어보자. 제이미스 이탤리언은 형편없는 관리와 감당할 수 없을 정도로 과도하게 투입된 자원이라는 두 조건이 결합해서 음식의 품질을 떨어뜨렸다. 이것을 저술가인 폴 미들러$^{Paul\ Midler}$는 '품질 퇴색$^{quality\ fade}$'이라고 불렀다.[11]

흥미롭게도 프로그램 표류로 가장 집중적으로 조사를 받은 곳은 비영리단체와 영리기업이 교차하는 지점이다. 지난 수십 년 동안 기업들은 사회적인 영향력 행사를 전략적 우선순위에 포함하는 방향으로 변화해왔다. 반면 많은 비영리단체나 기관은 조직의 운영과 활동을 지속하는 데 필요한 재원을 확보하기 위해서 수익 창출 수단을 개발해야 했다. 이런 사실은 실제 현실에서 벤처투자사들이 무조건 돈을 많이 버는 데만 신경을 쓰는 게 아니라 세상을 개선하려는 노력도 함께 한다는 것을 말한다. 또 비영리 조직이 수익 사업을 개발해서 자신이 운영하는 프로그램을 지원한다는 것을 뜻한다.

예를 들어 미국에서 50세 이상인 사람이 가입할 수 있는 미국퇴직자협회AARP는 연간 10억 달러 이상을 창출하는 보험 기반 사업을 하고 있다. 그리고 여기에서 나오는 자금으로 활동한다.[12] 그런데 연구자들은 '두 명의 주인을 섬기는' 이런 이중적인 태도가 사회적 기업과 영리기업 모두에서 종종 프로그램 표류로 이어진다는 사실을 발견했다. 사적인 이익 그리고 공적인 이익을 창출하는 것이 모두 협상 불가능한 요소일 때, 이 둘을 충족하는 자원이 부족해 필요한 자원을 두 곳 모두에 제공하지 못하는 일이 흔하게 일어나는 것이다.

그렇다면 어떻게 해야 조직이 규정 준수 위반과 표류라는 문제 둘 다를 해결할 수 있을까? 각각의 경제적·심리적 인센티브를 만들어내는 것이 의미 있는 시작점이 된다. 규정 준수 위반을 개선하려면 규정 준수 비용을 줄이는 동시에 규정 준수 이득이 즉각적이고 가시적으로 나타나는 방법을 찾아야 한다.

표류 문제를 해결하려면 해당 프로그램이나 사업의 아이디어를 충실하게 유지하는 일에 개인적으로 많은 관심을 가진 사람이 해당 프로그램을 실행하는 팀에 소속되어 있어야 한다. 예를 들면 회사의 창업자나 특정한 치료법을 개발한 의사처럼 말이다. 우리는 이런 이들이 프로그램 실행팀에 있을 때 프로그램 표류가 최소화한다는 사실을 발견했다. 요약하자면, 해당 프로그램이나 사업을 실행하는 사람이 그 과제의 의미를 온전하게 이해할 때 한층 더 충실하게 그 과제를 수행할 수 있다는 뜻이다.

그러나 21세기 기업 환경에서는 다르다. 규모가 확장되고 변화된 환경에서 협상 불가능한 요소에 충실하지 않아서 발생하는 가파른 전압 강하는 표류와 무관하다. 오히려 아름답게 규모가 확장되는 것처럼 보이는 어떤 멋진 새로운 재료가 도입되었기 때문에 가파른 전압 강하가 나타나는 경우가 많다. 그 재료는 바로 '혁신적인 신기술'이다.

◆──── 똑똑한 기술, 멍청한 사람

디지털 기술은 대부분 본질적으로 확장성을 갖는다. 코드의 문자열은 무한하게 그리고 즉각적으로 복제할 수 있다. 사람들은 자기가 상당한 금액을 지불하고 샀다는 바로 그 이유만으로도 디지털 제품의 요구사항을 '순순히 준수'한다. 그러므로 만일 새로운 기술이 어떤 회사의 기반이라면, 규모가 확장된 조건이나 환경에서도 협상 불가능한 요소들은 안전하게 유지될 것이라고 생각할 수 있다. 각각의 복제물은 모두 동일하기 때문이라는 게 논리적인 근거다.

정말 그럴까? 차근차근 살펴보자.

2장에서 다루었던 빅데이터 기반 플랫폼 회사인 오파워를 기억하는가? 이 회사는 에너지 절약 사업을 시작한 지 2년이 지난 뒤인 2010년에 새로운 데이터세트를 개발했다. 이 데이터세트는 내가 박사 후 과정을 지도했던 우수한 학생 로버트 멧커프가 우리 팀의 도움을 받아서 분석해주겠다고 오파워에 제안했던 것이다.

오파워가 허니웰Honeywell(우주항공과 자동제어 등 다양한 산업 분야에서 기술을 선도하는 다국적기업-옮긴이)과 공동으로 산업 지형을 바꾸어놓을 획기적인 스마트 온도조절기를 개발했다고 자랑하던 무렵이었다. 이 온도조절기는 거주자가 일하거나 잘 때 스스로 알아서 실내 온도를 적정하게 조절함으로써 에너지 소비를 줄여준다. 그리고 피크 타임이 아닐 때를 골라서 전기를 싸게 구매해 전기요금을 줄여준다. 소비자는 휴대폰만 있으면 집 안 어디에 있든 앱으로 그 온도조절기를 작동할 수 있다.

그것은 성공하는 제품의 모든 요소를 갖추고 있었다. 이 스마트 온도조절기가 모든 기술시험을 통과하고 시제품이 탁월한 성능을 발휘한 뒤에 오파워는 이것을 캘리포니아 중부 지역을 중심으로 출시했다. 그런데 도무지 설명할 수 없는 일이 일어났다. 그들의 예상과 달리 에너지가 절약되지 않았던 것이다. 그 이유를 찾기 위해 우리 팀이 출동했다.[13] 당시 우리 팀은 나와 크리스 클랩 Chris Clapp, 로버트 멧커프, 마이클 프라이스Michael Price로 구성되어 있었다.

거의 20만이나 되는 가구에서 나온 데이터를 보면서 우리는 그 온도조절기의 규모 확장에서 나타난 전압 강하를 간단하게 설명할 수 있었다. 어떤 것을 채택한다는 것과 그것을 사용한다는 것이 언제나 동일하지는 않기 때문이다. 분명 그 스마트 온도조절기는 고객의 집에 설치되었고 이것을 작동할 앱도 고객의 휴대폰에 깔려 있었다. 그렇다고 해서 고객이 그 온도조절기를 제대로 사용한다는 뜻은 아니었다. 처음에는 기본설정(디폴트) 덕분에 절약 효과가 발생했지만, 사람들은 점점 기본설정을 해제하고 예전의 습관으로 돌아갔다. 그래서 확실하게 보장된다고 약속하던 에너지 절약 효과는 결국 애초의 기대에 미치지 못한 것이다.

사람들이 실제 현실에서 어떻게 행동할 것인지 엔지니어들이 모델링하지 않았다는 점이 문제였다. 에너지 절약이 확실하게 보장될 것이라는 예측이 기본적으로 전제한 조건이 있었다. '완벽한' 고객이 스마트 온도조절기를 언제나 올바르게 사용한다는 조건이었다.

그러나 현실 속의 실제 인간은 완벽하지 않다. 충동적이고, 늘 실수하고, 빗나가게 마련인 어림짐작에 따라 행동하고, 장기적인 이득보다는 단기적인 이득에 휘둘린다. 게다가 지시를 잘 이해하지 못할 뿐만 아니라 지시를 잘 따르지도 않는다. 어쩌면 그 스마트 온도조절기의 고객들은 자기가 없을 때 반려동물이 추운 집에 있게 하고 싶지 않았을 수도 있다. 혹은 집에 돌아왔을 때 훈훈한 온기가 자신을 맞아주길 바랐을 수도 있다.

인간의 무능함과 게으름과 낭비벽을 과소평가해서는 안 된다. 어떤 제품이나 서비스, 프로젝트의 규모를 확장할 때는 특히 더 그렇다. 스마트 온도조절기를 개발한 엔지니어들은 이런 현실적인 인간의 경향을 염두에 둔 채 제품을 개발하고, 제작하고, 테스트했어야 했다. 어떤 제품이든 서비스든 간에 실제 사용자를 대상으로 테스트해야 한다. 그러지 않고서는 소비자가 혁신적인 제품을 잘못 사용한다거나 의도했던 편익을 쓸모없게 만들어버리는 온갖 경우를 파악하기란 불가능하다.

간단하게 말해 그들은 '똑똑한' 온도조절기를 만들었지만, 이것을 실제로 사용한 사람들은 분명 그다지 똑똑하지 않았다. 오파워가 스마트 온도조절기 때문에 맞닥뜨렸던 문제는 환자가 처방받은 약을 제시간에 복용하지 않는 문제와 그리 다르지 않았다. 왜냐하면 처방약과 혁신적인 기술은 이론적으로는 완벽하게 규모를 확장할 수 있는 요소이기 때문이다. 그러나 이 이론이 맞아떨어지려면 '규정 준수'라는 전제가 확실하게 지켜져야 한다.

우리 팀은 스마트 온도조절기 소비자가 규정을 준수하려면 어떤 동기 부여가 필요할지 찾기 위해 현장 작업을 설계했다. 그리고 이 연구의 초기 결과는 나쁘지 않았다. 물론 모든 일이 지난 뒤에 돌이켜보면 더 분명해지는 것은 사실이다. 하지만 좀 더 일찍 문제를 예측하고 해결할 방향을 찾는다면 분명 더 좋다. 오파워가 온도조절기를 설계하는 단계에서부터 규정 준수와 관련된 문제를 예측해서 해결했다면 분명 더 좋았을 것이다.

이렇게 하려면 상상력이 필요하다. 최신 기술에 능하지 않은 사람들을 대상으로 하는 베타 테스트도 필요하다. 애플과 같은 일류 기술기업들은 종종 이렇게 한다. 애플은 스티브 잡스의 유산을 이어가기 위해서 실제 사용자가 제품의 결함을 찾아내도록 제품의 정식 출시 이전에 베타 프로그램을 배포한다. 그리고 애플에 등록한 사용자는 애플이 곧 출시할 새로운 소프트웨어를 미리 접해보고 피드백을 제공한다.

스마트 온도조절기는 익숙한 제품이 아니라 그것의 사용법을 익히는 게 쉽지 않다. 즉, 학습 곡선이 한층 더 가파른 편이다. 이와 달리 사용자 친화적인 기술의 규모 확장은 보통 훨씬 쉽게 이루어진다. 인스타그램만 봐도 그렇다. 인스타그램은 사용하기가 매우 쉽다. 사진을 찍어서 올리면 다른 사람들이 본다. 따로 설명하거나 안내할 것도 없다. 사진을 올리지 않는 사람도 다른 사람의 생활을 엿보는 용도로 이 앱을 사용할 수 있다. 이런 단순함과 손쉬운 사용법은 인스타그램으로서는 협상의 대상으로 삼을 수 없는 가장 핵심적인 요소다. 이 앱은 현재 전 세계 10억 명이 넘게 사용하지만 처음 100명이 사용하던 때와 마찬가지로 쌩쌩하게 잘 돌아간다.

최근 예외적일 정도로 규모 확장에 성공한 사례가 있다. 이 사례는 기업이 아니라 사회적인 행동에서 찾아볼 수 있다. 2020년 봄, 미니애폴리스의 경찰관 데릭 쇼빈Derek Chauvin이 조지 플로이드George Floyd를 살해하고 며칠이 지난 뒤였다. 아직 아무도 범죄 행위로 기소되지 않았던 그 시점에 풀뿌리법률 프로젝트Grassroots Law Project가 한 가지 제안을 했다. 미네소타의 공무원들에게 '전화 폭탄'과 '음성 메시지 폭탄'을 퍼부어서 정의를 요구하자고 나선 것이다.

정의를 요구하려는 사람은 풀뿌리법률 프로젝트가 지정한 번호로 전화를 걸기만 하면 됐다. 그러면 풀뿌리법률 프로젝트가 무슨 말을 해야 할지 지침을 알려주는 메시지를 재생한 다음 그 사람을 각 공무원의 사무실 전화로 연결시켰다. 그리고 누군가에게 말을 하거나 메시지를 남긴 뒤에 별(*) 버튼을 누르면 자동으로 다음 관계자에게 연결됐다.

이런 식으로 조지 플로이드의 부당한 죽음에 항의하는 사람들은 계속해서 별 버튼을 누르면서 전화 폭탄과 음성 메시지 폭탄을 날렸다. 이와 같은 훌륭한 혁신들은 이미 존재하는 요구에 새로운 효율성을 보탰다. 이런 운동이 전개되고 며칠 안 돼서 데릭 쇼빈은 체포·기소되었다. 관련된 다른 경찰관들도 며칠 뒤에 체포됐다.

정의가 승리한 이 과정에는 수많은 요인이 작용했다. 하지만 자동화된 폰드라이브phone drive(아이폰에 탑재된 앱 명칭이기도 하다-옮긴이) 기술이 도움이 된 것은 분명하다. 또 이 기술은 자신의 메시지를 갖고서 많은 사람에게 다가가기를 원하는 활동가들에게 계속해서 가치 있는 도구가 될 것이다. 사용하기 쉬운 기술은 한층 더 많은 사람으로 규모가 확장되게 마련이다.

여기서 얻을 수 있는 교훈은 사람들이 규정을 쉽게 지킬 수 있도록 만들어야 한다는 점이다. 새로운 기술을 설계하고 평균적인 사람들을 대상으로 이 기술을 테스트하려면 한층 더 많은 시간, 돈, 노력 그리고 창조적인 에너지가 필요하다. 그러나 머피의 법칙이 일러주듯 잘못될 수 있는 거의 모든 일은 언제나 규모를 확장했을 때 일어난다. 이 점을 감안하면 이런 시도는 충분히 가치가 있다.

기업이 규모를 확장하고 환경이 변화하면서 발생하는 전압 강하를 방지하려면 전통적인 연구나 제품개발 모델을 완전히 뒤엎어야 한다. 즉, 장기간에 걸쳐서 온갖 다양한 상황하에 전체 모집단에서 재현되는 성공이 과연 어떤 모습일지 상상하는 것부터 시작해야 한다는 뜻이다. 이 목표를 달성하려면 협상 불가능한 요소, 즉 결코 양보할 수 없는 요소에 어떤 것들이 있는지를 먼저 파악해야 한다.

어떤 교육 프로젝트를 시행하려는데, 이 프로젝트는 5만 명이나 되는 교사가 주체가 돼야 한다고 가정해보자. 그럼 먼저 이 프로젝트를 시범적으로 실행해야 한다. 이때 시범 사업에 참가하는 교사가 10명이라면, 이 10명을 모두 최고의 교사로 선정해서는 안 된다는 말이다. 최고의 교사들은 그 프로젝트를 담당하게 될 전체 5만 명의 교사를 제대로 대표하지 못하기 때문이다. 그 10명을 제외한 나머지 49,990명의 교사 중에는 평균적인 교사도 있을 테고 그보다 모자란 교사나 최악의 교사도 분명 있을 테니 말이다.

만일 특정한 커리큘럼이 효과를 발휘하는 데 알베르트 아인슈타인 같은 사람들이 필요하다면, 강의를 아인슈타인급의 교습으로 확장할 수 있는 기술을 개발해야 한다. 다른 방법으로는 그 커리큘럼의 규모가 확장될 수 없기 때문이다. 정책 입안자들은 이것을, 증거를 토대로 하는 정책에서 정책을 토대로 하는 증거로 접근의 틀 자체를 바꾸어야 한다는 뜻으로 받아들여야 한다.

만일 규모 확장과 관련해서 특정한 조직적인 제한 사항들이 있다면, 그런 사항들이 애초의 연구에서 협상 가능한 것들이었는지 혹은 협상의 여지가 없는 것들이었는지 테스트하라. 건물의 크기부터 활용할 수 있는 기술이나 안전상의 문제 혹은 침입의 가능성에 이르는 온갖 것들을 말이다. 이런 일반적인 접근법을 역진귀납법Backward Induction이라고 부른다. 이에 대해서는 5장에서 자세하게 다룰 것이다.

* * *

자신이 갖고 있는 아이디어들의 현실적인 실체를 인정할 때 비로소 그 아이디어들의 규모를 현실에 맞게 확장할 수 있다. 우리는 생태학적으로 유효한 설정 안에서 자신을 제약하는 온갖 것들을 이해할 필요가 있다. 그런 뒤에 그 제약 속에서 일을 시작해야 한다. 일을 추진하는 속도를 늦추라는 말이 아니다. 무작정 앞으로 달려 나가기 전에 어떤 길로 달려야 할지 경로를 미리 알아보라는 뜻이다. 나는 지금까지 재계의 많은 발 빠른 회사들과 손을 잡고 일해봤다. 하지만 아무리 발이 빠른 선수라 해도 엉뚱한 방향으로 달려가면 절대로 경주에서 이기지 못한다는 것을 경험했다.

그렇다면 다음과 같은 경우 당신은 어떻게 하겠는가? 당신은 결코 양보할 수 없는 요소를 붙들고 규모 확장을 시도해서 성공했다. 성공은 했지만 지금까지 당신이 힘들게 쌓아 올린 모든 것을 허물어뜨리겠다고 위협하는 결과가 나타났다. 애초의 의도나 계획에는 전혀 없던 결과다. 자, 이때는 어떻게 해야 할까?

◇ 4 ◇
파급 효과
의도치 않은 결과가 일으키는 파장

랠프 네이더Ralph Nader는 전설적인 소비자 권리 옹호 변호사다. 1965년 당시 서른한 살이던 그는 첫 번째 책 『어떤 속도에서도 안전하지 않다Unsafe at Any Speed: The Designed-In Dangers of the American Automobile』를 출간했다. 이 책은 출간 즉시 폭발적인 기세로 베스트셀러에 올랐다. "반세기가 넘는 세월 동안 자동차는 수백만 명의 사람들에게 죽음과 부상 그리고 헤아릴 수 없는 슬픔과 박탈감을 안겨주었다."는 첫 문장부터 솔직하고 거침없는 접근법으로 일관했다.

이어지는 각 장에서 네이더는 운전자와 승객 그리고 보행자를 불필요하게 그리고 과도할 정도로 위험하게 만드는 자동차 설계의 온갖 모습을 풀어냈다. 충돌의 과학을 살펴보았고, 자동차업체가 안전보다는 스타일을 중시하도록 기술자들에게 어떤 지시를

158 ··· 1부. 규모 확장을 가로막는 5가지 신호

내리는지 보여주었다. 또한 교통량이 많은 로스앤젤레스 같은 도시에서 자동차 때문에 발생하는 대기 오염 문제를 살펴보았다. 그의 지적은 자동차에 대한 규제를 강력하게 시행해야 한다는 열띤 토로였고 이는 효과가 있었다.

늘 굼뜨기만 하던 미국 정부였지만 이 책이 출판된 지 불과 몇 달 만에 미국 고속도로안전관리국National Highway Traffic Safety Administration을 설치하기 위해서 빠르게 움직였다. 나아가 1968년에는 모든 개인 차량에 안전벨트를 의무적으로 장착하도록 하는 법률이 연방 차원에서 제정됐다. 표면적으로만 보자면 랠프 네이더가 미국의 도로를 한층 더 안전하게 만드는 데 성공한 것처럼 보였다. 그런데 실제 사정은 어땠을까?

1975년에 시카고대학 동료 교수인 샘 펠츠만Sam Peltzman이 「자동차 안전 규제의 효과The Effects of Automobile Safety Regulation」라는 논문을 발표했다. 소박한 제목과 달리 이 논문은 놀라운 결론을 도출했다. 자동차의 안전성을 높이기 위해 네이더가 10년 동안 이끈 운동의 결과 취해진 여러 가지 조치가 실제로는 사람들을 오히려 더 위험하게 만들었다는 것이다. 펠츠만은 이 논문에서 "이번 연구에서 내가 가장 자신 있게 내세울 수 있는 한 가지 결론은 자동차 안전 규제가 고속도로 사망률에 아무런 영향을 주지 않았다는 점이다."라고 지적했다.

그런데 이 지적보다 더 놀라운 것은 그렇게 될 수밖에 없었던 이유를 밝히는 그의 설명이었다. 운전자들은 자기를 보호할 목적으로 마련된 조치들 덕분에 한층 더 안전하다고 느꼈다. 그래서 운전할 때 마음 상태가 느슨해져 예전보다 위험을 더 많이 무릅썼고, 결국 사고를 더 많이 낸다는 것이었다. 본인이 의식하든 의식하지 않든 운전자는 '나는 안전벨트를 맸으므로 매우 안전하다. 그러니 가속페달을 마음껏 밟아도 돼'라는 심리에 사로잡혔다.

안전벨트는 사고가 났을 때 운전자를 조금이라도 더 안전하게 지켜준다. 하지만 규모가 확장된 조건에서는 총 사고 횟수의 증가로 이어졌다. 규모 면에서도, 그것들은 더 많은 전체 사고로 이어지는 것처럼 보였다. 이것은 마치 한 차례의 전압 이득이 발생하긴 했지만, 결과적으로 보면 거대한 전압 강하에 의해서 그 모든 이득이 소멸되는 것과 마찬가지 양상이었다. 이는 사람들이 전혀 의도하지 않았던 충격적인 결과였다.

펠츠만의 논문을 놓고 떠들썩하게 찬반 의견이 엇갈렸다. 그러는 동안 많은 연구저작물이 다른 분야에서도 펠츠만이 내렸던 것과 비슷한 결론을 내렸다. 그리고 이 주제를 놓고 규제에 찬성하는 진영과 반대하는 진영 사이의 정치적인 문제로 비화되기도 했다. 어쨌든 여러 연구들로 사람들은 안전한 조치가 마련되어 있을 때는 그렇지 않을 때보다 한층 더 위험한 행동을 하는 경향이 있음이 밝혀졌다. 안전 헬멧을 쓰지 않은 채 자전거를 타는 사람에게 안전 헬멧을 씌워주면 그 사람은 한층 더 위험하고 무모하게 자전거를 탄다.[2] 게다가 한층 더 고약한 사실은 그 사람 주변으로 달리는 자동차도 한층 더 위험하게 달린다는 점이다.

펠츠만이 개척한 분야를 더욱 파고들어서 2009년에 발표된 한 논문은 놀라운 결과를 보여준다. 머리와 목을 보호하는 새로운 보호장구를 착용하고 내부가 개조된 자동차로 경주를 벌이는 내스카대회에서 운전자의 심각한 부상은 줄어들었다. 하지만 사고율이나 자동차의 손상 정도는 더 높아졌다는 사실을 확인했다.[3] 요약하자면, 안전 조치가 오히려 안전 추구라는 목적을 훼손할 수 있다는 말이다.

펠츠만 효과로 일컬어지는 이 현상은 흔히 위험 보상risk compensation을 연구하는 학문에서 렌즈 역할을 한다. 위험 보상 이론의 핵심은 이것이다. 주어진 어떤 상황에서 사람들은 자기가 얼마나 안전하다고 느끼느냐에 따라서 제각기 다른 선택을 한다. 즉, 사람들은 안전하게 보호받는다고 느낄 때 위험을 더 많이 무릅쓰고, 반대로 언제든 쉽게 상처받을 수 있다고 느낄 때는 위험을 무릅쓰는 횟수를 줄인다.

911 사태의 여파 속에서 테러리스트들이 핵무기를 손에 넣을 수 있다는 공포가 확산될 때였다. 이때 정치학자인 스콧 세이건Scott Sagan은 핵시설을 지키는 보안 인력을 늘리는 것이 오히려 그 시설을 덜 안전하게 만들 수도 있다고 주장했다.[4] 그 이유도 바로 위험 보상과 연관된다.

펠츠만 효과는 또한 보험시장에도 영향을 미친다. 보험시장에서 보험 혜택을 받을 수 있는 사람은 그렇지 않은 사람보다 더 위험한 행동을 한층 더 많이 한다. 이른바 도덕적 해이moral hazard(모럴

해저드) 현상이다. 이러한 인간 행동 패턴의 규모가 확장될 때 엄청나게 거대한 결과가 초래될 수 있음은 불 보듯 뻔하다.

여기에서 가장 명백한 사실을 확인할 수 있다. 사람들은 날마다 겉으로 보기에는 자유의지에 따르는 것처럼 선택을 한다. 하지만 그 선택이 실제로는 자기도 모르는 어떤 효과에 따른 결과일 수 있다는 점이다. 자동차를 운전할 때는 안전벨트를 매고 안전하게 운전해야 마땅하다. 하지만 실제로는 그렇게 하지 않는 게 우리의 현실적인 모습이다.

규모 확장의 맥락에서 보면, 이것은 우리가 피해야 할 전압 강하의 또 다른 원인인 파급 효과spillover effect를 드러낸다. 파급 효과는 한 사건이나 결과가 다른 사건이나 결과에 의도하지 않게 영향을 주는 것을 말한다. 어떤 도시에 공장이 새로 들어섰을 때 이 공장 때문에 발생하는 대기 오염이 지역 주민들의 건강에 악영향을 미치는 것이 대표적인 예다.

파급 효과가 발생한다는 것은 온갖 사건과 인간이 만들어내는 온갖 것, 그리고 자연 세계가 거미줄처럼 복잡하게 얽혀 있음을 말해준다. '파급 효과'라는 용어는 심리학, 사회학, 해양생물학, 조류학, 나노기술 등 광범위한 분야에 적용된다. 하지만 여기에서는 이 책의 목적에 맞게 의미를 축소해서 사용할 것이다. 한 집단에 속한 사람들의 행동이 다른 집단에게 의도하지 않은 영향을 미친다는 뜻으로만 사용하기로 하자.

사실 광범위한 사람들을 대상으로 어떤 노력이나 시도를 하는 것만큼 파급 효과를 두드러지게 만드는 것은 없다. 잘못될 수 있는 모든 것은 거의 언제나 규모를 확장했을 때 일어난다는 머피의 규모 확장 법칙을 기억하라. 이 법칙을 조금 더 기억하기 어렵게 표현하자면 이렇게 정리할 수 있다. 규모를 확장하지 않았을 때보다 규모를 확장했을 때 예상치 못한 일이 일어날 확률이 훨씬 더 높다.

·——— 규모가 확장될수록 더 강해지는 파급 효과

파급 효과는 의도하지 않은 결과의 법칙으로, 한층 더 넓은 범주에 속한다. 어떤 생각이나 계획이 때로는 예상치 않았던 전혀 다른 결과를 빚어낸다는 이 발상은 너무도 분명하다. 자동차의 설계 변경이나 규제를 주장했던 랠프 네이더의 선의의 운동이 낳았던 결과를 되새겨보자. 단지 하나의 효과를 내기 위해서 무언가를 설계하지만 그 설계에서 다른 효과가 발생할 수도 있다. 계획에 없었을 뿐만 아니라 예상하지 않았던 결과가 나타나는 현상은 보통 규모가 확장된 조건에서 가장 뚜렷하게 나타난다.

경제학자들이 일반균형 효과general equilibrium effect라고 부르는 개념이 있다. 이는 작은 규모에서는 나타나지 않지만 전체 시장이나 체계(시스템)에서 나타나는 변화의 움직임을 설명하는 용어다. 확장된 규모로 운영되는 환경에서 파급 효과는 위험한 홍수를 초래할 수 있다. 그중 하나가 바로 이 일반균형 효과에서 비롯된다.

경제학에서 일반균형 효과는 시장이 전개됨에 따라 형성되는 수요와 공급 사이의 자기조정 관계를 말한다. 의미를 조금 더 확장해서 말하자면 이런 식이다. 어떤 시장 체계 균형이 한 영역에서 흐트러질 때, 그 균형이 회복될 때까지 그 체계의 다른 영역에서 스스로를 조정한다는 뜻이다. 그러니까 단 하나의 흔들림(변화)이 체계 전제를 흔들어놓는다는 말이다.

이런 사례는 고용 시장에서 많이 볼 수 있다. 어느 해에 모든 대학교의 2학년 학생 가운데 50퍼센트가 전공을 경제학으로 바꾸었다고 치자. 몇 년 후 이 학생들이 취업을 시도할 때 어떤 일이 벌어질까? 경제학 전공자의 수요가 갑자기 늘어나지 않는다고 가정하면, 취업 시장에 새로운 경제 전문가들이 대거 유입되면서 이들의 임금이 급감하고 전압도 크게 떨어진다. 수요에 비해 공급이 훨씬 늘어났기 때문이다.

그러나 내가 대학교 2학년 학생들 가운데 100명을 무작위로 선택해서 그들 가운데 절반에게 전공을 경제학으로 바꾸도록 강요한 다음, 나중에 이들이 첫 직장에서 연봉을 얼마나 받는지 살펴보는 실험을 한다고 가정해보자. 50명을 경제학 전공으로 바꾸었다고 해서 나중에 경제학 전공자가 취직할 때의 연봉이 전년도에 비해서 낮아지지는 않을 것이다. 50명이라는 학생만으로는 고용 시장의 전반적인 균형을 깨뜨리기에 충분하지 않기 때문이다.

우리가 하는 실험은 일반적으로 소규모로 진행된다. 이 소규모

실험들은 '모든 사람' 혹은 '대학교 2학년 학생의 50퍼센트'와 같은 거대한 규모의 변화에 대해서는 말을 하지 않는다. 그러나 사실 우리는 규모를 확장하기 전에 자기 아이디어가 어떤 효과가 있는지 미리 알고 싶어 한다. 즉 '모든 사람이 변하고 또 모든 것이 변할 수 있는 세상에서 내 아이디어가 빚어낼 효과의 총체적인 모습은 어떨까?' 하는 질문에 대한 대답을 규모를 확장하기 전에 듣고 싶은 것이다.

아이디어는 실험실 배양접시에서는 존재 의미가 없다. 그리고 혁신은 애초의 목적과 상충하는 부정적인 결과를 낳을 수 있다. 이 부정적인 결과는 오로지 확장된 규모에서만 눈에 보인다.

사람들에게 더 많은 기회를 주려는 목적에서 진행되는 대규모 직업훈련 프로그램에서도 비슷한 결과를 상상할 수 있다. 이론적으로는 훌륭해 보이는 시도지만 실제로는 그렇지 않다. 사람들의 기술 숙련도가 높아질수록 고임금 일자리를 놓고 벌어지는 경쟁도 그만큼 더 치열해지기 때문이다. 이 경쟁은 기술 숙련도가 높은 모든 노동자의 임금을 떨어뜨릴 위험성을 갖고 있다. 따라서 직업훈련 프로그램은 규모가 확장될수록 문제가 많은 덜 매력적인 프로그램으로 전락한다. 이런 예들을 통해 알 수 있듯이 일반균형 효과는 좋은 것만을 상상하려는 기대감을 한번 더 뭉개버린다.

승차공유의 세계는 일반균형 효과를 발견하기 위한 최적의 실험실이다. 예를 들어보자. 내가 우버에 있을 때 트래비스 캘러닉은 기본요금을 인상함으로써 운전자의 수입을 늘리는 데 동의했다.

그 방안은 매우 논리적인 것처럼 보였다. 요금이 올라가면 운전자의 수입이 그만큼 많아지는 것이 당연하기 때문이다. 적어도 그렇게 보인다. 하지만 겉으로 보이는 게 전부는 아니다.

경제학자 조너선 홀Jonathan Hall과 존 호턴John Horton 그리고 대니얼 크노플Daniel Knoepfle은 36개 도시에서 105주 동안 우버의 기본요금 인상이 가져다준 효과를 조사한 끝에 흥미로운 패턴을 발견했다. 기본요금 인상으로 몇 주 동안은 운전자의 수입이 상당히 늘어났다. 하지만 6주째에 접어들면서는 예전보다 아주 약간 높은 수준을 유지했다. 그러다가 15주째에는 수입 증가 효과가 완전히 사라졌다.[5]

이유가 뭘까? 기본요금이 인상되면서 우버 운전은 무척 매력적인 일자리로 바뀌었다. 해서 기존 우버 운전자들이 더 많이 승차공유 운전에 나섰고 동시에 새로운 운전자들이 승차공유 시장에 들어왔다. 결과적으로 시장에 공급자들이 많아지면서 이들의 경쟁은 예전보다 더 치열해졌다. 개별 운전자들의 승차공유 횟수는 줄어들었으며 그 결과 운전자의 소득 상승 요인은 상쇄되고 말았다. 기본요금 인상이 규모 확장이라는 조건 아래에서 초래한 의도하지 않은 결과다. 이런 파급 효과는 우버가 선의를 담아서 결행했던 행동을 아무것도 아닌 것으로 만들어버렸다.

나중에 나는 시애틀의 우버 운전자들 사이에서도 비슷한 파급 효과를 관찰했다. 그때 우리가 했던 실험은 매우 단순했다. 우리는 우버 사용자 한 집단을 선정한 다음, 이들에게 특정 금요일 오후에 승차권을 5달러 할인해줬다. 그러고 나서 그 금요일 오후에 그들의 행동이 쿠폰을 받지 않은 사용자 집단의 행동과 어떻게 다른지 비교했다. 예상한 대로 쿠폰을 받은 사람들은 쿠폰이 없는 사람보다 우버를 더 많이 이용했다. 그렇게 해서 늘어난 승차공유는 늘어난 쿠폰 할인을 상쇄하기에 충분했다. 겉으로 보기에는 우리가 대박을 터뜨린 것 같았다. 쿠폰 제공이라는 시도가 우버와 운전자가 큰돈을 벌 수도 있는 아주 작은 변화로 보였다.

이런 초기 성공은 고무적이었다. 그래서 우리는 시애틀의 훨씬 더 많은 사용자 집단으로 5달러 할인 쿠폰 제공을 확대했다. 그러나 이 규모 확장은 더 많은 이득을 가져다주지 않았다. 오히려 엄청난 전압 강하를 초래했다. 쿠폰은 우리가 최초로 실험했을 때와 마찬가지로 곧바로 사용자 수를 증가시켰다. 그러나 그 후 시장 불균형이 일어났고 승차공유 횟수는 도시 전체에 걸쳐 갑자기 줄어들었다. 처음에 매력적으로 다가갔던 제안이 그야말로 하룻밤 사이에 외면받았다. 왜 이런 일이 일어났을까?

데이터를 살펴보니 이유가 분명하게 드러났다. 우리의 최초 소규모 성공이 긍정 오류였기 때문도 아니었고, 첫 번째 실험에 참가한 운전자들이 시애틀의 전체 우버 운전자를 정확하게 대표하지 않았기 때문도 아니었다. 문제는 다른 데 있었다. 규모가 확장되면서 쿠폰 거래는 수요를 급증시켰다. 반면 운전자의 공급이 사용자의 수요를 따라가지 못했다. 운전자 부족은 요금 상승과 대기 시간 증가로 이어졌고 이것이 결국 전체 수요를 감소시켰다. 살아서 움직이는 시장이 새로운 균형점을 찾아서 조정되었던 것이다.

　결국 그 전략은 소규모 사용자 집단에서는 쉽게 성공을 안겨주었던 반면 규모가 확장된 조건에서는 실패로 끝나고 말았다. 말콤 글래드웰Malcolm Gladwell의 표현을 빌리자면, 좋은 아이디어가 나쁜 아이디어로 전환되는 결정적인 전환점, 즉 티핑 포인트tipping point가 분명 존재했다.

　가장 거시적인 차원에서도 파급 효과는 동일한 방식으로 작동한다. 예를 들어 전염병학자들은 공기나 물이 오염된 환경이 실제로는 해롭지 않다고 보고한다. 인체에 해로운 인자들이 매우 낮은 수준으로 존재하기 때문에 인체의 자연적인 보호 메커니즘이 사소한 손상을 얼마든지 복구할 수 있다는 것이다. 따라서 그런 것들이 실제로 인체에 그다지 나쁜 효과를 주지 않는다는 결론이 나온다. 그러나 오염물을 배출하는 발전소가 확장되거나 새로운 발전소가 가동되면 오염물은 임계치를 초과할 수 있다.

　이는 자동차나 비행기를 이용한 인류의 역사를 살펴봐도 알 수 있다. 운송 수단의 기술적 혁신으로 인간의 삶은 놀라운 혁명을 경험했다. 19세기에 살던 우리 조상이 현재 우리가 전 세계의 온갖 장소를 쉽고 빠르게 방문하는 것을 본다면 깜짝 놀랄 것이다. 그러나 시간이 지나고 규모가 확장되면서 운송 기술의 발전은 기후변화라는 전 세계적인 현상에 상당한 영향을 미쳤다. 그리고 기후변화는 지금 우리의 삶을 다시 근본적으로 바꾸겠다며 위협한다.

　우리는 지금 파급 효과 때문에 발생하는 예상치 못한 문제에 초점을 맞추고 있기에 부정적 사례를 많이 언급했다. 하지만 규모 확장과 관련해서는 발생 경위가 어찌 되었든 간에 의도치 않게 발생한 효과가 모두 부정적이지는 않다.

국제 개발 분야의 예를 살펴보자. 해외원조 기관들은 원조가 지역사회(원조 수혜 국가)에 미칠 수 있는 낙수 효과를 놓고 많은 우려를 하고 있었다. 특히 개발경제학(개발도상국 경제 발전에서 사회적·정치적 요소를 중시하는 경제학 분야-옮긴이)에서 빈곤 지역 주민에게 현금을 제공하는 행위는 꼼꼼하게 따져볼 가치가 있는 연구 분야다. 예를 들어 상당히 많은 수의 가난한 주민에게 돈을 지급하거나 소액대출을 하는 방식으로 지역 경제를 활성화하려는 비정부기관이 있을 수 있다. 이 기관은 그런 인위적인 개입이 그 지역 경제에 어떤 파급 효과를 초래할 것인지 알고 싶을 것이다. 이런 대규모 현금 투입이 인플레이션을 촉발할까, 아니면 계층의 고착화를 강화할까?

2014년 데니스 에거Dennis Egger, 요하네스 하우스호퍼Johannes Haushofer, 에드워드 미겔Edward Miguel, 폴 니하우스Paul Niehaus, 마이클 워커Michael Walker 등 저명한 경제학자들은 케냐의 가난한 시골 지역의 현장실험에서 답을 구하고자 했다.[6] 그들은 빅토리아호수 근처에 있는 시아야Siaya 지역의 653개 마을에 거주하는 약 1만 가구를 무작위로 선정해서 가구마다 현금 1,000달러를 지급했다. 총 1,000만 달러를 해당 지역에 풀었다. 연구자들도 지적했듯이 "이 실험의 절정기이던 12개월 동안 투입된 현금 액수는 그 지역 GDP의 15퍼센트를 상회했다."

그 후 연구자들은 2년 반 동안 모든 종류의 경제 관련 데이터를 수집했지만 부정적인 파급 효과가 발생했다고 의심할 만한 증거는 없었다. 예를 들어서, 물가가 우려할 정도로 치솟거나 하지 않았다. 오히려 몇 가지 긍정적인 파급 효과가 발생했다. 현금이 유입되자 돈을 받은 가구뿐만 돈을 받지 않은 가구에서도 소비가 크게 늘어났다. 돈을 받은 가구들 사이에서 소비 증가가 일어났다는 것은 지역 회사들의 수익이 늘어났다는 뜻이다. 이것은 그만큼 일자리가 늘어났다는 뜻이기도 했다. 그 결과 그 회사들의 소유주와 직원들은 모두 예전보다 더 많은 돈을 소비할 수 있게 됐다. 특정한 경제 단위에 엄청난 현금을 투입하자 모두에게 혜택이 돌아가는 결과가 나타났다. 현금 지원을 받지 않은 가구조차도 지역 경제 전체에 대한 지불 효과의 혜택을 받았던 것이다. 이것은 일반균형의 파급 효과 덕분이었다.

기업계에서는 '파괴disruption'라는 유행어가 일반균형의 파급 효과를 설명하는 또 다른 개념이라고 생각할 수 있다. 우리가 사는 디지털 시대에는 파괴의 물결이 여러 차례 덮쳤으며, 이런 일은 앞으로도 계속 이어질 것이다. 급속한 혁신은 엄청난 속도로 균형을 뒤흔들어서 수많은 회사를, 심지어 산업 전체를 통째로 역사의 쓰레기통에 처박아버렸다. 여행사나 잡지사가 그렇게 사라졌다. 그러나 균형을 원하는 다른 체계와 마찬가지로 기업 환경은 계속해서 자율적인 조정을 진행하는 중이다. 새로운 기업과 산업이 등장해서 파괴되어 사라진 기업과 산업이 있던 자리를 메우고 있다.

거시적인 차원에서는 파급 효과가 언론사의 헤드라인을 장식할 수 있다. 일자리를 창출하는 반면 인근 지역 주민의 건강을 해치는 오염물질을 배출하는 공장의 사례는 얼마나 많은가. 그뿐인가. 신설된 고속도로가 도시의 교통 인프라를 개선한 반면 소음과 대기 오염으로 인근 주택의 가치를 떨어뜨린 사례는 또 얼마나 많은가. 경제학자들이 외부성^{externalities}(외부 효과)이라고 부르는 이런 사례는 수도 없이 많다. 의도한 행동에 의도하지 않았던 결과가 나타나는 외부성의 양상은 광범위하고도 일반적이다.

규모가 확장될 때는 이처럼 의도하지 않았던 반응이 전 세계에 어떤 파문을 일으킬 수 있다. 그러나 중요하게 기억해야 할 점이 있다. 파급 효과는 결국 한계점에 도달한 개별적인 선택들이 한데 얽힌 거대한 거미줄에서 비롯된다는 사실이다. 확장성이 있는 기업을 설계하고 유지하려면 이런 현상이 거시적인 차원에서 어떻게 발생하는지 반드시 알아야 한다. 그러나 거시적인 차원에만 초점을 맞추어서는 안 된다.

한층 더 미시적인 차원에서도 파급 효과는 충분히 그런 영향력을 행사할 수 있다. 비록 간접적이거나 심지어 감지할 수 없는 방식으로 나타나지만 말이다. 이런 사실을 나는 직접 경험했다. 내가 사는 지역인 일리노이 플로스무어를 연고지로 하는 지역 청소년 야구단 플로스무어 파이어버즈^{Flossmoor Firebirds}를 위한 기금을 모집할 때였다.

의도한 행동, 의도하지 못한 결과

2010년 여름, 나는 200명이 넘는 사람을 고용했다. 그리고 집집마다 방문해서 파이어버즈를 위한 기부금을 내달라고 요청하게 했다. 나는 이 사람들에게 얼마를 지불하면 좋을지 확신이 서지 않았다. 바로 그 순간 어쩌면 기부금 모집 과정이 훌륭한 현장실험의 기회가 아닐까 하는 생각이 들었다.

'시간당 10달러면 기부금을 모으는 일에 열성적으로 참여하게 유도하는 충분한 인센티브가 되지 않을까? 그런데 잠시 다시 생각해보자. 현금 인센티브를 높이면 동기부여가 강화되어서 훨씬 더 많은 기부금을 받아낼 수도 있지 않을까?'

이런 생각을 하면서 나는 그들을 무작위의 두 집단으로 나누었다. 그리고 두 집단의 시급을 각각 10달러와 15달러로 정했다. 물론 본인이 받는 시급이 얼마인지는 당사자만 알게 했다. 이렇게 해서 그들은 함께 밴을 타고 기부금을 모으러 나갔다. 이동의 편의성을 고려해 두 집단에 속한 사람들이 같은 밴에 섞여 있었다. 나는 그들이 자기가 받는 시급에 대해서 너무 많은 얘기를 하지 않을 것이라고 짐작했다. 하지만 혹시라도 시급과 관련된 질문을 할 경우에 대비해 시급의 차이를 둘 수밖에 없었던 여러 가지 핑계를 준비해뒀다. 그러나 그런 질문을 한 사람은 아무도 없었다.

데이터를 분석해보니 시급 15달러 집단이 훨씬 더 열심히 활동했다는 사실이 명백하게 드러났다. 그들은 다른 집단보다 더 많은 가구를 방문했으며 또 가구당 평균 기부금 모집액도 더 많았다. 시간당 5달러를 더 지급한 것은 충분히 가치가 있었다.

　다음 해 여름 다시 기부금 모금 시즌이 돌아왔을 때 나는 사람들을 고용해서 시급 15달러를 지급했다. 지난번에 했던 연구 결과를 토대로 판단해보건대 그렇게 하는 것이 어려운 환경에서 운동하는 청소년들을 위한 기부금을 조금이라도 더 많이 걷을 수 있는 방법 같았다. 모든 것이 예상한 대로 잘 진행됐다. 그런데 늦여름의 어느 주말이 되자 예산이 부족해지기 시작했다. 모금액 목표를 달성하려면 돈을 아껴야 한다는 생각에 시급을 10달러로 낮춰서 사람들을 고용했다. 그때 나는 그들이 시급 15달러를 받던 사람들만큼은 기부금을 모으지 못할 것이라고 생각했다.

　그런데 그게 아니었다. 놀랍게도 시급 10달러를 받는 사람들이 시급 15달러를 받던 사람들만큼 열심히 일했다. 이 뜻밖의 반전은 당혹스러웠다. 현금 인센티브의 크기가 실제로 사람들의 동기나 성과에 입증 가능한 정도의 영향을 미치지 않았단 말인가? 분명한 사실은 이런 임금 효과의 진상을 규명하기 위해 또 다른 현장실험을 할 수밖에 없다는 것이었다.

　다시 다음 해 여름이 돌아왔다. 우리는 밴의 유형을 세 가지로 구분해서 활용하는 실험을 설계했다. 첫 번째 유형의 밴에는 각각 시급 15달러와 시급 10달러를 받는 사람들을 함께 태웠다. 이것은 저임금 노동자와 고임금 노동자를 뒤섞었던 첫 번째 여름의 설정이었다. 두 번째 유형의 밴에는 시급 15달러를 받는 사람들만 태웠다. 그리고 세 번째 유형의 밴에는 시급 10달러를 받는 사람들만

태웠다. 이 설계에는 중요한 점이 있다. 두 번째와 세 번째 유형에서는 사람들이 서로 시급을 얼마나 받는지 혹은 시급의 차이가 있는지 전혀 알지 못하게 했다.

이렇게 했을 때 일어난 일이 흥미로웠다. 두 번째와 세 번째 집단에서는 사람들이 거둔 성과의 차이가 없었다. 이 두 집단이 보인 열성은 동일했다. 즉, 그들이 받는 급여의 액수가 그들이 거둔 성과에 아무런 영향을 주지 않았다. 그러나 혼합 집단인 첫 번째 집단에서는 차이가 나타났다. 시급이 높은 사람들이 시급이 낮은 사람보다 매우 높은 성과를 거두었다.

나중에 확인된 사실이지만, 시급을 더 많이 받은 사람들이 보다 더 열심히 일하도록 동기를 부여한 것은 추가 5달러가 아니었다. 이것은 중요하지 않았다. 돈을 적게 받는 사람들은 다른 사람들이 자기보다 돈을 많이 받는다는 것을 알았을 때 동기부여가 반대로 작용했다. 그리고 그렇게 만든 것이 바로 적게 받은 5달러였다는 사실이 중요했다.

이 사실은 첫 번째 여름에 내가 가졌던 믿음과 상반된다. 사람들은 자기가 받는 시급에 대해서 서로 이야기했고, 이것이 낮은 시급을 받는 사람들의 사기를 꺾었다. 이 집단에 속한 사람들이 방문한 가구의 수는 적었다. 이런 식으로 그들은 자기에게 주어진 의무를 회피했다. 심지어 기부금으로 받은 돈을 따로 챙기는 횡령 행위를 시급 15달러를 받는 사람들보다 훨씬 더 많이 했다.

이것은 '분노에 따른 사기 저하resentful demoralization'라 일컬어지는 심리적 현상의 한 가지 사례다. 이는 그 유명한 '존 헨리 효과John Henry effect'의 반대 현상이다. 다시 말해 통제 집단에 속한 사람들이 자기가 실험 집단과 비교되고 있음을 알고는 평소보다 더 열심히 활동함으로써 실험 결과에 편향이 생기게 만드는 그 효과 말이다. 내가 진행했던 현장실험에서는 사람들이 이것과 반대로 행동했다. 자기가 다른 사람보다 시급을 적게 받는다는 사실을 앎으로써 발생한 분노가 기부금 모집에 악영향을 끼쳤다. 의도하지 않은 부정적 효과가 발생한 것이다.

누군가에게 돈을 더 많이 주면 그 사람이 그만큼 노력을 더 많이 할 것임은 직관적으로는 당연한 추론이다. 그러나 특정한 사건들과 사람들과 상황들이 한데 얽히는 상황에서는 이 당연한 진실이 예상하지 못했던 방식으로 무너질 수 있다. 나는 모든 사람에게 동일하게 시급 10달러를 지불했어야 했다. 그랬다면 야구단을 위한 기부금을 더 많이 모았을 것이다.

이 현장실험의 결과는 기부금 모집에만 한정되지 않는다. 이를 넘어서서 훨씬 더 폭넓은 의미를 지닌다. 기업을 포함해서 온갖 조직이 직원에게 지급하는 보상을 한층 더 투명하게 공개해야 함을 시사한다. 그러면 경제의 많은 분야에서 새로운 변화의 움직임이 나타날 것이다. 누가 얼마나 받는지 모두가 알 수 있도록 급여 관련 데이터가 적어도 회사 내부 차원에서는 공개되어야 한다.

그러나 야구단 기부금 모집 경험에 비추어볼 때, 급여 관련 데이터를 투명하게 공개하면 사람들은 다른 사람이 자기보다 급여를 더 많이 받는다는 사실을 알고 분노할 것이고, 이로 인해 사기가 떨어질 것이다. 그러나 이게 전부가 아니다.

솜씨 좋은 경제학자들인 조이 컬런Zoë Cullen과 리카르도 페레즈-트루글리아Ricardo Perez-Truglia가 2017년에 진행한 흥미로운 실험이 있다. 그들은, 직원이 관리자나 동료의 급여를 잘못 알고 있을 때 이들의 동기와 행동이 어떻게 달라지는지 알아보고자 했다. 이런 목적 아래 아시아에 있는 어떤 수십억 달러 규모의 민간은행 직원 2,060명을 대상으로 기발한 현장실험을 진행했다.[7]

이 은행에서 관리자들은 다른 직원들보다 봉급을 평균 114퍼센트에서 634퍼센트까지 더 많이 받았다. 평직원들의 급여는 같은 직급에서 플러스마이너스 16퍼센트의 편차가 있었다. 동료들이 받는 급여에 대한 직원들의 인식을 파악하는 설문조사를 실시했다. 그 결과 직원들은 관리자인 자신의 상사 급여는 14.1퍼센트 낮게 추정했지만 동료의 급여는 실제보다 조금 높게 추정했다. 이런 사실은 상당히 중요하다. 만일 직원들이 자기 상사가 자기가 생각하는 것보다 급여를 더 많이 받는다는 사실을 알면 분노해서 사기가 떨어질 것이기 때문이다.

그리고 재미있는 부분이 있었다. 연구자들은 직원들에게 상사와 동료가 받는 급여 정보를 제공한 다음에 몇 달 동안 그들의 행동을 관찰했다. 분석 결과는 이랬다. 자신의 관리자가, 자기가 예상했던 것보다 10퍼센트 더 많은 급여를 받는다는 사실을 들은 직원들은 예전보다 조금 더 열심히 일했다. 구체적으로 말하면 그 후 90일 동안 그 직원들이 일한 시간이 평균 1.5퍼센트 늘어났다. 반면 자기 동료가 자기보다 급여를 10퍼센트 더 많이 받는다는 것을 알았을 때는 달랐다. 그 후 90일 동안 그들은 일을 9.4퍼센트 덜 했다. 심지어 퇴사를 고려하는 이들이 생겨날 정도로 사기가 떨어졌다.

자기가 예상했던 것보다 자신의 상사가 급여를 더 많이 받는다는 것을 알았을 때 이 깨달음은 동기부여로 작용한다. 이것은 미래에 자기가 받을 급여에 대해서 한층 더 낙관적이 되기 때문이다. 그리고 이것이 회사 전체에 미치는 효과는, 상사가 자기보다 급여를 훨씬 더 많이 받는다는 사실에 분노함으로써 나타날 수 있는 사기 저하 효과보다 더 강력하다. 반면 동료가 자기보다 급여를 더 많이 받는 것은 이와 다르다. 그들은 자기가 부당하게 차별받는다고 인식하는데, 이렇게 생겨난 분노는 미래에 대한 낙관성을 압도한다.

그렇다면 이런 유형의 급여 투명성이 한층 더 확장된 규모로 전개될 때는 어떤 파급 효과가 나타날까? 첫째, 우선 조직이 성장함에 따라서 관리자의 수가 평사원의 수보다 적을 수밖에 없다는 사실을 알아야 한다. 회사에서 관리자는 일반적으로 평사원을 여러 명 거느리므로, 회사가 성장할 때 평사원 대비 관리자의 비율은 점점 줄어든다. 대기업에서는 관리자보다 평사원이 더 많다. 따라서 어떤 회사가 관리자의 급여를 투명하게 공개한다면, 이런 선택에서 비롯되는 긍정적인 효과는 조직의 규모가 확장될수록 커진다. 즉, 전압 상승을 기대할 수 있다.

그러나 평사원이 동일한 급여를 받지 않는다는 가정하에, 평사원이 받는 급여를 한층 더 큰 규모로 공개하면 전압 강하가 나타날 수 있다. 왜냐하면 분노에 따른 사기 저하를 경험하는 직원의 수가 그만큼 더 많아질 테고, 이 직원들은 열심히 일하지 않거나 다른 일자리를 찾으려 할 것이기 때문이다.

보다 넓은 차원에서 말하자면, 어떤 기업이나 조직의 리더는 사람들이 진공 상태에서 어떤 선택을 하는 게 아님을 알아야 한다. 개인이 드러내는 행동은 리더가 이용할 수 있는 정보의 함수다. 특히 사람들이 자기 상황을 다른 사람들의 상황과 비교할 때는 더욱 그렇다. 지금까지 살펴본 급여 사례들이 보여주듯 이런 숨어 있는 파급 효과들은 주의를 기울여야 할 중요한 요소다. 또 여기에 효과적으로 대응하려면 엄청난 민첩성이 필요하다. 문제가 악화되기 전에 대응해야 한다. 예상치 못한 결과를 빚어내고 새로운 통찰을 일러주는 놀라운 일들에서 우리가 얻는 교훈은 크고 또 많다.

◆──── 네트워크 효과가 가져온 전압 상승

의식하든 의식하지 않든 우리는 주변 동료들에게서 강력하고 예상치 못한 방식으로 영향을 받으며, 그것은 우리 행동으로 나타난다. 직장에서 나타나는 이런 역학을 이해하는 것은 매우 가치 있는 일이다. 하지만 동료들 사이의 파급 효과는 직장에서만 나타나는 게 아니다.

나는 부모가 된 뒤에 내 아이들이 함께 어울리는 또래(동료)들이 내 아이들의 인적 자본 형성에 미치는 영향을 놓고 곰곰이 생각해 보았다. 실제로 '교육에서의 동료 효과peer effect'라는 주제는 최근 연구자들과 교사들에게서 많은 관심을 받았다. 그리고 이들 가운데 많은 사람이 동료 집단의 구성이 매우 중요하다고 주장했다. 교사의 자질, 학급의 규모, 부모의 참여를 포함해서 널리 인용되는 다른 요소들만큼이나 해당 학생의 성취 결과를 결정하는 중요한 요소라는 것이다.

경제학자인 브루스 새서도트Bruce Sacerdote가 수행했던 훌륭한 연구가 이를 증명한다. 이 연구는 초등학교 교육과 중고등학교 교육 그리고 대학교 이상의 교육에서(특정한 맥락과 특정한 결과에 한정해서 볼 때) 동료 효과가 실제로 개별 학생들의 행동을 결정하는 강력한 요인임을 보여준다.[8] 새서도트의 연구 결과는 내가 부모로서 했던 개인적인 경험은 물론, 내 연구팀이 시카고하이츠유아센터 프로그램을 시작할 때 도움이 됐다.

나는 이 프로그램을 시작한 첫날부터 유아기 학습은 근본적으로 사회적인 활동이라고 믿었다. 그래서 파급 효과는 언제 어디서든 나타날 가능성이 있었다. 그 효과들이 좋은 의미의 효과이기를 바랐다. 예전에 진행했던 한 연구는 우리가 했던 것과 비슷한 실험을 통해서 치료 집단treatment group(해당 프로그램에 참가하도록 무작위로 선택된 참가자들. 우리 경우에 그 프로그램은 취학 전 아동을 위한 특별 커리큘럼이었다)은 단지 이 집단의 구성원과 가깝게 존재한다는 이유만으로 주변에 영향을 줄 수 있음을 보여주었다. 즉, 근접성proximity을 통해서 통제 집단control group(해당 프로그램에 참가하지는 않지만 치료 집단과 비교하기 위해서 선정한 집단)에게 의도하지 않았던 영향을 준 것이다.

시카고하이츠유아센터라는 맥락에서 이런 식의 '치료 효과'는 매우 높은 것 같았다. 왜냐하면 두 집단의 아이들과 부모들은 같은 동네에 살고 같은 지역사회에 속하기 때문이었다. 물론 커다란 의문이 하나 있긴 했다. 만일 우리가 이 프로그램의 규모를 다른 학교들이나 한층 더 많은 아이들로 확장한다면 과연 효과가 어떻게 나타날까 하는 의문이었다.

그러나 일단 우리는 그 파급 효과가 해롭지 않고 유익할 것임을 확신했다. 그것이 과연 어떻게 진행될지 알아보는 작업에는 영리한 동료인 파테메흐 모메니Fatemeh Momeni와 이브 제노Yves Zenou가 함께했다.[9]

여러 달이 지나고, 또 2년이 흘렀다. 그 사이에 그 사랑스러운 아이들은 날마다 우리 교실로 줄지어 들어왔다. 교실에서는 열성적인 교사들이 우리의 커리큘럼을 충실히 따르면서 아이들을 지도했다. 치료 집단을 위한 우리의 주요 커리큘럼에는 아이들의 인지 기술(추리 및 암기와 같은 지적 노력을 포함하는 활동) 및 비인지 기술(팀워크나 공유와 같은 소통 기술)을 강화하기 위해 고안된 특별한 기법들이 포함되어 있었다. 그리고 일과가 끝날 때마다 두 집단의 아이들은 집으로 돌아갔다. 그중 많은 아이가 함께 어울려서 시간을 보내곤 했다. 그들은 술래잡기나 운동을 했고 창의적인 게임을 자발적으로 만들어서 했다. 즐거울 때도 있었지만, 한편으로는 갈등에 휩싸이기도 했다. 그들은 어린아이답게 살았고, 그 모든 것들을 함께 하기 위해서 끊임없이 소통했다. 바로 이것이 치료 집단에서 통제 집단으로 파급 효과가 직접 발생하는 통로였다.

우리가 시행했던 치료 프로그램에 참가한 아이들은 빠르게 발전하는 자기의 인지·비인지적 기술을 통제 집단 아이들에게 전달했다. 그 통로는 그들 사이에 존재하는 근접성과 일상적인 상호작용이었다. 두 집단의 아이들은 함께 어울려서 시간을 보낼 때 말하고 공유하고 놀았다. 이 방식은 치료 집단 아이들에게서 통제 집단 아이들로 미묘하고도 무의식적인 방식으로 전달됐다. 통제 집단 아이들도 나중에는 치료 집단에 속해 있는 친구들이 가르쳐준 행동과 선택과 기술을 모방하기 시작했다. 이 효과는 공간적인 거리가 줄어들수록 한층 더 커졌다. 즉, 거리상 가까운 이웃에 살던 아이들 사이에서 파급 효과가 더 크게 나타났다.

이를 통해 우리는 밀물이 들어오면 모든 배가 한꺼번에 물 위로 뜬다는 원칙을 다시 한번 확인할 수 있었다. 이 파급 효과는 우리 프로그램의 규모가 확장될 때 지역사회의 아이들 대부분에게 전압 상승을 가져다줄 것임을 보장했다.

치료 집단 내에서도 비슷한 효과가 작동하는 것을 확인했다. 인지 능력과 비인지 능력에서 뛰어난 아이들이 다른 아이들을 이끌어서 집단 전체의 인지·비인지 능력을 한층 더 빠르게 강화했다. 쉽게 말해 아이들은 모두가 더 빨리 발전하도록 서로를 격려했다.

치료 집단의 상승된 효과가 치료 집단에 다시 작용되면서 선순환이 일어났고 전체적인 효과는 기하급수적으로 상승했다. 이 효과는 기본적으로 확장성을 갖고 있었는데, 집단 안에서 발생한 효과가 한층 더 많은 참가자에게로 확장됐다.

한편, 시카고하이츠에서는 또 다른 파급 효과가 발생했다. 같은 지역사회에 속한 아이들이 함께 어울려서 노는 동안 이 아이들의 부모들도 자연스럽게 교류했다. 치료 집단에 속한 부모들은 우리 프로그램에 자신의 아이가 참가하는 것과 학부모아카데미에 자신이 참가한 사실에 대해 적극적으로 대화를 나누었다. 그리고 자신들이 배우는 새로운 기술들 가운데 몇 가지를 그 대화 과정에서 언급했다. 그런 식으로 시카고하이츠유아센터에 대한 소식이 학부모들 사이에 퍼졌다. 더불어 아이들의 미래를 위해서 무언가를 해야겠다는 열정이 학부모들 사이에서 들불처럼 퍼져나갔다.

당연히 통제 집단의 학부모들은 치료 집단의 학부모들처럼 아이의 미래에 대해서 신경을 많이 썼다. 사실 통제 집단 부모들은 우리 프로그램에 참가하려고 신청했지만 추첨에서 떨어졌고, 이들의 아이는 우리가 진행했던 프로그램에 배정되지 못했다. 그랬기에 그들은 치료 집단 학부모들에게서 프로그램에 대해 듣는 것만으로도 도움을 받았고 창의력이 향상됐다. 그들은 자기 아이의 인지적·비인지적 발달을 꾀하는 대안적인 프로그램, 예컨대 방과 후 활동 프로그램이나 그 밖의 보조적인 지원 프로그램을 찾아 나섰다. 혹은 학부모아카데미에 참여한 다른 학부모에게서 들은 이런

저런 기법들을 시도하고 나섰다.

어떻게 보면 이런 효과는 회사의 직원이 자기 상사인 관리자가 받는 급여가 얼마나 되는지 알았을 때 한층 더 열심히 일하게 되는 것과 비슷하다. 통제 그룹에 속한 부모들은 추첨에서 떨어진 바람에 자기 아이가 시카고하이츠유아센터 프로그램에 참가할 수 없게 되었다는 사실에 분개하지 않았다. 그 대신 한층 더 열심히 자녀 교육에 신경 썼다. 왜냐하면 치료 집단 학부모가 좋은 모델이 되었고, 자기 아이가 치료 집단에 속하는 아이들과 동일한 수준으로 인지적·비인지적 발달을 할 수 있다고 낙관했기 때문이다. 치료 집단 학부모가 통제 집단 학부모의 눈을 뜨게 해서 새로운 지평을 열어준 셈이다. 이런 영향으로 통제 집단 학부모는 자기 아이가 뒤처지지 않도록 노력했다.

시카고하이츠유아센터 프로그램의 이 계획되지 않은 효과는 엄청난 양의 긍정적인 파급 효과를 낳았다. 전체적으로 놓고 보자면 이 프로그램이 거둔 효과는 놀라웠다. 파급 효과에 힘입어 애초 기대했던 것보다 열 배가 넘는 효과를 거뒀다. 고전압이 작동되고 있었던 것이다.

그러나 반드시 기억해야 할 부정적인 파급 효과도 하나 있었다. 시카고하이츠유아센터 학부모가 아이의 교육에 투자하는 여분의 시간은 다른 곳 어딘가에서 나와야 했다. 우리가 확보한 데이터를 확인한 결과, 그 시간은 그 아이의 형제자매와 함께 보내는 시간에서 나왔다.[10] 즉, 의도하지 않았던 부정적 결과 중 하나는 다른 형제자매가 부모의 관심을 훨씬 덜 받는다는 것이었다. 앞서 살펴본 직접적인 파급 효과에 비해 이 효과는 미미했다. 그럼에도 이 부분을 염두에 두고서 우리 프로그램의 효과를 냉정하게 평가해야 했다. 실제 모습을 정확하게 파악하기 위해서 우리는 전체 생태계를 살펴보아야 했고 그 안에 있는 다른 모든 아이에게 그 프로그램이 미치는 영향을 설명해야 했다.

시카고하이츠유아센터와 관련해서 우리가 관찰했던 긍정적인 파급 효과는 네트워크 효과network effect 혹은 네트워크 외부성network externality이라고 일컬어지는 파급 효과 유형이다. 이것은 디지털화된 21세기의 기업 세계에도 강력하게 적용된다.

페이스북과 링크드인의 사례를 살펴보자. 이들 플랫폼의 사용자가 10명밖에 되지 않는다면 제공되는 편익은 작을 수밖에 없다. 네트워크의 규모가 작기 때문이다. 페이스북의 경우 사용자는 자기가 아는 수많은 사람의 삶과 자신의 삶이 연결되어 있기를 바란다. 그리고 구인구직을 비롯한 글로벌 비즈니스 사이트인 링크드인의 경우 사용자가 거의 없다면, 여기 가입한 사람이 전문적인 직종과 관련해서 탐색할 수 있는 새로운 지형은 별로 없을 것이다.

그러나 많은 사람이 이 서비스를 이용한다면 여기에서 발생하는 편익은 훨씬 더 커진다. 이런 유형의 전압 상승은 포물선 성장parabolic growth이라 불린다. 그리고 어떤 네트워크의 규모가 확장됨에 따라 해당 네트워크 구성원에게 돌아가는 편익은 점점 더 커진다. 당연히 이런 플랫폼을 사용하는 사람들에게 돌아가는 편익 역시 함께 커진다. 종종 구성원들은 이런 플랫폼을 사용하지 않을 수 없게 되어서 이른바 그 플랫폼에 '묶이게^{lock-in}(록인)' 된다.

2장에서 설명했던 리프트핑크를 다시 생각해보라. 승차공유를 하겠다는 승객이 늘어날수록 승차공유를 제공하겠다는 운전자도 그만큼 늘어난다. 운전자-승객의 연결이 더 쉽게 이루어짐에 따라 대기 시간은 줄어들고 승차요금은 낮아진다. 그러면 다시 더 많은 승객이 시장에 합류하고, 또 그렇게 해서 선순환의 주기는 다시 시작된다. 이것은 규모 확장에서 매우 좋은 소식이다.

네트워크 외부성은 사회의 다른 영역에서도 나타난다. 백신을 예로 들어보자. 소아마비든 홍역이든 독감이든 코로나19든 간에 누군가에게 백신을 투여하는 목적은 그 사람이 병에 걸리거나 죽을 가능성을 줄이는 데 있다. 이것은 일차적인 편익이다. 그러나 백신의 규모가 확장돼서 전체 인구의 특정 비율이 백신을 맞으면 집단 면역이라는 파급 효과가 나타난다. 집단 면역 상태에 도달하면 주변 사람이 모두 해당 질병에 면역력을 갖기 때문에 백신을 맞지 않은 사람도 간접적으로 백신 효과를 누린다.

물론 반대로 생각하면 백신을 거부하는 사람의 수가 많을수록 전체 집단이 해당 질병에 취약해지는 위험도는 그만큼 더 커진다. 이것은 부정적인 파급 효과를 억제한다는 명목으로도 사용될 수 있다. 즉, 백신을 맞지 않겠다고 고집하는 사람들에게 부끄러움을 안겨주겠다는 의도가 담긴 사회적 메시지를 사용할 수 있도록 명분을 주는 것이기도 하다.

* * *

이 놀라운 사례들에서 얻을 수 있는 파급 효과의 교훈은 무엇일까? 기업의 규모를 확장하겠다고 나서는 순간에는 의도하지 않은 효과뿐만 아니라 예상하지 못한 효과 그리고 때로는 숨어 있는 효과까지도 주의 깊게 살펴야 한다는 것이다. 모든 것은 서로 연결되어 있으며, 당신이 짜는 거미줄은 규모가 확장된 환경에서는 한층 더 복잡하게 얽힌다.

따라서 우리가 살펴봐야 할 것은 세 가지로 요약될 수 있다. 다음 세 가지 기본 범주의 파급 효과를 고려하고 측정해야 한다.

1. **일반균형 효과**: 이것은 규모 확장에 따라 발생하는 경향이 있다. 의도하지 않은 결과를 초래해서 긍정적이거나 부정적인 영향을 시장 전체에 매우 크게 미친다. 이런 유형의 파급 효과는 티핑 포인트로 나타난다.

2. **사회적 측면의 행동 파급 효과**: 이것은 관찰하거나 직접적인 영향을 받아 어떤 사람들이 다른 사람의 행동에 영향을 미칠 때 발생한다. 다른 사람들을 관찰하는 사람은 의식적으로든 무의식적으로든 그 사람들의 영향을 받고, 긍정적으로든 부정적으로든 자기 행동을 바꾼다.

3. **네트워크에 따른 파급 효과**: 이것은 어떤 제품이나 서비스 또는 정책을 채택할 때 모든 사람의 이익이나 비용이 증가할 때 발

생한다. 이 파급 효과는 해당 제품이나 서비스 혹은 정책에 의도적으로 내재되어 있을 수도 있고, 규모 확장에 따라 유기적으로 나타날 수도 있다.

부정적인 파급 효과를 발견하면 즉시 해결해야 한다. 반대로 긍정적인 파급 효과를 보면 당장 그것을 활용해야 한다. 그 효과는 당신의 아이디어가 규모를 확장했을 때 진정 발전적인 미래로 나아갈 열쇠이기 때문이다. 이렇게 하면 규모 확장의 네 번째 장애물을 제거할 수 있다. 하지만 '규모 확장을 가로막는 다섯 가지 신호' 가운데 다섯 번째 신호, 즉 이 마지막 함정은 여전히 당신의 전압을 죽일 수 있다. 바로 지속 불가능한 비용 지출이다.

— 5 —

비용의 함정

규모의 경제가 실현될 수 없는 조건

유전자 검사와 과학적 건강 분야의 스타트업인 애리베일^{Arivale}은 수백만 명의 건강을 혁명적으로 바꾸어놓을 생각이었다.[1]

2014년에 설립해 그다음 해에 사업을 시작한 이 회사는 생물학과 의학이 교차하는 분야에서 일하던 선구적인 과학자 리로이 후드^{Leroy Hood}의 아이디어로 탄생했다. 후드는 수십 년 동안 DNA 염기서열 결정 분야에서 획기적인 혁신을 이끌었던 인물이다. DNA 염기서열 결정은 인간 게놈을 이해하고 유전적인 성향들과 이것들이 인간 경험에 미치는 영향 사이의 연관성을 따지는 과학자들의 역량을 자극해왔던 학문 분야다. 클레이턴 루이스^{Clayton Lewis}는 애리베일의 CEO이자 리로이와 함께 애리베일을 공동으로 설립한 인물이다. 당시는 '과학적 웰니스^{scientific wellness}'가 건강과 생활방식 설계에 대한 계량적이고 개인화된 접근법으로 새롭게 부각되던 시기다. 루이스는 과학적 웰니스가 지닌 혁신적인 잠재력을 사람들의 삶에 직접적으로 구현하는 것을 목표로 삼았다.

애리베일이 제공한 서비스들은 과학적인 근거가 튼튼하게 뒷받침되지는 않았지만 어쨌거나 단순하고 분명했다. 고객은 이 회사에 회원으로 가입한 후 유전자 검사를 받았고, 자신의 생물학적 취약성에 대한 소중한 정보를 짤막하게나마 받아보았다. 이어서 정기적으로 혈액검사와 장내미생물검사를 받았다. 이런 결과를 토대로 식생활과 운동 등 여러 가지 선택사항에 대해서 건강 코치의 개별적인 조언을 들었다. 고객은 일련의 검사로 드러난 유전적 생체표지자biomarker(바이오마커)를 기반으로 건강에 필요한 다양한 것들의 맞춤형 추천을 받을 수 있었다. 그뿐만 아니다. 애리베일의 프로그램에 자기 신체가 어떻게 반응하는지에 대해서 끊임없이 실시간 피드백을 받을 수 있었다.

이 혁신적인 접근법이 약속했던 내용은 현재와 미래에 한층 더 나은 건강을 보장하겠다는 것이었다. 만약 고객이, 지금은 나타나지 않았지만 나중에 나타날 수도 있는 특정 질병에 대한 유전적인 소인을 갖고 있다면 어떨까? 그렇다면 애리베일의 맞춤형 지침은 그 질병이나 다른 질병들의 발생 가능성을 줄여서 그 고객이 미래에도 건강할 수 있도록 돕는다. 고객이 건강에 해로운 습관을 갖고 있다면 너무 늦기 전에 그 버릇을 고치도록 건강 코치가 돕는다. 이것이 애리베일이 내걸었던 약속이다. 애리베일은 의사와 전담 코치와 마법의 수정구슬이 하나로 합쳐져서 건강과 장수를 약속하는 상품을 선보였다. 즉, 미래 삶의 질을 높여주겠다고 약속하는 새로운 상품을 내놓은 것이다.

애리베일은 투자금 5,000만 달러를 어렵지 않게 모았다. 2016년에는 미국의 기술 분야 뉴스 플랫폼인 긱와이어^{GeekWire}가 선정한 '올해의 스타트업'이 됐다. 사람들이 시애틀에 본사를 둔 애리베일에 흥분한 것은 단지 고객들의 건강한 미래 때문만은 아니었다. 이 회사는 건강 자체의 미래에 대해서 완전히 새로운 약속을 암시하는 것처럼 보였다. 그것은 규모를 확장할 가치가 매우 높은 아이디어였다.

애리베일이 실속 없는 과장 광고를 하는 허풍선이처럼 보이지 않도록 잠시 호흡을 가다듬자. 그리고 다음 사실을 분명하게 머리에 떠올리기 바란다. 지금 세상은 개인적인 차원의 웰니스가 문화적 강박으로 자리한 동시에 수십억 달러 규모의 산업으로 자리를 잡고 있다. 그러나 이 회사가 가진 잠재력을 낙관적으로 본 것은 이런 시류에 편승해 고객을 단기적으로 홀리는 매력에서만 비롯된 게 아니다.

후드와 루이스는 21세기를 향해 '건강 증진'이라는 로켓을 쏘아 올렸다. 그리고 우리가 지금까지 살펴본 규모 확장에 필요한 네 가지 요건을 점검했다. 그들이 고객에게 제공한 것이 실현될지 여부는 증거를 기반으로 하는 과학에 달려 있었다. 그 과학은 바로 후드를 비롯한 여러 사람이 개척한 유전자 분석 분야의 획기적인 성취였다. 그것은 생체표지자(바이오마커)와 체계적인 생활방식 지도를 결합한 덕분에 고객의 건강이 임상적으로 개선되었음을 입증하는 2,500명이 넘는 애리베일 고객의 데이터에 대한 동료 검토 관찰 연구였다.[2]

간단하게 말해 애리베일이 확보한 혁명적인 기법은 긍정 오류로 보이지 않았다. 게다가 이 회사의 잠재적인 고객은 무한대였다. 건강해지고 싶지 않은 사람이 어디에 있겠으며 질병에 시달리길 바라는 사람이 어디에 있겠는가. 또한 이 회사는 개인별 맞춤형 서비스를 제공할 수 있었기 때문에 광범위하고 다양한 사람들이 필요로 하는 것을 충족할 수도 있었다. 그뿐 아니다. 그들은 규모 확장 과정에서 협상 불가능한 요소들이 무엇인지도 알고 있었다. 그것은 실험실 검사와 생활방식 지도였다. 더불어 그 요소들에 충실해야 한다는 것도 잘 알았다. 그리고 어떠한 부정적인 파급 효과도 발생하지 않았다. 그러므로 애리베일이 성공할 것임은 누가 보더라도 확실했다.

그러나 애리배일은 결국 규모 확장에 성공하지 못했다. 그 이유는 무엇일까?

•──── 감당할 수 없는 비용은 실패를 앞당긴다

1776년, 애덤 스미스는 고전 경제학의 획기적인 저작인『국부론』을 펴냈다. 이 책에는 '보이지 않는 손'에 대한 스미스의

우아한 발상이 담겨 있다. 상품의 수요와 공급은 시장 안에서 시시
때때로 바뀌지만, 시장을 늘 건강한 균형 상태로 유지하는 자유 시
장의 보이지 않는 힘들을 표현한 것으로 유명하다. 그는 소비자가
사는 것과 판매자가 파는 것 사이에 형성되는 이 자연스러운 주고
받음에 내포된 의미를 살폈다. 그리고 어떤 노력의 확장성에 영향
을 미치는 보이지 않는 손, 그 매커니즘의 한 측면을 포착했다. 그
것은 바로 규모의 경제economies of scale였다.

이 용어가 조금 낯설지도 모르지만, 세상의 모든 사람은 어떤 방
식으로든 규모의 경제가 제공하는 편익을 누린다. 어떤 사람이 휴
대폰을 갖고 있거나 영화를 보거나 전기를 사용하거나 처방약을
복용할 때, 이 사람은 규모의 경제 덕을 톡톡하게 보고 있다.

이런 제품들이 시장에 나오기까지는 엄청난 양의 투자가 필요
하다. 휴대폰의 설계와 개발에는 공학 공정, 금속과 플라스틱, 공장
에서의 조립 등이 필요하다. 영화 제작에는 배우와 제작진, 세트,
홍보 등이 필요하다. 전력 배급을 위한 인프라 역시 전력선, 배전
제어 기술 등이 필요하다. 획기적인 의약품을 구상하고 테스트하
기 위한 수년간의 연구개발을 위해서도 연구비, 임상시험 등이 필
요하다. 즉 이런 다양한 투자가 있어야 최종 제품이 소비자의 손에
들어갈 수 있다. 이러한 선행 투자를 고정비용fixed cost이라 하는데,
이 비용을 피할 방법은 없다.

하지만 회사가 제품에 초기 선행 투자를 하고 난 다음, 추가로
생산되는 제품의 생산비용은 생산량이 늘어날수록 가파르게 줄어

든다. 미리 투자되었던 고정비용이 새롭게 생산되는 수십만 또는 수백만 개의 개별 생산품으로 분산되기 때문이다. 즉, 제품을 많이 생산할수록 제품의 생산단가는 내려간다는 뜻이다.

애플이 제품을 생산하는 공장들에게 아이폰을 더 많이 생산하라고 주문한다고 가정해보자. 그러면 아이폰 하나를 생산하는 데 들어가는 비용이 줄어든다. 그 결과 애플은 이익을 넉넉하게 남기면서도 고객이 부담 없이 살 수 있는 가격으로 아이폰을 판매할 수 있다. 영화 제작사가 영화를 만들어서 전국에 개봉하고 뒤이어 전 세계에 개봉하는 식으로 규모를 확장한다고 하자. 이러면 관객이 사는 영화표의 가격을 낮게 매기면서도 이익을 남길 수 있다.

전력회사는 어떨까? 발전소에서 도시의 각 지역으로 전기를 보내는 송전 인프라를 일단 갖추고 나면 한 지역에서 보다 많은 가구가 전기를 사용하게 된다. 그럴수록 전기의 평균비용은 줄어든다. 또 획기적인 신약이 개발되어 많은 사람이 이 약을 복용할수록 이 약을 생산하는 데 들어가는 비용은 낮아진다.

이것은 모두 규모의 경제를 보여주는 사례다. 규모의 경제는 생산량이 증가함에 따라 생산 단위당 평균 총비용이 감소할 때 발생한다. 다시 말해 생산자가 더 많은 휴대폰과 영화 관람권과 전기를 팔수록, 이 제품이나 서비스를 소비하는 사람이 부담하는 가격은 줄어든다. 그리고 소비자는 높은 가격보다는 낮은 가격을 선호한다. 따라서 보이지 않는 손은 규모의 경제에 성공하는 기업이 결국 시장에서 승리할 것임을 보장한다.

반대의 경우도 있다. 무언가를 생산하는 데 드는 평균비용이 이 것을 많이 생산할수록 혹은 운영을 많이 할수록 늘어나는 경우다. 이것은 규모의 비경제다. 예를 들어서 생산에 필요한 핵심 자원이 부족하거나 희소해질 때 이런 현상이 나타난다. 석유 생산을 놓고 생각해보자. 처음 수백 배럴 규모를 추출할 때는 유정에 흘러넘치 도록 고여 있는 석유를 어렵지 않게 뽑아낼 수 있다. 그러나 유정 이 고갈되어서 점점 더 깊은 곳에서 작업해야 한다면 값비싼 특수 장비를 동원해야 하고, 그만큼 비용이 더 들어간다.

교육 분야도 마찬가지다. 어떤 학군이 흠잡을 데 없는 최고의 교사만을 채용하려 한다고 가정하자. 처음 수십 명은 그런 자격을 갖춘 사람으로 쉽게 채용할 수 있다. 그러나 이보다 더 많은 숫자 가 필요하다면 어떨까? 수백 명, 수천 명을 채용하려면 얘기가 달 라진다. 다른 곳에서도 그런 교사에 대한 수요가 있을 것이므로 필 연적으로 경쟁이 일어나고, 비용은 처음보다 더 많이 들게 된다. 규모 확장이 비용 급증으로 이어질 경우 해당 아이디어의 전압은 빠르게 낮아진다.

『국부론』에서 스미스는 규모의 경제를 달성하기 위한 노동의 분 업 및 전문화에 초점을 맞추었다. 사실 이 주장은 상식적인 것이 다. 노동자들은 자기가 가장 잘하는 일 한 가지에만 집중할 때 생 산성이 높아진다. 뿐만 아니라 그 일에 대한 숙련도나 전문성은 시 간이 지남에 따라서 점점 더 높아진다. 다시 말해 전문화는 효율적 인 운영이어서 한층 더 비용효율적인 생산으로 이어진다. 그리고 회사가 생산의 규모를 확장할수록 경쟁우위의 강점들은 더욱 강력해질 것이다. 예를 들어서 아이폰을 생산하는 공장의 노동자가 아이폰 조립 작업에서 한층 더 효율적이 될 때, 그 결과로 나타나는 생산성 향상은 각각의 아이폰 생산 비용을 낮춘다. 그러면(이론적으로는) 소비자가 사는 가격도 낮아진다.

이런 사실은 매우 중요하다. 아무리 좋은 아이디어라고 해도 제품에서 발생하는 수익이 비용보다 적을 경우 혹은 비영리단체가 달성한 결과가 그동안 들인 노력에 비해서 미흡할 경우, 해당 제품이나 아이디어의 규모는 확장될 수 없기 때문이다. 설령 4장에서 확인했던 이런저런 장애물을 제거한다 해도 소용없다. 검증된 아이디어와 충분히 많은 잠재고객 그리고 결코 양보할 수 없는 요소에 대한 충실함을 확보하고 있으며, 또 부정적인 파급 효과가 나타나지 않을 것임을(혹은 긍정적인 파급 효과가 많이 나타날 것임을) 확인했다 해도 소용없다. 규모 확장 환경에서 비용이 감당할 수 없을 정도로 커진다면 그 아이디어는 확장성을 갖지 못한다. 그러면 거기서 끝이다.

규모의 경제는 1980년대 레이건 대통령이 추진했던 경제 정책인 레이거노믹스Reaganomics를 상기시키는 개념이다. 공급자 측에서 볼때 경제 성장을 촉진하는 최적의 방법은 세금과 정부 규제를 축소해서 운영비용을 낮추는 것이다. 더 나아가 소비자가 제품과 서비스에 지불하는 가격을 낮추는 것이다. 공급 측면의 경제 이론은 우리를 규모의 과학과 직접 관련이 없는 거시경제 영역으로 데려간다.

그러나 이 이론은 운영비용이 한 국가의 경제적 번영에서부터 개별 기업의 성공 또는 실패에 이르기까지 모든 것에 강력한 영향을 미친다는 것을 보여준다. 바로 애리베일이 그랬다. 이 회사의 혁명적인 접근법은 결국 비용 문제 때문에 실패로 끝날 수밖에 없었다.

◆──── 규모 확장의 지름길, 규모의 경제

애리베일이 서비스를 처음 시작할 때는 최첨단 웰니스 프로그램 사용료로 연간 약 3,500달러를 고객에게 청구했다. 유전자 및 생리학적 테스트 비용과 건강 코치를 비롯한 임직원 급여 때문에 간접비가 높았다. 때문에 혁신적인 서비스를 한층 더 싼 가격에 제공하려면 수익성이 위협받을 수밖에 없었다. 장기적인 관점에서 삶의 질 향상과 생체 공학 프로그램 덕분에 줄어들 의료비 지출을 고려하면, 연간 3,500달러는 상당이 괜찮은 가격이었다. 건강하게 오래 사는 삶은 가격을 매길 수 없을 정도로 소중한 것이니까 말이다. 그러나 현실적으로 그것은 괜찮지 않은 가격이었다. 대부분의 사람들에게 연간 3,500달러는 매우 높은 가격이었다.

최초의 기준 가격이 워낙 높았기 때문에 애리베일은 회사와 투자자들이 기대했던 수요를 창출하지 못했다. 언뜻 보더라도 놀라운 일은 아니었다. 많은 회사가 적자에서 벗어나 이윤을 남기기까지는 몇 년이 걸린다. 수요에 영향을 미치는 것은 가격뿐만이 아니다. 마케팅과 그 밖의 경쟁 요소들 때문에 제품이나 서비스가 고객층을 확보하기까지는 상당한 시간이 걸릴 수 있다. 심지어 아마존도 수익이 나기까지 10년이라는 세월이 걸렸다. 비록 규모의 경제 덕분에 엄청난 비용을 절감할 수 있게 해주는 인프라를 구축하는 것이 아마존의 설립자 제프 베이조스가 미래를 내다보며 동원했던 접근법이고, 그 바람에 오랜 기간 아마존이 적자 상태에서 벗어나지 못했지만 말이다. 때로는 자본소진율^{burn rate of capital}을 낮추려고 노력하면서 단순히 현상을 유지하는 데 신경 써야 할 때도 있다. 즉, 소비자에게 제공하는 제품이나 서비스를 조정하며 새로운 홍보 전략을 시도할 필요가 있다는 뜻이다.

그러나 애리베일의 경우에는 시간이 흘러가도 충분히 많은 고객이 유입되지 않았다. 서비스를 받겠다고 등록한 사람들이 매우 만족했음에도 불구하고 그 독특한 서비스를 받겠다는 신규고객은 몰려들지 않았다. 애덤 스미스의 보이지 않는 손이 지나칠 정도로 잘 보이지 않았던 모양이다. 그 손은 충분히 많은 사람의 어깨를 두드리면서 "이봐, 이 서비스 한번 받아보지?"라고 말하지 않았다.

새로운 고객이 애리베일이 원했던 만큼 빠른 속도로 가입하지 않았음에도 애리베일의 경영진은 가격을 낮추려 하지 않았다. 사실 가격을 낮추고 싶어도 비용 때문에 도저히 그럴 수 없었다. 애리베일로서는 고객에게 서비스를 제공하는 데 들어가는 비용이 너무 높았다. 게다가 고객의 수가 일정한 수준에 도달하면 재무구조가 개선될 것이라고 주장할 정도로 의미 있는 규모의 경제가 확보되지 못했다.

건강 코치들은 스마트 온도조절장치처럼 낮은 비용으로 대량 생산할 수 없었다. 한 사람 개인의 규모를 확장하는 일은 거의 불가능하다. 또 이런저런 검사나 분석 작업의 양도 종합병원이나 개인병원에서처럼 규모의 경제 덕을 볼 수 있을 정도로 많지 않았다. CEO 클레이턴 루이스가 나중에 말했듯이 유전자 검사, 혈액 분석, 장내세균 분석 그리고 건강 코치의 일대일 개별 면담 등에 들어가는 비용이 '미쳐버릴 정도'로 높았다. 간단히 말해 애리베일은 너무 높게 형성되었던 진입가격에서 빠져나올 수 없었다. 과학을 기반으로 하는 획기적인 웰니스라는 서비스는 쉽게 생산할 수 있을 정도로 가격이 싸지 않았다.

애리베일로서는 웰니스 서비스 상품의 가격을 내리면 손실 폭이 너무 커지므로 그렇게 할 수도 없었다. 그래서 3년 동안 가격을 그대로 유지하면서 신규고객을 유치하기 위한 마케팅에 남아 있던 자본을 투입했다. 그러나 신규고객은 창출되지 않았다.

애리베일은 사업을 시작하고 3년 뒤인 2018년에 서비스 가격을 연간 3,500달러에서 1,200달러로 대폭 낮추었다. 월별로 환산하면 월 290달러에서 99달러로 낮춘 셈이다. 별다른 해결책이 없는 상황에서 선택할 수밖에 없는 마지막 몸부림이었다. 그러나 이렇게 싼 가격에도 불구하고 다음해까지 애리베일의 등록고객은 2,500명밖에 되지 않았다. 결국 애리베일이 시도했던 싼 가격은 제트기 연료탱크에 구멍을 뚫는 꼴이 되고 말았다. 그렇게 해서 애리베일이라는 제트기에서 연료가 빠른 속도로 누출되기 시작했다. 이 일을 통해 약간의 학습이 이루어지고 덕분에 테스트 비용을 조금 줄이긴 했지만, 그 제트기는 끝내 추락하고 말았다. 2019년 4월, 상황이 얼마나 끔찍하게 변했는지 알리는 사전 경고도 없이 애리베일은 스스로 사망을 선언했다.

우리는 미국에서, 데이터를 기반으로 하는 개인별 맞춤형 예방 코칭 서비스로 새로운 웰니스 패러다임를 제공하겠다는 전망을 갖고서 애리베일을 설립했다. (…) 고객 참여 수준 및 프로그램에 대한 고객의 만족도가 높고 또 많은 고객의 건강 지표가 크게 개선됐다. 그러나 안타깝게도 오늘 우리가 제공하던 소비자 프로그램을 종료한다. 우리가 이런 결정을 내릴 수밖에 없는 이유는 프로그램을 제공하는 데 들어가는 비용이 고객이 지불할 수 있는 금액을 초과하기 때문이다. 이 프로그램의 토대가 되는 유전자, 혈액, 장내세균 등의 검사와 관련된 비용이 장기적으로는 고객이 충분히 감당할 수 있는 수준으로 줄어들 것이라고 믿는다. 그러나 지금 우리로서는 그때가 올 때까지 적자를 감수하면서 운영을 지속할 수 없는 상황이다.[3]

그리고 애리베일은 그달에 직원 120명을 내보내고 문을 닫았다. 애리베일의 고객들은 내팽개쳐졌고 이들 가운데 많은 수는 맞춤형 건강 프로그램이 없어지자 참담함을 느꼈다. 애리베일의 폐업은 관련자 모두에게 고통을 안겨주었다. 회사의 경영진은 더 낮은 진입가격을 유지할 수 있었다면 애리베일이 채산성을 맞추기에 충분히 큰 고객 기반을 확보할 것이라고 믿었다. 그러나 운영을 지속하는 데 드는 비용이 너무 컸다.

루이스는 나중에 한 인터뷰에서 이렇게 말했다. "상대적으로 가격이 낮고 또 단순한 프로그램 대신 우리는 주력 상품에 철저하게 초점을 맞추었다. 또 우리의 위험에 대해서도 분명히 그렇게 했다." 과학적 웰니스에서 유망하게 빛나던 실험은 이렇게 규모 확장에 실패하고 말았다.

✦─── 이익이 비용보다 커야 한다는 단순한 진리

애리베일에서 치명적인 전압 강하가 나타났던 이유는 무엇일까? 어쩌면 전체 잠재고객에 대한 초기 사용자 집단의 대표성을 과대평가한 것이 그 이유라고 볼 수 있다. 가장 큰 이유는 아니지만 일부의 이유는 될지도 모른다. 이렇게 평가하고 싶은 마음의 유혹이 강렬하다. 하지만 애리베일은 가격을 대폭 낮춘 뒤에도 충분한 수요를 창출하지 못해서 결국 망하고 말았다.

그렇다면 애리베일은 처음부터 '어떻게든 만들어놓기만 하면 고객은 저절로 찾아온다build-it-and-they-will-come'는 잘못된 접근법을 취했던 것일까? 단기적이고 쉽게 확인할 수 있는 예방조치보다 덜 눈에 띄는 조치에 초점을 맞춘 미래 지향적인 보건 전략에 대해서는 미국인이 아직은 정신적으로 준비되지 않았던 것일까? 요컨대 확장성 있는 고객은 애초부터 없었던 것일까?

사실 애리베일의 서비스를 원하는 사람은 많았다. 초기에 발생했던 수요로 미루어보자면 많은 사람이 웰니스 서비스에 매력을 느낀다고 판단할 수 있다.[4] 다만 그들은 수천 달러나 되는 비싼 가격으로 그 상품을 구매하고 싶지는 않았다. 수요가 분명히 있긴 했다. 다만 고객이 원하는 가격이 애리베일이 제시한 가격과 차이가 있었을 뿐이다. 또 그 수요가 충분할 정도로 빠르게 늘어나지 않았을 뿐이다. 공급 측면에서 애리배일의 자본소진율은 매우 높았다. 그 때문에 애리베일은 더 많은 고객을 확보할 목적으로 경쟁업체와 차별화를 시도하기도 전에, 그리고 규모의 경제가 가져다주는 효과를 거두기도 전에 추락하고 말았다.

여기서 얻을 수 있는 교훈은 무엇일까? 어떤 회사가 사업의 규모를 성공적으로 확장하려면 얼마나 많은 사람이 자기 아이디어를 좋아할 것인가만 알아서는 안 된다. 더불어 그 고객이 그 아이디어에 과연 얼마나 많은 돈을 기꺼이 지불할 것인지도 알아야 한다. 그리고 더 중요한 것이 있다. 고객이 원하는 것을 고객에게 제공하는 데 얼마나 많은 비용이 들어갈지 미리 알고 있어야 한다는 점이다.

애리베일이 비용과 관련해 맞닥뜨렸던 불행은 스타트업, 특히 초기의 성공에 고무되어 규모를 서둘러 확장하겠다고 덤비는 스타트업을 흔히 덮친다. 유기농 냉동식품 회사였던 와이즈 에이커 프로즌 트리츠^{Wise Acre Frozen Treats}의 사례를 살펴보자.

2006년에 짐 피카리엘로^{Jim Picariello}는 메인주 연안에 있는 한 작은 마을의 학교 부근에서 비정제 설탕으로 유기농 막대 아이스크림을 만들기 시작했다. 그는 건강을 중시하는 막대 아이스크림(아이스바)의 수요를 일찌감치 예측했다. 2008년에는 10여 명의 직원을 충원하고 막대 아이스크림 제조 시설을 갖춘 뒤 대서양 연안 전역의 슈퍼마켓 체인과 계약을 맺었다. 그 뒤에는 사상 최대의 기회가 될 태평양 연안 유통 계약이 그를 찾아왔다. 회사의 규모가 폭발적으로 확장될 모든 준비가 마련됐다. 그러나 이때 재앙이 닥쳤다. "우리에게는 모든 수요에 대응할 기회가 없었다. 그해 연말에 회사는 파산했고 나는 실업자가 됐다." 피카리엘로는 당시를 이렇게 회상했다.[5]

무엇이 잘못되었던 것일까? 우선 그 막대 아이스크림을 생산해서 유통하는 데 드는 비용이 싸지 않았다. 설비에서부터 고급 재료와 보험 그리고 마케팅에 이르기까지 모든 것을 고려해보면, 한 달에 적어도 약 3만 달러의 비용이 들었다. 그리고 작은 규모의 경제에서 창출되는 이익은 그 운영비용을 상쇄하지 못했다. 그리고 이것은 회사의 자본잠식으로 이어졌다.

2008년에 대침체가 닥치지 않았다면, 엔젤 투자자들이 나서서 회사가 흑자로 돌아설 때까지 시간을 벌어줄 수 있지 않았을까 하는 아쉬움은 남는다. 나중에 피카리엘로는 규모를 확장하기 전에 먼저 돈을 더 많이 모았어야 했다고 후회했다. 하지만 비용이 그렇게 많이 든다면, 나중에 추가로 자본을 투입했다 하더라도 결과가 달라졌을지 의문이다. 불행한 결말을 조금 늦출지는 몰라도 완전히 막지는 못했을 가능성이 높다. 그 회사는 모든 사업을 위협하는 비용 함정에 빠졌고, 규모의 경제로도 그 함정에서 빠져나올 수 없었을 것이다.

규모의 경제를 생각할 때 우리는 흔히 공장의 조립라인에서 제품을 생산하는 저비용 대량 생산을 상상한다. 그러나 규모의 경제는 확장성이 전혀 없을 것 같은 고급 제품이나 서비스에서도 가능하다. 새롭게 떠오르는 우주관광 산업은 흥미로운 사례다. 오늘날 전 세계에는 머지않아 우주여행 왕복 항공권을 사람들에게 팔 수 있을 것이라고 기대하는 회사가 10여 개나 있다.

이 가운데서 가장 유명한 회사는 리처드 브랜슨Richard Branson의 버진갤럭틱Virgin Galactic, 제프 베이조스의 블루오리진Blue Origin, 그리고 일론 머스크의 스페이스엑스SpaceX다. 이 중에서 스페이스엑스의 웅장하고도 장기적인 목표는 단순한 우주관광을 넘어선다. 이 회사의 목표는 인간을 태양계 전역으로 보내고 화성을 지구의 식민지로 삼는 것이기 때문이다. 블루오리진의 궁극적인 목표도 이와 비슷하다. 이들은 먼 미래에도 인류가 생존하는 것을 지향한다.

방금 언급한 세 회사 모두 승객을 지구 바깥으로 보내서 지구를 우주에서 구경하게 한 다음 안전하게 귀환시키는 데 필요한 기술을 개발했다. 그리고 거기에 오랜 세월과 막대한 자본을 투자했다.

사실 우주여행을 개척하는 데 들어가는 극단적인 비용을 고려한다면 이런 사업은 매우 위험하다.

우주여행 항공권은 초기에는 엄청나게 비쌀 것이다. 이 원고를 쓰는 시점을 기준으로, 버진갤럭틱의 경우 승객 1인당 25만 달러를 청구할 계획이다. 이것만 보더라도 잠재적인 고객층은 극히 최소일 뿐이다. 게다가 이 회사가 상업적인 우주여행에만 초점을 맞출 경우 투자된 자본을 회수할 가능성은 거의 없다고 봐야 한다. 이런 이유로 이 세 회사는 기존의(이미 지불된) 연구 및 기술에 의존하는 병행수입parallel revenue 경로를 탐색하고 있다.

예를 들어서 이들 세 회사는 모두 우주 기반 프로젝트나 국제우주정거장에서 일하는 연구자들을 위한 화물 운송 사업을 하고 있다. 스페이스엑스는 미국항공우주국NASA과 협력 관계를 맺어서 막대한 보조금을 받았다. 이런 수익 흐름은 한층 더 큰 목표를 달성하는 데 필요한 막대한 투자금 마련에 도움이 된다. 그러나 그런 병행수입 경로만으로는 충분하지 않을 것 같다. 우주탐사의 규모를 확장하는 데서 핵심적인 과제는 비용 측면에 있다. 즉, 규모의 경제를 찾아야 한다.

아마도 일론 머스크만큼 규모의 경제에 집착하는 기업가는 없을 것이다. 머스크가 오래전에 온라인 은행업의 세계를 바꿔놓은 뒤로 그가 수행했던 주요 혁신들은 하나같이 모두 규모의 경제를 기반으로 번성하고 있다. 전기자동차 스타트업이었던 테슬라를 생각해보라. 주식시장에서 매력을 뽐내는 이 회사의 시가총액은 5조

달러가 넘는다.

이처럼 거대한 성공을 거둘 수 있었던 가장 핵심적인 요인은 배터리와 태양전지에서 규모의 경제를 실현함으로써 전기자동차의 핵심 요소를 싸게 생산한 것이다. 그뿐 아니다. 머스크는 로봇 중심의 자동차 제조 설비를 두고 '기계를 만드는 기계', 즉 고도로 발전했으며 완전히 자동화된 생산 시설이라는 뜻으로 애정을 듬뿍 담아 '에일리언 드레드노트Alien Dreadnought'라 불렀다. 그런데 테슬라의 모든 것은 에일리언 드레드노트의 효율성을 높이는 방향으로 초점이 맞춰져 있다.

심지어 스페이스엑스도 규모의 경제를 활용하는 방법을 찾아냈다. 이것은 케네디우주센터에서 두 개의 로켓을 동시에 회수하는 놀라운 동영상을 보면 생생하게 확인할 수 있다.[6] 로켓 재사용 전략이야말로 스페이스엑스의 진정한 탁월함이 시작되는 부분이다. 완전히 자동화된 방식으로 제작하고 또 최대한 재사용하는 전략은 스페이스엑스가 로켓을 한 주에 한 개 이상 제작할 수 있는 든든한 토대다.

이 전략 덕분에 스페이스엑스는 위성 네트워크인 스타링크Starlink를 일반적인 비용의 몇 분의 1밖에 되지 않는 비용으로 궤도에 올려놓을 수 있었다. 스페이스엑스는 로켓을 재사용하는 방식으로 규모의 경제를 최대한 활용했다. 이를 통해 인공위성을 궤도에 올려놓는 비용을 18분의 1로 절감했다.[7]

언젠가 우주여행은 인간이 다른 행성에 정착할 정도로 확장될 전망이다. 하지만 이런 일은 먼 미래의 일이고 또 여기에는 천문학적인 비용이 들 게 분명하다. 방금 예로 들었던 회사들은 규모의 경제를 기민하게 활용해서 평균비용을 줄이고 있다. 그들은 빠른 시일 안에 규모를 확장할 수 있는 한층 더 유리한 지점을 차지할 것이다.

문샷에 필요한 투자 자본은 확장성을 가진 많은 혁신이 유아기에 직면하는 과제, 즉 혁신을 창출하기 위한 선행비용을 한층 더 폭넓게 아우른다. 스타트업으로서는 초기비용 장애를 극복하는 데 필요한 자본을 기꺼이 투자하려는 투자자들을 끌어들여야 한다.

신뢰할 수 있는 데이터를 생산하는 데 많은 시간이 걸리는 대형 아이디어를 가진 연구자들에게 이것은 대규모 보조금을 지급받거나 돈 많은 기부자를 찾거나 혹은 기업과 협력 관계를 구축해야 한다는 뜻이다. 많은 산업 부문에서 이 선행비용은 진입 장벽으로 작용한다. 재정 지원을 거의 받지 못하는 외부인 입장에서는 그 비용이 감당할 수 없을 정도로 크기 때문이다.

가령 내가 가짜 뉴스와 혐오 발언을 걸러내는 새로운 소셜미디어 플랫폼을 만들 수 있는 획기적인 아이디어를 갖고 있다고 하자. 그렇다 해도 나는 그런 멋진 플랫폼을 구축할 컴퓨터 공학 기술을 갖고 있지 않다. 투자자들을 설득할 경험이나 재주도 없다. 또 그 아이디어가 확실하게 실현 가능함을 보여줄 예비 데이터도 갖고 있지 않은 그저 평범한 경제학 교수일 뿐이다. 유능한 엔지니어를 고용하고 경험 많은 동업자들을 설득하며 시제품을 제작하는 데 필요한 자본이 내게는 없다. 그러므로 내 아이디어가 실제 현실에서 실현될 일은 결코 없다.

고정비용에 대한 놀라운 점은 기술, 시제품, 데이터 증거 또는 어떤 것이든 간에 기업의 기반이 되는 혁신을 확보하고 나면 더는 고정비용을 지출하지 않아도 된다는 사실이다. 대규모 선행 투자는 원재료, 직원 급여, 생체 검사, 일대일 건강 코칭 등과 같이 지속적으로 투입해야 하는 운영비용과 다르게 따로 추가되는 대규모 투자 없이도 배당금이 지급된다. 특허 및 저작권법이 존재하는 이유도 여기에 있다.

다시 말해 자금과 피땀 어린 노력을 쏟아부어서 어떤 창조적인 결과물을 만들어낸 기업은 이런 선행 투자 덕분에 한동안은 추가로 아무런 투자를 하지 않고서도 배타적으로 수익을 거둔다. 만일 어떤 회사가 공급하는 제품이 시장에서 수요를 창출하는 경우, 이상적으로만 보자면 규모의 경제를 활용하면서 규모 확장이라는 만족스러운 국면으로 넘어간다.

승차공유를 놓고 살펴보자. 리프트와 우버는 혁신적인 운송 모델을 구축하기까지 상당한 규모의 초기 고정비용을 지출해야 했다. 그중서도 특히 고정비용을 많이 차지한 부분은 디지털 인프라를 구축하는 작업이었다. 디지털 인프라가 수행하는 일은 상당히 많았다. 운전자와 승객 양측이 각각 갖고 있는 인터페이스를 통해서 그들을 실시간 데이터로 연결하고, 승차 가격을 결정하며, 금융 거래가 원활하게 이루어지도록 했다. 나아가 운전자와 승객에 대한 평가 등급을 업데이트하고, 운전자든 승객이든 각자 불만을 토로할 공간을 마련하는 등 작지만 꼭 필요한 온갖 것들을 담당했다.

이러한 디지털 인프라 구축에는 많은 비용이 들어간다. 하지만 일단 그 인프라가 구축돼서 가동을 시작하면 규모의 경제가 작동한다. 플랫폼에 추가 승객이 발생할 때마다 승차공유업체는 고정비용을 그만큼 분산할 수 있게 되므로, 각 승차공유의 평균비용은 점점 더 줄어든다.

여기에서 얻을 수 있는 교훈은 무엇일까? 자신이 부담해야 할 고정비용이 얼마나 될지 처음부터 꼼꼼하게 살펴야 한다는 점이다. 그런 다음에는 그 비용을 감당할 정도로 자금이 충분한지 확인해야 한다. 또 자금이 충분하더라도 해당 아이디어를 상품으로 출시하는 데 필요한 초기비용을 줄일 방법을 찾아봐야 한다. 물론 우주여행처럼 천문학적인 비용이 드는 사업에서는 대체로 달성할 수 없는 목표다.

그러나 소프트웨어를 개발하는 등의 사업을 진행하는 다른 벤처 스타트업이라면 얼마든지 시도해볼 수 있는 과제다. 예를 들어 직원에게 회사의 지분을 제공해 낮은 급여의 균형을 맞출 수 있다. 경우에 따라서는 이렇게 지급한 회사 지분이 미래에 엄청난 돈 보따리가 되기도 한다. 초기비용 지출이 적을수록 이 비용을 회수하기 위해 고객이 구매할 상품에 매겨지는 가격은 낮아질 것이다. 이런 조건은 당연히 수요를 증가시킨다.

또한 일부 원료나 자재를 재사용하거나 생산 공정에서 발생하는 부산물을 판매함으로써 초기비용을 상쇄할 수도 있다. 석유 생산업체가 천연가스를 생산하는 것은 결코 우연이 아니다. 천연가스가 석유 시추 과정의 부산물이기 때문이다. 당밀은 설탕 생산 과정의 부산물이고, 톱밥은 목재 산업의 부산물이다. 또 깃털은 가금류 처리 과정의 부산물이다.

가능한 모든 곳에서 당신 회사가 지렛대로 삼을 만한 규모의 경제를 확보하고 그 잠재력을 구축하기 위해 노력해야 한다. 많은 경우 고정비용과 변동비용에 대한 비율을 놓고 중요한 결정을 해야 할 수도 있다. 앞에서 살펴봤던 사례들이 보여주듯 선행비용이 높으면 나중에 한계비용은 낮아진다. 이런 관점에서 보자면, 필요한 자본을 충분히 동원할 수 있을 경우에는 높은 선행비용을 미리 지출하는 쪽이 오히려 바람직할 수도 있다. 이상적으로 보면 규모가 확장될수록 운영비용이 줄어들기 때문이다.

자, 이제 당신이 시장에 상품을 내놓을 준비가 되었다면 운영비용이 얼마나 될지 계산하라. 이때 예상치보다 최소 10퍼센트 이상 높게 잡아야 한다. 그런 다음 예상 수익 대 운영비용의 비율을 살펴보고, 수익이 실현되려면 규모를 어느 정도 확장해야 하는지 확인하라. 또는 반대로 현재 확보한 자금이 고갈되기까지 시간이 얼마나 남아 있는지 확인하라. 자본의 소진율이 얼마나 되는지 늘 지켜봐야 한다. 짐 피카리엘로의 조언을 귀담아 듣고 남은 시간을 조금이라도 연장해야 한다.

마지막으로, 이미 규모의 경제를 상당한 수준으로 확보했다면 당신이 제공하는 상품의 가격을 낮춰서 고객을 끌어당겨야 한다. 처음에는 손실이 발생할 수도 있다. 그러나 고객을 점차 많이 확보할수록 단위비용이 낮아져서 결국에는 흑자로 전환될 것이다. 그러면 가격을 올리지 않고도 수익을 낼 수 있다. 많은 소프트웨어 제품과 앱들이 처음에는 아주 간단한 서비스를 무료로 제공해서 고객을 사로잡은 다음 한층 더 멋진 서비스를 유료로 제공한다. 이른바 '프리미엄' 전략인데, 이를 구사하는 이유도 여기에 있다.

그리고 정말 마지막으로 해야 할 것이 있다. 당신이 제공하는 상품의 경우 '폐색 가격choke price(재화나 서비스를 제공할 의지를 가진 기업이 없어서 공급량이 0으로 떨어지는 가격)'이 얼마인지 정밀하게 따져봐야 한다. 그런 다음 몇 가지 테스트를 해서 서로 다른 가격이 수요에 어떤 영향을 미치는지 파악하라. 손해를 보고 제품이나 서비스를 파는 것은 분명 고통스러운 일이다. 하지만 아무리 이윤이 적다해도 고객이 하나도 없는 것보다는 낫다는 것을 기억하라.

이런 원칙들은 초기비용과 운영비용의 절감 전략을 설계하는 데 도움이 된다. 이런 것들을 통해서 성공적인 규모 확장의 가능성을 높일 수 있다.

◆────── 사회적 편익이 비용보다 커야 한다

지금까지는 주로 영리 목적의 기업에 초점을 맞춰서 살펴보았다. 하지만 규모 확장에 내재된 비용 문제는 비영리 목적의 조직이나 기관에서도 흔하게 나타난다. 어쩌면 더 심각하게 나타날 수도 있다.

사실 비용과 관련된 이런저런 장애물은 공공정책과 비영리사업 그리고 자선사업에 고유하게 내재되어 있다. 왜냐하면 이런 분야의 프로그램이나 사업은 영리 목적이 아니라 사회와 그 사회에서 살아가는 사람들의 삶에 긍정적인 영향을 주려는 목적으로 설계되었기 때문이다. 그러므로 해당 프로그램이나 사업의 효용을 결정하기 위해서는 몇 가지 지표를 놓고 판단해야 한다. 그리고 그것들이 사회에 긍정적인 영향을 줄 수 있으려면 규모 확장 조건에서의 비용효율성은 필수적인 요소다.

소아마비 백신을 예로 들어 살펴보자. 1950년대 미국에서는 해마다 수만 명의 어린이가 소아마비에 걸렸다.[8] 소아마비는 전염성이 높았고, 체액과 오염된 액체를 통해서 확산됐다. 침과 재채기를 통해서 가장 흔하게 옮겼다. 자녀를 가진 부모들은 당연히 소아마비 바이러스의 공포에 떨었다. 그야말로 공중보건의 심각한 위기였다.

그런데 다행스럽게도 바이러스학자 조너스 소크Jonas Salk가 소아마비 백신을 개발했다. 그는 자기 아이를 포함해서 수십만 명의 아이에게 백신 주사를 놓는 실험을 했다. 그리고 이 백신의 효능을 의심하던 세상 사람들의 의구심을 털어냈다. 접종자가 누구며 어느 지역에 사는지 상관없이 그 백신은 모든 아이에게 효과가 있음을 입증했다. 달리 표현하면, 그의 백신 접종 표본이 모집단의 대표성 및 상황의 대표성을 모두 충족했다는 말이다. 그 결과 나타난 유일한 파급 효과는 긍정적인 다양성이었다. 즉, 백신을 맞은 아이가 많을수록 바이러스가 옮겨 다닐 숙주가 그만큼 적어져서 집단 면역이 형성된 것이다.

그러나 소아마비 백신이 규모 확장 환경에서 진정으로 성공하려면 이 백신이 비용효율적으로 생산되고 배포될 필요가 있었다. 다행히도 백신은 규모의 경제 덕분에 생산비가 쌌고 배포도 쉽게 진행됐다. 적어도 미국에서는 확실히 그랬다. 미국에서는 도시든 시골이든 의료센터나 지역 담당자가 접종을 맡아서 했기 때문이다. 이런 특성 덕분에 미국에서는 1979년까지 소아마비를 완전히 없앨 수 있었다.

이것을 도시 공공정책의 전설로 남아 있는 사례와 비교해보자. 잠비아 북부 지역에는 주민 약 5만 명이 습지에 흩어져서 거주하고 있었다. 이들에게 소아마비 백신을 접종해야 했다. 어떤 시범사업에서 한 기관이 복잡한 물길을 따라서 백신을 필요로 하는 사람을 찾아가기 위해 공기부양정을 구입했다. 그리고 이 시도는 성공적으로 끝났다.

시범 프로그램은 성공적이었지만 문제가 하나 있었다. 백신 접종 담당자들은 5만 명에 달하는 주민 모두에게 백신을 접종해야 했다. 그러나 필요한 만큼의 공기부양정을 살 수는 없었다는 점이다. 공기부양정의 가격이 너무 비쌌기 때문이다. 결국 그들은 안타깝지만 그 지역을 대상으로 해서는 완전한 백신 접종 계획을 포기해야만 했다.

이론적으로 보자면, 어떤 프로그램이 가져다주는 사회적 편익은 이것에 들어가는 경제적 비용보다 커야 한다. 그러므로 자금을 조달해서 사회적으로 개입하는 기관이나 정부가 더 적은 비용으로 더 많은 것을 생산하는 조직을 선호하는 것은 당연하다. 이것은 그야말로 기본적인 수학의 원리다.

만약 한 도시가 마약 중독자 재활 프로그램에 투자하기로 결정했다고 가정해보자. 이 도시는 투입되는 단위비용당 가장 많은 사람이 도움을 받는 프로그램을 우선적으로 선택할 것이다. 비록 어떤 프로그램이 재활 성공률 100퍼센트라고 하더라도 이 프로그램의 비용이 1인당 5만 달러라면, 이 프로그램의 규모 확장은 불가능하다는 뜻이다. 물론 어마어마한 재산을 쌓아두고 있는 사회적 명사나 실리콘밸리의 억만장자가 해당 프로그램을 지원하거나 직접 실행한다면 이야기가 달라지겠지만 말이다.

게다가 확장성 있는 성공적인 개입이라 하더라도 이 개입에 지속적으로 금전적인 지원이 이루어질 것이라는 보장은 없다. 똑같이 확장성을 가진 해결책들을 필요로 하는 긴급한 이유들이 서로 채택되려고 경쟁하기 때문이다.

만약 마약 중독 재활 프로그램이 비용에 걸맞은 수준으로 지역사회에 이익을 가져다주지 않는다면 어떨까? 도시는 이 예산을 영양 균형과 건강한 식사를 보장하는 학교 급식의 새로운 프로그램으로 돌릴 수도 있다. 어떤 문제에 있어서든 해결책은 늘 두 가지 이상이고 이들은 서로 경쟁한다.

예를 들어보자. 해외원조 분야에는 낙후된 시골 지역 주민에게 저비용 재생 에너지를 제공하겠다는 단체들이 많이 있다. 이 단체들은 태양 전지판에서부터 소형 풍력 터빈, 심지어 돼지의 분변을 이용한 메탄가스 변환 시스템에 이르기까지 제각기 다른 기술을 활용해 저비용 재생 에너지를 제공하겠다고 제안한다. 이들의 경쟁에 따라서 어떤 프로그램은 채택돼서 지원을 받고 어떤 프로그램은 지원을 받다가 탈락해 지원 대상에서 제외된다. 이때 어떤 프로그램이 바람직한 결과를 내지 못하는 것은 주로 높은 비용 때문이다.

지금까지 우리는 규모 확장에서 비용과 관련해 어떤 문제들이 있는지 살펴봤다. 정부는 너무 많은 예산을 쓰고 싶지 않은 반면, 스타트업은 높은 초기비용으로 어려움을 겪고 있다. 간접비용이 너무 높으면 기업은 가격 경쟁에서 버티지 못한다.

그럼에도 이 장에서 살펴본 전략들을 유용하게 적용하면 도움을 받을 수 있다. 새로운 기술의 규모를 확장하거나, 연구조사를 기반으로 한 교육 프로그램을 한층 더 많은 대상자로 확대하거나, 오지 마을 주민에게 백신을 맞히는 등 그것이 무엇이든 간에 말이다. 그러나 이것이 끝이 아니다. 당신이 아무리 이 원칙들을 철저하게 따른다고 해도 아이디어의 규모가 확장됨에 따라 비용이 늘어날 수밖에 없는 한 가지 요인이 더 있다. 그것은 바로 '인간'이라는 요인이다.

완벽주의는 규모 확장의 적이다

시카고하이츠유아센터에서 교육 모델을 처음 설계할 때 우리의 목표는 명확했다. 우리 프로그램에 참가하는 아이들의 삶을 개선할 뿐만 아니라 전 세계 수천 개의 지역사회로 확장할 수 있는 프로그램을 만들자는 것이었다. 부모라면 다 알겠지만 학교에서 교사는 매우 중요한 역할을 한다. 교사야말로 아이가 학교에 머무는 동안 아이의 발달을 뒷받침하는 반석이다. 그래서 우리는 초기에 결코 협상할 수 없는 요소 가운데 하나로 최고의 교사만을 고용하는 것을 꼽았다. 교실에 생명의 숨결을 불어넣을 수 있는 진정한 재능을 가진 백만 명 중 한 명의 교사를 찾고자 했다.

표면적으로만 보면 이런 선택은 논리적으로 옳다. 우리가 최고의 교사를 채용할 때 아이들은 최고의 교육을 받을 테니 말이다. 그런데 한 가지 문제가 있었다. 최고의 교사들을 확보하고 유지하는 데는 비용이 많이 든다는 점이었다.

3장에서 살펴보았듯이 교사를 비롯해서 전문 기술을 가진 사람은 규모를 확장하기가 매우 어렵다. 많은 수의 '요리사'를 찾는 것이 어려울 뿐만 아니라 고도로 숙련된 전문가를 대규모로 '구매'한다고 해서 가격이 싸지지 않기 때문이다. 코스트코가 매주 상추를 수천 봉지씩 구매할 때는 그만큼 가격이 싸지지만 전문 인력은 그렇지 않다.

실제 현실에서는 오히려 그 반대 현상이 생기며 가격이 올라간다. 왜냐하면 더 훌륭한 인재를 우리 프로그램에 참여시키려면 그들에게 더 많은 급여를 주겠다고 나서는 다른 고용주들(월스트리트의 은행일 수도 있고 실리콘밸리의 기술 회사일 수도 있다)과 경쟁해야 하고, 그러려면 우리도 급여를 올려줘야 하기 때문이다. 그리고 이것은 결코 무시할 수 있는 요소가 아니다.

시카고하이츠유아센터 커리큘럼을 설계하는 우리 팀은 이전에 다른 팀들이 걸어갔던 길을 피하려고 노력했다. 예를 들어보자. 1990년대에 캘리포니아는 학생들의 성적을 개선하겠다는 목표에 따라 주 전체의 학급 규모를 줄였다.[9] 그런데 문제가 있었다. 학급 규모를 줄이면 한 학급에 수용할 수 있는 학생 수도 줄어든다. 당연히 학급의 수는 늘어나야 했다. 학급 규모를 줄이는 접근법을 확장하려면 더 많은 교사가 필요했는데, 투입할 수 있는 교사들은 종종 필요한 기술이나 경험이 부족했다.

더 최근의 예도 있다. 테네시에서도 학급 규모를 줄이려는 계획을 세웠는데 마찬가지로 난관에 부딪혔다. 두 경우 모두 초기에는 성공적이었다. 소규모 학급이 낳은 결과는 유망했지만, 규모를 확장할 때는 그 이점이 무위로 돌아가고 말았다. 소규모 학급을 운영하려면 학급 수가 늘어나야 한다. 하지만 학교에서는 필요한 만큼의 교사를 채용할 수 없었다.

규모 확장의 문제를 해결하기 위해서 우리는 독일 수학자 에른스트 체르멜로Ernst Zermelo의 저작으로 눈을 돌렸다. 체르멜로는 1871년 베를린에서 태어났다. 그는 나중 철사테 안경과 상대를 꿰뚫어보는 듯한 눈빛 그리고 까다로운 수학 문제를 놓고 고민하는 동안 손가락으로 쓰다듬기에 완벽한 염소수염을 하고 있었다. 그는 뛰어난 유럽 논리학자의 전형적인 이미지로 그려지는 인물이다. 그가 매달렸던 어려운 수수께끼들 가운데 하나는 초기 게임 이론에서 중요한 역할을 하게 된다. 이 이론은 창조자의 이름을 따서 '체르멜로의 정리'[10]라 불린다.

게임 이론은 어떤 게임에서 게임자가 사용할 수 있는 전략적이고 엄격하게 합리적인 다양한 결정들을 모델링한다. 다시 말해 게임 이론은 실생활의 시뮬레이션이 아니다. 왜냐하면 실생활에서는 언제나 완벽하게 이성적인 사람은 없기 때문이다. 하지만 이성적인 통찰은 실생활에 유용하게 적용할 수 있다. 체스처럼 두 사람이 하는 게임에서는 어떤 주어진 순간에 우위에 있는 게임자가 승리를 거머쥘 수 있는 일련의 행마를 확보한다고 체르멜로는 주장했다. 물론 모든 게임자가 그 행마를 알아내지는 않지만, 어쨌거나 그 행마는 해당 게임의 구조에 논리적으로 내재되어 있다. 이 모든 것은 게임 이론과 체르멜로의 정리라는 이론 수학의 우주에서는 완벽한 전략적 결정이라는 것이 입증 가능하다.

체르멜로가 1913년에 체르멜로의 정리를 발표하고 약 40년이 지난 뒤인 1950년대에 수학자들은 그의 연구 결과를 역진귀납법 개념과 결합했다. 역진귀납법은 현재 나타날 수 있는 최상의 결과에서 출발한다. 거기서 시간을 거슬러 올라가며 추론하고 그에 따라 전략을 설계하는 것이다. 즉, 내가 여기에서 저기까지 걸어가고자 할 때 마음속으로는 거꾸로 저기에서 여기로 걸어와야 한다는 뜻이다.

규모에 맞는 승리나 성공이 실제로 어떤 모습일지 신중하게 상상하는 데 이 논리를 사용한다. 덕분에 취해야 할 모든 단계를 밝혀낼 수 있다. 미래에 필요하게 될 단계들을 이런 식으로 철저히 상상하고 나면 이 단계들을 현재에 구현할 수 있다. 최고의 체스선수들은 역진귀납법을 사용한다. 아이디어 규모를 확장한 환경에서도 높은 전압을 유지하는 사람들은 역시나 역진귀납법을 사용한다.

시카고하이츠유아센터 프로그램을 설계하던 우리는 인적 자본의 문제를 해결하려고 역진귀납법을 사용했다. 우리는 우선 피할 수 없는 현실에서부터 시작했다. 우리 프로그램이 수천 개의 학교로 확장될 경우에는 이 프로그램을 진행시킬 예산을 온전하게 확보하지 못할 것이라는 점과 충분히 많은 지원 교사 풀-pool이 마련되지 않을 것이라는 현실 말이다. 그래서 우리는 이상적인 것과 동떨어진 매우 현실적인 선택을 해야만 했다. 뛰어난 교사가 아니라 평균적인 역량을 가진 교사가 참여한다는 가정 아래 커리큘럼을 설계하기로 한 것이다.

만약 우리가 고용 시장에 나와 있는 상위 1퍼센트의 교사들을 확보하지 않고서도 여전히 학생들의 성적과 삶을 개선하는 교육 모델을 설계할 수 있다면 어떤가. 규모 확장에 걸맞게 최고의 인적 자본을 확보하기 위해 들여야만 하는 높은 비용을 마련하지 못해서 곤경에 처하는 것을 피할 수 있다는 뜻이다. 이것은 최고의 교사들을 채용해서 시범 사업의 결과를 조작하려는 유혹을 물리친 다는 뜻이기도 했다.

이렇게 되면 시범 사업의 결과는 확실히 덜 빛날 것이다. 그 때문에 단기적인 홍보 효과나 보조금 확보에서 어려움이 따를 수 있다는 것도 진작부터 알았다. 그러나 우리 프로그램이 장기적으로 성공하려면 이렇게 해야만 한다는 것도 알았다.

시카고하이츠유아센터 커리큘럼을 준비하면서 우리는 시카고 하이츠 공립학교와 똑같은 방식, 똑같은 연봉으로 30명의 교사 및 행정 직원을 채용했다. 이 사람들은 최고의 요리사는 아니었지만 비교적 괜찮은 요리를 할 줄 아는 요리사인 셈이었다. 그리고 만약 우리 프로그램에 교사 3만 명이 필요하다면, 얼마든지 그 인력을 찾아서 채용하고 또 봉급을 줄 수 있었다. 이 점이 가장 중요한 부분이었다.

값비싼 최고급 식재료만을 엄선해서 고품질 음식을 제공하는 식당 주인이 나중에 분점을 두 곳 열었다고 가정해보자. 그런데 최고급 식재료를 필요한 만큼 확보하지 못해서 어쩔 수 없이 저품질 음식을 제공하는 경우가 생긴다면? 바로 이런 식당 주인의 운명을 우리는 피하고 싶었다. 이 식당 주인이 처음부터 덜 비싼 식재료를 사용했더라면 분점을 내더라도 애초에 제공하던 음식의 품질을 떨어뜨리지 않았을 것이다. 우리는 교사의 높은 자질이 나중에 우리 프로그램의 규모가 확장될 때 전압 강하를 초래하는 원인이 되지 않도록 심혈을 기울였다.

사람들은 "완벽함은 양호함의 적이다 Perfection is the enemy of good."라는 볼테르의 말을 종종 인용한다. 우리는 이것을 "완벽함은 규모 확장의 적이다."라고 바꿔 말하고 싶다. 규모 확장의 여러 맥락에서 결코 협상하거나 양보할 수 없는 요소들이 있다. 그리고 이것을 재현하는 데 있어서는 완벽함을 희생하더라도 생존 가능성을 유지해야 한다. 시카고하이츠의 경우 실제 현실에서 일어날 수 있는 비용 제한이라는 조건을 염두에 두고 프로그램을 설계했다. 덕분에 궁극적으로 확장 가능한 프로그램의 효과를 테스트하는 데 초점을 맞출 수 있었다.

어떤 프로그램이나 사업을 추진하는 초기 단계에서 최고의 재능을 가진 인재에게 일을 맡기지 말아야 한다는 주장은 황당한 소리로 들릴 수 있다. 내가 하는 말의 핵심을 오해하지 않았으면 한다. 장차 규모를 확장할 새롭고 혁신적인 하드웨어를 설계할 때 뛰어난 엔지니어가 아니라 그저 그런 엔지니어를 선택하라는 말이 아니다. 어쨌거나 하드웨어나 디지털 인터페이스의 품질은 높아야 한다. 이것은 결코 양보할 수 없는 요소다. 그러나 그 하드웨어의 규모를 확장해서 유지하는 데 기술자 4만 명이 필요하다면, 4만 명 모두가 굳이 최고의 기술자일 필요는 없다는 뜻이다. 우수한 기술자를 덜 고용하는 것이 이상적인 조건이 아님은 확실하다. 그러나 이것은 얼마든지 포기할 수 있는 조건이다. 무엇보다 중요한 것은 초고속 성장에도 충실함을 유지하는 것이다.

이상적인 조건은 대부분의 경우에 현실적이지 않다. 따라서 매우 현실적인 질문을 자기 자신에게 무례할 정도로 해야 한다. 예를 들면 이런 식이다. "규모가 확장된 환경에서도 나는 최고의 인재를 채용할 수 있을까? 예산이 부족하거나 어떤 제한이 있거나 혹은 최고의 인재가 많지 않으면 어떻게 될까? 이런 이유로 규모가 확장된 조건에서는 최고의 인재를 내가 원하는 만큼 많이 채용하지 못하는 건 아닐까?"

대부분 경우 최고의 인재를 원하는 만큼 채용하기란 불가능하다. 미래를 내다보며 인적 자본에 들어가는 비용이 얼마나 될지 계산해야 한다. 그런 다음, 규모를 확장한 환경에서도 프로그램이나 사업을 계속 유지할 수 있도록 미리 준비해야 한다.

* * *

지금까지 다섯 개 장에 걸쳐서 규모 확장을 가로막는 '다섯 가지 활력 신호'를 살펴보았다. 긍정 오류, 모집단의 대표성과 상황의 대표성, 파급 효과 그리고 비용, 이 다섯 가지는 어떤 아이디어가 활력을 확보하려면 반드시 넘어야 하는 장애물이다. 당신은 확장성 있는 아이디어가 갖고 있는 결정적으로 중요한 특성을 인식하는 방법을 배웠다. 따라서 이제는 다음 질문을 할 수 있다.

"어떻게 하면 멋지고 확장성 있는 아이디어를 떠올릴 수 있을까? 또 어떻게 하면 이것을 진짜 위대한 아이디어로 만들 수 있을까?"

1부에서는 전압 강하를 방지하는 내용을 다루었다. 2부의 네 개장에서는 전압 상승을 유도하는 내용을 다루려 한다. 이와 관련해서 네 가지 핵심 전략을 개발했는데, 이것이 2부의 주요 내용이다. 그 네 가지는 다음과 같다. 첫째, 행동경제학적 인센티브를 활용해서 결과를 극대화하는 것이다. 둘째, 운영 측면에서 쉽게 놓쳐버린 기회를 활용하는 것이다. 셋째, 장기적인 승리를 위해서 단기적으로 언제 포기하고 언제 물러서야 할지를 아는 것이다. 넷째, 승리를 보장하는 지속가능한 문화를 설계하는 것이다.

자, 다시 전압을 올려보자.

2

부

———————

규모 확장을 성공시키는
4가지 기술

——— THE VOLTAGE EFFECT ———

인센티브

신속한 이익을 창출하는 동기부여의 기술

여러 해 전에 있었던 일이다. 중소기업에 자금을 대출해주는 어떤 회사가 나와 스티븐 레빗에게 연락해왔다. 자신들이 흥미로운 일을 진행하고 있는데 그 일을 도와달라고 했다. 그 일은 회사에 대출을 신청하는 사람들의 성격을 평가하는 것이었다. 그 회사가 그 일을 관심 있게 진행하는 근거는 매우 직관적이었다. 대출 신청자가 성실해 보인다면 그 사람은 상환 약속을 지키려고 최선을 다하지 않겠느냐는 것이었다. 게다가 그런 사람은 강력한 리더일 것이고 회사를 유능하게 운영하며 나아가 현명한 투자를 하지 않겠느냐고도 했다.

우리에게 주어진 과제는 대출 신청자가 이런 덕목들을 지녔는지 예측할 수 있는 현장실험을 설계하는 것이었다. 실험실에서는 결코 시도하지 못할 실험을 설계했다. 학계에 돌던 혁신적인 아이디어를 채택해서 실험 설계에 반영했다. 이른바 '땅에 떨어진 지갑dropped wallet' 실험이었다.[1]

실험은 몇 주에 걸쳐서 진행됐다. 실험 진행자는 대출을 신청한 각 사업장 앞에서 '우연히(사실은 일부러)' 지갑을 떨어뜨렸다. 그 지갑 안에는 실험 진행자의 이름과 전화번호가 적힌 종이쪽지를 넣어두었다. 그리고 조금 뒤에 다른 실험 진행자가 그 지갑을 주워서 그 사업장으로 들어갔다. 다른 실험 진행자는 사장에게 지갑을 건네주면서 "가게 앞에서 지갑을 주웠는데 어떻게 해야 할지 몰라서 가게에 맡기겠다."고 말하고 나왔다. 그렇게 한 다음 우리는 기다렸다.

우리가 정한 첫 번째 지표는 대출 신청을 한 사장이 실험 진행자에게 지갑을 주웠다면서 전화를 걸어오기까지 걸리는 시간이었다. 몇몇 대출 신청자는 아예 전화를 하지 않아서 점수가 깎였다. 두 번째 지표는 돌려받은 지갑에 남아 있는 돈이었다. 애초에 우리가 지갑에 넣어두었던 돈은 60달러(20달러짜리 지폐 세 장)였다. 남아 있는 돈은 60달러 그대로일 때도, 40달러일 때도, 20달러일 때도 있었다. 물론 한 푼도 남아 있지 않은 경우도 있었다.

지갑을 돌려준 사람이 60달러 가운데 조금이라도 돈을 빼돌렸을 경우에는 지갑을 얻게 된 과정에 대한 진술을 받았다. 우리 팀은 각각의 대출 신청자의 성격과 성실성 점수를 매겨서 우리를 고용한 회사에 보고서를 보냈다.

나는 그 회사가 실제로 어떤 신청자에게 돈을 빌려줬는지 혹은 우리가 설정했던 지표가 대출 상환을 얼마나 정확하게 예측했는지 알지 못했다. 그러나 그것은 실험에 암묵적으로 작용했던 다른 중요한 문제에 비하면 부수적인 부분이다. 대출 신청자의 건전성을 평가하겠다는 것은 표면적인 이유였을 뿐이다. 그 대출회사는 "어떤 회사가 성공적으로 운영될지 어떻게 예측할 수 있을까?"라는 훨씬 더 깊고 시급한 질문에 대한 답을 찾고 있었다.

어떤 회사든 성공하려면 거의 언제나 어떤 형태로든 규모를 확장해야 한다. 따라서 건전성에서 높은 점수를 받은 대출 신청자의 규모 확장 성공률이 상대적으로 높을 수 있다는 추론은 당연하다. 그렇다면 어떤 기업의 소유주나 경영자의 성격이, 그 기업이 높은 전압을 유지한 채 규모 확장으로 나아가는 숨은 경로가 될 수 있을까?

글쎄, 꼭 그렇지는 않다. 우리는 CEO와 설립자를 록스타나 유명인사처럼 대하는 개인주의적인 문화를 갖고 있다. 그 때문에 어떤 기업의 성공을 예측할 때 조직 전체보다는 그 조직을 이끄는 개인의 행동, 성격, 철학에 초점을 맞추는 경향이 있다. 이런 모습은 CEO뿐만 아니라 정부 관료에서부터 최고위급 정치인이나 연구소의 소장에 이르기까지 리더급 자리에 있는 모든 사람에게 해당된다. 사람들은 대부분 어떤 조직 단위의 리더가 누구인지 그리고 그 사람이 어떤 일을 하는지를 보면 그 조직에 대해서 중요한 사실을 알 수 있다고 믿는다.

극단적인 예를 하나 들어보자. 나는 자본이 20억 달러가 넘는 민간 투자사의 소유주를 알고 있는데, 그는 임원 후보자들을 평가할 때 전직 CIA 요원을 고용해 매우 독특한 방법론을 구사한다. 소유주는 그 방법이 회사의 성공에 기여한다고 확신했다. 어쩌면 실제로 그럴지도 모른다. 리더의 성격은 그 리더가 조직 내에서 키우는 문화만큼이나 중요하다(문화의 규모를 확장하는 것에 대해서는 9장에서 자세히 다룰 것이다). 그러나 반드시 그렇지만도 않다.

개인에게 초점을 맞추는 태도는 널리 퍼져 있다. 직관적으로는 이런 접근법도 일리가 있다. 우리가 인간이라서 가질 수밖에 없는 오류 때문에 우리는 '빠르게 생각하는 사람fast thinker'이 된다. 그래서 자기 앞에 놓인 현상을 설명할 때는 가장 쉬운 답을 선택한다. 어떤 회사가 성공한 이유를 설명할 때도 여러 요인이 얽히고설킨 복잡한 상호작용을 따지기보다는 훨씬 쉽고 단순하게 그 회사의 리더가 훌륭해서 그렇다고 결론을 내린다.

그러나 한 사람의 개인적 특성이 갖는 영향력을 과대평가하고 상황적 요인들의 영향력을 과소평가할 때 우리는 대응 편향correspondence bias의 함정에 빠진다. 대응 편향은 다른 말로 기본적 귀인 오류 fundamental attribution error라고도 한다. 규모 확장에 성공하는 데는 '누구' 라는 변수가 늘 중요하지는 않다. 정말 중요한 것은 '무엇'과 '어떻게'다. 어떤 결정을 내리며 그 결정을 어떻게 실행하는가 하는 점이 정말 중요하다.

리더의 리더십 스타일과 성격을 지나치게 강조하다 보면 어떤 기업이 성공하기까지 중요하게 작용한 기본적인 요소, 즉 직원들에게 동기를 부여하는 연료 역할을 한 요소를 쉽게 무시하게 된다. 공동 목표에 매진하도록 사람들에게 동기를 부여하는 것은 오직 한 가지다. 그것은 바로 인센티브를 정확하게 설정하는 것이다. 인센티브라는 필수적인 요소는 '누가' 일하느냐보다는 사람들이 '어떻게' 일하느냐와 더 관련이 있다.

만약 인센티브를 제대로 설정한다면 성격은 그다지 중요하지 않다. 이것은 몇 가지 점에서 안도감을 준다. 첫째, 품질이나 비용의 관점에서 보자면 사람은 규모 확장이 쉽지 않다. 이런 점에서 볼 때 성공이 전적으로 어느 한 개인에 의해서 좌우되지 않음은 고무적이다. 사람은 늘 바구니에 좋은 사과만 채우려 하지만 가끔은 의도하지 않게 썩은 사과가 섞이기도 한다. 그러므로 썩은 사과조차도 인센티브가 올바르게 설정되기만 하면 정직하고 성실하게 행동한다는 사실은 좋은 소식이다.

둘째, 인센티브가 잘 설계되면 거의 무한하게 확장될 수 있으며 사람들의 행동과 결과에 매우 긍정적인 영향을 미칠 수 있다는 점이다. 게다가 인센티브는 공식적으로 높은 지위에 있는 사람이든 아니든 모든 사람에게 영향을 줄 수 있는 힘이 있다.

어떤 회사의 직원이 세 명이든 33만 3,000명이든 간에 직원에게 인센티브를 주는 것에 따라서 그 회사의 성공과 실패가 갈린다. 사람들은 대부분 경제학자가 인센티브를 언급할 때 눈알을 굴리며 이렇게 생각한다. '또 시작이군. 저 사람들은 누군가에게 돈을 더

많이 주면 그 사람들이 일을 더 열심히 한다고 말하겠지.'

이것은 대개 어느 정도까지는 맞지만 전적으로 맞는 이야기는 아니다. 사실 규모 확장 환경에서 높은 성과에 인센티브를 제공하는 데는 많은 비용이 들지 않는다. 이 말이 맞는 이유를 설명하기 위해서 먼저 어떤 순간을 살펴볼 수 있다. 누군가에게 팁을 줘야 할 때, 과연 얼마를 줄지 결정하는 순간 말이다.

◆────── 우버의 팁 제도에 숨은 사회심리학

우버가 처음 사업을 시작했을 때 고객은 우버의 많은 것을 좋아했다. 짧은 대기 시간, 승객과 운전자를 쉽게 연결해주는 위치 추적, 그리고 택시보다 싼 요금이 그런 것들이었다. 사람들은 또한 운전자에게 팁을 주지 않아도 돼서 좋아했다. 운전자는 우버의 알고리즘에 따라서 요금을 받았다. 승객은 팁을 얼마나 줘야 할지, 팁을 너무 많이 혹은 너무 적게 준 게 아닌지 또는 운전자가 자기를 어떻게 생각할지 등을 고민하지 않아도 됐다. 승객 입장에서는 마찰이 없는 거래였다.

그러나 이런 상황이 바뀌었다. 내가 우버에 입사한 초기에 우리는 우버 운전자가 승객에게 팁 컵을 내밀거나 심지어 직접 팁을 요구한다는 보고를 점점 더 많이 받기 시작했다. 이것은 우버의 주요 경쟁자이자 나중에 입사한 리프트가 처음부터 자사 플랫폼에 팁을 설정했기 때문일 수도 있고, 단순히 운전자가 한 푼이라도 더 벌고 싶어서 그런 것일 수도 있다. 어쩌면 이 두 가지 요인이 함께 작용했을 수도 있다. 어쨌든 우버 운전자는 승객에게 팁을 받기를 원했고 승객은 택시를 탈 때처럼 팁을 줘야 한다는 압박을 느꼈다.

우버의 수장인 트래비스 캘러닉은 아마도 '우버 삭제 운동DeleteUber'2이라는 큰 문제가 일어나지 않았더라면 무슨 일이 벌어지는지 몰랐거나 혹은 알고도 그 일을 무시했을지도 모른다.

우버 삭제 운동은 2017년 1월 도널드 트럼프가 발표했던 반反이민 행정명령에 항의하는 차원에서 뉴욕의 택시 운전사들이 운행을 중단한 이후 일어났다. 택시 운전사들이 운행을 중단하는 와중에도 우버가 영업을 지속하자, 이런 혼란에 편승해서 기회주의적인 이익을 얻으려 한다는 사람들의 비난이 커졌다. 그리고 뉴욕시에서 우버 삭제 운동이 시작됐다. 우버를 향한 시민의 분노는 점점 거세게 일었고 수십만 명의 우버 고객이 계정을 삭제하려 했다. 그러나 우버는 고객의 계정 삭제 요청을 빠르게 처리하는 자동화 시스템을 갖고 있지 않았고, 이로 인해 시민의 분노는 더욱 커졌다.

이 모든 것은 고객들 사이에 존재하던 우버의 평판을 손상시켰을 뿐 아니라 운전자들 사이에 분노를 불러일으켰다. 그렇게 우버를 향한 분노와 불신은 점점 커졌다. 저렴하고 편리한 승차야말로 우버가 제공하는 서비스이자 우버의 전제임을 감안하면 운전자는 그때나 지금이나 변함없이 우버가 절대 포기할 수 없는 가장 기본적이고 핵심적인 요소다. 자율주행 차량이 대규모로 사용되기 전까지는 말이다. 운전자의 신뢰를 회복하기 위해서 어떤 조치든 서둘러 실행할 필요가 있음은 분명했다.

나는 운전자가 팁을 받게 하는 것이 정답이라고 믿었다. 트래비스는 처음에 이 의견에 반대했다. 승객이 부담하는 가격을 가능하면 낮게 유지하겠다는 우버의 철학과 상충한다고 보았기 때문이다. 게다가 우버는 운전자와 승객이 서로를 평가할 수 있는 독특한 평가 체계를 갖추고 있었다. 이런 이유로 승객은 운전자가 자신을 좋지 않게 평가할지 모른다는 걱정 때문에 팁을 많이 줘야 한다는 압박을 받을 수도 있었다.

그러나 나는 당시 우버 마켓플레이스 책임자였던 대니얼 그라프Daniel Graf와 성장·운전자·데이터 부문 책임자였던 에런 쉴드크라우트Aaron Schildkrout의 지원을 받아 내 주장을 굽히지 않았고, 결국 트래비스도 동의했다. 운전자를 유지하는 것은 우버의 생존이 걸린 문제였다. 팁을 받도록 하는 것이 운전자 유지에 도움이 된다면, 일부 승객이 불만을 느끼더라도 팁 제도는 충분히 도입할 가치가 있었다. 게다가 우리는 이 팁 제도가 운전자들에게 더 높은 수준의 서비스를 제공하도록 동기를 부여할 것이라고 믿었다. 서비스가 좋아지기만 하면 고객이 불평할 이유는 없었다.

2017년 여름, 우버는 팁을 포함해 운전자들이 누릴 수 있는 새로운 비금전적인 혜택을 제도로 도입했다. 택시에서 주고받는 팁과 다르게 우버의 팁은 운전자와 승객이 얼굴을 마주보는 상태에서 주고받는 것이 아니었다. 또 심지어 승차가 끝난 뒤에 곧바로 지불되지도 않았다. 그리고 운전자는 승객이 팁을 얼마나 주는지 알기 전에 승객을 평가해야 했다. 그래서 우버의 팁 제도는 승차공유를 하기 전에 팁을 주는 경우보다 감정적·정신적 마찰을 덜 일으켰다. 이것이 트래비스가 우버의 팁 제도를 받아들이게 만든 핵심적인 근거였다. 그럼에도 나는 여전히 우버의 앱을 통해 팁을 주는 제도에 대해 친구들과 지인들의 불평불만을 이메일과 문자로 받고 있다.

처음에 운전자들은 팁 제도에 고마워했다. 하지만 이 고마움은 곧 실망으로 바뀌었다. 그들이 받는 1회 승차공유당 요금은 팁 덕분에 늘어났지만 전체 급여는 오르지 않았기 때문이다. 왜 이런 일이 일어났을까? 데이터를 살펴보니 플랫폼에 팁을 주는 방식을 도입하자 부정적인 파급 효과가 발생했다. 팁 제도를 시행한 뒤로 우버에는 많은 신규 운전자가 가입했다. 그 바람에 각각의 운전자에게 돌아가는 승차공유 기회가 줄어들었고 개인당 급여도 줄어들었던 것이다.

운전자에 대한 고객의 평가를 살펴보면 팁 제도는 우리가 예상했던 것과 달리 서비스 품질 개선으로 이어지지 않았다. 왜 이런 일이 일어났는지 정확하게 알 수 없었다. 여러 해에 걸친 고객 서비스 연구조사에도 불구하고 그런 일이 현실에서 일어났다.[3] 다시 말해 팁 제도를 도입해서 더 많은 운전자가 우버 플랫폼에 시간을 들이도록 동기를 부여했지만, 운전자가 고객 서비스를 개선하도록 하는 데는 동기를 충분히 부여하지 못했다.

그러나 이보다 더 큰 놀라움이 기다리고 있다. 승객들이 얼마나 자주 팁을 주는지 보여주는 데이터를 살펴본 결과, 우버 승객 가운데 1퍼센트만 승차를 할 때마다 팁을 주는 것으로 나타났다. 그랬다. 100명 가운데 단 한 명만이 운전자에게 팁을 주었다. 60퍼센트는 아예 팁을 주지 않았고, 39퍼센트는 가끔 팁을 주었다.

이 사실은 놀라움 그 자체였다. 그러나 조금 깊이 생각해보면 그것은 완벽하게 이해할 수 있는 논리에 따른 결과다. 순전히 경제적인 관점에서만 보자면 팁을 주는 행위는 합리적이지 않다. 마땅히 지불해야 하는 금액보다 더 많은 돈을 굳이 지불할 이유가 없기 때문이다. 그러나 여기에는 고전 경제학이 제안하는 내용보다 더 많은 것이 숨어 있었다. 우버 승객의 39퍼센트는 일정 시간에만 팁을 주었고, 60퍼센트는 아무도 자기를 지켜보지 않는다는 단 한 가지 이유로 전혀 팁을 주지 않았다. 그들로서는 잃을 게 아무것도 없었던 것이다.

•──── 이익보다 강력한 힘을 지닌 손실 회피

1장에서 우리는 인지 편향에 대한 대니얼 카너먼과 아모스 트버스키의 획기적인 연구, 특히 확증 편향이 긍정 오류로 전개되는 양상을 살펴보았다. 두 사람의 연구 가운데 가장 유명하고 영향력이 있는 것은 사람의 마음속에 자리 잡은 또 다른 편견인 손실 회피다.

사회과학자들은 정말 안타까울 정도로 긴 세월 동안 경제와 심리를 별개의 영역으로 바라보았다. 경제학자들은 경제 패턴의 논리를 분석하려고 인간은 자신의 이익을 도모하기 위해서 끊임없이 합리적인 선택을 한다는 '합리적인 에이전트rational agent' 선택 이론에 의존했다. 반면 심리학자들은 겉보기에 비합리적으로 보이는 인간의 모든 사고 및 행동 패턴에서 논리를 찾았다. 카너먼과 트버스키가 연구를 통해 인간 심리의 모든 비논리적인 면과 이상한 행동이 경제와 관련된 결정에 어떻게 작용하는지를 보여주기 전까지 두 학문은 서로에게 할 말이 많지 않았던 것 같다. 행동경제학 분야가 확립된 것은 두 사람의 연구와 그 뒤를 이어서 폭발적으로 이뤄진 엄청난 연구 및 저작을 통해서였다.

손실 회피는 행동경제학을 떠받치는 여러 개의 기둥 가운데 하나다. 기본적인 발상은 이렇다. 어떤 종류든 간에 인간은 손실을 무척이나 싫어해서 이익과 손실이 객관적으로 동등한 양이라고 하더라도 이익의 기쁨보다 손실의 아픔을 심리적으로 더 강력하게 느낀다는 것이다. 바로 이런 이유 때문에 손실 및 손실에 따르는 심리적 고통을 피하는 것이 강력한 인센티브가 된다.

카너먼과 트버스키는 사람들이 바로 이런 성향 때문에 온갖 터무니없는 의사결정을 한다는 사실을 입증했다. 예를 들어서 주택시장의 호황기가 끝나고 주택 가격이 하락할 때, 주택 매도자는 현재의 실제 가치보다 높은 가격을 불러서 불가피한 손실을 피하려고 한다. 하지만 그 결과 그 주택은 상대적으로 더 오랫동안 팔리지 않는다.

주식 시장에서도 마찬가지다. 투자자들은 주가가 하락해서 손해를 본 주식을 지나칠 정도로 오래 보유하는 경향이 있다. 이것역시 손실이라는 현실을 외면하고 싶기 때문이다. 또 주가가 오를경우 주식을 지나치게 일찍 팔아치우기도 한다. 이는 올랐던 주식이 떨어져서 기껏 벌어놓은 이익을 까먹을까 봐 두려워하는 심리때문이다. 이런 현상을 처분 효과disposition effect라고 부른다.

인간이 직관적인 의사결정에서 이런 비대칭성을 발전시켜온 이유를 진화론적으로 설명하면 아주 단순하다. 10만 년 전에 우리 인간종이 야생에서 살아남기 위해 고군분투하던 모습을 상상해보자. 그들에게 여분의 식량은 다음 날의 삶을 한결 편하게 만들어주는 것이었다. 반대로 갖고 있던 유일한 식량을 잃어버린다는 것은내일이 보장되지 않는다는 뜻이었다. 이처럼 인간에게 손실의 가치는 이득의 가치보다 높았다. 그래서 인간은 손실에 매우 민감해졌으며 어떤 희생을 치르더라도 손실을 피하려고 노력한다.

이런 심리는 돈이나 식량과 같은 물질적 자원의 손실뿐만 아니라 사회적 손실을 포함한 모든 종류의 손실로까지 확장해서 적용된다. 인간은 본질적으로 사회적인 동물인데 이런 특성은 우리 종이 밟아왔던 오랜 진화의 역사 속에서 형성됐다.

인간은 살아남기 위해 부족 내의 구성원들과 친하게 지내며 협력할 필요가 있었다. 사회성 덕분에 인간은 위협을 피하고, 단체로사냥하고, 자원을 공유하고, 튼튼한 피난처를 짓고, 협력해서 성취해야 하는 여러 힘든 과제에 도전할 수 있었다. 이렇게 인간은 다른 사람이 자신을 대하고 반응하는 방식을 매우 민감하게 받아들이도록 진화했다. 우리는 다른 사람이 자기를 인지한다는 사실을 인지한다.

이것이 이른바 자기 감시self-monitoring다. 우리는 의식적으로 혹은 무의식적으로 다른 사람들의 눈에 비친 자신의 사회적 지위를 감시한다. 우리의 먼 조상들에게 사회적 자본의 손실은 부족에서 쫓겨날 수도 있는 위험을 뜻했고 이것은 생존 가능성을 낮추는 매우 절박한 위험이었다. 그러다 보니 인간은 자연스레 다른 사람들의 호의를 얻고 싶다는 욕망에 의해 동기가 부여되도록 진화했다. 우버 운전자에게 팁을 주느냐, 주지 않느냐 하는 문제도 인간의 이러한 특성에서 비롯된다.

비록 지금은 예전에 비해 중요성이 줄어들었지만, 그래도 우리는 일반적으로 다른 사람이 자기를 부정적으로 바라보게 만드는 일을 피하려 한다. 사회 규범과 문화적 기대가 사회 구성원의 삶에 강력한 힘을 발휘하는 이유도 바로 여기에 있다. 공공장소에서 공중도덕을 위반하는 행동을 하면 사람들에게 비치는 자기의 이미지가 나빠지기 때문에 사람들은 좀처럼 그런 행동을 하지 않는다. 미국 문화의 사회적 규범 가운데 하나는 식당 종업원부터 이발사, 마사지 치료사, 호텔 포터에 이르기까지 서비스를 제공하는 다양한 사람들에게 팁을 줘야 한다는 것이다.

팁의 액수를 공개하는 수준은 다양하다. 몇몇 경우에는 식탁 서빙 직원에게 팁을 얼마나 줬는지 모든 일행이 정확하게 확인할 수 있다. 그리고 대부분의 경우 팁을 받는 사람은 그 팁이 얼마인지 그 자리에서 확인하고, 팁을 준 사람은 그의 반응에 주목한다. 공적이고 개방된 장소에 있을 때 우리는 사회적 규범을 지켜서 자기 평판이 훼손되지 않게 보호하도록 동기가 부여된다. 또 누군가에게 주는 팁의 액수는 다른 사람들이 우리를 어떻게 보는지뿐만 아니라 우리가 스스로를 어떻게 보는지에도 영향을 미칠 가능성이 있다.

우버 운전자에게 팁을 주는 방식은 이러한 즉각적인 사회적 평판이라는 압력을 제거해버렸다. 이 압력이 사라지자 확립된 규범을 위반했을 때 따르는 결과에 대한 두려움도 사라졌다. 우버 이용객은 무척 좋았을 것이다. 그뿐만 아니라 우버의 팁 제도는 강력한 인센티브 하나를 없애버렸다. 다른 사람들에게서 사회적인 존중을 받지 못할지도 모른다는 손실의 두려움이 강제하던 그 강력한 인센티브를 없애버린 것이다.

지금 하는 이야기의 핵심은 우버가 팁을 더 많이 공개했어야 한다는 게 아니다. 자신이 사람들에게 어떻게 인식되는가 하는 점이 특정한 행동을 장려한다는 사실을 말하려는 것이다. 만일 팁을 주는 행위가 어떤 사업 모델에서 반드시 필요하다면 그 행위가 공개적인지 혹은 사적인지에 따라서 그 행위를 다르게 생각할 수 있다. 특히 규모 확장 환경에서는 더욱 그렇다. 이 인센티브 기법은 너무나 강력해서 심지어 한 국가의 부를 늘릴 수도 있다.

손실 회피와 사회적 규범,
1억 달러 넛지를 만들다

도미니카공화국은 문젯거리를 하나 안고 있었다. 수백만 명이나 되는 사람들이 당연히 내야 할 세금을 내지 않는 것이다. 죽음과 세금 외에는 인생에서 확실한 것이 없다고 했던 벤저민 프랭클린의 유명한 주장과 달리 대부분의 국가는 많든 적든 간에 탈세 문제로 애를 먹는다. 이 문제는 개발도상국에서 특히 심한데, 도미니카공화국의 탈세 수준은 카리브해 지역의 다른 나라들보다 심각했다. 예를 들어서 2017년을 기준으로 할 때 도미니카의 기업 가운데 약 62퍼센트가 법인 소득세를 내지 않았고, 개인 가운데는 약 57퍼센트가 개인 소득세를 내지 않았다. 그러니까 도미니카공화국의 세수 당국으로서는 탈세가 엄청나게 심각한 문제였다!

미납 세금이 많다는 것은 인프라 프로젝트와 사회복지 그리고 다른 중요한 공공 프로그램에 투입될 예산이 적어진다는 뜻이다. 따라서 더 많은 사람이 세금을 내도록 유도하는 것은 도미니카공화국 정부의 최우선순위 과제였다. 2018년에 도미니카 국세청은 성실 납세 캠페인을 벌였는데, 나와 몇몇 동료도 그들의 요청을 받아 그 싸움에 뛰어들기로 했다. 물론 우리는 자연스러운 현장실험을 진행할 수 있음을 그들에게 미리 알렸다.

그 캠페인에는 정부가 시민과 기업에게 보내는 메시지가 포함되어 있었다. 세금을 자발적으로 내지 않는 거의 모든 개인이나 기업은 기본적으로 그 결정의 비용과 편익을 비교한 끝에 납세 거부에 따르는 이득(더 많은 돈)이 감당해야 할 손실(벌금이나 징역인데 이는 실제로 시행하기 어려운 처벌이다)보다 크다고 판단해 그런 결정을 내렸다고 볼 수 있다. 성실 납세 캠페인의 목표는 납세 거부의 잠재적인 비용이 잠재적인 편익보다 크다는 사실을 사람들의 마음에 심어주는 것이었다.

우리 메시지 가운데 하나는 탈세로 징역형을 선고받을 수 있음을 상기시키는 내용이었다. 또 다른 메시지는 탈세에 따른 처벌 기록을 공공 기록물로 보존하는 새로운 법률이 시행됨을 알려주는 내용이었다. 즉, 탈세로 적발된 사람의 이름을 도미니카공화국에서는 누구나 쉽게 알 수 있게 하겠다는 것이었다. 탈세자 명단 공개를 강조한 데는 이유가 있다. 공개적인 환경하에 팁을 주는 행위에서 작동하는 평판 압력과 손실 혐오가 가진 동일한 심리적 메커니즘을 활용하기 위해서였다. 사람들이 자신의 사회적 지위에 대한 인식이 손상되는 것을 회피하도록 동기를 부여하고 싶었다.

납세 시즌이 시작될 때 우리는 2만 8,000명의 자영업자와 5만 6,000개가 넘는 기업에 이 메시지를 발송했다. 대상자의 절반에게는 징역형을 언급하는 메시지를 보냈고, 나머지 절반에게는 탈세자 명단 공개를 언급하는 메시지를 보냈다. 이 넛지 때문에 납세 여부를 결정하는 사람들의 비용편익분석이 갑자기 예전과 달라지기 시작했다. 짜잔! 우리가 개입한 효과가 나타난 것이다.

2018년 도미니카공화국 정부는 우리 메시지가 없었다면 사라져버렸을 세수를 1억 달러 넘게 거둬들였다. 이 금액은 그해 도미니카공화국 GDP의 0.12퍼센트를 조금 넘는 규모였다. 이것은 사실 예상치 못한 결과는 아니었다. 한편 두 가지 메시지 가운데 더 효과적인 것은 징역형을 언급한 메시지였다. 아무래도 감옥에 갇혀서 자유를 잃는 것은 모든 사람이 심각하게 싫어하는 손실이다.

징역형을 들먹이며 위협하는 것은 똑같은 내용의 메시지를 한층 더 많은 사람에게 보냄으로써 매우 쉽게 규모를 확장하는 효과가 있다. 하지만 실제로 많은 사람을 탈세 혐의로 체포해서 징역을 살게 하는 것은 실용적이지도 않고 윤리적이지도 않으므로 그 확장성은 한정적일 수밖에 없다.

그런데 다행히도 탈세자 명단 공개를 언급한 메시지도 꽤 효과적이었다. 사회적 지위가 훼손될 것이라는 손실 위험을 알려주는 것만으로도 수백만 달러의 추가 세수가 발생한 것이다. 한 가지 명심할 점은 우리가 메시지를 보낸 대상은 납세자 가운데 지극히 일부라는 점이다. 이 메시지 전략을 전국적인 규모로 확장한다면 훨씬 더 많은 세수가 들어올 것이다. 게다가 징역형 메시지와 비교하면 비용도 거의 들지 않는다.

물론 이것이 모든 맥락에서 권장할 수 있는 전략은 아니다. 나는 지금 회사나 사업의 규모를 확장하려는 사람이라면 반드시 대중적인 망신이나 평판 훼손 위험을 인센티브 구조의 일부로 만들어야 한다고 제안하는 게 아니다. 그런 주장은 유독한 직장 문화를 만들어내는 요리법과 같아서 이런 접근법은 오히려 직원들의 의욕을 꺾는 결과를 가져온다.

내가 하고 싶은 말은 이것이다. 사회적 지위의 상실에 대한 회피는 인간의 본성이다. 따라서 사람들이 특정 규범을 준수해서 자기 평판을 보존하도록 동기를 부여하는 것은 종종 긍정적인 영향을 미칠 수 있다. 더 나아가 이런 유형의 인센티브는 확장성이 높다. 왜냐하면 규범이 널리 퍼져 있다고 생각할수록 규범을 어기는 행동이 더 많은 비난을 받을 거라고 여기게 된다. 그러므로 규범을 지키겠다는 쪽으로 동기가 부여될 가능성이 더욱 높아진다. 이것은 손실 회피와 사회적 규범이 신기하게도 확장성이 높은 방식으로 얽히는 여러 가지 방법 가운데 하나일 뿐이다.

◆────── '나 꽤 괜찮은 사람이야'라는 자기 인식과 동기부여

2013년에 항공사 버진애틀랜틱이 내 훌륭한 동료인 그리어 고스넬Greer Gosnell과 로버트 멧커프에게 야심 찬 목표를 제시했다.[4] 연료의 효율을 높여서 탄소 배출량을 대폭 줄이려는 계획이었다. 이는 많은 비용을 절약할 수 있을 뿐만 아니라 환경을 보존하는 데도 기여할 수 있을 것이 분명했다. 다만 목표를 달성하는 방법이 문제였다.

조종사들이 하는 작은 선택이 여러 가지 다른 방식으로 연료 소비에 영향을 미칠 수 있으므로 연료 효율을 높이는 열쇠는 기본적으로 조종사의 손에 달려 있다. 버진애틀랜틱은 이것을 알고 있었다. 기장은 이륙 전에 비행기의 전체 무게와 그날의 기상 상태를 고려해서 비행기에 연료를 얼마나 실을지 계획한다. 또 비행하는 도중에는 어떤 고도를 유지할 것인지, 어떤 지름길을 요청해서 그 항로를 비행할지, 비행기 날개에 어떤 플랩을 선택할지 그리고 그 밖에 공기역학적인 결정을 어떻게 할지 선택하는 것도 기장이다. 그 선택에 따라서 연료 소비가 늘어날 수도 있고 줄어들 수도 있다. 또 기장은 비행기가 착륙한 뒤에 엔진 하나는 끄고 게이트까지 천천히 이동할 수 있지만, 굳이 그렇게 하지 않는 사람도 있다.

기장은 궁극적으로 이 모든 일들에 대해서 결정권을 갖고 있다. 따라서 항공사는 일반적으로 연료 사용에 관련한 선택을 기장에게 권장만 할 뿐 강제하지는 않는다. 그러나 버진애틀랜틱은 탄소 배출량을 줄이는 방향으로 조종사들을 넛지할 때 이득이 발생한다는 사실을 포착했다. 그런데 문제는 기장들의 오래된 습관을 어떻게 고칠 수 있을까 하는 것이었다.

바로 이 문제를 나와 내 두 동료 경제학자가 떠맡았다. 우리에게는 사회적 규범을 활용한 아이디어가 있었다. 그러나 이 방법은 도미니카공화국 성실 납세 유도 실험보다 덜 알려진 것이다. 게다가 자칫 불쾌한 분위기를 만들어서 유쾌하기로 소문난 버진애틀랜틱의 직장 문화를 해칠 수도 있었기에 더욱 이 아이디어가 적합했다.

항공사 기장은 그 지위에 오르기까지 꼼꼼한 훈련을 거쳐야 하며 조종사로서의 탁월한 전문성을 갖기 위해서 많은 노력을 기울인다. 그만큼 자기 일에 자부심을 갖는다. 적어도 이론적으로는 그렇다. 우리가 해야 할 일은 이들의 옆구리를 슬쩍 찔러 연료 효율을 높이는 방향으로 행동을 유도하는 어떤 넛지를 만드는 것이었다. 그들은 기본적으로 자신이 운항하는 비행기의 승무원들에 대해서, 그리고 항공사의 수익에 대해서 책임을 지고자 하는 마음을 갖고 있다. 기장은 도미니카공화국의 탈세자들과 다르게 바람직하지 않은 행동, 즉 연료를 낭비하는 행동을 통해 어떤 금전적인 이득도 얻지 않았다. 그러나 확고하게 굳어진 자기만의 운항 스타일을 수정하는 것에 의식적으로든 무의식적으로든 저항할 수 있었다.

우리는 이 모든 것을 염두에 두고 징벌적 조치나 개인적인 보상에 의존하지 않는 전략을 설계했다. 이 전략의 핵심은 단순히 정보를 개인적으로 수집하고 공유하는 것이었는데, 이것은 우리가 그 자체로 사회적인 인센티브로 작동하길 기대한 미묘한 넛지였다.

실험은 2014년 2월부터 9월까지 진행됐다. 통제 집단을 포함해서 버진애틀랜틱 조종사를 네 집단으로 나눈 다음에 각 집단에 서로 다른 안내문을 보냈다. 첫 번째 집단에는 매달 이전 한 달의 운행에 대한 연료 효율 관련 보고서를 보냈다. 두 번째 집단에는 첫 번째 집단과 동일한 보고서와 함께 우리가 제시하는 개인적인 연료 절약 목표를 달성하도록 격려하는 메시지를 보냈다. 그리고 세 번째 집단에는 두 번째 집단에게 보낸 것에 더해 연료 절약의 세 가지 목표를 하나씩 달성할 때마다 본인 이름으로 소규모 기부금이 자선단체에 전달될 것이라고 알려주었다. 이른바 '사회적 인센티브'를 활용한 것이다. 그리고 통제 집단인 네 번째 집단에는 비행할 때마다 연료 사용량을 측정할 것이라는 안내문만 보냈다. 이렇게 7개월 동안 조종사들은 평소처럼 세계를 날아다녔고, 한 달에 한 번씩 우리가 보내는 보고서 혹은 안내문을 받아보았다.

우리가 했던 이 현장실험은 도미니카공화국의 성실 납세 유도 실험과 다르게 사회적 수치심을 유발하는 요소가 없었다. 운항할 때의 연비 데이터를 공개하겠다고 위협하지 않았다. 연간 수익이나 실적 평가에 영향을 미칠 수 있다는 언급도 없었다. 대신 우리는 이 실험을 설계하면서 항공사가 탄소 배출량을 줄이기 위해 사내에 어떤 규범을 확립하는 것을 목표로 하고 있으며, 그 실험이 조종사들의 연봉이나 전문성 평가와는 아무런 상관이 없다는 사실을 조종사들에게 넌지시 알려주었다. 조종사들이 하는 개별적인 선택 때문에 어떤 부정적인 뒤탈이 일어나는 일은 없겠지만, 그 선택에서 비롯된 데이터가 회사의 경영진 및 경제학자인 우리에게 전달돼서 유용하게 활용될 수 있다는 사실은 분명히 알려주었다. 즉, 그들이 하는 선택에 담긴 의미가 본질적으로 사회적일 수밖에 없는 조직 안에서 다시 조종사들에게 투사되도록 했다. 이로써 조종사들은 새로운 규범을 받아들이지 않을 경우 사회적 손실이 발생한다는 암시를 받았다.

나중에 드러난 사실은 이렇다. 조종사들이 연료를 효율적으로 사용하는 선택을 하도록 동기를 부여한 것은 다른 조종사들이나 동료들에게 나쁘게 보일지 모른다는 두려움이 아니었다. 동기 부여의 핵심은 탄소 배출량 감소에 대한 사회적 기대(또는 회사 전체의 규범)에 부응하는 훌륭한 사람으로 스스로를 인식하고 싶다는 본인의 욕망이었다. 과연 우리의 넛지는 335명의 조종사와 약 4만 회의 비행 그리고 비행 중 이뤄지는 10만 개가 넘는 조종사의 결정으로 규모가 확장될 수 있을까? 인간은 자기 이미지를 구성하는, 정교하게 조정되는 신경 하드웨어를 갖고 있다. 따라서 우리는 그 질문에 대해서 낙관할 수 있었다.

아니나 다를까 우리가 옳았음이 판명됐다. 데이터를 분석한 결과, 세 개의 실험 집단 모두 연료를 효율적으로 사용하는 행동을 선택했음이 드러났다. 게다가 실험이 진행된다는 사실을 알긴 했지만 다른 집단과 다르게 추가적인 자극을 받지 않았던 통제 집단에서도 동일한 효과가 나타났다. 아마도 호손 효과Hawthorne effect[5]가 작동한 덕분일 것이다. 호손 효과는 주변의 환경이 바뀌거나(1920년대에 호손이 했던 오리지널 실험에서는 빛이 바뀌었다) 혹은 다른 사람이 지켜본다는 사실을 인식할 때 사람들이 예전과 다르게 행동하는 현상을 가리키는 용어다. 자기를 지켜보는 사람을 즐겁게 해주고자 하는 마음이 발동하기 때문이다.

버진애틀랜틱의 경우 조종사들은 자기가 소모하는 연료량을 우리가 지켜보고 또 관련 데이터를 모은다는 아주 단순한 사실을 알았다. 이것만으로도 여태까지 무심코 하던 나쁜 운항 버릇을 자발적으로 고쳐나갔다. 산업심리학에서 호손 효과는 노동자의 작업 성과를 높이는 기법으로 사용되는데, 우리는 그 효과를 조종사들에게서 확인했다.

세 개의 넛지 집단 가운데서도 기본적인 보고서 외에 명확한 목표와 격려의 말을 추가로 들은 세 번째 집단에서 연료 효율 개선 효과가 가장 두드러지게 나타났다. 이 집단은 단순히 보고서만 받은 첫 번째 집단보다 개선 효과가 최대 28퍼센트나 높았다. 조종사들은 목표를 달성하지 못할 수도 있다는 것에 자극을 받은 듯 보였다. 그리고 연료를 절약함으로써 다른 사람들에게 자기 이미지가 좋게 보이도록 행동하는 것 같았다. 다시 말해 자신이 다른 사람의 기대에 부응하는 사람, 규범을 성실하게 이행하는 사람으로 인식되기를 원해서 그렇게 행동한 것이다.

흥미롭게도 자선단체 기부와 관련된 추가적인 인센티브는 조종사들의 행동에 큰 영향을 미치지 않았다. 평균적으로 볼 때 기부 관련 메시지를 받은 조종사들이 그렇지 않은 조종사들보다 연료를 더 많이 절약하지 않았는데, 그 이유는 인센티브가 이미 최대치에 도달해 있었기 때문으로 분석된다.

최종적으로 우리는 버진애틀랜틱이 7,700톤의 연료를 절약해서 537만 달러를 절약했으며, 이산화탄소 배출량을 21,500톤 줄인 것으로 추정했다. 이것은 버진애틀랜틱과 지구가 엄청난 이득을 보았다는 뜻이다. 바람직한 결과는 이것뿐만이 아니었다. 설문조사에 따르면 조종사들은 그 실험을 무척 흡족하게 여겼다. 응답자의 79퍼센트는 이런 운동이 추가로 진행되면 좋겠다고 대답했다. 추가 진행을 원하지 않은 응답자는 6퍼센트밖에 되지 않았다. 그리고 실험 집단은 통제 집단에 비해서 그 경험이 직무 만족도에 긍정적인 영향을 준 것으로 나타났다.

효율적인 데이터 수집 메커니즘을 갖추기만 하면 이런 운동의 규모는 쉽게 확장될 수 있다. '규모 확장을 가로막는 다섯 가지 신호'가 이런 유형의 넛지로 자연스럽게 충족되기 때문이다. 에너지 절약이 항공업계뿐만 아니라 21세기 거의 모든 산업 분야의 관심사라는 점을 감안할 때 이는 좋은 소식이다. 이와 관련된 증거를 제시하기 위해서는 에너지 플랫폼 기업인 오파워를 살펴볼 필요가 있다. 오파워는 스마트 온도조절기 기술의 규모를 확장했지만 사용자들이 기기를 올바르게 사용하지 않는 바람에 결국 큰 실패를 맛보았다. 오파워에 대해서는 2장에서 자세하게 살펴보았다.

스마트 온도조절기 기술이 실패한 뒤에 오파워는 큰 깨달음을 얻었다. 어떤 기기나 제품을 홍보하는 것보다 소비자들이 에너지 절약 기술을 채택하도록 장려하는 운동이 더 먼저 이뤄져야 한다는 점을 말이다. 나아가 이것을 통해 소비자는 물론 지구까지 이득을 얻을 수 있다는 점도 깨달았다. 그리고 가정에너지보고서라 불리는 프로그램을 시행했다. 이 프로그램은 소비자가 자신과 이웃들의 에너지 소비 현황을 비교할 수 있게 해주는 우편물을 정기적으로 발송하는 것을 포함하는 일종의 사회적 넛지였다.

이것은 버진애틀랜틱에서 했던 실험처럼 자기 인식과 사회적 규범을 지렛대로 활용하는 전략이다. 사회적 비교라는 강력한 인센티브를 더 추가한 것이다. 우리가 모든 조종사에게 연비 보고서를 공유하면서 노렸던 것과 마찬가지다. 이 아이디어는 '남에게 뒤지지 않겠다'는 인간의 욕망을 지렛대로 활용해서 사람들이 에너지를 절약하도록 유도했다.

여기에서 정말 중요한 것은 에너지를 책임감 있게 소비하는 공동체의 일원이라는 자아 이미지다. 즉, 친환경 소비 생활을 하는 이웃들보다 자신이 화석 연료를 더 많이 소비한다는 사실을 알게 되었을 때의 자아 이미지는 계속 지켜나가기가 어렵다. 이때 데이터가 익명이라는 사실은 중요하지 않다. 누가 전기 자동차를 사용하는지 혹은 누가 밤새 쓸데없이 불을 켜두는 사람인지 아무도 모른다는 사실 역시 마찬가지다.

그럼에도 사회적 손실 회피 심리는 어떻게든 촉발된다. 우리는 약 25만 가구에 가정에너지보고서를 발송했던 38개의 다른 현장 실험을 분석했다. 보고서를 받은 소비자는 같은 지역에 거주하지만 보고서를 받지 않은 소비자에 비해 전기 소비량을 평균 2.4퍼센트 줄였다.

데이터를 한층 더 깊이 파헤치자 가정에너지보고서의 효과가 우리가 예상하던 것보다 훨씬 더 오래 지속된다는 놀라운 사실이 드러났다. 오파워가 보고서 발송을 중단한 뒤에도 35~55퍼센트의 감소가 지속되었던 것이다. 마치 에너지 절약 천사가 소비자의 어깨에 남아 적어도 이웃집만큼이라도 에너지를 절약하라고 속삭이는 것 같았다. 자기 이미지를 지켜나가려는 욕망은 이웃들에 대한 메시지보다 더 강력하고 오래 지속됐다.

이것은 규모 확장에 있어서 커다란 강점으로 작용한다. 한 번만 하면 지속되는 인센티브의 규모 확장은 훨씬 쉽다. 그리고 일회성 메시지는 연속적인 메시지보다 설득력이 더 크다. 메시지를 반복해서 받을 때는 효과가 점점 줄어드는 경향이 있는데, 반복되는 메시지에 사람들이 점차 둔감해지기 때문이다.

내가 했던 많은 현장실험들은 이런 종류의 인센티브가 모든 유형의 상황 및 모든 유형의 사람에게 효과가 있음을 입증했다. 예를 들어 나는 시카고에서 비슷한 사회적 비교 메시지를 사용해 가정에서 에너지 절약형 소형 형광등 사용을 늘리도록 유도하는 실험에 성공했다. 소형 형광등은 많은 강점을 갖고 있음에도 미국인들이 끈질기게 저항하며 사용하지 않던 제품이다. 이런 결과는 우리가 환경과 사회에 이익이 되는 방식으로 사람들의 행동을 재구성할 수 있음을 암시한다. 나아가 처음에는 중요하고 새로운 기술 혁신에 저항하던 사람들이 나중에는 그것을 받아들이도록 유도할 수 있음을 말해준다.

이런 인센티브는 투표소로 향하는 발걸음에도 작용한다. 많은 사람이 투표하러 가는 이유 중 하나는 다른 사람들이 투표했느냐고 물었을 때 '그렇다'고 당당하게 말하며 자부심을 느낄 수 있기 때문이다. 또 만일 투표하지 않았을 때는 그런 사실을 인정하면서 부끄러움을 느낄 것임을 알기 때문이다.

투표를 하기 위해 일부러 시간을 내는 불편함을 감수하지 않았음을 인정한다는 것은 민주주의를 실천하는 과정에 참여하는 올바른 시민으로서의 자기 이미지를 위협하는 행동이다. 내가 실시했던 투표 연구에서도 사람들에게 어떤 행동에 대해서 보고하도록 요구하는 것만으로도 한층 더 친사회적인 선택을 하도록 동기가 부여된다는 점을 확인할 수 있었다.

이는 다양한 맥락에서의 규모 확장과 관련해 심오한 의미를 지닌다. 기업의 경우 규모가 확장되면 직원 모니터링이 어려워질 수 있다. 이때 이런 통찰을 갖고 있다면 설문지나 설문조사를 이용해서 긍정적인 행동(교육 및 개발 워크숍 참석 등)을 장려하고 부정적인 행동(회사 물품 절도 등)을 억제할 수 있다. 신뢰나 참여와 관련된 다른 모든 문제 역시 마찬가지다.

한 기업이 공장에서 배출되는 유독물질에 대한 정보를 공개적인 접근이 허용된 데이터베이스인 독성물질배출량조사Toxics Release Inventory에 제공한다고 치자. 그 순간 공장의 관리자는 유독물질 배출량을 줄이겠다는 강력한 동기로 무장된다. 마찬가지로 많은 기업이 직장 다양성 관련 연간 데이터를 제공하겠다고 발표하면, 각 기업의 경영진은 자연스럽게 고용과 승진 결정에서 다양성을 한층 더 심각하게 받아들이기 시작한다.

실제로 어떤 다층적인 복합 조직이 부문별로 데이터를 발행하는 과감한 조치를 취한다면 조직의 관리자들은 해당 데이터와 관련해 긍정적 성과를 냄으로써 회사의 평판을 높여야겠다는 동기를 부여받는다. 뿐만 아니라 다른 부문들과 비교할 때 자신이 담당한 부문이 상대적으로 앞선 것처럼 보이게 만들겠다는 동기 역시

부여받는다. 왜냐하면 이를 무시할 경우 사회적 자본과 자기 이미지 모두에서 손실이 발생할 수 있기 때문이다.

직원의 월급 인상, 점심 식사 비용을 비롯한 비금전적인 혜택 등 일반적인 인센티브는 규모 확장 환경에서 엄청난 비용 지출로 이어질 수 있다. 반면에 사회적 인센티브는 일반적인 인센티브와 다르게 규모 확장 환경에서 훨씬 더 저렴한 비용으로 실행될 수 있다. 게다가 사람은 대부분 손실 회피를 경험하고 나서 자신의 사회적 이미지에 신경을 쓴다. 이런 인간의 심리가 집단마다 크게 다르지 않다는 사실은 사회적 인센티브를 활용한 전략이 매우 확장성이 있음을 의미한다.

이와는 대조적으로 직원 개개인에게 동기를 부여하기 위해 필요한 금전적 보상의 수준은 사람마다 다르다. 어떤 사람들은 그 수준이 지나치게 높을 수도 있다. 이윤을 위해서든 사회적 영향을 위해서든 혹은 더 나은 보건이나 교육을 위해서든, 그 무엇을 위해서든 규모 확장의 목표는 고도로 사회적이다. 즉, 손실을 회피하려는 뇌를 자극해서 사람들로 하여금 관련된 모든 사람에게 이익이 되는 행동을 하도록 유도해야 하는 것이다.

이런 원칙들은 기업 바깥의 세상에서도 유효하다. 예를 들어 의사는 환자가 처방약을 복용하거나 권장하는 운동을 할 때마다 그 내용을 기록하도록 권함으로써 환자가 치료 과정을 잘 이행하도록 동기를 부여할 수 있다. 또 교사는 학생들이 공부하는 시간과 내용 등을 스스로 계획하고 관리하도록 동기를 부여할 수 있다.

그러나 이런 유형의 인센티브는 전압 상승으로 나아가는 유일한 경로는 아니다. 돈도 역시 효과적으로 작용한다. 이런 사실을 경제학자로서 모른 척 빼놓고 지나갈 수는 없다! 규모 확장 환경에서 사용되는 금전적인 인센티브는 '돈을 더 줘서 일을 더 많이 하게 만드는' 구닥다리 방식보다는 한층 더 창의적으로 활용될 수 있다.

◆──── 환수 접근법,
이미 받은 보너스를 지키려는 욕구

사람은 얻는 것보다 잃는 것에 더 민감하고 즐거움에 대한 고마움보다 고통에 대한 회피를 더 크게 받아들인다. 마찬가지로 자신이 갖지 못한 것을 얻는 것보다 갖고 있던 것을 잃는 것을 더 싫어한다. 돈이 관련될 때는 특히 더 그렇다. 그러나 금전적인 인센티브는 대부분 실제로 반대 방향으로 구조화된다. 예컨대 특정한 성과를 달성했을 때 보상을 받는 식이다. 이런 접근법의 논리는 확실해 보이지만, 연구 결과는 다르게 말한다. 규모 확장의 조건에서 금전적인 인센티브를 지렛대로 사용하는 것이 가장 효과적인 방법은 아니다. 그렇다면 순서를 바꾸어보자. 보상을 먼저 준 다음에 성과를 기다리면 어떻게 될까?

사람은 자신의 소유물을 잃어버리는 것을 극단적으로 싫어한다. 그것이 무엇이든 간에 말이다. 해서 그것을 갖고 있을 때는 갖고 있지 않을 때보다 그것의 가치를 훨씬 높게 평가한다. 이를 소유 효과endowment effect라고 부른다. 이 효과는 대니얼 커너먼이 잭 네치Jack Knetsch, 리처드 탈러Richard Thaler와 함께 진행했던 그 유명한 실험실 실험에서 극명하게 드러났다.[6]

이 실험은 아주 간단했다. 연구자들은 실험 참가자들에게 머그잔을 하나씩 나눠주었다. 특별히 화려하지도 않고 비싸지도 않은 평범한 머그잔이었다. 이렇게 한 다음 실험 참가자들에게 다음과 같이 하도록 했다. 그 머그잔을 돈을 받고 다른 사람에게 팔거나, 그 머그잔과 동일한 가치를 지녔다고 판단되는 다른 사람의 물건과 바꿀 기회를 준 것이다.

그런데 실험 참가자들은 머그잔을 자기의 소유물이라고 느끼는 순간 이전과 가치를 다르게 평가했다. 그들은 그 머그잔의 가치를 자기 소유물이 아닐 때의 두 배로 평가했다. 머그잔이 실험 참가자의 소유가 되는 순간 실험 참가자와 머그잔의 관계가 급격하게 바뀐 것이다.

비합리적으로 보이는 이 효과는 다른 여러 실험에서도 반복돼 나타났다. 예를 들어서 댄 애리얼리와 지브 카몬Ziv Carmon이 했던 실험을 보자.[7] 전미대학체육협회NCAA 준결승전 입장권을 갖고 있는 사람은 이 입장권의 가치를 엄청나게 높게 평가했다. 하지만 이 입장권을 다른 사람에게서 사려고 할 때는 그보다 훨씬 적은 가치를 매긴다는 사실을 확인했다. 사회적인 지위든 돈이든 혹은 주방용품이든 간에 인간은 자기 것을 잃어버리는 일을 끔찍히 싫어하도록 진화했다. 이런 이유 때문에 인간의 심리에서는 자신의 소유물을 지키려는 동기가 강하게 작동한다. 그렇다면 이 소유 효과를 실험실 바깥에서 유용하게 활용할 방법이 있지 않을까?

이 질문에 대한 대답을 알아볼 기회가 찾아왔다. 2008년이었다. 중국의 전자제품 제조업체인 완리다그룹^{Wanlida Group}이 내게 연락해서 자기네 공장 중 한 곳의 생산성을 높이게 도와달라고 했다. 완리다그룹은 중국 100대 전자업체 가운데 하나로 난징과 장저우 그리고 선전^{深圳}에 센터를 두고 있으며, 직원이 2만 명이 넘는 큰 회사다.

이 회사의 임원들은 탄짐 호사인^{Tanjim Hossain}과 내게 직원들을 더 열심히 일하게 만들 저비용 인센티브를 제안해 달라고 했다. 그들의 요청을 받고 우리는 프레이밍 효과^{framing effect}(틀짜기 효과)라는 또 다른 손실·이득 인지 편향을 이용한 현장실험을 제안했다.[8] 프레이밍 효과의 개념은 매우 간단하다. 어떤 일이나 상황이 '나'에게 어떤 손실이나 이득으로 제시되거나 혹은 그렇게 틀이 짜여 있을 때, 이러한 사실은 이것을 대하는 나의 '태도'와 '행동'에 영향을 미친다는 것이다.

완리다그룹은 노트북에서부터 컴퓨터, GPS 기기 및 가전제품에 이르는 다양한 제품을 만들어서 판매하는 기업이다. 탄짐과 나는 특히 DVD 플레이어와 디지털 액자를 많이 만드는 난징 공장에서 실험을 진행했다. 다양한 보너스 구조를 사용해서 간단한 인센티브의 프레임이 팀과 개인에게 모두 생산성 향상 효과를 주는지 알아보는 실험이었다.

일단 우리는 직원들에게 머그잔을 하나씩 나눠주었다. 물론 이는 비유적 표현으로 진짜 머그잔을 나눠줬다는 뜻은 아니다. 카너먼의 실험에 동원되었던 머그잔과 똑같은 기능을 하는 작은 보너스를 제시한 것이다. 우리는 한 실험 집단을 선정한 다음, 이들에게 앞으로 매주마다 한 주의 생산 목표를 달성하면 그 주 주말에 보너스를 지급할 예정이라고 알렸다. 이것은 달리 말하면, 만일 그들이 목표를 달성하지 못할 경우 보너스를 다시 거둬가겠다는 뜻이었다. 직원들 관점에서 보자면 그것은 손실이었다. 나는 이것을 '환수clawback 접근법'이라고 부른다.

이것은 철저하게 동기부여의 프레임과 관련된 개념이다. 우리의 실험 집단인 '손실 접근loss treatment' 집단은 비록 자기 지갑이나 은행계좌에 들어와 있는 돈은 아니었지만 그 돈을 이미 자기 것으로 느꼈다. 그런데 그 돈이 사라질 위험에 처해 있었다! 한편 '보상 접근reward treatment' 집단은 먼저 목표를 달성하고 나면 보너스를 지급받는 전통적인 인센티브 방식으로 보너스를 받았다. 이 두 번째 집단은 그 보너스가 아직은 자기 돈이라고 느끼지 않았다.

그 뒤 여섯 달 넘게 직원들은 평소처럼 정해진 근무 일정에 따라 일했다. 그러나 손실 접근 집단에 속한 사람들은 매주 이미 받은 보너스를 유지할 수도 있었고 빼앗길 수 있었다. 반면 보상 접근 집단에 속한 사람들은 보너스를 새로 받을 수도 있었고 받지 못할 수도 있었다. 물론 실제로는 두 집단이 모두 같은 날에 지급받을 동일한 액수의 보너스를 추구했다. 그러나 두 집단은 그 인센티브를 전혀 다르게 경험했다. 이 단순한 설정이 그들의 생산성에 커다란 영향을 준 것이다.

이 실험을 통해서 어떤 것을 알 수 있었을까? 환수 접근법을 사용한 손실 접근 그룹에서 전체 팀 생산성이 1퍼센트 이상 늘어났다. 이는 고전적인 보너스 접근 방식을 능가한 수치며 이 효과는 6개월간의 실험 과정에서도 줄어들지 않았다. 자칫 사소한 차이라고 생각할 수도 있다. 하지만 규모 확장 환경에서는 아무리 1퍼센트라 해도 지속적인 생산성 증가를 유지한다면 장기적으로 큰 결과를 가져다준다. 완리다그룹과 같은 회사에서 이런 생산성 증가가 몇 년 동안 쌓이면 수천만 달러의 이익이 늘어날 수도 있다는 뜻이다.

환수 실험은 직원들에게 동기를 부여하는 손실 혐오의 효과가 얼마나 강력한지 보여주었다. 또 이 접근법은 완벽한 확장성을 가진 것으로 보였다. 그런데 여기에는 중요한 점이 있다. 보너스를 모두 합한 금액은 실험에 참가한 직원이 받는 전체 급여에 비하면 무시할 수 있을 정도로 적은 금액이다. 하지만 이 금액을 표준적인 인센티브 구조를 사용해서 보너스로 제공할 경우에는 직원들에게 충분한 동기를 부여하지 못한다는 사실이다.

우리는 이 실험을 통해서 손실의 정신적 불편함을 회피하려는 욕망은 의식적이든 아니든 행동 변화를 유발할 만큼 강력하다는 점을 확인했다. 나는 이 환수 접근법을 여러 현장과 국가에서 실험하면서 이것이 각기 다른 사람들과 문화, 상황에서도 효과가 있는

지 알아보았다. 그리고 실제로 효과가 있음을 확인했다.

우간다의 캄팔라 교외에서 콩을 분류하는 노동자 1,200명을 대상으로 실험했는데, 완리다그룹 직원들을 훌쩍 뛰어넘는 20퍼센트 생산성 증가를 확인했다.[9] 이런 유형의 모든 행동 효과가 그렇듯 여기에는 경계 조건boundary conditions이 존재한다. 이런 경계 조건 가운데 하나는 2000년대 초에 내가 발표한 일련의 논문에서 입증됐다.[10]

그런데 한 가지 핵심적인 발견을 하나 더 했다. 자산을 거래한 경험이 많은 사람에게서는 손실 회피의 신호가 거의 보이지 않는다는 사실이다. 오랜 시간에 걸쳐서 좋은 것을 포기하는 경험을 많이 한 사람들은 뇌의 다른 부분에서 손실을 부호화하기 시작한다는 사실을 연구를 통해서 확인했다.[11] 이런 점을 고려하면 자산 거래 경험이 많은 사람이 손실 회피에 무딘 현상을 충분히 이해할 수 있다. 손실에 대한 반복적인 노출이 사람을 둔감하게 만들 수 있다는 사실은 이런 유형의 인센티브를 얼마나 오래 또 멀리까지 동원해도 괜찮을지에 대한 중요한 경계 조건이 된다. 내가 보기에는 조직 내에서는 여전히 유효하다.

이런 사실들로 보자면, 환수 접근법으로 인센티브의 프레임을 구성하는 것은 기업이 규모 확장 환경에서 높은 전압의 이득을 챙길 수 있는 매우 귀중한 접근법이다. 무엇보다도 이 접근법은 경영진과 주주만 이득을 보는 일방적인 전략이 아니다. 환수 접근법은 직원들이 보너스를 받을 수 있도록 돕는다. 게다가 우리가 했던 연구와 알렉스 이마스Alex Imas와 샐리 새도프 그리고 안야 사메크가 했던 연구[12]가 모두 보여주었듯이 많은 직원이 환수 보너스 제도의 헌신적인 측면을 즐기고 있으며 가치 있게 생각한다. 무언가를 소유하고 있으며, 그것을 잃어버리지 않으려고 한층 더 열심히 노력하는 것은 기분 좋은 일이다.

그러나 환수 효과의 규모 확장을 노리는 기업이라면 주의할 것이 있다. 직원들에게 스트레스를 줄 수 있는 비현실적이고 불가능한 목표를 내걸고 보너스를 주겠다는 약속은 하지 말아야 한다. 또 아무리 많은 직원이 목표를 달성하더라도 보너스를 지급하겠다는 약속을 지킬 준비가 되어 있어야 한다. 이것은 절대 어겨서는 안 된다. 동기부여의 넛지를 구사할 때는 조직 윤리를 지키는 것이 어떤 전압 이득보다 중요하다.

현금과 트로피가 내재적 동기를 자극하다

환수 접근법은 특히 기업에 적합해 보이지만 비영리 분야, 특히 교육 분야에서도 긍정적인 영향을 발휘한다. 비영리 부문에서 돈을 지불하는 방식으로 사람들의 행동을 바꾸려는 시도에 불편함을 느낄 수도 있다. 그러나 이 방법은 효과가 있으며 굳이 이 방법을 피할 이유도 없다.

대학교 상당수가 학생들이 특정한 학점을 유지하는 조건으로 장학금을 지급한다. 또 시카고하이츠유아센터 사례에서 보았듯이 현금 인센티브는 학부모아카데미의 학부모 참가율을 높였다. 그리고 적은 금액이라도 효과가 있음이 입증됐다. 이런 점을 고려하면, 자금 사정이 넉넉하지 않은 캠페인 활동에서도 인센티브가 효과적으로 작용할 수 있다. 이런 인센티브는 내가 경제학자 롤런드 프라이어, 스티븐 레빗, 샐리 새도프 등과 함께 시카고하이츠에서 진행한 실험[13](시카고하이츠유아센터에서 한 것은 아니지만 같은 학군에 속한 초중등학교에서 했던 실험이며, 실제로 고등학교도 포함된다-옮긴이 주)에서 직접 관찰했듯, 사람들 사이에 존재하는 사회경제적 격차를 줄일 특정한 행동을 촉진하는 데 특히 유효하다.

시카고하이츠에는 아홉 개의 초중등학교가 있고 학생은 총 3,200명이다. 규모가 큰 다른 도심지 학군들과 마찬가지로, 시카고하이츠 학군에는 주로 유색인종의 저소득층 학생들이 다닌다. 이들의 전통적인 학습 성취도 지표는 낮다. 예를 들어서 우리가 개입하기 1년 전을 기준으로 할 때 이 학군의 학생들 중 일리노이 주정부가 정한 SAT 점수 최저 기준을 충족한 학생은 64퍼센트밖에 되지 않았다.[14] 주 전체를 기준으로 할 때의 비율인 81퍼센트와 비교하면 무척 낮은 수준이었다. 따라서 우리가 선정한 표본 집단의 학생들에게 구조적인 학습 부진 악순환에서 벗어날 수 있는 기회를 제공하는 것은 도전적이고 긴급한 과제였다. 그러나 이 학생들은 우리 실험 대상이 아니었다. 우리의 실험 대상은 그들을 가르치는 교사들이었다.

2010~2011년, 학년이 시작될 때 우리는 시카고하이츠 학군의 관계자들과 함께 이 학군의 교사들을 대상으로 실험을 진행하고자 했다. 그래서 보너스를 지급받으면서 실험에 참가할 교사를 모으고 있다는 사실과 함께 우리가 진행할 실험을 설명했다. 교사들은 우리의 발상을 반겼다. 전체 교사의 95퍼센트에 육박하는 150명의 교사가 우리 실험에 참가하기로 했으니 말이다.

나는 무척 흥분했다. 이 실험을 통해서 우리와 교사, 그리고 학생이 모두 윈윈할 수 있었기 때문이다. 미국의 공립학교 교사 대부분이 그렇듯 낮은 급여에 시달리던 교사들로서는 여분의 급여를 받을 수 있으니 좋았다. 나를 비롯한 연구자들은 환수 효과가 교습의 질에 미치는 영향을 살펴서 우리의 개입이 어느 정도의 확장성을 갖는지 판단할 수 있었다. 또 학생들은 교실에서 한층 더 높은 품질의 교육을 받을 수 있었다.

이 실험은 보상 접근 집단에 속한 교사들을 대상으로 다음과 같이 진행됐다. 9월부터 다음해 6월까지 이뤄진 학생들의 학업성취도 개선 효과를 학년말에 점검한다. 이것을 기준으로 SAT 점수의 전체 평균 백분율에서 1퍼센트씩 개선될 때마다 80달러를 받을 수 있었다. 최대금액은 8,000달러였다. 물론 SAT 점수가 학생의 학업성취도를 판정하는 가장 정확하고 유일한 지표는 아니다. 하지만 실험 설계라는 관점에서는 학생과 교사들을 동일한 지표로 평가할 수 있는 매력적인 지표임은 부정할 수 없다. 그래서 SAT 점수를 지표로 했다.

손실 접근 집단에 속한 교사들은 학년 초에 4,000달러를 선지급 보너스로 받았다. 그리고 학생들이 받는 SAT 점수가 평균보다 낮으면 자기가 받을 최종 보너스 금액과 4,000달러의 차액을 되돌려주어야 했다. 또 학생들의 성적이 평균 이상일 경우에는 교사들에게 추가로 4,000달러까지 총 8,000달러의 보너스를 지급한다는 내용으로 계약서를 작성했다. 그러니까 두 집단의 교사들이 받는 '이득'과 '손실'은 동일했다. 두 집단에서 유일하게 다른 것은 타이밍(보너스 지급 시점)과 프레임(보너스 지급의 틀)이었다.

마치 완리다그룹의 직원들을 대상으로 했던 실험을 반복하는 것 같았다. 다른 점은 그때는 DVD 플레이어를 만드는 사람들을 대상으로 했고, 이번에는 아이들에게 편익을 안겨줄 교육에 전념하면서 보다 더 나은 미래를 일구는 사람들을 대상으로 한다는 점이었다. 또 그때는 직원들에게 잠정적으로 돈을 맡겼지만 이번에는 실제로 4,000달러를 지급한다는 점이 달랐다.

가을이 왔다가 금세 가버렸다. 미시간호에서 불어오는 바람에 뼛속까지 시린 겨울이 눈과 함께 찾아왔다. 그러다가 새해가 밝았고, 조금 더 지나서 따뜻한 봄기운이 돌았다. 그 사이에 시카고하이츠 학군의 교사와 학생은 느리고 복잡한 학습의 춤을 성실하게 함께 추었다. 그 과정에서 예상치 못했던 일들이 많이 있었지만 승리도 많았다. 그 승리는 다른 해보다 많았고, 그것은 우리가 설정했던 인센티브 덕분이었다. 학년이 끝나갈 무렵 SAT 시험이 치러졌다. 학생들의 점수는 예년에 비해 좋아졌는데, 교사들이 받은 혹은 받게 될 금전적인 인센티브 덕분임을 학생들은 미처 알지 못했다.

이 실험을 통해서 우리는 무엇을 발견했을까? 손실 접근 집단에 속한 교사들이 가르친 학생들의 성적이 엄청나게 향상되었다는 점이다. 이미 받은 보너스를 잃지 않으려는 교사의 욕구가 동기로 작용했다. 이들이 거둔 성과는 동일한 액수의 보너스를 나중에 받기로 약속한 교사들이 거둔 성과보다 더 좋았다.

이것 말고도 손실 접근 집단에 속한 교사들은 몇 가지 좋은 습관을 습득한 듯 보였다. 그 실험이 끝난 뒤 다음 5년 동안 그 교사들의 교습 품질을 살펴봤다. 그 결과 심지어 아무런 인센티브가 없었음에도 그들이 담당한 교실에서는 학생들의 성적 향상 효과가 지속됐다. 즉, 최대 5년 후까지도 이런 교사의 가르침을 받은 학생들은 다른 학생들보다 학업성취도가 높았다.[15] 이 인센티브는 마치 좋은 명절 선물처럼 계속해서 작동했다. 규모가 확장된 조건에서도 효과를 발휘한 것이다.

교사를 대상으로 한 실험이 성공하자, 이것과 비슷한 전략이 학생에게도 효과가 있지 않을까 하는 호기심이 들었다. 이것을 확인하기 위한 현장실험이 시카고 지역에서 6,000명이 넘는 초등학생 및 고등학생을 대상으로 진행됐다. 이 실험에서는 금전적인 보상(10달러 또는 20달러)과 비금전적인 보상(트로피)을 함께 사용했다.[16]

결과는 고무적이었다. 첫째, 전통적인 인센티브도 효과가 있지만 환수 접근법이 훨씬 더 효과가 크다는 사실이 확인됐다. 둘째,

군이 현금이 아니더라도 효과적인 보상이 가능하다는 사실이 확인됐다. 돈이나 트로피를 미리 주는 인센티브가 성적 향상이라는 결과로 이어졌던 것이다. 그러나 교육에서 가장 커다란 수수께끼 가운데 하나는 학생들이 어린 시절에 공부를 많이 하면 평생 높은 수익을 보장받는데 왜 공부에 노력을 기울이지 않을까 하는 것이다. 우리는 이 점을 고려해서 보상이 이루어지는 시점을 조금 더 깊이 파헤쳐보기로 했다.

이번에는 환수의 방향을 반대로 설정해서 실험을 진행했다. 몇몇 학생들에게 시험 성적이 좋으면 시험일 한 달 뒤에 보상을 줄 것이라고 말했다. 그러자 갑자기 이 인센티브의 효과가 사라져버렸다. 뒤늦게 전달되는 보상은 아무리 보상 규모가 크더라도 학생들의 성적에 영향을 주지 않았다. 이런 사실은, 학생들이 교육과 학습에 그다지 많은 투자를 하지 않는다거나 학교를 중도에 그만둔다거나 하는 행동을 설명할 근거가 된다. 자신이 누릴 수 있는 이득(대학교에 진학하고 또 임금이 높은 직장에 취직하는 것 등)이 일부 학생들에게는 제대로 된 동기로 작용하지 않는다는 뜻이었다. 그 이유는 보상이 너무 먼 미래에 주어지기 때문이다.

결국 보상 시점을 단 한 달 늦춘다고 하더라도, 그 보상은 먼 미래에 발생할 한층 더 나은 기회라는 추상적인 전망으로 전락해서 설득력을 잃어버린다는 뜻이다. 기후변화와의 싸움, 건강식 섭취, 금연, 정기적인 건강 검진 그리고 그 밖에도 지금 당장 비용을 부담해야 하지만 나중에 그보다 훨씬 더 큰 혜택을 받는 다른 많은 행동을 장려하는 인센티브들이 있다. 우리의 실험을 통해 이 분야들에 대한 투자가 너무도 적게 이루어졌음을 금방 깨달을 수 있었다. 인센티브에 관한 한 타이밍은 무엇보다도 중요하다.

일부 전문가들은 교육 분야의 어떤 인센티브들이 학생들에게 부정적인 효과를 준다고 말한다. 이유인즉슨 더 나은 성과를 내는 동력이 내재적이 아니라 외재적이며, 궁극적으로 개인의 만족은 무한하지만 바깥에서 주어지는 보상은 유한하기 때문이라는 것이다. 다시 말해 어떤 사람이 외부 인센티브에 의존하면, 이 사람은 스스로 동기를 부여하는 능력을 키우기보다는 다른 사람이 자기에게 동기를 부여하도록 기다리는 방법을 배우려고 할지 모른다는 뜻이다.

이런 우려는 타당하다. 시카고의 사우스사이드 같은 지역사회들은, 아이들이 자신에게 주어진 기회가 부족하기 때문에 굳이 학교에서 노력을 기울일 필요가 없다고 느끼도록 만든다. 이처럼 내재적 동기가 매우 낮은 상황에서는 확실히 그런 우려가 타당하다. 그러나 몇몇 연구들[17]은 보상이 장기적으로도 효과를 유지하면서 긍정적인 영향을 미친다는 사실을 보여주었다. 다시 말해 돈이나 트로피 같은 형태의 외적인 동기부여가 내적인 동기부여를 끌어낼 수 있다는 것이다. 이 학생들은 보상받길 원해서 공부하는데, 결국에는 공부가 바로 그 보상임을 깨닫는다. 열심히 노력하는 데서 만족감을 얻는 방법을 배우는 것은 언제라도 규모가 확장될 수 있는 기술이다.

＊＊＊

　시카고하이츠에서 우리가 했던 실험은 기업의 세계에서 멀리 떨어진 분야에서 소유 효과를 지렛대로 활용해 강력한 효과가 나타났음을 보여준다. 이론적으로만 보면, 이 접근법은 교육뿐만 아니라 사회사업이나 치안 관리와 같은 공공의 비영리 분야로도 얼마든지 규모를 확장할 수 있다. 물론 현금 보너스를 인센티브로 사용하려면 돈이 든다. 따라서 나중에 자금이 모자라고 결국 다섯 가지 활력 신호 중 마지막 장애물인 비용 함정에 빠질 위험은 언제나 존재한다. 그러나 만일 이런 기관이나 조직이 환수 보너스로 사용할 자금을 어떤 식으로든 확보할 수만 있다면, 이것은 충분히 투자할 만한 가치가 있는 접근법이다.

　인센티브 대상자가 직원이든 고객이든 혹은 그 밖의 다른 이해관계자든 간에 어떤 인센티브 유형의 규모를 확장할 때는 책임성을 가져야 한다. 이 점을 분명히 알아야 한다. 이는 넛지들이 약속하는 보상이 언제나 공정하게 기업과 지역사회 그리고 조직 전체에 이익을 줘야 한다는 뜻이다. 또한 가부장적이지 않으며 긍정적인 조직 문화와 조화를 이루는 접근법을 현명하게 선택해야 한다. 즉, 사람들에게 그들이 잃어버릴 위험이 있는 것을 보여줌으로써 그들이 스스로를 약하다고 느끼게 해서는 안 된다. 사실 그럴 필요가 전혀 없다. 목표는 충분히 많은 이득을 창출하는 상황을 만들어내는 것이다.

이런 이득을 찾아내려면 제한된 시간과 자원이 가진 긍정적인 영향을 극대화해야 한다. 그렇게 할 수 있으려면 다르게 생각하는 법을 배우는 것이 먼저다. '한계^{margin}'라는 개념을 늘 생각해야 한다.

— 7 —

한계혁명

놓치기 쉬운 기회를 포착하는 법

　　백악관의 웨스트 윙에서 2분만 걸으면 화강암으로 지은 장엄한 6층 건물인 아이젠하워 행정동 빌딩이 나온다. 바로 이 역사적인 19세기 건물 1층에 내 사무실이 있었다. 다만 번듯한 창문은 없었다. 설령 있었다 하더라도 한가하게 창밖을 바라볼 시간은 없었을 것이다. 조지 부시 행정부의 경제수석으로 일한 지 몇 달이 지난 2002년 여름, 나는 그야말로 눈코 뜰 새 없이 바빴다. 오전 6시 30분에 사무실에 도착해서 오후 9시쯤에 집으로 돌아가는 일과를 월요일부터 토요일까지 반복하며 살았다. 다행히 일요일에는 그해 여름에 태어난 그레타를 포함해 네 살 미만의 아이 넷과 함께 즐거운 시간을 보냈다.

　　그 몇 달 전 어느 날, 나는 백악관 팀에 합류하겠느냐고 묻는 전화를 받았다. 그 제안은 결코 무시할 수 없는 좋은 기회라고 생각했다. 나는 며칠 후 이른 시각 펜실베이니아 애비뉴 1600번지, 다름 아닌 백악관에서 면접을 보았다. 그곳에서 학계에 있는 동안 단 한 번도 받아본 적 없는 질문들을 받았다.

"본인은 어느 쪽으로 기울어 있습니까?"

"사회적으로는 자유주의적이며 재정적으로는 보수적입니다. 그래서 기울어지지 않고 똑바릅니다."

나는 자신 있게 대답했다. 인터뷰 진행자는 무표정하게 앉아 있다가 "당신의 글을 읽고 우리도 그렇게 생각했습니다."라고만 말했다. 경제자문위원회의 경제 전문가들과의 오후 면접까지 마치고 나자, 백악관 팀이고 뭐고 다 날아갔다는 생각이 들었다. 백악관은 열정적인 우익 경제학자를 원하는데 나는 그런 인물이 아니었기 때문이다. 그런데 결과는 전혀 달랐다.

"오늘 아침에 면접관들이 당신에게 어떤 질문을 했습니까?"

경제자문위원회 의장이던 글렌 허버드^{Glenn Hubbard}가 내게 물었다. 나는 내 정치적 성향을 묻던 질문을 언급했다. 그러자 그가 곧바로 내 말을 끊었다.

"우리는 거기에 신경 쓰지 않습니다. 당신은 경제학자로서 여기에 있어야 하고 경제사상가로서 일을 하면 됩니다. 우리에게는 당신의 정치가 아니라 당신의 두뇌가 필요합니다."

그렇게 나는 다시 사업의 세계로 돌아갔다, 정부 안에서.

다음 날 그들은 무수히 많은 신원조회를 통과할 것을 조건으로 내걸고 내게 경제수석 자리를 제안했다. 그들은 심지어 내 유치원 시절 교사를 찾아가서 내가 다섯 살 때 어떤 아이였는지를 묻기도 했다. 내게는 그때까지 그처럼 거창하게 나라에 봉사할 기회가 없었다. 그리고 대량 살상무기를 둘러싼 엄청난 실패와 이라크 침공이 9개월 앞으로 다가와 있음을 전혀 알지 못했다. 나는 백악관에서 일한다는 것이 자랑스러웠다. 그런 이유들 때문에 그 제안을 거절할 수 없었다. 국가에 봉사하는 것 못지않게 그 제안은 실제 현실 세계와 국가적 차원에서 경제와 인간 행동을 공부할 멋진 기회였기 때문이다. 그리고 거의 15년이 지난 뒤에 우버에서 받은 제안역시 마찬가지였다.

정책 수립은 매우 현실적인 의미에서 하나의 거대한 현장실험과 같다. 아이디어의 규모를 확장하고 그 효과를 추적하는 방법론을 다루기 때문이다. 정부 정책은 주의 깊게 시행되기만 하면 현재는 물론 미래에도 수많은 사람의 삶을 개선할 수 있다. 게다가 내게 주어진 역할은 과학을 다루는 일이었다. 솔직히 정치에는 언제나 더 많은 과학이 필요하니까 말이다.

워싱턴에 있자니 할 일이 태산처럼 많았다. 내 사무실은 온갖 서류 뭉치들의 놀자판 같았다. 서류 뭉치는 책상에 널브러져 있었고, 사무실 의자 위는 물론 바닥에 비어 있던 모든 공간을 빠르게 차지했다. 그리고 그 종이들은 한 장 한 장 모두 내가 맡은 일, 즉 어떤 정책을 대규모로 시행하기 전에 거쳐야 하는 비용편익분석과 어떻게든 관련이 있었다.

연방정부 산하의 100개가 넘는 기관이 해마다 약 4,500개나 되는 새로운 규칙을 제정하기 때문에 그 번거로운 작업은 중요할 수밖에 없었다. 그중 해마다 약 50~100개가 '경제적으로 중요한' 필수 조건을 충족한다. 따라서 이것들은 반드시 공식적으로 비용편익분석을 거쳐야 한다. 여기서 '경제적으로 중요한'의 의미는 비용이든 편익이든 간에 연간 1억 달러 이상이 발생한다는 의미다.

모든 의사결정은 얻을 것과 잃을 것을 따지는 분석이 중요하다. 사람은 누구나 거의 매순간 무의식적으로 이런 판단을 한다. 사과를 산다고 치자. 우리는 이 행동에 뒤따르는 편익이 비용을 초과할 때 사과를 장바구니에 담는다. 아파트를 빌릴 때도 마찬가지다. 편익(공간이 넓고 입지가 좋다)이 비용(임대료가 비싸고 주변이 시끄럽다)을 초과할 때 우리는 임대차 계약을 맺는다. 체육관에 등록할 때도 마찬가지다. 편익(체력이 늘어나고 사람을 사귄다)이 비용(등록비를 내야 한다)을 초과해야 회원 등록을 한다.

그런데 우리는 돈뿐만 아니라 시간을 소비하는 방식을 결정할 때도 비슷한 분석을 한다. 예컨대 어떤 사람과의 우정이 가져다주는 편익이 비용을 초과할 때 우리는 그 사람과 함께 보내는 시간을 정기적으로 마련한다. 물론 대부분의 경우에 우리는 비용이 편익보다 크다고 판단한다. 그래서 고기를 살 때도 비싼 채끝살을 날마다 사지는 않는다. 또 아파트가 아무리 마음에 들어도 자기 소득의 70퍼센트를 먹어 치운다면 그것을 사거나 빌리지 않는다. 한 달에 두 번밖에 가지 않을 것이 뻔한 체육관의 회원 등록을 포기한다.

그리고 수동공격성을 갖고 늘 괴롭히는 친구에게는 시간을 내주지 않는다.

이런 비용편익분석 체계는 교육, 직업, 결혼, 출산 그리고 심지어 범죄나 간통에 대한 선택에까지 확장된다. 물론 때때로 계산을 잘못하기도 하는데, 이런 경우에는 그 실수를 마음에 담아두었다가 미래의 또 다른 결정에 참고한다. 이 모든 것은 오랜 세월 동안 우리 인간 종족을 위해서 봉사해온 경제적 사고다. 이는 선천적이고 또한 고도로 적응된 것이다.

정부 정책을 수립하는 데 동원되는 수학도 다르지 않다. 스티븐 브라이어Stephen Breyer 판사는 1994년에 미국 대법원 판사가 되었는데, 한 해 전에 『악순환 끊기Breaking the Vicious Circle』[1]를 출간했다. 그리고 그 무렵 비용편익분석은 정부의 정책 결정 과정에서 중요한 부분으로 자리 잡았다. 이러한 변화는 사실 1936년의 홍수방지법 Flood Control Act에서부터 시작되었지만 닉슨과 포드와 카터 정부까지는 표준적인 관행이 아니었다.[2]

그 후 로널드 레이건이 행정명령 12291를 내리면서 비용편익분석이 성문화됐다. 그렇게 해서 연방 기관들은 자기가 하는 행동이 비용보다 편익이 더 크다는 사실을 입증해야 했다. 한편 그 행정명령은 레이건 행정부의 공격적인 규제 완화 및 레이건이 싫어하던 사회적 프로그램의 예산 지출 감소에 중요한 도구로 사용됐다.

레이건과 달리 브라이어는 예산 지출을 줄이는 것이 모든 문제의 해결책이라고 믿지는 않았다. 그러나 비용편익분석은 브라이어가 그의 책에 녹여낸 기본적인 발상이었다. 그는 정부가 시행하는 프로그램과 정책들에 대해 보다 더 효과적으로 우선순위를 부여하는 작업을 할 필요가 있다고 주장했다. 정부는 조세수입이라는 한정된 돈을 갖고 있으므로(이론적으로는), 될 수 있으면 보다 많은 사람의 삶을 개선하는 정책을 확장하는 데 그 돈을 사용하는 것이 의무라고 주장한 것이다. 그는 정부가 비용편익분석을 한층 더 잘할 필요가 있다고 믿었다.

이 추론은 이론상으로는 무조건 옳다. 그러나 현실에서는 얘기가 달라지기에 매우 복잡하다. 브라이어는 1달러당 최대의 이익을 창출할 방법을 찾기가 결코 쉽지 않다고 지적했다. 쉽기는커녕 나처럼 이 분야에서 많은 훈련을 쌓은 경제학자들에게도 머리에 쥐가 나는 일이다. 예를 들어보자. 독극물 폐기장을 철거하느라 해당 부지 청소가 90퍼센트까지 진행된 상황이다. 그 무렵 보건 분야에 긴급한 문제가 발생했다면 나머지 10퍼센트까지 깨끗하게 청소해야 할까, 아니면 해당 예산을 보건 분야의 문제를 해결하는 데 사용해야 할까?

이 쟁점을 조금 더 간단히 말하자면, 예산이 과연 어디로 가야 할 것인가의 문제다. 좀 더 넓게 보자. 비만 문제나 계층별·지역별 교육 성취도 격차처럼 정부가 나서서 해결해야 할 국가적 문제들을 해결하는 데 드는 비용과 거기에 따르는 편익을 어떻게 정확하게 측정할 수 있을까? 이런 성가신 질문들 때문에 내 사무실에는 그렇게나 많은 종이 뭉치들이 쌓여 있었다. 나는 비용편익보고서를 분석하고 정부 예산 지출을 최대한 잘 활용하는 데 도움을 준다는 단 하나의 목표를 위해 정책 권장안을 마련해야 했다.

나는 환경 문제를 담당했는데, 이것은 내가 환경보호청EPA, 식품의약국FDA, 노동부, 에너지부, 교통부 그리고 주택개발부와 함께 일했다는 뜻이다. 부시 행정부는 비용편익을 엄격하게 따졌으며 어떤 영역도 예외가 아니었다. 핵심적인 동료라고 할 수 있는 사람은 백악관 예산관리국의 책임자이던 존 그레이엄John D. Graham이었다. 그레이엄은 비용편익을 분석할 때, 해당 정책을 통해 혜택을 받게 될 사람들의 '총 인원수'가 아니라 그들의 '생존연수의 총합'을 기준으로 삼아야 한다는 도발적인 주장을 하던 인물이다. 달리 표현하면 노인보다는 어린 세대에게 혜택을 주는 정책이 비용편익 면에서 더 유용하다는 말이다. 매정하게 들릴지도 모르지만, 80세 노인이 아니라 8세 어린이의 목숨을 구하거나 삶의 질을 개선하는 정책을 확장하는 것이야말로 세월이 흐름에 따라서 누적 영향이 한층 더 커진다. 따라서 8세 어린이들을 위한 예산 배정을 늘리는 것은 누가 봐도 타당해 보인다.

그러나 이에 대해 비판이 많았다. 사람의 인생은 하나하나가 모두 똑같이 소중하지 않느냐는 것이었다. 나는 이 도덕적인 접근에 공감하긴 했지만 경제적인 문제 앞에서는 머뭇거릴 수밖에 없었다. 비용편익분석은 적절하게 사용되기만 하면 레이건 대통령 시절의 정치적인 전략과는 다르게 쓰일 수 있다. 이것은 한정된 자원과 수단으로 최대의 효과를 마련하는 도구일 뿐이다. 만약 정부 예산이 무제한이라면 정책 입안자들은 매정하기 짝이 없는 계획을 세우지 않아도 된다. 그러나 정부의 예산은 한정되어 있다. 그러니 편익은 극대화하고 비용은 최소화해야 한다. 그런데 관련 데이터를 자세하게 살펴보니 예산이 형편없이 지출되었던 사례가 많았다.

어느 날 오후 아니 어쩌면 저녁 시간이었을지도 모른다. 앞에서 언급했듯 내 사무실은 창문이 부족해서 종종 낮인지 밤인지 구분하기가 어려웠다. 사무실에서 여러 연방 기관의 비용편익분석 보고서를 살펴보다가 '문득 어떤 깨달음 하나를 얻었다'. 나는 이 표현을 자주 사용하는데, 영화 〈뷰티풀 마인드〉에 영감을 주었던 노벨상 수상자이자 심리적 고통 속에 살았던 탁월한 수학자 존 내시John Nash에게 바치는 오마주로 봐주면 좋겠다.

그 통찰을 간단하게 말하면 이렇다. 정책 입안자들이 의사결정을 할 때 사용하는 데이터는 평균값이다. 예를 들어서 1억 달러가 드는 새로운 청정에너지 정책이 탄소 배출량을 줄여서 궁극적으로 200명의 생명을 구할 수 있다고 하자. 그러면 한 사람의 생명을 구하는 데는 50만 달러가 든다고 계산할 것이고, 이것이 새로운 기준이 될 것이다. 그러나 나는 그 데이터를 세부적으로 구분할 수 있는 경우에는 현실의 모습이 그렇게 간단하지 않음을 알았다. 구체적으로 말하면, 어떤 단일 정책에 사용되는 예산의 모든 1달러가 모두 동일한 가치를 갖지 않음을 알게 됐다. 예를 들어서 청정에너지 계획에 사용되는 첫 번째 5,000만 달러는 두 번째 5,000만 달러보다 탄소 배출량을 훨씬 더 많이 줄이니까 말이다.

환경보호청에서도 마지막으로 투입되는 몇 달러가 최종적인 결과에 얼마나 많은 영향을 미칠까 하는 점을 두고서 극적이고 중요한 문제를 내포하는 의견 불일치가 있었다. 철광석을 생산하는 광산에는 순도를 높이려고 불순물을 제거하는 공정에서 발생하는 오염된 물을 가둬놓는 인공댐이 있다. 이것을 광미댐tailings dam이라고 한다. 이 댐을 철거해서 한 사람의 목숨을 살리는 데는 수천만 원이 드는 반면, 대기오염을 줄여서 한 사람의 목숨을 살리는 데는 수만 원의 비용밖에 들지 않는다. 나는 훈련받은 경제학 소양을 발휘해서 여러 기관이 제출한 보고서의 모든 도표와 그래프와 수치를 살펴보았다. 그리고 국민 세금을 최대한 활용하는 정책을 파악하고 여러 정책의 우선순위를 정하는 데 필요한 핵심을 깨달았다. 그것은 지출되는 예산의 1달러 대비 평균적인 긍정 효과가 아니라 지출되는 예산의 마지막 1달러 대비 긍정 효과에 주목해야 한다는 점이다.

그런 관점에서 보면 어떤 정책에 투입되는 예산 전체를 한 덩어리로 묶은 비용편익 평균은 구체적인 수치를 모호하게 만들어버린다. 그 때문에 어떤 정책들은 규모가 확장될수록 정책 효과가 줄어들게 된다.

예를 들어서 학생의 결석률 감소가 목표인 정책을 전국적으로 시행하는 데 3,000만 달러가 든다고 하자. 처음 2,000만 달러를 쓸 때까지는 이 정책이 꽤 효과적일 수 있다. 하지만 마지막 1,000만 달러를 쓰는 동안에는 정책 효과가 줄어들 수 있다. 그러나 모든 정책은 전체 편익이 전체 비용보다 크다는 사실을 보여주는 것 이상의 책임을 져야 한다. 마지막으로 지출되는 1달러의 효과를 기준으로 삼아서 정책의 우선순위를 결정하는 것은 정부의 책임이다. 그렇게 하지 않는다면 세금을 확장성이 가장 높은 방식으로 배분하지 않았다는 말이 된다. 그렇다면 이 문제는 어떻게 해결할 수 있을까?

나는 그 답을 알고 있었다. 그것은 한계에서 규모를 확장하는 것이었다.

◆──── 다이아몬드와 물의 역설

19세기 후반, 경제학 분야는 한계혁명marginal revolution으로 일컬어지는 지적 도약을 했다. 이것은 이름에 걸맞지 않게 전혀 한계적이지도 주변적이지도 않았으며, 결국 경제학의 중심적인 통찰로 자리 잡았다. 이 발상이 가진 획기적인 성격은 경제 이론의 중심이 되고, 더 나아가 경제학자들이 사물의 가치를 측정하는 방법을 영원히 바꾸어놓았다. 한계혁명이 나타나도록 기여했던 주된 인물은 영국의 윌리엄 스탠리 제번스William Stanley Jevons와 오스트리아의 카를 멩거Karl Menger 그리고 프랑스의 레옹 발라Léon Walras다. 레옹 발라는 4장에서 다루었던 일반균형 이론을 개척한 사람이기도 하다.

18세기 내내 경제학은 재화와 서비스에 대해 시장에서 가격이 형성되는 과정을 이해하는 것에 초점을 맞추었다. 예를 들어 사람은 황금 없이는 살 수 있어도 식품 없이는 살 수 없음에도 어째서 황금이 식품보다 더 비쌀까, 물은 인간의 생존에 없어서는 안 되는 소중한 것임에도 어째서 물보다 다이아몬드가 훨씬 더 비쌀까 등의 문제를 파고들었다. 지금도 전 세계의 교실에서는 학생들이 '다이아몬드와 물의 역설'을 배운다.

이것이 가치 이론value theory이다. 그런데 제번스와 멩거와 발라는 수요 대비 공급이라는 제한된 개념을 넘어서서 효용함수utility function라는 개념, 즉 효용 이론을 가치라는 개념에 접목시켰다. 영국의 경제학자 제러미 벤담의 연구를 기반으로 한 이들의 생각은 매우 단순하지만 근본적으로 새로운 것이었다. 물건을 소유하거나 서비스를 이용하거나 혹은 어떤 경험을 하든 간에 우리가 돈을 들이는 모든 것은 우리에게 일정한 양의 만족 혹은 효용을 제공한다. 그리고 이 만족도가 재화와 서비스에서 우리가 누리는 가치를 결정한다.

그런데 거기에는 또 다른 층이 존재한다. 세 학자가 효용이라는 것이 고정적이지 않다고 주장한 것이다. 다시 말해 재화와 서비스를 개별적인 단위로 나누어서 생각할 때, 소비되는 첫 번째 단위인지 마지막 단위인지에 따라서 소비자에게 가치 크기가 다르게 받아들여진다는 뜻이다. 가장 최근의 개별 단위가 제공한 가치를 한계효용marginal utility이라고 하는데, 이 한계효용은 모든 단위에서 평균 가치와 동일하지 않다. 그래서 백악관의 내 사무실에서 연방 기관들이 각 프로그램에 지출하는 예산의 마지막 1달러의 가치를 추정하려고 할 때 실제로 나는 한계효용을 계산하려고 했다. 물론 그 한계효용은 소비와 관련된 것이 아니라 정책에 지출되는 예산에 관한 것이긴 했지만 말이다.

일반적으로 소비자에게는 한계효용 감소의 법칙이라는 게 적용된다. 마지막으로 소비하는 단위가 가져다주는 가치가 점점 줄어든다는 뜻이다. 도넛을 예로 들어서 살펴보자. 나는 도넛을 좋아한다. 내가 오늘 이미 도넛 두 개를 먹었다고 치자. 이제 나는 세 번째 도넛을 먹을지 말지를 결정하려고 한다. 만약 내가 첫 번째 도넛을 얼마나 맛있게 먹었는지 혹은 내가 도넛을 평균적으로 얼마나 맛있게 먹는지를 고려해 결정한다면, 나는 아마도 세 번째 도넛을 먹을 터다. 그러나 만일 이 세 번째 도넛만 놓고 생각한 끝에 결정한다면, 그것이 나를 그다지 기분 좋게 만들어주지 않을 것이므로 먹지 않을 터다. 다시 말해서 내가 그 세 번째 도넛을 먹음으로써 얻는 만족감, 즉 도넛의 한계효용은 두 번째 도넛의 한계효용에 비해서 급격하게 줄어든다. 이런 일은 정부가 시행하는 많은 정책이나 프로그램에서도 똑같이 일어난다. 즉, 프로그램들에 대한 투자 규모가 커질수록 효용은 줄어든다는 말이다.

또 다른 정책 사례로 미국 정부가 벌였던 '마약과의 전쟁'을 살펴보자. 마약 중독 예방 및 회복에 사용되는 마지막 1달러에 따른 한계편익이 훨씬 더 큼에도 불구하고, 그 부문에 투입되는 돈보다 훨씬 더 많은 돈이 법 집행 및 마약과의 전쟁에 따른 군사적인 부문에 투자됐다. 당연한 말이지만 규모가 확장된 조건에서의 한계편익을 잘못 계산할 때 낭비되는 돈은 기하급수적으로 늘어난다. 그렇기에 정부의 비용편익분석은 평균효용뿐만 아니라 한계효용에도 초점을 맞춰야 한다.

제번스와 멩거 그리고 발라가 개척한 한계 분석은 심지어 청소년이 공부하는 데 들이는 시간을 최대한 활용하도록 돕는 데도 적용할 수 있다. 예를 들어보자. 시험 전날 밤에 공부할 수 있는 세 시간을 어떻게 하면 가장 효과적으로 사용할 수 있을까? 과외교사와 공부하는 것과 온라인 교재로 공부하는 것 그리고 교과서를 다시 한번 훑어보고 정리하는 것, 이 세 가지 방법의 평균적인 효과를 놓고 판단하지 않는 것이 좋다. 여러 가지 방법이 있을 때 각각의 방법 중 마지막 한 시간이 가져다주는 효과를 비교해서 어떤 것이 가장 효과가 좋은지, 즉 한계편익이 높은지를 두고 판단해야 한다. 그래야 어떤 방법에 얼마나 더 많은 자원을 할당할지 판단할 수 있다.

이 계산법은 공부 시간에도 적용된다. 전문가들의 말에 따르면 기술을 습득하는 것은 사과를 따는 것과 같다. 처음에는 쉽지만 마지막 5~10퍼센트를 따는 일이 매우 어렵기 때문이다. 따라서 수학 시험에 대비해서 공부하는 마지막 한 시간이 성적을 단지 1~2퍼센트포인트 올리고자 하는 것이라면, 아예 발상 자체를 바꾸어서 그 시간에 다른 숙제를 하는 게 낫지 않을까? 혹은 잠을 한 시간 더 자는 게 낫지 않을까?

이런 식으로 생각하는 것, 즉 경제학자들이 말하는 한계주의는 정말 어렵다. 인간의 뇌는 단순하게 판단하고 효율성을 추구하도록 프로그램되어 있다. 따라서 온갖 편향으로 가득 찬 우리의 뇌에서는 이런 발상이 자연스럽게 떠오르지 않는다. 인간의 정신은 어림짐작heuristics, 즉 '빠르게 생각하기'를 적용하는 경향이 있는데 '빠르게 생각하기'가 '느리게 생각하기'보다 효과가 좋고 힘이 덜 들기 때문이다. 반면 '느리게 생각하기'는 일반적으로 소요되는 뉴런과 신진대사 비용 측면에서 상당히 비싸게 먹힌다. 불행하게도 '빠르게 생각하기'를 추구하는 이런 경향은 종종 우리의 비용편익분석을 왜곡해서 우리가 시간과 자원을 효율적으로 할당하기 어렵게 만든다.

사람들이 공공요금 청구서를 어떻게 인식하는지 생각해보자. 잘 모르는 사람도 있겠지만, 전기요금에는 누진제가 적용된다. 예를 들어서 사용량 100킬로와트까지는 킬로와트당 요금이 10센트지만, 그다음 100킬로와트는 킬로와트당 요금이 15센트다. 연구자들은 소비자들이 이런 누진제 요금에 어떻게 대응하는지 살펴본 끝에, 거의 대부분의 사람들이 한계가격보다는 평균가격의 영향을 받는다는 강력한 증거를 발견했다. 소비자는 빠르게 생각한다. 그래서 자동온도조절기의 온도를 설정할 때 마지막 1킬로와트의 가격이 아니라 평균가격(이 경우 12.5센트)으로 계산한다. 이렇게 하는 편이 쉽고 빠르기 때문이다.

이 문제를 현실에서 연구해온 경제학자들이 있다. 리처드 제크하우저Richard J. Zeckhauser와 오바마 행정부의 예산관리국에서 근무했던 제프리 리브만Jeffrey B. Liebman이다. 이들은 이런 현상을 두고 누진제에서의 구간별 가격 차이를 '다림질'해서 평평하게 만드는 것이라고 농담하곤 했다. 소비자는 한계보다 평균을 기준으로 삼아서 판단할수록 돈을 절약할 기회를 잃게 된다.

이것은 일반 소비자에게만 국한되지 않는다. 빠르게 성장하는 소규모 기업이나 스타트업은 시간이 흐를수록 지출되는 비용이 가파르게 늘어날 가능성이 크다. 따라서 지출과 관련한 예산 결정을 할 때 평균치가 아닌 가장 최근 달의 지출 내역을 살펴봐야 한다. 마찬가지로 광고 지출에 따른 효과도 규모가 커질수록 1달러당 효과는 줄어든다. 때문에 마케팅 담당자나 기업가는 더 많은 돈을 투자할 분야를 결정할 때 다양한 전략들에 사용되었던 마지막 1달러의 효과를 비교해야 한다. 어떤 한계가 성공적으로 규모를 확장하는지 또 어떤 한계가 그렇지 않은지 밝혀내야 하는 것이다.

이 시점에서 백악관에 근무할 때 내가 해야 했던 일이 무엇인지 분명하게 밝혀야 할 것 같다. 각 기관의 여러 프로그램을 대상으로 한계분석을 정밀하게 수행해서 한계편익이 감소하는 법칙이 정확하게 어느 지점에서 나타나는지 파악하는 것이 바로 내 일이었다. 그 지점을 파악하면 해당 프로그램이 전압을 잃기 시작하는 예산 투입 규모를 정확하게 알 수 있다. 그러면 정부 기관은 남은 예산을 다른 프로그램에 한층 더 효율적으로 사용할 수 있었다. 그렇게 한 다음에는 한계편익이 확장된 규모에서 폭발적으로 늘어나는 것을 지켜보기만 하면 됐다.

그런데 이런 일이 실제로 일어났을까? 물론, 아니다!

이것은 한계적 사고가 잘못되었기 때문이 아니라, 대규모 자금을 재할당하는 데 시간과 노력이 들기 때문이다. 특히 연방 기관이 벌이는 사업에 대해서는 정치적인 동의가 필요하다. 어떤 선거구에 집행하기로 예정되었던 예산을 다른 선거구로 옮겨서 집행하는 일에 정치적인 동의를 얻기란 쉬운 일이 아니다. 하지만 내가 다룬 일들은 연방정부 차원에서 추진하는 일들이 아니었던가. 그 시점에서 나는 정부 관료들이 굼떠서가 아니라 합리적이지 않고 만족할 줄 몰라서 그런 일이 벌어진다는 사실을 파악했다.

기본적으로 각 기관은 자신의 생존에만 관심을 갖는다. 그런데 생존은 확보하는 자금(예산) 수준에 달려 있으므로[3] 예산의 효율성보다 정치적인 생존을 우선시하는 문화가 형성된 것이다. 정부 기관의 최고위층이나 프로그램을 운영하는 관료들이 탐욕스러운 깡패 집단이라는 뜻이 아니다. 그들은 성서에 등장하는 요나를 집어삼키는 고래처럼 경쟁 관계에 있는 부서들이나 기관들이 최대한 많은 자원을 모으려고 분투하는 게임, 어쩔 수 없이 치러야만 하는 게임 속의 게이머들일 뿐이다. 게다가 각 기관에 배정되는 예산은 지난 몇 년 동안 사용한 예산액에 따라 결정된다. 이런 조건은 각 기관이 굳이 예산을 절약하지 않아도 된다는 의미다. 아니 오히려 예산을 최대한 많이 지출하라고 등을 떠미는 셈이나 마찬가지다.

미국 정부는 물론이고 대부분 국가의 정부가 안고 있는 문제는 천천히 움직이는 고도로 정치화된 관료주의 메커니즘에 의해서 한계이익이라는 개념이 훼손된다는 점이다. 그런데 다행히도 나는 정치 분야가 아니라 과학적 증거를 사용하는 다른 분야의 일을 맡았다. 환경, 국토안보, 이민, 무역 등의 정책과 관련된 정보를 제공하면서 행정부와 미국 시민에게 도움을 줄 수 있었다. 그리고 2003년에 관직을 떠났다.

15년 뒤 아이디어의 규모를 확장할 때 한계 개념의 발상을 현실에 적용할 두 번째 기회가 내게 주어졌다. 이번에는 한계 개념에 초점을 맞추고 돈을 절약해서 수익을 남기겠다는 동기로 내몰릴 일이 없는 치열한 경쟁이 펼쳐지는 기업 세상이었다.

리프트에서 나는 규모 확장 환경에서 높은 전압을 유지할 수 있는 한계혁명을 추진했다.

◆────── 애덤 스미스가 리프트를 방문한다면

리프트로 자리를 옮긴 직후 나는 샌프란시스코 본사에서 CEO 로건 그린이 주재하는 임원 회의에 참석했다. 회의 참석자들은 모두 다른 지출과 수익으로 빽빽한 스프레드시트를 보고 있었다. 리프트는 공급(운전자 모집)과 수요(승객 확보)라는 사업 모델의 양쪽에 마케팅을 집중해야 했다. 때문에 회사가 많은 돈을 쓰고 있는 분야는 당연히 페이스북, 인스타그램, 구글 광고, TV 광고, 라디오 광고, 그리고 그 밖의 미디어를 매개로 하는 광고였다. 우리는 그 말을 퍼뜨리기 위해 비용 효율적인 경로를 찾아야 했고, 이

것이 우리가 논의하던 내용이었다.

나는 내 컴퓨터 화면에 뜬 숫자들을 쳐다보고 있었는데, 갑자기 그 숫자들 중 몇 개가 번쩍거리더니 내게 마구 달려드는 것 같았다. 예전에 백악관의 내 사무실에서 느꼈던 존 내시의 순간이 재현되는 것처럼 데이터들이 어떤 의미를 형성하기 시작했다. 무언가 잘못되었다는 생각이 강하게 들었다. 그 숫자들이 정확하지 않다는 뜻은 아니었다. 다만 경제적인 관점에서 무언가 잘못되었다는 느낌이 들었다. 그 느낌은 내게 익숙한 것이었다. 백악관에서 일할 때부터 리프트에 오기 전까지 오랜 기간 동안 나는 수십 개의 조직이나 기업과 일했고, 그 사이 내가 한때 예외라고 생각했던 근본적인 오류는 내 마음속에 하나의 규칙으로 자리 잡고 있었다. 대부분의 사람들이 그러듯이 리프트에서도 사람들은 한계 개념을 염두에 두지 않았다.

회의가 끝난 뒤에 나는 비서실장이던 이안 뮤어Ian Muir를 비롯한 나머지 팀원들과 함께 그 데이터를 한층 더 깊이 파고들었다. 결국 내 느낌이 적중했다. 한계이익 감소는 회계장부 곳곳에 흔적을 남기고 있었다. 예를 들어서 리프트가 페이스북 광고에 지출한 마지막 금액으로 벌어들인 돈은 구글 광고에 지출한 마지막 금액으로 벌어들인 돈의 50분의 1밖에 되지 않았다. 이 경우에는 아주 간단한 해결책이 있었다. 페이스북 광고비 지출 가운데 일부를 떼어내서 구글 광고비로 지출하면 된다. 이렇게만 해도 리프트는 한계이익을 확장해서 한층 더 많은 돈을 벌 수 있었다.

그런데 나는 마케팅에서뿐만 아니라 리프트 사업 운영의 다른 여러 부문에서도 이와 비슷하게 자금 배정이 잘못된 경우가 있지 않을까 궁금했다. 무엇보다도 그런 잘못된 계산이 확장된 규모로 일어나고 있지나 않을까 하는 의심이 들었다.

내 예상이 맞았다. 투자에서부터 친구 소개 운전자 모집 비용 지출에 이르기까지 리프트는 한계라는 개념에서 규모를 확장하지 못하고 있었다. 어떤 전략들은 다른 전략들보다 상대적으로 높은 수익을 창출했다. 하지만 전체적으로 보면 리프트는 광고는 물론 다른 사업 부문에서도 투자 대비 수익률을 오로지 평균값으로만 계산했다. 그러다 보니 한계 지점에서 어떤 부분들이 잘 돌아가고 또 어떤 부분들이 잘 돌아가지 않는지 파악할 수 없었다. 이것은 회사가 투자하는 마지막 1달러가 최대한 높은 전압을 발생시키는지 어떤지 전혀 모른다는 뜻이었다.

나는 연방정부에서 예산을 배정하고 집행하는 방식을 최적화하기 위해 한계 개념과 사고를 적용하려고 노력했다. 하지만 성과를 거두지 못했다. 그러나 리프트에서는 변화를 이끌어낼 수 있을 것이라고 낙관했다. 정치와는 다르게 사업에서는 이익을 내지 못한 채 지나치게 커져버린 괴물들은 머지않아 죽음을 맞는다. 경제적 비효율성과 비합리성 그리고 정부 관료들 사이에서 예산 배분이 부실하게 이루어지도록 유도하는 잘못된 인센티브가 민간 부문에서는 통하지 않는다. 이렇게 될 수밖에 없는 이유를 하나 꼽자면, 기업은 기본적으로 끊임없이 변화하는 시장에서 경쟁력을 유지할 수 있도록 날씬하고 민첩하며 적응력이 뛰어나도록 설계되었기 때문이다. 사실 그 이유는 한층 더 단순하다. 생존이 걸린 문제라는 것이 가장 큰 이유다. 자금을 지나치게 낭비하는 회사는 살아남지 못한다. 그렇기에 기업은 매우 효율적으로 움직이고 때로는 무자비할 수밖에 없다.

온갖 숫자들이 나를 향해 달려들었던 그 회의 직후 나는 내 팀과 함께, 지출 대장에서 발견한 것과 한계적 사고marginal thinking가 회사에 얼마나 큰 도움이 될 수 있을지를 설명하는 보고서를 작성했다. 우리는 이 보고서의 제목을 〈애덤 스미스가 리프트를 방문하다: 보이지 않는 손으로 자원을 효율적으로 할당하게 만들기〉라고 붙였다. 이 보고서는 회사 역사상 가장 많이 읽힌 보고서 가운데 하나로 자리한다. 그리고 2020년 봄 승차공유의 근거가 거의 사라지다시피 했던 코로나19 초기 몇 달 동안에는 리프트의 비용 절감을 위한 핵심으로 여겨졌다. 〈스타워즈〉의 팬이던 로건이 가능하다면 1달러까지도 절약하겠다는 '바운티 헌터(현상금 사냥꾼)' 접근법을 선언하자 우리는 그 보고서의 이름을 〈애덤 스미스가 만달로리안을 방문하다〉로 바꾸었다. 이 보고서는 다음과 같이 시작한다.

돈이 의미 없이 낭비되면 경제학자들, 특히 시카고학파에 속한 경제학자들이 화를 낸다. 이것을 피하는 한 가지 핵심적인 방법은 1776년에 애덤 스미스가 처음 언급했으며 오늘날의 경제학자들이 스미스를 논할 때 주된 관심사인 바로 그것, '보이지 않는 손'이다.

원리는 단순하다. 경제 이론은 모든 투입input에 사용되는 마지막 1달러의 한계편익이 해당 회사 전체에 걸쳐서 균등해질 때 그 회사가 효율적으로 운영되고 있다고 가르친다. 이 원리는 다음 차례의 1달러를 어디에 투입할지를 판단할 규칙도 제시한다. 우리는 추가로 지출되는 1달러당 한계편익이 가장 높은 곳에 다음의 투자를 할당해야 한다.

이제 리프트의 모든 직원은 여기에 동의할 것이다. 이것은 상식이다. 단순하게 생각해보자. 로건이 땅에 떨어진 1달러를 주웠다. 그는 이것을 어디에 투자해야 할까? 당연히 그 1달러가 가장 큰 효과를 발휘할 곳에 투자해야 한다. 다시 말해서 리프트에게 가장 높은 한계편익을 안겨주는 곳에 투자해야 한다. 우리는 모두 이것을 잘 알고 있다.

이 원리는 특히 리프트가 운전자나 승객을 확보하는 문제, 또는 운전자나 승객을 참여시키는 문제와 같은 모든 지출 경로에서 한계편익을 동일한 조건하에 비교해야 함을 시사한다. 여기서 동일한 조건이란 '운전자 확보냐 승객 확보냐' 혹은 '운전자 참여냐 승객 참여냐'를 의미한다. 마지막 1달러 지출이 가져다주는 한계편익이 리프트의 모든 팀과 지역, 프로젝트에서 동일할 경우 자원이 효율적으로 할당되고 성장은 극대화된다. 즉, 우리가 투자 지출을 최대한 활용한다는 뜻이다.

내가 생각하기에 이 보고서에 대한 직원들의 반응은 좋았다. 왜냐하면 한계편익이 마치 눈에 잘 띄는 곳에 숨어 있는 것처럼 보였기 때문이다. 로건은 모든 부서의 책임자에게 마지막 1달러 지출이 발휘한 효과를 살펴서 그 결과를 토대로 판단하라고 지시했다. 보험과 마케팅 지출부터 운전자 인센티브와 승객 인센티브 지출에 이르기까지 모든 것이 대상이었다.

로건과 공동창업자 존 짐머가 리프트에서 구축한 긍정적인 기업 문화도 직원들이 이 지시에 긍정적으로 반응하는 데 도움이 되었다는 점에 주목할 필요가 있다. 한계편익 감소 현상에 적절하게 대응하지 못했던 예전의 지출 결정 때문에 처벌받거나 괴롭힘을 당한 직원은 없었다. 특정한 지출 결정을 비판의 도마 위에 올려놓을 수도 있었지만, 아무도 그렇게 하지 않았다. 그리고 무엇보다 좋았던 점은 리프트는 정부 기관과는 다르게 직원들이 한계적 사고를 하도록 동기를 부여했다는 사실이다.

이 원고를 쓰는 시점에도 리프트는 여전히 '고효율' 상태를 유지하고 있다. 백신 접종이 대규모로 진행되고 경제가 다시 살아난 뒤에도 한계적 사고는 죽지 않았다. 그저 목적이 바뀌었을 뿐이다. 이제 한계적 사고는 단순히 불필요한 지출을 막으면서 생존을 이어가는 것을 목적으로 삼는 게 아니라 회사가 다시 규모를 키우기 시작할 때 어디에 지출을 늘려야 하는지를 결정했다. 리프트 운전자를 다시 온라인으로 불러낼 가장 좋은 방법은 무엇일까? 구글에 광고를 하는 것일까? '친구를 운전자로 소개하기' 프로그램일까?

잠재적인 리프트 운전자가 자동차를 리프트 차량으로 등록하게 만드는 것일까?

그리고 수요 측면에서는 이런 고민을 했다. 사람들은 업무에 복귀하고 코로나 이전 생활로 돌아갈 것이다. 당연히 이동할 일도 많아진다. 한 지점에서 다른 지점으로 이동할 경우 리프트가 제공하는 승차공유 서비스를 이용하는 것이 최선의 선택이라는 것을 소비자에게 어떻게 알려야 할까? 또 그들을 어떻게 설득할 수 있을까? 안전 조치는 어떻게 해야 할까? 요금 할인은? 이 모든 것에 대한 투자에는 편익(물론 이 편익은 점점 줄어든다)과 비용이 뒤따른다. 이 비용과 편익의 한계 영역들을 우리는 탐색했다.

어떤 사람은 이 접근법이 실리콘밸리에서만 가능하다고 생각할 수 있다. 실리콘밸리의 회사들은 한층 더 민첩하고 많은 데이터를 주무르며 때로는 수십억 달러의 돈을 뿌릴 수 있을 만큼 자금 사정이 좋을 것이라고 짐작하기 때문이다. 하지만 실제로는 그렇지 않다. 한계적 사고는 실리콘밸리뿐만 아니라 다른 어떤 곳에서도 확장된 규모로 높은 전압을 보장할 수 있다. 물론 몇몇 경우에는 조금 더 많은 실험이 필요하겠지만 말이다.

◆──── 한계를 안다는 것은
성장의 크기를 안다는 것

나는 1980년대 중반 고등학교에 다녔다. 그때 두 번의 여름을 위스콘신치즈맨Wisconsin Cheeseman이라는 식품 선물 회사에서 일했다. 회사명에서 알 수 있듯이 이 회사는 치즈를 전문으로 생산하는 곳이었고, 덕분에 나는 휴식 시간이면 치즈를 엄청나게 먹곤 했다. 이 회사에서 내가 하던 일은 지하 창고에 보관 중인 치즈를 지게차에 실어 포장 조립라인으로 운반하는 것이었다. 그러면 직원들이 치즈를 선물 바구니에 담아서 포장했고 이렇게 포장된 제품들은 세계 각지로 운송됐다.

첫 번째 여름 나는 흥미로운 현상을 포착했다. 여름 시즌을 맞아 건물 바닥의 절반이 조립라인으로 채워졌다. 그런데 놀랍게도 각 라인은 한 시간에 여러 개의 치즈 스키드를 처리할 수 있었다. 그 여름의 4분의 1 정도가 지나가자 많은 작업자가 새로 채용되었고 건물 바닥의 나머지 절반도 조립라인으로 채워졌다. 지게차 운전사인 나로서는 당연히 더 바빠져야 했다. 그러나 두 배로 많아진 조립라인으로 치즈를 날라야 했음에도 나는 치즈를 두 배로 많이 나를 필요가 없었다.

그래서 공장장은 화가 났고, 어느 날 오후 늦은 시각에 나를 불렀다. 그때 일을 나는 지금도 생생하게 기억한다. 공장장의 목소리에는 가시가 돋아 있었다.

"리스트 군, 기록을 보니까 당신이 새로운 조립라인으로는 예전에 비해서 치즈를 절반밖에 나르지 않고 있어요."

"예, 그런 것 같습니다."

"이렇게 해서는 안 됩니다. 더 많은 치즈를 조립라인으로 날라야 합니다."

나는 어깨를 으쓱하며 조립라인 관리자들을 바라보았다. 그러자 그들 가운데 한 사람이 우물거리듯이 말했다.

"지게차 운전사들은 적정량을 옮겨주고 있습니다. 다만 조립라인에서 그만큼 빠르게 제품을 완성하지 못해서…."

그 말에 공장장은 드러내놓고 화를 냈다. 몇 달 동안 두 배나 많은 임금을 지불했는데 생산되는 선물 바구니는 두 배가 되지 않았다는 점을 생각하면 충분히 이해할 수 있는 일이었다. 공장장은 혼잣말하듯이 불쑥 이렇게 내뱉었다.

"애초에 우리가 짰던 예산 계획은 이게 아니었는데…. 젠장 우린 망했어!"

왜 이런 일이 일어났을까? 이유는 아주 단순하다. 한계적 사고를 하지 않았기 때문이다. 그들은 한계라는 개념을 생각하지 않고 오로지 평균 개념만을 토대로 예산을 짰다. 공장장은 동일한 고정비를 지출하면 나중에 추가된 절반 조립라인의 생산성이 애초의 절반 조립라인의 생산성과 동일할 것이라고 가정했다. 쉽게 말해 회사가 작업자를 점점 더 많이 고용할수록 한계 생산성이 점점 더 감소한다는 사실을 고려하지 않았던 것이다.

이것은 앞서 5장에서 살펴본 교사 채용 사례와 똑같은 현상이다. 생산성이 가장 높은 작업자가 먼저 채용되는 경향이 있는데, 만약 이런 '슈퍼스타'들이 모두 소진된 상태에서 계속 작업자의 규모를 늘리려 한다면 어떤 일이 일어날까? 생산성이 상대적으로 떨어지는 사람을 작업자로 고용할 수밖에 없다. 게다가 이 경우에는 감소되는 수익의 원인이 한층 더 복잡했다. 왜냐하면 어떤 라인의 생산 속도는 그 라인에 투입된 작업자 가운데서 생산성이 가장 낮은 작업자(즉 '가장 약한 고리')의 작업 속도에 따라서 결정되기 때문이다. 즉 그 회사는 마지막으로 고용된 작업자의 생산성이 아니라 평균 생산성을 기반으로 예산을 책정했기 때문에 공장장이 화를 내는 일이 벌어졌던 것이다. 위스콘신치즈맨은 2011년에 문을 닫았다. 이 회사가 당시 한계적 사고를 했더라면 좋았을 텐데 말이다.

이 사례에서 얻을 수 있는 교훈은 영리를 추구하든 그렇지 않든 간에 거의 모든 조직에는 한계적 사고가 강력하게 유지되지 않는 지출 영역이나 생산 영역이 있다는 점이다. 그러나 당사자들은 이것을 늘 인지하지는 못한다. 그 영역들은 탐지할 수 있는 수치가 집계되지 않기 때문이다. 이 약점을 해결하지 않으면 규모 확장 환경에서 비용 함정에 빠지고 전압이 떨어지는 결과가 필연적으로 빚어진다.

이런 약점을 찾아 나서야 할 첫 번째 대상은 투자나 생산에서 지렛대 역할을 하는 요소가 많은 부분이다. 예를 들어 리프트에서는 수익성을 높이는 방법이 여러 가지가 있다. 우선 신규 운전자와 신규 승객을 모집하는 데 사용되는 온갖 마케팅 전략 및 보험에 지출되는 비용을 줄인다거나 소송 비용을 줄이는 데 투자할 수 있다. 이처럼 지출되는 마지막 1달러의 가치를 개선할 수 있는 다양한 방법이 존재한다.

위스콘신치즈맨에서는 주요 지렛대가 생산성이었지만 공장 전체의 다양한 업무 영역에 걸쳐 생산성 차이가 크게 존재했다. 전체 공정에 소요되는 평균 시간이 아니라 각 조립라인에서 마지막 선물 바구니를 생산하는 데 걸리는 시간을 주기적으로 측정했더라면 한층 더 정확한 예측을 할 수 있었을 터였다. 그리고 그 예측을 토대로 직원을 보다 효율적으로 배치할 수 있었을 것이다.

궁극적으로 데이터를 그냥 수집할 게 아니라 한층 더 세분해서 수집해야 한다는 것이 핵심이다. 시간 경과에 따른 데이터를 수집해야 하고 또 대안이 될 수 있는 다른 모든 전략 및 투자 할당을 대상으로 데이터를 수집해야 한다. 모든 돌멩이를 들춰보면서 그 아래에 놓여 있는 한계의 차이를 찾아내야 한다. 그 과정을 통해 어떤 투자는 확장성이 있고 어떤 투자는 그렇지 않은지를 알아내야 한다. 어떤 투자는 원하던 결과를 얻는 반면에 어떤 투자는 파산으로 이어진다. 당신이 어떤 조직의 리더라면 조직원들에게 이런 유형의 탐색 작업을 장려해야 한다.

한계에 대해 생각한다는 것은 또한 더 많은 실험을 한다는 뜻이기도 하다. 회사에서 가장 유익한 지렛대는 어떤 것들인지, 그리고 각각의 지렛대를 어떻게 조합해서 활용하면 좋을지 이런저런 시도를 많이 해야 한다. 다시 위스콘신치즈맨을 예로 들어보자. 여러 개의 조립라인에 작업자의 수를 다양하게 배치한 다음 각 조립라인의 생산성을 비교하면 새로운 조립라인에 작업자를 몇 명 투입할 때 생산성이 가장 높을지를 알 수 있다. 하지만 이 회사는 그렇게 하지 않았다.

이런 발견 과정은 규모를 확장하기 전에도 유용하지만, 실제로 규모를 확장할 때는 훨씬 더 중요해진다. 앞서 살펴봤던 모집단의 대표성과 상황의 대표성을 상기해보라. 조직이 성장함에 따라서 조직 내의 집단이나 상황이 한층 더 다양해지고 복잡해지면 대부분의 경우 전압이 떨어진다. 이때 특정한 업무 영역 또는 직원 집단에서 약점이 나타난다. 한계 영역에서 전압이 떨어지는 위치를 찾아내려면 여러 곳을 대상으로 테스트해서 그 결과들을 비교해야 한다.

이런 탐색은 고객을 파악할 때도 똑같이 중요하다. 예를 들어서 신제품을 출시할 때는 전국 평균 판매량을 보지 말고 각 지역의 판매량이 얼마나 되는지 따져라. 이 결과를 보면 한계 자원 할당에 대한 어떤 통찰을 얻을 수 있다. 예를 들어, 판매량이 낮은 지역에는 규모의 경제를 활용할 수 있을 때까지, 즉 그 지역의 판매 수익이 제품을 매대에 올려놓는 데 들어가는 모든 비용을 넘어설 때까지 신제품을 출하하지 않을 수도 있다. 물론 이런 식으로 여러 가지 가능성을 살피려면 시간과 자원을 상당히 많이 투자해야 한다. 만일 이런 투자로 모든 지역의 고객 집단에서 마지막 1달러의 한계이익이 균등해진다면 어떨까? 그러면 높은 전압을 획득할 수 있다.

다만 한 가지 기억해야 할 게 있다. 한계적 사고를 한다고 해서 언제나 대차대조표의 숫자를 비교해야 하는 것은 아니다. 어떤 한계편익들은 측정 자체가 불가능하며 관련 데이터를 모으기도 어렵다. 그렇다고 해서 이런 한계편익들이 중요하지 않고 가치가 없다는 뜻은 아니다. 나는 이 진리를 경험을 통해 깨달았다.

암이나 불치병에 걸린 어린이들의 소원을 들어주는 비영리기관인 메이크어위시재단Make-A-Wish Foundation이 내게 비용편익분석을 요청한 적이 있다. 죽음을 앞두고 투병하는 어린이들에게 나눠주는 선물의 가치를 조금이라도 더 잘 이해하고 싶다는 것이 그 의뢰의 취지였다.

그런데 아이들은 소원을 이룬 뒤에 더 오래 살았을까? 아이들이 짓는 미소의 가치를 과연 특정한 숫자로 계량화할 수 있을까? 이것은 내가 변변한 창문 하나 없던 백악관의 사무실에서 맞닥뜨렸던 그 어떤 일보다 더 까다로웠다. 그러나 결론은 간단했다. 수익성을 비롯한 전통적인 지표들로는 도저히 파악할 수 없더라도 반드시 해야 하는, 그리고 규모를 확장해야 하는 일도 있다는 것!

금덩어리가 어디에 숨겨져 있는지 금방 알 수는 없다. 그렇기에 수세적인 태도로 일관하기보다는 호기심과 실험하는 태도를 조직의 문화 DNA 가운데 하나로 삼아야 한다. 그리고 조직의 약점을 발견했을 때 지출 예산을 재분배하거나 업무 기능을 재조정해서 진로를 바로잡아야 한다. 그러나 기업이나 조직 현장에서 맞닥뜨리는 문제는 이것뿐만이 아니다. 특히 가장 먼저 맞닥뜨리는 장애물은 반드시 넘어서야 한다. 그것은 바로 과거에 저질렀던 실수를 정신적인 차원에서 과거에 묻어버리는 일이다.

◆——— 과거의 손실은 과거에 묻어두기

시카고대학교에서 강의를 시작하고 얼마 안 됐을 때, 학교의 기금 모집 부서에서 내게 도움을 청했다. 그 부서의 목표는 최대한 많은 돈을 모으는 것이었다. 나는 예전에 기금 모금의 행동경제학을 여러 해 동안 공부했기에 기꺼이 돕겠다고 했다.

그때 새삼스럽게 알게 된 사실이 있다. 그 부서는 완벽한 장비를 갖춘 콜센터를 갖고 있었는데 그 콜센터를 오래전부터 사용하지 않는다는 것이다. 이유를 물었더니 전화통화가 우편보다 더 많은 기부금을 창출한 것은 사실이지만 우편 비용이 상대적으로 저렴해서 콜센터 운영을 중단했다는 대답이 돌아왔다. 나는 어떻게 해서 그런 결론에 도달했는지 더 캐물었다. 알고 보니 1회 통화의 평균비용은 컴퓨터 네트워크로 연결된 폰뱅킹 시스템의 누적 비용과 기부금을 요청하는 학생 상담원들을 고용하는 데 들어간 비용을 더한 다음에 이것을 총통화 횟수로 나누어서 산출된 것이었다. 그렇게 계산했을 것이라고 나도 예상하고는 있었다.

그 부서는 경제학자들이 흔히 지나간 것의 원리^{bygones principle} 혹은 한계 원리^{marginal principle}라고 말하는 것을 무시했다. 이 원리는 과거에 지출한 돈이 현재의 합리적인 의사결정에 영향을 미치지 않도록 해야 한다는 것이다. 이미 지출돼서 사용된 돈은 지나간 과거이며 매몰비용^{sunk cost}이다. 그다음에 지출되는 1달러가 어떤 수익을 가져다줄 것인가 하는 점이 중요하며, 바로 이것을 고려해 어떤 행동을 할 것인지 판단해야 한다.

그 부서의 계산에는 폰뱅킹 시스템에 대한 초기 투자, 즉 선행되었던 고정비용이 포함되어 있었다. 그러나 그 돈은 이미 사용되었기 때문에 회수가 불가능한 돈이다. 나는 그 부서 직원에게 그렇게 지출된 과거의 비용은 현재의 비용편익분석과는 아무런 관련이 없다고 설명했다. 콜센터를 마련하는 데 들어간 초기 비용은 미래의 수익을 창출하는 데 기여하는 현재의 운영비가 아니다. 그러니 계산에서 빼야 한다는 게 내 말의 요지였다.

그들이 저지른 실수는 콜센터에 투자한 것이 아니라 과거에 투자했던 것을 과거에 두지 않은 것, 즉 지나간 것을 지나간 대로 두지 않은 것이었다. 내가 지적한 사실을 반영해서 콜센터 운영비를 다시 계산해보니 전화통화 비용이 우편 비용보다 낮았다. 게다가 전화통화 방식은 비용 측면뿐 아니라 효과 측면에서도 우편 방식보다 유리했다. 그 부서는 학생 상담원을 고용해 콜센터를 다시 가동했고 예전보다 훨씬 더 많은 기금을 모았다.

과거의 투자나 실수를 미래에 대한 의사결정에 변수로 반영하는 순간, 우리는 과거에 이미 지출된 돈과 시간 그리고 그 밖의 여러 자원에 대한 비합리적인 집착인 매몰비용 오류에 필연적으로 빠지고 만다. 이런 잘못된 집착에는 대가가 따른다. 시카고대학교의 기금 모집 부서의 사례가 그렇다. 이들은 상대적으로 덜 효과적인 우편 방식에 더 많은 시간과 자원을 매몰시키는 바보짓을 했다.

매몰비용 오류를 피하는 일이 그렇게 쉽지는 않다. 인간이기 때문에 갖는 감정이 합리적인 결정을 방해한다. 앞서도 살펴보았듯 사람이 가장 싫어하고 또 어떻게든 벗어나려고 가장 큰 노력을 기울이는 감정이 바로 손실과 후회이기 때문이다.

사람들은 개인적인 생활에서도 매몰비용 오류에 자주 빠진다. 어떤 사람이 초가을에 열리는 야외 콘서트에 가족과 함께 가려고 입장권을 샀다고 가정해보자. 그런데 콘서트 당일에 무자비한 한랭전선이 몰려와서 기온이 영하로 떨어졌다. 이때 이 사람 앞에는 두 가지 선택지가 놓인다. 하나는 콘서트를 보러 가는 것이고, 다른 하나는 포기하는 것이다. 그런데 이 사람은 이미 돈을 주고 산 입장권을 날려버리는 손실을 감당하고 싶지 않아서 배우자와 아이들에게 이렇게 말한다.

"더럽게 춥네, 그래도 우리는 콘서트를 보러 갈 거야!"

그럼 어떻게 될까? 가족들은 결국 추위에 벌벌 떨던 기억만 갖게 될 게 뻔하다. 자신의 미래를 결정하는 데 매몰비용이 변수로 개입하는 것을 허용했기 때문이다. 입장권을 사는 데 지출한 돈은 이미 사라지고 없다. 콘서트장에 간다고 해서 그 돈을 돌려받는 것도 아니다. 게다가 시간 낭비라는 추가 비용을 지불해야 한다. 콘서트장에 가서 고생한 대신 차라리 따뜻한 집에서 가족이 함께 영화를 봤다면 그 시간은 한층 더 좋은 추억으로 남았을 것이다.

이런 상황을 피하는 데 도움이 되는 한 가지 사고실험(머릿속에서 생각으로 진행하는 실험-옮긴이)이 있다. 아직 그 콘서트 입장권을 사지 않았다면 '지금 그 입장권을 살까?' 하고 자신에게 물어보는 것이다. 만약 '아니요'라는 대답이 나온다면 과거의 자아가 했던 것을 무시하고 미래에 발생할 손실을 억제하라. 이렇게 할 때 약간의 불편함이 있을 수도 있지만 결국에는 이 결정이 이득이 될 것이다. 눈보라에 떨고 며칠 동안 감기로 고생하지 않아도 된다는 말이다.

과거의 손실을 줄이려 하고 매몰비용을 회피하려는 경향은 우리 삶의 거의 모든 영역에서 나타난다. 그래서 콘서트장에서 추위에 떨며 음악을 듣는 둥 마는 둥 하는 상황보다 더 심각한 상황에 자신을 내맡기기도 한다. 이미 투입한 시간 매몰비용을 '잃어버리는 것'이 끔찍하게 싫은 나머지 이미 끝나버린 사랑을 붙잡고 놓지 않으려 한다. 또 이미 엄청난 손해를 본 주식 종목을 끝끝내 붙잡고 팔지 않는다. 더는 전공하고 싶지 않은 분야의 석사 과정을 그때까지 들인 시간과 노력과 등록금이 아까워서 계속 밟는다. 또 회사에서 몇 년 동안 경력을 쌓았다는 이유만으로 끔찍하기 짝이 없는 그 회사를 박차고 나오지 못한다. 이 모든 경우가 매몰비용의 오류에 빠지는 예다.

이런 오류는 국제 외교 무대에서도 나타난다. 어떤 나라의 리더가 이미 많은 생명과 자원이 희생되었다는 이유만으로 미래에 도움이 되지 않을 게 분명한 국제 분쟁에서 손을 떼지 않겠다고 고집을 부리는 경우가 그렇다. 사람들은 계속 반복해서 회복할 수 없는 과거의 손실이 현재와 미래를 어둡게 만들도록 방치한다.

매몰비용 오류에 굴복하는 이런 경향에는 한계적 사고를 시급하게 적용해야 한다. 한계 분석을 회사나 조직에 적용하면 과거의 실수를 쉽게 발견할 수 있다. 리프트에서도 그랬다. 리프트가 지출 및 자원 할당 문제와 관련해서는 최선이 아닌 차선의 방책을 줄곧 선택해왔던 것이다. 유한한 자원 중 매몰비용이 되어버린 자원 때문에 얼마 남지 않은 자원을 갖고서 변변찮게 배분해야 하는 현실을 받아들이기란 당연히 고통스럽다.

당신이 과거에 자원을 잘못 배분했다고 치자. 이런 사실이 드러나면 당신의 명성이나 경력이 위태로워질지 모른다. 잃은 돈을 되찾으려는 절망적인 심정으로 판돈을 두 배로 올리는 도박꾼처럼 잘못된 배분에 계속해서 더 많은 투자를 하려는 유혹이 바로 여기에서 생긴다. 하지만 나쁜 일에 좋은 돈을 넣는 선택에서 효과를 기대할 수는 없다. 특히 규모가 확장된 조건에서는 더욱 그렇다.

기업에서 매몰비용 오류의 근절을 가로막는 정치적 장애물과 평판적 장애물은 종종 조직 문화에 따라서 달라진다. 이 장애물들에 대해서는 9장에서 자세하게 다룰 것이다.

사람들은 자기가 저지른 잘못을 인정할 만큼 심리적으로 안전하다고 느낄까? 사람들은 성공이나 실패를 개인이 기울인 노력의 결과로 볼까, 아니면 조직이 기울인 총체적인 노력의 결과로 볼까? 사람들은 조직이나 회사의 이익을 자신의 이익보다 우선시하도록 적절하게 동기를 부여받고 있을까? 이런 질문들에 어떻게 대답하느냐에 따라서 조직이나 회사의 운영이 과연 얼마나 빈틈없이 꼼꼼할 것인지 결정된다. 이 질문이 한계를 발견하고 여기에 대응하며 또 그 과정에서 필연적으로 드러나는 매몰비용을 극복할 수 있도록 안내해주기 때문이다.

문화의 차원 말고, 과거에 저지른 실수에 발목이 잡히지 않도록 막아주는 조직적 차원의 메커니즘도 있다. 예를 들어보자. 어떤 투자운용사들은 각각의 직원이 운용하는 투자 포트폴리오를 여섯 달에 한 번씩 서로 맞바꾸게 해서 어떤 투자 종목이 잘못된 것인지 참신한 눈으로 다시 살피게 한다. 그리고 만일 그런 게 발견되면 곧바로 매각하도록 한다. 이렇게 하면 부끄러움이나 후회와 같은 감정의 개입을 차단하고 올바른 결정을 내릴 수 있다. 사업이든 경력 문제든 혹은 사생활 문제든 간에 객관적인 제삼자의 관점은 의미가 있다. 과거에 저지른 잘못은 어차피 지나간 것이므로 지나간 대로 그냥 내버려둬라. 여기에 도움이 되는 넛지를 제공한다.

* * *

손실을 줄여라. 매몰비용은 매몰된 채로 그냥 내버려둬라. 과거에 어떤 잘못을 저질렀음을 인식했을 때, 당신의 머릿속에 있는 목소리는 한계비용이 눈에 뻔히 보여도 계속 그 길을 따라가라고 말할지 모른다. 하지만 그 길은 손실 회피의 길이다. 그저 후회에 매달리는 것일 뿐임을 상기하라. 그 목소리를 무시하라. 과거의 자아가 화내는 것을 두려워하지 마라. 그 손길을 뿌리쳐야 한다. 그러면 나중에 미래의 자아가 당신에게 고마워할 것이다. 설령 그 선택이 생각하기도 싫은 끔찍한 것, 즉 지금까지 하던 모든 것을 포기하는 것이라고 하더라도 반드시 그렇게 해야 한다.

포기의 타이밍

시의적절하게 포기할 줄 아는 판단력

　고등학생 시절에 나는 썩 괜찮은 골프 선수였다. 비록 타이거 우즈 정도는 아니었지만 그래도 실력을 인정받아서 위스콘신대학교 스티븐스포인트 캠퍼스의 골프팀에 들어갔다. 또 전국대학생대회에서 두 번이나 우승했다. 정말이지 나는 골프를 사랑하고 또 사랑했다.

　내 어린 시절 우리 가족 가운데 남자는 모두 트럭 운전사였다. 할아버지, 아버지, 형 모두 그랬다. 당연히 나도 크면 트럭 운전사가 될 것이라는 말을 들으며 자랐다. 그러나 나는 다른 인생을 꿈꿨다. 비록 그 인생이 어떤 것일지 또 어디에서 그 인생을 찾아야 할지 모르긴 했지만…. 그런데 골프는 내게 완전히 새로운 가능성의 지평을 열어주었다. 골프가 없었다면 나는 대학에 진학하지 못했을 것이기 때문이다.

4년제 대학교 학위를 취득함으로써 나는 사회경제적 지위의 사다리에서 한 칸 위로 올라설 수 있었다. 그 결과 부모님과 조부모님이 감히 접근할 수 없었던 기회도 얻을 수 있었다. 골프가 나를 거기까지 이끌었다. 그랬기에 당연히 내가 잘살 수 있는 가장 좋은 방법은 골프를 미래 직업으로 삼는 것이라고 생각했다. 내가 골프채를 놓지 않고 끝까지 최선을 다한다면, 프로 선수가 될 수 있을까? 또 그렇게 해서 내게 성공의 문이 열릴까? 나는 그럴 것이라고 믿었다.

그러나 지금 돌이켜보면 그 당시 나는 확증 편향에 사로잡혀 있었다. 내가 졌던 경기들은 아예 기억에서 지워버리고 오로지 이겼던 경기만 생각하면서 그렇게 믿었던 것이다. 나는 좋은 내용으로 이겼던 경기의 내용은 아무런 문제 없이 기억했다. 예를 들어서 어떤 유명한 대회의 9번 홀에서 거두었던 최고의 기록은 기억하면서도 나머지 홀에서 거두었던 최악의 기록은 기억에서 말끔히 지워버렸다. 참으로 편리하게도! 내 물건을 챙겨서 집을 떠나 위스콘신 대학교 스티븐스포인트 캠퍼스로 향하던 어린 내게는 프로 골프 선수가 되어서 PGA 투어에서 뛰는 것이 꿈이었다. '나라고 해서 못할 게 뭐가 있나? 하면 되지 뭐!' 그런 심정이었다. 나는 골프 선수로서 내가 거두었던 지난 성공의 규모를 확장해 PGA 투어라는 미래의 성공으로 이어갈 수 있으리라 믿었다.

그런데 1학년 때 내 인생의 궤적이 바뀌는 놀라운 일이 일어났다. 가을 골프 시즌이 중반쯤에 이르렀던 어느 주말, 나는 고향집으로 돌아갔다. 금요일 아침 위스콘신 매디슨에 있는 체로키컨트리클럽에 연습차 나갔는데, 거기에서 우연히 대학생 골프 선수들을 많이 만났다. 그중에는 고등학생 시절에 경쟁하던 선수들도 몇 명 있었다. 나보다 나이가 많은 선수들이었다. 거기에는 일리노이대학교의 스티브 스트리커Steve Stricker와 하트퍼드대학교의 제리 켈리Jerry Kelly도 있었다. 두 사람은 이미 PGA에 진출해서 성공적인 경력을 만들어가던 중이었다. 그 선수들과 시합을 해본 지 오래되었기에 그들에 비해서 내 실력이 어떤 수준인지 비교해보고 싶었다. 그래서 기꺼이 그들과 함께 경기를 했다.

고등학생 시절 나는 비록 그 선수들보다 몇 살 어리긴 했지만 대등한 경기력을 갖고 있었다. 그런데 오랜만에 다시 경기를 해보니 그들은 완전히 달라져 있었다. 나는 여전히 아마추어 수준이었지만 그들은 놀랍게도 잭 니클라우스가 되어 있었다. 그런데 나는 이 명백한 사실을 현실로 받아들이려 하지 않고 애써 외면하면서 나 자신에게 이렇게 말했다. '그 형들은 예전에도 나보다는 훌륭한 볼스크라이커였지. 그렇지만 실제로 경기에 들어가면 내가 더 잘쳤으니까 뭐. 게다가 이건 연습 타구를 날리는 거잖아. 중요한 건 실제 경기에서 점수가 어떠냐 하는 거지. 그 점수가 어떻게 나오는지는 실제로 한번 해보면 알 수 있지. 내가 절대 뒤지지 않을 거야.'

두 사람이 모두 티오프를 한 뒤에 나는 친구 몇 명과 함께 라운드를 시작했다. 동일한 티와 동일한 코스 그리고 동일한 날씨 조건이었지만 결과는 충격적이었다. 스티브와 제리는 둘 다 60점대 후반 점수를 기록했으며 그들과 함께 경기했던 다른 많은 선수도 마찬가지였다. 그중에는 지금은 프로 선수인 고등학생 마리오 티지아니^{Mario Tiziani}도 포함되어 있었다. 나는 꽤 잘했다고 생각했지만 75타를 기록했다. 골프 점수에 익숙하지 않은 사람을 위해 이 정도의 점수 차이는 A+와 D의 차이임을 밝혀둔다.

그날 밤 나는 잠을 잘 수 없었다. 대신 데이터를 다루는 사람이라면 당연히 하는 일을 떠올렸다. 그것은 바로 지난 몇 년 동안 두 사람이 거두었던 점수와 같은 코스에서 내가 거두었던 점수를 비교하는 일이었다. 그 일은 쉽지 않았다. 당시만 하더라도 인터넷이 없었기 때문에 도서관에서 지역 신문을 뒤져야만 했으니까. 나는 다음 날인 토요일부터 그다음 날인 일요일까지 꼬박 이틀 동안 자료를 뒤졌다. 그렇게 주말을 보낸 뒤에 스티븐스포인트로 자동차를 몰고 돌아가면서 너무나도 명백한 진실을 받아들이기로 했다. 내가 아무리 골프에 열정을 다해도 프로 선수는 될 수 없다는 것, 아니 그 수준에 근접할 수조차 없다는 진실을 말이다.

나는 대학생 골프 선수로서는 나쁘지 않은 경기력을 갖고 있었다. 하지만 프로 선수들과 경쟁할 수 있을 만큼 가장 높은 수준으로 올라서기는 힘들었다. 도저히 마지막 몇 타를 줄이는 것이 불가능했다. 더는 나 자신을 속일 수 없었다. 프로 선수가 되겠다는 내 포부의 실체가 무엇인지 엄혹한 현실이 적나라하게 드러냈기 때문이다. 내가 안고 있던 포부의 실체는 바로 긍정 오류였다.

내가 가진 재능이 나를 이끌 수 있었던 지점은 거기까지였다. 그 지점에서 더는 규모가 확장될 수 없었다. 그럼에도 무리하게 규모를 확장하면 전압 강하가 나타나서 훨씬 더 큰 실망을 할 게 뻔했다. 그래서 나는 프로 선수의 꿈을 접기로 마음먹었다.

쉽지 않은 결정이었다. 그 결정은 내가 어릴 때 미식축구단 그린베이 패커스의 전설적인 감독 빈스 롬바르디^{Vince Lombardi}의 왕국이던 위스콘신의 소도시에서 자라면서 배웠던 가치관과 어긋났다. 롬바르디는 "승자는 결코 포기하지 않고, 포기하는 사람은 결코 이기지 못한다."라고 말했다. 바로 이것이 당시에 내가 푹 빠져 있던 지역문화의 가치관이었고 나는 그 가치관의 결과물이었다. 나를 응원하던 부모님도 내가 골프를 평생 직업으로 삼게 될 것이라고 믿으면서 끈기를 갖고 절대 포기하지 말라고 조언했다.

사실 이것은 위스콘신 지역에서만 나타나는 독특한 현상은 아니다. 미국 문화 전반은 포기하지 않고 조금만 더 버티면 꿈이 이루어진다고 말한다. 소셜미디어에 넘쳐나는 성공 사례 대부분이 그렇다. 거기에는 "다행히도 나는 포기하지 않았고 모든 좌절과 장애물을 극복했다."라는 말이 똑같이 붙어 있다.

그 성공들은 박수를 받아 마땅하다. 그러나 이 기분 좋은 성공이 하나 나올 때까지 나름대로 열심히 노력했지만 끝내 결승선까지 도달하지 못한 수십만 명에 대한 이야기는 없다. 이 사람들이 올린 트윗은 어디에 있을까? 그들이 20년 전에 일찌감치 포기하고 완전히 다른 길을 걸었더라면 이룰 수 있었을 위대한 일들에 대해 이야기하는 사람은 도대체 어디에 있을까? 도저히 이룰 수 없는 꿈을 위해 노력을 멈추지 않았던 탓에, 수많은 사람의 목숨을 구할 수 있는 신약이나 혁신적인 신제품 개발 그리고 대담한 정책 개입이 실현될 수 없었다는 말은 왜 아무도 하지 않을까? 이런 이야기는 아무도 하지 않고 또 쓰지 않는 슬픈 이야기다. 왜냐하면 그것들은 현실에서 실현될 기회를 갖지 못했기 때문이다. 우리는 포기하면 안 된다는 말을 너무 많이 듣고 자랐다.

만약 내가 당신에게 무언가 대단한 것을 성취하려면 포기할 줄도 알아야 한다고 말한다면 당신은 뭐라고 하겠는가? 가망이 없는 꿈이나 경력을 포기하고 당신이 훨씬 더 잘할 수 있는 일을 추구하라고 말한다면 당신은 뭐라고 하겠는가?

나는 프로 골프 선수의 꿈을 접은 뒤에 내가 진정으로 재능과 열정을 가졌다고 믿었던 일로 진로를 바꿨다. 내 교육 성취도의 방향을 전환한 것이다. 그것은 바로 경제학이었다. 1992년에 나는 위스콘신대학교 스티븐스포인트 캠퍼스에서 경제학 석사 학위를 받았다. 그 4년 뒤 와이오밍대학교에서 박사 학위를 받았다.

그리고 나는 종신 교수직에 지원했다. 무려 150곳에 지원했다. 149곳에서 거절당했지만 흔들리지 않았다. 경제학에 열정을 가졌을 뿐만 아니라, 골프와 달리 경제학은 내가 두각을 나타낼 만큼 충분히 잘하는 분야라는 사실을 확신했기 때문이다. 비록 내가 화려한 아이비리그 학위를 갖고 있지는 않지만, 내 연구저작에 대한 사람들의 반응을 보고 내가 제대로 된 길을 가고 있음을 알았다. 그래서 이번에는 빈스 롬바르디 감독의 조언대로 끈질기게 버텼다. 결국 나는 나를 원한 센트럴플로리다대학교에서 현장 작업에 매진했다. 바로 이 작업이 지금까지 나의 경력을 구성했다.

그 접근법은 성공했다. 다중우주의 어느 구석에서, 존 A. 리스트는 이류 컨트리클럽의 골프 강습생들에게 빈스 롬바르디의 말을 인용하는 골프 '티칭 프로'다. 그 정도면 최악은 아니지만 그렇다고 최고도 아니다. 그러나 고맙게도 이 우주에서 나는 나다. 나는 새로운 현장실험과 새로운 과학으로 끊임없이 나 자신의 호기심을 충족시킨다. 나는 스스로 생각하기에도 자랑스러운 일을 많이 했고, 심지어 어쩌면 적지 않은 사람들에게 도움을 줬을지도 모른다. 하지만 골프 선수로 살았다면 이러한 영향력을 행사하지 못했을 것이다.

이는 경제학자가 골프 선수보다 사회적으로 더 가치 있는 존재이기 때문이 아니다. 내가 골프보다 경제학을 더 잘했기 때문에 경제학에서 성공을 거둘 가능성이 상대적으로 더 높았다는 뜻이다. 그 덕분에 나는 사회적 가치가 있는 일들에 상대적으로 더 많이 기여했다. 즉, 경제학자로서 내가 가진 기술은 골프 선수로서 내가 가졌던 기술보다 확장성이 더 컸다.

때로 최선의 선택은 포기하는 것이다. 포기는 힘든 결정일 수 있다. 그러나 포기를 잘하는 것이 규모 확장에 성공하는 비결 가운데 하나라고 말하고 싶다. 나는 사람이나 기업이나 조직이 충분할 정도로 확실하게 포기하지 않을 뿐만 아니라 충분할 정도로 일찍 포기하지 않는다고 생각한다.

바로 여기에서 피할 수 없는 질문이 제기된다. 정말 포기해야 할 시점을 어떻게 알 수 있을까?

시간은 돈, 환산 불가능한 가치를 생각하라

골프 경력을 포기하고 전향한 분야가 경제학이었다는 점은 분명 우연이 아니다. 경제학이 내가 올바른 선택을 한 이유를 과학적으로 설명할 수 있는 학문 분야라는 점에서 더욱 그러하다. 그 설명은 경제학의 기본 개념인 기회비용opportunity cost에서 찾을 수 있다.

기회비용은 하나의 선택지를 포기하고 다른 선택지를 선택할 때 놓칠 수 있는 이득을 말한다. 다시 말해 선택하지 않은 선택지의 가치를 계량화한 것이 기회비용이다. 만약 내가 골프 경력을 포기하지 않고 계속 붙들고 갔더라면 어땠을까? 열성적인 젊은이들에게 경제학을 가르치고, 과학저작물을 발표하며, 다양한 분야의 리더들에게 조언할 기회를 누릴 수 없었을 것이다.

기회비용의 작동 방식을 보여주는 유용한 사례 하나를 직접 경험한 적이 있다. 내 아들 메이슨이 새로운 야구 방망이를 살 때였다. 당시 메이슨은 여덟 살짜리 야구선수였고 호승심이 유난히 강한 아이였다. 그는 타율을 높이는 데 도움이 되리라 기대하며 최고급 야구 방망이를 사려고 그때까지 325달러를 모아뒀다. 메이슨은 자신에게 매우 좋은 두 가지의 선택지가 있음을 깨달았다. 하나는 200달러였고, 다른 하나는 325달러였다.

아이는 이 둘 가운데서 어떤 결정을 내려야 할지 몰랐다. 그래서 경제학자인 아버지에게 의견을 물었다. 참고로 녀석의 아버지인 나는 데이터 과학자였고, 녀석이 처음으로 타석에 섰던 다섯 살 때부터 그의 기록을 축적해왔다!

"메이슨, 이렇게 한번 생각해봐. 200달러짜리 야구 방망이를 사면 125달러가 남으니까 그 돈으로 롤링스 야구 글러브도 새로 살 수 있어. 어때?"

아이는 이 의견을 받아들였다. 몇 분 뒤에 우리는 200달러짜리 야구 방망이와 새 롤링스 글러브를 계산대에 올려놓았다. 이 선택에서 메이슨은 기회비용을 고려했다. 지출할 수 있는 돈이 한정되어 있었기 때문에, 더 비싼 방망이를 선택했다면 325달러를 지출해야 했을 뿐만 아니라 새 글러브도 살 수 없었다.

사람들은 흔히 이런 계산을 본능적으로 한다. 두 가지 선택지가 모두 시야에 들어오기 전까지는 계속해서 기회비용을 고려한다. 이것은 우리의 판단과 선호가 주로 명시적으로 제시된 정보에 기초하는 경향이 있기 때문이다. 이런 사실은 영향력 있는 심리학 연구로 이미 증명된 현상이다.[1]

7장에서 살펴봤듯 사람들은 어떤 의사결정을 할 때 정신적 지름길, 즉 어림짐작을 하는 경향이 있다. 이것은 기회비용을 신중하게 따질 시간이 없다는 뜻이다. 이와 관련해 자신이 미래에 느끼게 될 감정을 예측하는 능력인 정서 예측^{affective forecasting}에 대한 연구는 다음 사실을 보여준다. 자신의 미래 행복에 대한 판단이 현재의 분위기에 과도할 정도로 민감하게 반응하기 때문에 다른 여러 요소를 무시한다는 사실을 말이다. 다시 말해 사람은 지금 당장 맞닥뜨린 감정의 중요성을 확대해서 받아들이는데, 이런 태도는 한층 더 충동적인 의사결정으로 이어질 수 있다.[2]

스포츠카드를 팔던 시절 나는 이런 현상을 자주 목격했다. 카드를 사는 사람은 250달러짜리 켄 그리피의 신인 시절 카드와 200달러짜리 에이로드(알렉스 로드리게스) 카드 가운데 하나를 쉽게 선택하지 못하고 망설인다. 이때 내가 "그리피 카드 한 장을 선택할래, 아니면 에이로드 카드 한 장과 어퍼데크^{Upper Deck} 카드 다섯 장 묶음을 선택할래?"라고 물으면 달라진다. 조금 전까지 선택을 어려워하던 친구가 언제 그랬냐는 듯 금세 선택하는 것이다. 그 선택지는 바로 에이로드 카드 한 장과 어퍼데크 카드 다섯 장 묶음이다.

어떤 실험 연구에 따르면 정책 입안자들도 그리 다르지 않다. 그들도 기회비용 무시^{opportunity cost neglect}라는 편향에 취약하다.[3] 이것은 정책 입안자들이 자금을 지원할 최적의 프로그램을 결정할 때 다른 프로그램들을 온전히 고려하지 않은 채 미리 생각하고 있던 단 하나의 프로그램에만 초점을 맞추는 편향이다.

"이 정책에 1,000만 달러를 투입하면 어떤 편익이 발생할까요?"라는 질문을 종종 듣는다. 그러나 "이 정책 대신에 그 돈을 만약 다른 정책에 투입한다면 어떤 편익이 발생할까요?"라는 질문은 거의 들어보지 못했다. 물론 기업계에서도 기회비용 무시 편향의 영향을 받는다. 그러나 경쟁이 치열한 기업 환경에서는 기회비용을 이해하는 것이 중요하므로, 그런 오류를 예방할 기본적인 관행을 많이 마련해두고 있다.

이것은 7장에서 살펴봤던 한계적 사고라는 개념으로 우리를 다시 데려가는데, 이 개념은 기회비용과 분리될 수 없다. 자원이 한정되어 있을 때 투입하는 마지막 1달러로 최대의 효과를 창출하지 못할 경우, 기회비용에는 그 마지막 1달러를 한층 더 효과적으로 투입했을 때 발생할 수 있는 추가적인 영향이 포함된다.

이 모든 것이 알려주는 사실은 기회비용을 평가하려면 어퍼테크 카드 다섯 장 묶음이나 메이슨의 새 야구 글러브처럼 결정의 명시적 구성요소가 아닌 대안적 선택지들을 고려할 필요가 있다는 점이다. 물론 기회비용에는 돈으로 살 수 있는 것만 해당되는 게 아니다. 기회비용을 무시하면 무엇보다도 소중하며 또 제한된 자원인 시간이 낭비된다.

어느 한 가지 물건을 사는 데 돈을 지출하면 다른 물건에 돈을 지출할 수 없는 것과 마찬가지다. 어느 한 가지 일에 시간을 사용하면 다른 일에 사용할 시간이 없어진다. 어떤 회사가 모든 자원을 단 하나의 제품을 확장하는 데만 쓰면 그외 다른 제품들은 확장할 수 없게 된다. 정부도 그렇다. 하나의 공공 프로그램의 규모를 확장할 때 다른 프로그램의 규모를 동시에 확장하지 않는다. 어떤 선택지든 하나를 선택한다는 것은 돈뿐만 아니라 관련자들의 수천 시간이 함께 투입된다는 뜻이다. 이처럼 조직이 확장되면 기회비용도 그만큼 늘어난다. 더 많은 비용이 지출되는 만큼 시간도 더 많이 지출된다. 그리고 경제적인 차원에서 말하자면 시간은 돈이다.

시카고학파의 유명한 경제학자인 게리 베커Gary Becker가 시간의 실제 가치를 결정하는 작업을 시작한 이후로, 경제학자들은 시간이라는 까다로운 경제학적 실체를 측정하는 방법을 다양하게 탐구해왔다. 현재 경제학자들은 다양한 상황과 장소와 모집단에 걸쳐서 우리가 가진 시간의 가치를 추정한다.

예를 들어 만약 어떤 운송 관련 프로그램이 승객의 출퇴근 시간을 줄여줄 새로운 지하철 노선에 예산을 투입한다면, 이때 시민에게 돌아갈 시간의 가치는 얼마나 될까? 새로운 지하철 노선 덕분에 사람들이 돌려받게 될 시간을 활용해 그들이 할 수 있는 일의 가치를 따져보는 방식으로 구체적인 수치를 추정할 수 있다. 그러나 시간의 기회비용은 단지 돈을 벌거나 혹은 잃는 것에 관한 문제가 아니다. 그것은 우리가 지구에 살아 있는 제한된 시간을 어떻게 사용할 것인가에 관련된 문제다.

사람은 누구나 주어진 인생을 최대한 활용하길 원한다. 승차공유 사업에서 승객이 대기 시간이 너무 길다고 투덜대고 조금이라도 더 오래 기다리는 것을 끔찍하게 여긴다거나 조직들이 늘 생산성을 높이는 방안이 없을까 하고 두리번거리는 이유는 바로 이 때문이다. 우리는 시간을 들여 성취의 결과를 극대화하려고 애를 쓴다. 또 스팸메일을 삭제하거나 승차공유 자동차가 도착하기까지 기다리느라 낭비되는 시간의 기회비용을 최소화하려고 한다.

크고 대담한 아이디어를 가진 사람이나 조직이라면 기회비용은 특히 중요하게 고려해야 할 요소다. 아이디어의 규모가 확장될수록 시간과 돈과 기회를 더 많이 잃어버릴 수 있다. 게다가 사람은 열정을 담은 어떤 것의 규모를 확장하고자 할 때 대부분 감정적인 비용도 지출한다. 그 감정 비용은 바로 시간, 즉 소중한 인생을 투입했지만 결과가 변변찮을 때 들 수 있는 실망과 비통함을 두려워해야 하는 비용이다.

희귀 질병의 치료법을 찾겠다는 열망으로 연구를 선택하는 과학자나 산업에 혁명을 몰고 올 새로운 기술 아이디어를 가진 스타트업 창업자를 생각해보자. 이런 목표를 추구하는 데는 엄청난 희생이 필요하다. 그중 가장 중요한 것은 선택하지 않은 경로에 대한 기회비용이다. 이것이 온갖 정성과 시간을 들인 아이디어가 확장되지 못할 때의 충격이 그토록 파괴적일 수밖에 없는 이유다. 당사자가 잃어버리는 것은 전압만이 아니다. 선택하지 않았던 다른 유망한 기회들도 함께 잃는 셈이다.

잘못된 생각에 깊이 빠져 있을수록 인생의 가장 귀중한 자원인 시간은 더 많이 낭비된다. 그러나 적절한 시기에 하던 일을 멈추고 포기한다면, 즉 매몰비용을 무시한다면 새롭게 다른 것을 시도해서 규모를 확장할 수 있다. 간단히 말해 다른 것에서 성공을 거둘 수 있다는 말이다. 나는 이것을 최적 포기optimal quitting라고 부른다.

때로 당신은 기어를 변속해야 한다. 꿈꾸던 프로 골프 경력을 버리고 더 나은 경력을 찾아야 한다는 말이다. 프로 골프 경력은 세상을 바꾸겠다고 꿈꿨지만 원하는 만큼 성과를 내지 못하는 아이디어라고 볼 수 있다. 포기가 빠를수록 기회비용은 줄어든다. 물론 더 많은 것을 희생하기 전에, 다시 말해 적절한 순간에 자신이 추구하던 것을 포기하는 것은 저절로 되는 일이 아니다. 스포츠 카드를 수집하는 청소년이나 여덟 살짜리 리틀리그 선수에게 기회비용을 정확하게 계산하는 일이 저절로 일어나지 않는 것처럼. 포기에도 노력이 필요하다. 어림짐작과 빠르게 생각하기라는 뿌리 깊은 본능을 거스르려는 노력 말이다. 그리고 인간이기 때문에 필연적으로 갖고 있을 수밖에 없는 정신적 자만심과도 싸워야 한다.

1990년대에 이뤄진 한 실험[4]은 이러한 도전을 잘 보여준다. 실험 참가자들은 무엇을 할지 결정하기 전에 실험 진행자에게 외국 도시에서 영화 보기와 같이 흥미진진한 기회에 대해 질문할 수 있었다. 따라서 결정을 내리는 가장 좋은 전략은 제안된 활동과 비슷한 시간이 소요되는 다른 여러 활동의 매력을 비교하는 것이었다. 그러나 실험 참가자들의 생각은 폭이 매우 좁았다. 그들이 했던 질문은 박물관 방문이나 콘서트 관람처럼 그 도시에서 할 수 있는 다른 활동이 아니라 실험 진행자가 제안한 활동에만 초점이 맞춰져 있었다.

규모 확장을 목표로 할 때는 터널 시야(어두운 터널에 들어섰을 때 다른 것은 눈에 잘 들어오지 않고 오로지 출구만 밝게 보이는 시각 현상-옮긴이)와 같은 유형의 위험한 사고에 빠질 수 있다. 사람들은 흔히 전혀 다른 아이디어들을 발상하고 상상하기보다는 이미 시간과 자원을 투입한 아이디어의 다양한 측면을 살피는 데 초점을 맞춘다. 그러나 이 두 가지를 모두 하는 것이 훨씬 더 좋다. 하나의 아이디어를 확장하는 동시에 다른 가치 있는 아이디어를 고려해야 한다. 이런 습관을 들이려면 소비자의 기회비용 무시 행태를 다루었던 유명한 연구[5]가 지적한 것처럼 '적극적으로 대안을 창출'해야 한다.

대안이 많을 때는 진행하던 것을 포기하더라도 정서적으로나 현실적으로 훨씬 덜 고통스럽다. 가장 좋은 예는 구글의 문샷 공장인 엑스$^{X Development}$(과거 명칭은 'Google X')일 것이다.[6] 엑스의 직원들은 인류가 직면한 가장 시급한 과제(이 목표는 그 어떤 것보다도 전압이 높다)에 10배 이상의 영향을 미칠 수 있는 권한을 갖고, 상상할 수 있는 가장 창의적이고 야심찬 목표를 탐색할 수 있게 됐다. 이렇게 해서 구글의 문샷 집단은 공간이동과 우주 엘리베이터처럼 언뜻 보면 정신이 나간 것 같은 아이디어에 시간과 집단두뇌와 돈을 쏟아부었다. 그러나 공간이동은 물리학의 법칙을 뛰어넘어야 한다. 그리고 우주 엘리베이터를 만드는 데 필요한 재료는 아직 존재하지 않거나 비용효율적으로 만들 수 없다. 그들은 이 두 가지 아이디어를 결국 포기했다.

하지만 이런 아이디어들을 지속적으로 포기하는 것은 엑스가 진행하는 공정의 부산물이 아니라 토대다. 이와 관련해서 엑스의 연구 책임자인 아스트로 텔러$^{Astro Teller}$는 TED 강연에서 다음과 같이 말했다.

"억제되지 않은 자유로운 낙관론이 우리가 가진 전망을 힘차게 밀어붙이는 와중에도 우리는 흥미로운 균형을 동시에 추구합니다. 그런 낙관적인 전망에 생명과 현실성을 불어넣기 위해 열정적으로 비관적인 주장을 이용하니까 말입니다."[7]

실망스러웠던 첫 번째 버전의 구글 글라스처럼 폐기된 많은 아이디어와 접근법과 시제품이 그런 맥락에서 나왔다. 그러나 최적 포기라는 이 복음은 구글의 엑스가 인류 역사상 가장 혁신적인 노력 가운데 일부를 발견하고 또 그 규모를 확장하는 것을 목표로 하는 방법론이다.

많은 노력을 기울였음에도 바라던 결과가 나오지 않을 때는 고통스럽다. 그러나 그 모든 것을 포기하고 돌아서는 데는 아름다움과 자유가 있다. 게다가 상식적이다. 예를 들어 2011년에 넷플릭스는 스트리밍 및 DVD 우편 대여 서비스를 따로 떼어내 퀵스터Qwikster라는 브랜드를 만드는 실수를 저질렀다.[8] 이때 고객들은 분통을 터뜨렸고, CEO 리드 헤이스팅스Reed Hastings는 고객의 말에 귀를 기울여서 규모 확장에 실패한 그 아이디어를 즉시 폐기했다. 사태를 방관한 채로 DVD 우편 대여 사업이 살아남을 수 있을지 확인하기에는 기회비용이 너무 많이 들었다. 넷플릭스의 신속한 움직임은 올바른 결정이었다.

덕분에 넷플릭스는 일시적이었던 전압 강하에서 회복했으며, 엄청난 속도로 규모를 확장할 수 있었다. 물론 충분히 일찍 포기하지 않은 탓에 결국 문을 닫은 회사의 수는 일찍 포기한 회사의 수보다 훨씬 더 많다. 하지만 아무도 그들을 기억하지 못한다. 왜냐하면 그들이 일찍 포기하고 시간과 자원을 다른 곳에 사용했을 때 그들이 어떤 성과를 낼 수 있었을지는 아무도 모르기 때문이다. 그 기회를 잡지 않았으니 말이다.

넷플릭스가 대담하고 현명한 포기를 보여준 것은 사실이지만 이것이 최적의 포기였는지를 두고는 논란의 여지가 있다. 사실 넷플릭스는 일찌감치 손을 떼는 것이 계속 밀고 나가는 것보다 훨씬 더 나은 선택임에도 많은 시간과 돈과 노력을 낭비했다. 포기의 시기가 더 빨랐다면 분명 더 좋았을 것이다. 개인이든 조직이든 그 누구도 벼랑 끝을 향해서 자동차를 몰다가 마지막 순간에 핸들을 꺾어서 안전한 곳으로 방향을 바꾸기를 원하지는 않는다. 애당초 벼랑 근처로 가까이 가지 말았어야 했다는 말이다!

기회비용이 낮은 상황에서 일찍 그만두는 것이 훨씬 낫다. 그렇게 한다고 해서 내 친구이자 훌륭한 행동 심리학자인 앤절라 더크워스Angela Duckworth가 유명하게 만들었던 용어인 '그릿grit(끈기)'이 그 사람이나 조직에 없다는 뜻은 아니다.[9] 끈기는 희망이 없는 어떤 것을 끝까지 고집하는 것이 아니다. 정확하게 말하면 새로 시작하기 위해서 일찍 포기할 줄 아는 정서적 회복력이야말로 바로 끈기다. 즉, 전쟁에서 이기기 위해서는 전투를 포기할 줄도 알아야 한다는 말이다.

자기가 가장 잘하는 것의 규모를 확장하라

어떤 아이디어가 규모를 확장했을 때 수익(이익 또는 영향)이 크게 줄어들 것으로 예상된다고 하자. 이는 그것을 중단하거나 혹은 더 나은 확장성을 가진 다른 아이디어를 채택해야 한다는 확실한 신호다. 하지만 포기할지 말지를 결정할 때는 아이디어가 확장 가능한 것인지뿐만 아니라 자신이 그 확장을 이끌기에 적합한 사람인지도 따져봐야 한다.

포도주와 직물을 놓고 살펴보자. 이것은 영국의 경제학자 데이비드 리카도David Ricardo가 1817년 봄에 발표한 역사적인 논문 「정치경제학과 조세의 원리On the Principles of Political Economy, and Taxation」10에서 사례로 제시한 두 개의 상품이었다. 이 논문의 주제는 국제 무역이었는데, 특히 후대에 커다란 영향력을 행사할 비교우위comparative advantage라는 개념을 확립하는 이론이 제시된다. 이 발상은 매우 직관적이었다. 천연자원이나 인프라 또는 기타 여러 가지 이유로 특정 제품을 다른 국가보다 더 효율적으로 생산할 수 있는 나라, 즉 더 낮은 기회비용으로 생산할 수 있는 나라가 있다고 치자. 그러면 이 나라는 다른 나라들만큼 효율적으로 생산할 수 없는 제품에 자원을 낭비하지 말고 효율적으로 생산할 수 있는 제품에 초점을 맞추어야 한다는 것이다.

리카도는 포르투갈이 포도주 제조에 뛰어나다고 강조했다. 포르투갈은 적절한 포도와 적절한 날씨를 갖고 있었다. 그뿐만이 아니다. 포르투갈에는 경쟁력 있는 가격 덕분에 다른 나라에 수출할 수 있는 좋은 와인을 생산하는 전문지식과 물류 노하우를 두루 갖춘 포도주 상인들의 오랜 전통도 있었다. 한편 영국은 직물을 생산하는 데 뛰어났다. 영국은 경제적 강점을 가진 효율적인 직물 생산 및 판매에 관한 기술 및 기계를 갖고 있었다. 포르투갈에 포도주 생산의 전통이 있었던 것처럼 영국에는 직물 생산의 전통이 있었다. 리카도의 주장은 간단했다. 각자 잘할 수 있는 것을 하고 그것의 규모를 확장하라는 것이다.

비교우위의 개념은 단지 특화된 상품을 생산해야 한다는 측면에만 한정되지 않는다. 구매자를 포함한 관련된 모든 당사자가 최적의 가격으로 최고의 제품을 손에 넣을 수 있다는 뜻이다. 그러므로 모든 나라는 포르투갈을 포함한 성숙하고 효율적인 포도주 제조 산업을 가진 나라들에서 포도주를 구입하고 영국을 비롯한 성숙하고 효율적인 섬유 산업을 가진 나라들에서 직물을 구입하는 것이 유리하다. 여기에서 우리는 다시 애덤 스미스의 '보이지 않는 손'을 볼 수 있다. 수요와 공급의 우아한 춤을 추는 이 손이 혼란스러워 보이는 시장에 질서와 균형을 만들어낸다.

물론 현실에서는 관세, 세금, 그리고 가끔 일어나는 무역전쟁 등이 수출입 가격을 부풀릴 수 있어서 이론보다는 복잡한 것이 사실이다. 그러나 리카도의 비교우위 법칙은 19세기 초와 마찬가지로 오늘날에도 전반적으로 적용된다. 일본은 좋은 차를 효율적으로 생산하는데 일본의 수출 1위 품목은 자동차다. 사우디아라비아는 석유 생산법을 잘 알고 있으며 석유 매장량이 엄청나다. 이 나라의 수출 1위 품목은 석유다. 미국의 기술 산업은 세계 최고이고 미국의 수출 1위 품목은 컴퓨터를 포함한 하드웨어다. 이처럼 각 나라는 자기가 집중할 때 높은 전압을 발생시킬 가능성이 가장 높은 것을 선택해서 이것의 규모를 확장한다.

정말 그럴까?

데이비드 리카도의 통찰은 국제 무역이라는 범주를 넘어 시간과 자원을 쏟아붓는 거의 모든 노력에 적용된다. 이론적으로 보자면 이것은 사람들 혹은 국가들이 상대적으로 잘하는 영역에서 경력을 쌓아 가장 큰 영향력을 발휘할 수 있는 분야에서 어떤 대의를 주장하며 선도적인 역할을 할 수 있는 사업을 벌인다는 뜻이다. 그러나 현실은 이보다 복잡하다. 19세기에 영국이 직물을 버리고 포도주를 선택한 것처럼 때로 우리는 성공할 가능성이 낮은 목표임에도 그 목표에 헌신한다. 이 잘못된 계산은 집단과 개인을 막론하고 우리가 잘못된 것을 추구하게 만든다.

나는 대학생 골프 선수 시절 첫 시즌 때 골프를 직업으로 삼을 정도로 골프를 잘하지는 못한다는 사실을 깨달았다. 이는 내가 경제학에서는 비교우위를 갖고 있지만 골프에서는 비교우위를 갖고 있지 않다는 깨달음이었다. 이것은 내가 골프를 직업적으로 계속 추구한다면 기회비용이 극단적으로 클 뿐만 아니라, 최악의 경우에는 그 선택에 동반되는 희생이 그럴 만한 가치가 없는 것이 된다는 뜻이었다. 결국에는 실패할 것이기 때문이었다.

스타트업, 비영리단체, 혹은 그외 대부분의 기업은 미국의 열여덟 살 남자아이들처럼 맹목적으로 덤벼들지는 않는다. 이들이 비행기라고 치면 이들 가운데 상당수가 이륙하자마자 고도를 잃고 아래로 떨어지기 시작한다. 이렇게 되는 이유는 보통 그들이 자신의 비교우위 강점이 무엇인지 모른 채, 혹은 자신만의 비교우위를 개발하지 못한 채 시작했기 때문이다. 추락을 피하려면 아무짝에도 쓸모없는 아이디어는 기꺼이 포기하고, 그렇게 확보한 시간과 자원을 강점을 발휘할 수 있는 다른 곳에 투자해야 한다. 다시 말해 비교열위 상태에서 미래의 우위를 확보하려고 노력해야 한다. 바로 여기에서 경영 분야에서 익숙한 개념이자 유행어인 피벗이 등장한다.

스타트업 세계에서 예를 찾아보자면 트위터가 있다.[11] 트위터는 애초에 오데오^Odeo라는 팟캐스트 플랫폼 안에서 탄생한 아이디어였다. 이 아이디어는 나쁘지는 않았지만 그렇다고 해서 최고도 아니었다. 많은 기술 스타트업들이 이미 팟캐스트 출판 및 여러 가지 콘텐츠를 하나의 장소에 모아놓는 집계^aggregation의 영역을 개척했고 이 분야는 점점 붐비기 시작했다.

오데오는 다른 유사 플랫폼들과 마찬가지로 사용자들이 오디오 파일을 만들고 저장하고 공유할 수 있게 했지만 경쟁자들을 압도할 획기적인 혁신은 갖고 있지 않았다. 그래서 임원들이 트위터라는 이름으로 회사를 만들어 분리한 뒤, 오데오는 음악이나 음성 콘텐츠를 위주로 하는 '오디오블로그^audioblog'에서 짧은 문구로 소식을 전하는 '마이크로블로그microblog'로 급선회했다. 그렇게 140자 메시지(현재 280자)를 전송하는 유비쿼터스 플랫폼에 완전히 새로운 형태의 소셜미디어가 등장했다.

트위터는 자신이 최고의 선수가 될 수 있는 완전히 새로운 종목을 만든 것이다. 이것이 바로 비교우위를 만들어내는 방식이다. 중요한 점은 실패가 언제나 실패는 아니라는 점이다. 적시에 손을 떼고 물러나 자신의 비교우위를 발견하면 깨진 달걀은 황금 달걀이 될 수도 있다. 바로 이것이 페이팔의 설립자들이 소비자 인터넷 초창기에 배웠던 교훈이다.

페이팔은 1998년에 '컨피니티Confinity'라는 이름으로 등장했다. 컨피니티는 최초로 상용화에 성공한 PDA인 팜파일럿 사이에 안전한 결제가 이루어지도록 하는 프로그램을 이용해 회사 규모의 확장을 기대했다.[12] 그러나 1990년대 후반 그들이 예견했던 결재 방식은 확대되지 못했다. 결국 컨피니티에게는 비교우위가 주어지지 않았다. 그 무렵 네티즌들은 PDA가 아닌 가정용 컴퓨터를 이용해서 그 어느 때보다도 많은 돈을 온라인으로 송금하고 있었다.

컨피니티는 이 새로운 영역에 주목했다. 그리고 자사의 안전한 금융 기술이 비교우위를 가진다는 사실도 알아차렸다. 일반 소비자들은 은행이나 신용카드사가 중간에 개입하지 않고서는 빠르게 송금할 방법이 거의 없었다. 페이팔은 이 기회를 포착했다. 처음 몇 년 동안 사업 모델을 끊임없이 반복한 끝에 마침내 규모 확장에 성공하고 이베이가 선호하는 P2P 결제 시스템으로 자리를 잡았다.

여기에서 배워야 하는 교훈은 무엇일까? 때로는 어떤 것에서 최고가 되는 것만으로는 충분하지 않다는 점이다. 사람들이 필요로 하고 또 원하는 것에서 최고가 되어야 한다. 규모를 확장하려면 많은 사람이 필요로 하고 원하는 것이어야 한다.

경쟁력이 없는 아이디어를 포기하고 경쟁력이 있는 다른 아이디어로 갈아타야 할 시점, 즉 피벗의 시점은 언제일까? 이를 어떻게 알아볼 것인가 하는 질문의 답은 언뜻 보면 매우 간단하다. 그 시점은 비교우위를 갖고 있지 않을 때 혹은 비교우위를 가졌더라도 빛을 발휘할 실질적인 시장이 없다는 것을 알았을 때다. 하지만 자신이 비교우위를 확보하고 있는지, 또 이것을 갖고 무엇을 할 것인지를 곧바로 명확하게 알기란 어려운 일이다.

컨피니티는 획기적인 기술을 만들어냈지만, 그 당시에는 그 기술을 사용하는 방식의 규모가 확장되어 있지 않았다. 컨피니티는 운이 좋았다. 오데오가 그랬던 것처럼 너무 늦기 전에 곧바로 포기하고 변신했기 때문이다. 그런데 더 일찍 포기하고 더 일찍 규모를 확장할 수는 없었을까? 이론상으로는 충분히 그럴 수 있었다. 그러나 조금 늦더라도 아예 하지 않는 것보다는 낫다!

이 책의 1부에서 우리는 확장성을 파괴하고 아이디어가 성공적으로 펼쳐지는 것을 막는 전압 강하의 주요 원인인 '다섯 가지 활력 신호'를 살펴보았다. 긍정 오류, 사람과 상황에 대한 지나친 일반화로 인한 과대평가, 파급 효과, 그리고 지속 불가능한 비용이 그것들이다. 이것은 규모 확장은 언제든 깨질 수 있는 취약하기 짝이 없는 시도임을 보여준다. 그 다섯 가지 가운데 하나만으로도 규모 확장을 꾀하는 사람이나 조직에게 파멸의 운명을 안겨줄 수 있기 때문이다.

파멸의 운명을 피하기 위해서 또 승리의 또 다른 기회를 보장하기 위해서 포기하고 그만둘 줄 알아야 한다.

◆——— 최적의 포기는
전압을 높이는 핵심 비결이다

최적의 포기는 정말 정말 정말 어렵다. 충분히 속도를 늦추기만 하면 시간과 돈에 대한 기회비용을 추산하고 자기의 비교우위/열위에 대해서 명쾌한 결정을 내릴 수 있는 합리적이고 경제적인 측면이 사람의 마음에는 분명히 있다. 다시 말해 우리는 최적의 포기를 가능하게 해주는 정신적인 도구상자를 갖고 있다.

그러나 우리는 포기해야 마땅함을 알면서도 포기하지 않는다. 이런 선택은 규모를 확장하고자 하는 아이디어에만 적용되는 것이 아니다. 불행한 결혼, 불만족스러운 직업, 나쁜 투자, 형편없는 우정 등 수도 없이 많은 영역에도 적용할 수 있다. 비록 나는 골프를 포기하는 좋은 결정을 내렸지만 내 삶의 다른 영역에서는 제때 포기하지 못하는 수많은 실수를 저질렀다. 왜 그랬을까?

간단하게 말하면, 사람들은 포기에 뒤따르는 마음의 상처를 피하고 싶어서 포기하기를 꺼린다. 실패의 고통은 매몰비용, 즉 이미 투자한 시간과 노력과 감정 때문에 증폭된다. 스스로 감수했던 희생이 성공으로 이어질 때는 선택하지 않은 길에 따르는 기회비용을 쉽게 감당할 수 있다. 하지만 그 희생이 실패로 끝났을 때는 헤어날 수 없을 만큼 깊은 후회의 늪에 빠지는 경향이 있다.

만약 이런 상황이라면 앞서 7장에서 매몰비용을 다루면서 살펴봤던 내용을 상기하는 것이 중요하다. 미래에 대한 어떤 의사결정을 할 때는 과거에 투입했던 비용은 생각하지 말아야 한다. 시간이든 돈이든 혹은 둘 다든 간에 손실은 이미 발생했다. 그러니 그 손실이 언젠가는 보상으로 돌아올 것이라는 부질없는 희망을 붙잡고 계속 투자를 하지 마라. 포기하고 손을 터는 것이 훨씬 낫다. 과거의 손실이 보상으로 돌아오기를 기대하는 것은 헛된 꿈일 뿐이다. 다시 말해 과거의 실수에서 교훈을 얻어 미래의 규모를 확장해야 한다.

많은 사람이 마땅히 포기해야 할 것을 붙들고 집착하는 이유는 포기 이후 맞닥뜨릴 미래, 알 수 없는 미래가 두렵기 때문이다. 이런 모습은 내가 설계를 도왔던 실험에서도 분명하게 드러났다. 2013년에 나와 『괴짜 경제학』의 공동 저자인 스티븐 레빗이 했던 실험[13]이다. 이 실험에서 우리는 인생의 중요한 의사결정을 두고 이렇게 할까 저렇게 할까 망설이던 실험 참가자들에게 괴짜경제학닷컴freakonomics.com에서 가상의 동전을 던져보라고 했다. 어떤 사람들은 다니던 직장을 그만두고 싶어 했고, 어떤 사람들은 집을 팔지 말지 고민했다. 또 어떤 사람들은 사귀던 사람과 헤어질 생각을 하고 있었다. 동전을 던져서 앞면이 나온 사람들에게는 직장을 그만두고 집을 팔고 사귀던 사람과 헤어지라는 조언의 메시지가 전송됐다. 반대로 뒷면이 나온 사람에게는 현재의 상태를 유지하라는 메시지가 전송됐다.

1년 동안 실험 참가자들은 가상 동전을 2만 번 넘게 던졌다. 우리는 사람들이 동전을 던진 후 어떤 결정을 내렸는지 알아보기 위해서 그들이 동전을 던진 시점에서 두 달 뒤와 여섯 달 뒤, 두 번에 걸쳐서 이메일을 보냈다. 그런데 결과를 보면, 직장을 그만두거나 새집을 사거나 이혼을 하는 중대한 변화를 선택한 사람들이 현상을 유지한 사람들에 비해 두 달 뒤에 더 행복했다. 그리고 여섯 달 뒤에는 훨씬 더 행복했다.

이 실험 결과에서 우리가 새겨야 할 점은 장차 맞닥뜨릴 변화가 두려울 수 있지만 이 두려움을 극복하고 변화를 만들 때 사람들은 대개 더 행복하다는 사실이다. 그리고 이때 애초에 두려워했던 커다란 후회를 경험하지 않는 경향이 있다는 사실이다. 궁극적으로 사업이든 결혼생활이든 어떤 것을 포기하려면 애초에 그것을 시작할 때 필요했던 용기가 있어야 한다. 즉 불확실성에 대처하는 것은 물론이고 이를 극복하는 능력과 동일한 유형의 용기가 필요하다.

어떤 것을 포기하고 그만둔다는 것은 다음에 무슨 일이 일어날지 정확하게 알지 못한다는 뜻이다. 행동경제학자들이 모호성 회피ambiguity aversion라고 일컫는 이 인지적 편견 때문에 사람들은 쉽게 포기하지 못한다. 사람들은 자신 혹은 자신의 회사가 재앙을 향해 달려가고 있을 때조차도 자신이 모르는 것보다는 아는 것을 선호한다. 이는 사람의 사고 속에서 작동하는 모호성 회피 때문이다. 어떤 것에 시간과 돈을 투입할 때 혹은 반대로 시간과 돈을 투입하던 일을 포기할 때 불확실성을 포용하는 것이 중요한 이유도 바로 여기에 있다.

사람들은 적절한 시점에 어떤 것을 포기할 때 그 대가로 자기가 무엇을 생각하거나 성취할 수 있을지 알지 못한다. 그래서 하던 일들을 좀처럼 포기하지 못한다. 자신이 놓친 것이 무엇인지 모르기 때문에 포기하지 않아서 치러야 하는 대가가 얼마나 되는지도 결코 알지 못한다.

물론 우리가 아무리 위험과 모호성을 싫어하더라도 이것들을 피할 수는 없다. 우리가 할 수 있는 최선의 방법은 어떤 아이디어가 확장성을 가지는지, 확장성을 가진 이 아이디어가 다른 아이디어보다 높은 전압을 창출할 수 있는지 판단하기 위해서 동원할 수 있는 모든 정보를 사용하는 것이다.

비록 가정했던 한 선택지가 어떤 결과를 가져다줄지 직접적으로 관찰할 수는 없겠지만, 스스로 내린 어떤 결정의 결과를 보고 교훈을 얻는 몇 가지 방법이 있다. 예를 들어 당신이 기업가인데 새로운 지역이나 새로운 분야의 상품으로 규모를 확장하지 않겠다는 결정을 했다고 치자. 그렇게 한 뒤에 당신이 선택하지 않은 그런 규모 확장의 기회를 잡은 경쟁자가 어떻게 되는지 자세하게 관찰해야 한다. 관찰을 통해 만약 당신의 선택이 틀렸음이 드러나면, 당신의 결정에 영향을 미친 편견을 찾아 꼼꼼하게 살펴야 한다.

또 다른 방법은 지난 여섯 달 동안 당신이 실제로 시간을 들였던 것들 외에 당신이 할 수 있었던 모든 일을 적어서 목록을 만드는 것이다. 이 목록은 당신이 갖고 있는 희소한 자원(시간)은 소중하며 이것을 낭비해서는 안 된다는 사실을 상기시킨다. 비록 불확실성이 빚어낸 감정이 성가실 수는 있겠지만 말이다.

* * *

토머스 에디슨은 "나는 1만 번 실패한 게 아니다. 실패의 1만 가지 방법을 확인하는 데 성공했을 뿐이다."라고 말했다. 에디슨은 포기의 힘을 보여주는 대표적인 인물이다. 그는 확장성 없는 아이디어들을 숱하게 시도했고 또 숱하게 포기했다. 만약 에디슨이 규모를 확장할 수 없는 아이디어들을 붙잡고 영원히 매달렸다면 어땠을까? 전구는 물론이고 역사상 가장 위대한 발명품들 가운데 몇 개는 만들지 못했을 것이다.

전구는 내가 들어본 것들 가운데 전압이 가장 높은 아이디어다! 진정한 영향력을 발휘할 수 있는 우리의 가장 큰 잠재력은 온갖 역경을 참고 견디는 데 있지 않음을 그는 보여준다. 그 잠재력은 일찍 포기하고 다시 새롭게 시도하는 데 있다. 바로 이것이 확장성 있는 사고방식이다.

최적의 포기는 우리가 마지막 수단으로 사용하는 비상벨이 아니다. 이것은 규모를 확장하는 과정에서 채택하는 전략 가운데 하나로 삼아야 한다. 기술 분야의 기업가이자 투자자이며 저술가이기도 한 리드 호프먼^{Reid Hoffman}은 "실패한 제품을 제거하기란 쉽다. 그러나 규모 확장의 잠재력이 부족한 제품을 제거하기란 더 어렵고 훨씬 더 전략적이어야 한다."라고 말했다.[14]

미래에 오래 지속될 실패의 고통보다 지금 당장 포기할 때의 강렬하지만 짧은 고통을 선택해야 한다. 이것은 개인이나 조직 모두가 갈고닦아야 할 기술이다. 다음에 이어지는 9장에서 살펴보겠지만, 이것이 바로 능력을 중시하면서도 협력적인 직장 문화가 그토록 중요한 이유다.

팀이나 조직은 다양한 시각과 관점을 하나로 묶어야 한다. 이를 통해 포기해야 할 사업이나 프로그램이 무엇인지 알아볼 수 있는 한층 더 나은 기회를 얻을 수 있다. 동시에 자기 아이디어가 최적으로 포기된 바람에 무력감에 사로잡힌 사람들을 지원할 수 있다. 최적의 포기는 높은 전압의 성공을 보장하는 세 번째 핵심 비결이다. 하지만 이것은 규모 확장 과정에서 반드시 구축해야 하는 보다 큰 문화를 구성하는 하나의 조각일 뿐이다.

문화의 규모 확장성

확장된 규모를 유지시키는 조직 문화

브라질 북동부 지역, 초목이 무성한 바이아주가 대서양을 만나는 올세인츠만의 가장자리에는 카부수라는 작은 어촌이 있다. 이 마을에는 어업 외에는 사실상 다른 산업이 없어서 사람들은 날마다 아침 일찍 고기를 잡으러 바다로 나간다. 어부들은 대부분 집단에 소속되어 일하는데, 이 집단들은 대개 3~8명으로 구성되어 있다. 이러한 협업의 형태는 우연히 형성된 것이 아니라 오랜 시간과 경험을 통해서 마련된 전략이다.

올세인츠만은 파도가 높고 물살이 세서 선원이 여러 명 있는 배가 필요하다. 또 수심이 깊어 시퍼런 바닷물에서 커다란 물고기를 끌어 올리려면 무거운 낚싯대를 비롯해서 여러 사람의 손과 힘이 필요한 기구들이 있어야 한다. 커다란 그물을 펼치는 일 역시 까다로운 작업이다. 또 그물에 가득 찬 물고기를 끌어 올리는 일도 육체적으로 무척 힘든 작업이다. 그러니 한 명의 어부가 혼자서 조업하러 나간다는 것은 있을 수 없는 일이다. 위험한 건 말할 것도 없고 실제로 가능하지도 않다. 이런 환경에서 공동체가 함께 생존하려면 우선 고기잡이부터 함께 해야 한다.

카부수에서 파라구아수강을 따라 내륙으로 약 50킬로미터 정도 떨어진 곳에 또 다른 작은 어촌 산투이스테방이 있다. 이 마을 사람들은 카부수의 어부들과 다르게 물결이 잔잔한 호수에서 작고 가벼운 물고기를 잡는다. 당연히 이들이 사용하는 고기잡이 용품들은 상대적으로 크기가 작다. 그리고 대부분 혼자서 조업을 한다. 여러 명이 팀을 만들어서 작업할 일도 없거니와 그렇게 하면 작업의 효율도 떨어진다. 그래서 남자들은 혼자서 하루를 시작하고 또 혼자 끝낸다.

카부수와 산투이스테방은 사실상 서로 다른 두 개의 직장 문화를 보여준다. 물론 이 두 마을이 21세기의 전형적인 직장은 아니지만, 적어도 문화만 놓고 보자면 그렇다는 얘기다. 한 곳은 집단으로 작업하는 협력적인 노동에 의존하고, 다른 한 곳은 협업이라고는 거의 찾아볼 수 없는 개인 작업에 의존한다. 이 두 마을은 공동체가 생존하기에 충분한 물고기를 잡는다는 목표는 같지만, 각자 자기만의 고유한 환경에 적합한 작업 방식을 개발했다. 그런데 두 어촌의 차이는 그게 전부일까? 아니면 '일터(직장)'의 경계를 훌쩍 넘어서서 여러 가지 근본적인 점에서 문화적으로도 서로 다를까?

이 질문은 내 친구이자 경제학자인 안드레아스 라이브랜트 Andreas Leibbrandt가 카부수와 산투이스테방을 방문했을 때 떠올렸던 것이다.[1] 안드레아스는 오랜 세월 내가 존경하는 협력자이자 친구인 유리 그니지Uri Gneezy와 내 도움을 받아 현장실험을 진행했다. 안드레아스의 아내는 브라질 사람인데, 그녀는 방금 소개했던 두 개의 공동체를 비교해서 연구하면 의미 있는 결과가 나올 것이라면서 그 독특한 연구 기회를 우리에게 소개한 사람이다.

호숫가 어촌 사회와 바닷가 어촌 사회의 문화적 차이가 궁금했던 이유는 조직 문화를 구분하는 핵심 요소 가운데 하나가 노동의 집단성 정도였기 때문이다. 연구 결과는 이러한 노동이 요구하는 팀워크의 수준이 구성원들 사이에 더 강력한 혹은 더 약한 협력 규범을 촉진할 수 있다고 주장한다. 당시 카부수와 산투이스테방은 집단 내 팀워크의 영향이 얼마나 멀리까지 미치는지 알아볼 수 있는 완벽한 현장실험실처럼 보였다.

각 공동체의 사람들이 조업하는 방식은 그들이 살아가는 방식 또 서로 관련되는 방식에 영향을 줄까? 호숫가 사회는 바닷가 사회보다 일반적으로 더 개인주의적일까? 두 공동체 중 어느 하나가 경제적 측면에서 생산성이 높을까? 이런 의문과 더불어 또 다른 의문이 이어졌다. 카부수는 공공재들이 쉽게 유통되고 모든 사람에게 이익이 돌아가도록 단체 행동을 하는 협력적인 유토피아일까? 산투이스테방의 문화가 건전한 경쟁과 유기적으로 작동하는 자유 시장을 촉진할까?

두 곳을 비교하기 위해 우리는 두 마을의 어부들을 대상으로 일련의 게임 기반 현장실험을 실시했다. 이상하게 들릴지 모르지만, 이런 게임들은 멀리 떨어진 대상을 비교하는 경우에도 행동경제학 연구 방법으로 사용된다. 왜냐하면 그것이, 사람들이 어떻게 생각하고 왜 그런 선택을 하는지 그리고 그들의 행동을 이끄는 가치관이 무엇인지 등과 관련된 일련의 패턴(양상)을 빠르게 드러내기 때문이다. 나 역시 코스타리카의 커피 공장 CEO들,[2] 시카고 무역위원회의 전문 트레이더들,[3] 킬리만자로의 우뚝 솟은 봉우리 아래 사는 탄자니아의 마사이족 집단,[4] 그리고 녹음이 우거진 산악 지역인 인도 북동부의 메갈라야 지역에 사는 카시족 공동체 사람들을 대상으로 그런 게임 기반 현장실험을 한 적이 있다.

　행동경제학자들 사이에 인기 있는 게임 실험 도구 중 하나는 '신뢰 게임trust game'이다. 이 게임에서는 한 게임자에게 우선 일정한 돈을 준다. 이 돈의 액수는 예컨대 10달러다. 돈을 받은 이 게임자는 익명의 두 번째 게임자에게 받은 돈 10달러 중 얼마를 떼줄지 결정한다. 실질적으로 첫 번째 게임자는 실험 진행자가 주는 액수의 세 배를, 두 번째 게임자는 첫 번째 게임자가 주는 액수의 세 배를 받게 된다. 그리고 게임자들은 이런 이야기를 미리 듣는다. 예를 들어서 첫 번째 게임자가 두 번째 게임자에게 8달러를 준다면, 두 번째 게임자는 실험 진행자에게서 따로 받는 돈을 합쳐서 총 24달러를 받는다. 그러면 두 번째 게임자는 첫 번째 게임자에게 다시 얼마를 줄지 결정해야 한다.

연구자는 이 게임에서 첫 번째 게임자가 10달러 가운데서 상당히 많은 금액을 떼서 두 번째 게임자에게 주면 첫 번째 게임자를 '신뢰한다trust'고 평가한다. 그리고 두 번째 게임자가 받은 돈 가운데 상당히 많은 금액을 떼서 첫 번째 게임자에게 돌려주면 두 번째 게임자를 '신뢰할 수 있다trustworthy'고 평가한다. 이 실험을 통해 상호주의, 공정성, 이타주의 등과 같이 행동학적으로 의미 있는 것들이 많이 나타난다. 일반적인 원칙은 두 사람 사이에 신뢰가 형성되어 있을수록 첫 번째 게임자가 두 번째 게임자에게 상대적으로 더 많은 돈을 준다는 것이다.

신뢰 게임 외에도 우리는 그 어부들을 대상으로 기부, 복권, 협상(일명 최후통첩 게임), 조정, 경쟁, 공공재(도로처럼 모두에게 이익이 되고 보통 모든 사람이 비용을 지불하는 것) 등의 게임 실험도 진행했다. 안드레아스가 모든 데이터를 수집했고 유리와 나는 그 데이터를 함께 분석했다.

우리가 예상했던 대로 두 공동체 사이에는 행동 차이가 뚜렷하게 드러났다. 아니나 다를까 그 차이는 그들의 조업 방식 차이와 관련이 있었다. 카부수의 어부들은 산투이스테방의 어부들보다 다른 어부들을 훨씬 더 신뢰했다. 그들은 서로에게 신뢰할 수 있는 동료들이었다. 카부수의 어부들은 최후통첩 게임에서 보다 평등한 제안을 했고 공공재 게임에서는 집단적 이익에 더 많이 기여했다. 나아가 공동체 바깥에 있는 자선단체에 더 많은 돈을 기부했다. 다시 말해 이들은 포용성과 타인의 복지를 우선시하면서 한층 더 높은 수준의 신뢰와 협력을 보여주었다.

　카부수의 어부들이 산투이스테방의 어부들보다 더 나은 사람들이라는 뜻이 아니다. 그들의 일상적인 팀워크와 협업 습관이 그들에게 친사회적 행동을 더 많이 심어주었다는 뜻이다. 그들은 협력의 이점을 직접 경험했고 협력을 중시하는 태도는 의사결정의 다른 중요한 영역들로 확장됐다. 다시 말해서 그들의 문화는 규모가 확장됐다.

　9장에서는 긍정적인 직장 문화의 규모를 확장하는 방법을 다룬다. 앞선 '두 개의 어촌 사회 이야기'가 보여주듯 직장 문화는 단지 일 그 자체에 관한 것만이 아니다. 사람들이 일하는 방식은 그들이 신뢰 혹은 불신, 협력 혹은 개인주의, 두려움 혹은 안전함, 일 중독 혹은 일과 삶의 균형 등과 같은 특정한 행동과 규범들 중 어느 쪽을 더 중시하는가 하는 태도에 영향을 미친다.

　우리가 진행한 실험 결과 역시 현대의 작업장과 같은 환경에서도 비슷한 파급 효과가 나타남을 보여주는 다양한 연구들이 있었다. 그리고 두 어촌 마을에서 파악한 것과 전반적인 맥락이 잘 맞아떨어진다. 어떤 행동이 그 조직에 뿌리를 내렸는지에 따라 그 조직의 특성이 규정된다. 그리고 이는 얼마나 효과적이고 혁신적으로 작업이 수행되는지뿐만 아니라 그 작업을 떠받치는 것이 어떤 인간적 가치관인지도 규정한다. 서로 다른 가치관은 규모가 확장됨에 따라서 확연히 다른 결과를 빚어낸다.

　어떤 직장 문화는 집단의 규모가 확장될수록 번창하고, 어떤 직장 문화는 집단의 규모가 확장될 때 자폭의 길을 걸어간다. 후자에 그런 현상이 일어나는 것은 초기에는 개인에게 도움이 되던 문화가 집단의 규모가 확장되면서 더는 개인에게 도움을 주지 않기 때문이다.

이 부분을 알아보기 위해 우버의 창업자 트래비스 캘러닉의 사례를 살펴보자.

•──── 최악의 능력주의를 경계하라

2016년 여름 나는 우버에 첫 출근을 했다. 면접을 볼 때 그랬던 것처럼 본사 건물로 들어가 중앙 공동사무실의 기둥들에 쓰여 있는 문구를 바라보았다.

"데이터는 우리의 DNA다."

잠시 후 무언가 다른 것이 내 시야에 들어왔다. 탁 트인 공동 공간을 훑듯이 둘러보던 순간 어떤 직원이 개인 책상 칸막이 뒤에서 눈물을 참으려고 애를 쓰는 모습이 보였다. 다른 직원은 이 직원을 향해 보란 듯이 화난 표정을 짓고 있었다. 그런데 아무도 그 가여운 직원에게 다가가지 않았고 심지어 그 상황을 아예 못 본 척 외면했다. 그런 모습으로 미루어 짐작하자니 누군가가 화를 내고 누군가는 눈물을 흘리는 이 풍경이 우버에서는 매우 흔한 일상인 것 같았다. 그때 나는 우버가 무언가 잘못 돌아가고 있음을 처음으로 알아차렸다. 물론 그러한 문화의 사업적인 측면은 규모 확장에 발

맞춰 번성하고 있었다. 하지만 인간적인 측면은 어땠을까? 우버가 규모를 계속 확장하더라도 우버의 문화가 유지될 수 있을까? 물론 대답은 '아니요'였다.

2017년 상반기에 트래비스 캘러닉이 우버에서 키워왔던 문화가 유명한 스캔들과 함께 세상에 드러났다. 맨 먼저 이 회사에서 일하던 25세의 엔지니어 수전 파울러Susan Fowler가 성차별과 성희롱이 용인되는 우버의 나쁜 직장 문화를 고발하는 글을 블로그에 올렸다.[5] 일주일 뒤에는 구글의 자율주행차 개발 자회사인 웨이모가 우버를 상대로 영업 비밀을 빼돌렸다는 이유로 소송을 제기했다.[6]

그다음 주에는 CEO 트래비스가 화를 내며 막말하는 모습이 고스란히 담긴 동영상이 유출됐다.[7] 이 동영상은 우연히 트래비스를 태운 우버 운전자가 그를 알아보고 운전자 보상과 관련된 문제를 제기했을 때 찍힌 것이다. 그 영상에서 트래비스는 "어떤 사람들은 자기가 싼 똥에 대해서 책임을 지지 않으려고 하며 늘 남 탓만 한다."는 말로 최근에 파산한 그 운전자를 나무라고 있었다.

그리고 마지막 사건이 화룡점정을 찍었다.《뉴욕타임스》가 그레이볼Greyball이라는 우버의 소프트웨어가 사실은 법 집행과 정부 규제를 피할 목적으로 설계되었으며 또 사용되고 있다는 내용의 폭로 기사를 냈다.[8] 나중에 우버는 그게 사실임을 인정했다. 트래비스 캘러닉과 우버 모두에게 무척 고약한 몇 달이었다.

이 소란스럽던 시기 동안 나의 개인적인 경험은 이상하리만치 특별한 게 없었다. 우버와 맺은 계약 조건에 따라 나는 한 달에 며칠 정도만 샌프란시스코 본사에 출근했다. 그리고 나머지 시간에는 시카고에 머물며 강의와 연구 활동을 했다. 대신 내가 지도했던 학생 이안 뮤어는 우버에서 내 눈 역할을 하면서 내 우버노믹스 팀의 일상 활동을 이끌었다. 게다가 나는 우버의 직급 사다리에서 상당히 높은 자리에 있었으므로 본사에 갔을 때도 내가 컴퓨터 프로그래머나 데이터 분석가를 직접 상대할 일은 없었다. 게다가 나는 여성도 아니고 특이한 인물도 아니며 또한 유색인종도 아니다. 그랬기에 많은 회사 직원이 맞닥뜨렸던 권력 불균형을 경험할 수도 없었고 거기에 대해서 잘 알지도 못했다.

결과적으로 보자면 나는 우버에서 일어나던 많은 일들을 알지 못했다. 내가 회사에 첫 출근을 하던 날에 화를 내며 얼굴을 붉혔던 직원도 다른 날에는 대개 평온한 표정이었다. 직원들은 모두 맡은 일을 열심히 집중해서 잘 수행하고 있었다.

우버에서 일어난 불미스러운 그 모든 일을 염두에 둔다면 놀랍게 들릴지도 모르지만, 내가 샌프란시스코 우버 본사에서 본 트래비스는 여러 가지 점에서 충분히 괜찮은 리더 같았다. 우선 그는 누구보다도 회사에 헌신적이었다. 우버가 자기 아내라는 농담을 자주 할 만큼 그가 회사를 다른 어떤 것보다 우선시한다는 것은 분명했다.

그는 일과 삶의 균형이 썩 바람직하지는 않았지만, 다른 사람에게 자기보다 일을 더 많이 하라고 한 적은 한 번도 없었다. 그는 모범을 보이는 방식으로 회사를 이끌었다. 그가 회사 이곳저곳을 돌아다니면서 직원들의 의견을 묻고 또 일의 진행 상황을 확인하는 모습에는 배려와 진정성이 담겨 있었다. 그는 직원이 내는 아이디어를 경청하면서 직원과 함께 일했다. 또한 그의 기술은 타의 추종을 불허했고, 그는 P2P 디지털 기술이 운송 산업을 어떤 방식으로 영원히 바꾸어놓을지 예견한 21세기 기업가의 이상적인 모범이었다. 그러나 트래비스의 이런 여러 장점에도 불구하고 우버에서 형성된 문화는 엄청난 규모의 전압 강하를 맞았다.

서문에서 트래비스와의 취업 면접이 얼마나 전투적이었는지 묘사했다. 바로 이 장면이야말로 우버에서 아이디어들이 어떻게 전달되고 토론되는지를 완벽하게 보여준다. 사무실에서는 다들 조용히 그리고 성실하게 일했을지 모르지만 회의장에서는 달랐다. 마치 로마의 검투사들처럼 늘 빠르고 치열하고 전투적이었다. 남의 감정을 상하게 하는 일이 아무렇지도 않게 일어났다. 그렇게 해서 혁신으로 이어지거나 시장에서 강점을 확보할 수만 있다면 그런 일은 오히려 장려됐다. 우버에서는 어떤 아이디어가 활용되거나 그 아이디어가 결실을 맺는 성취의 경험은 중요하지 않았다. 오로지 아이디어와 결과 그 자체만 중요했다. 그러다 보니 회의는 늘 치열하게 피가 튀는 경기였다.

결국 나는 취업 면접장에서 봤던 트래비스의 모습이 나중에 내가 본 진짜 모습에 비하면 상당히 순화된 것이었음을 깨달았다. 우버에서는 다른 사람들이 하는 말을 귀담아들으려고 회의실에 들어가는 것이 아니었다. 자기가 하는 말이야말로 다른 사람이 반드시 귀를 기울일 가치가 있음을 입증하기 위해 싸우려고 들어가는 것이었다. 그리고 회의에서 더 크고 빠르고 설득력 있게 말하는 사람의 아이디어는 대개 승리를 거두었다. 여러 문화적인 특징들 가운데 특히 이런 분위기가 종종 직원들의 눈물을 쏙 뽑아내곤 했다. 그 결과 우버의 많은 직원들은 이런 모습에 점점 더 둔감해져갔다.

성과와 혁신과 이윤을 중심에 놓는 이런 기업 문화에 대해서 트래비스가 내세우는 근거는 적어도 표면적으로는 논리적이었다. 그는 가장 순수한 의미에서의 능력주의를 믿었다. 그래서 최고의 아이디어를 채택해야 한다고 믿었다. 그리고 최고의 아이디어를 판정하기 위해서는 엄격한 심사를, 심지어 적대적으로 비칠 정도로 치열한 충돌을 거쳐야 한다고 믿었다. 이런 문화적 정신은 우버가 폭발적으로 성공하던 초기의 몇 년 동안에는 그와 회사에 큰 도움이 됐다. 그때만 하더라도 우버는 어딘가 허술하지만 야심에 불타던 시장파괴자였기 때문이다.

우버는 시장에 경쟁 환경을 조성함으로써 규모 확장의 길을 성공적으로 걸을 수 있었다. 기업계는 냉혹하다. 시장에 발판을 마련해서 시장점유율을 조금 확보하는 과정이 가장 어렵다. 트래비스가 우버에서 키운 경쟁적인 문화가 일찌감치 그 시장에서 통할 수 있었던 이유가 바로 거기에 있다. 강압적인 실력주의가 가진 강점 덕분에 우버는 빠르게 성장할 수 있었고, 그 과정에서 비용이 얼마나 많이 지출되든 그 모든 것을 상쇄하고도 남았다.

그렇게 우버는 불과 몇 년 만에 약 70개국으로 퍼져나가 전 세계의 교통수단을 바꾸어놓았다. 우버의 사업 모델 규모가 아름답게 확장되었음은 의심할 여지가 없었다. 바로 이 사실이 우버의 문화도 그랬다는 착각을 불러일으켰다. 그러나 우버의 문화는 확장되지 않았다. 무엇이 잘못된 것일까? 그것을 확인해보면 많은 것을 배울 수 있다.

케이지 안에서 피를 튀기며 싸우는 문화가 내게는 낯설지 않았다. 학계도 기업계 못지않게 살벌하기 때문이다. 학계에서는 까딱 잘못해서 싸움에서 지면 명성이 위태로워지는데, 이런 패배가 안겨주는 절망감은 돈이 안겨주는 절망감보다 더 크곤 했다. 특히 시카고대학교는 지적인 전투가 무자비하리만치 치열하기로 유명한 곳이다.

2002년 처음 이 학교를 방문했을 때 나는 차별의 경제학에 대해서 멋진 강의를 준비했다고 나름 자부하고 있었다. 그 누구도 내가 하는 말에 반박할 수 없으리라 생각했다. 그런데 입을 열자마자 내가 잘못 생각했다는 걸 깨달았다. 90분 동안 프레젠테이션을 하는데, 환자복을 입고 팔에 링거를 꽂고 있던 남자가 날카로운 질문을 연달아 퍼부으며 그 시간 내내 나를 방해했다. 그날 나는 기가 꺾여 참담한 심정으로 메릴랜드대학교로 돌아갔다. 그런데 다음 날 그 남자가 친절한 이메일을 보냈다. 알고 보니 그는 노벨 경제학상을 받았던 게리 베커였다.

나는 이미 학계에서의 전투적인 태도에 익숙한 사람이었다. 하지만 우버의 문화는 어쩐지 무언가 나와 맞지 않았다. 거의 모든 회의 자리에서 느꼈던 감정이 시카고대학교에서 게리 베커에게 방해받던 느낌과 비슷했다. 당시에는 그것이 능력주의의 모습이라고 주장했을지도 모른다. 그러나 사실 그것은 최악의 능력주의였다.

능력주의 자체는 훌륭하다. 사람들이 자기 능력과 노력을 근거로 보상을 받고, 각각의 아이디어가 갖는 객관적인 가치가 아이디어 채택의 기준이 된다는 것이 훌륭하지 않을 이유는 없다. 여기에서는 어떤 특혜나 사내 정치가 어떤 개인이나 아이디어의 성공에 아무런 역할을 하지 않는다. 능력주의를 순수 이론적 경제학 용어로 이해하자면 가장 똑똑하고 가장 열심히 일하는 사람이 남들보다 앞서가는 게 당연하다는 뜻이다.

물론 이런 일이 현실에서는 일어나지 않음을 누구나 알고 있다. 똑똑하고 열심히 일하는 사람들 가운데 많은 사람이 승진에서 밀리고 보수도 많이 받지 못한다. 그다지 똑똑하지 않고 또 그다지 열심히 일하지 않는 많은 사람이 사다리의 높은 곳으로 올라가서 돈을 긁어모으는 게 현실이다. 현실 직장에서의 능력주의는 순수 이론적인 진공 상태의 능력주의 원칙에는 부응하지 않는다.

만약 회사의 규모가 확장될 때 근무 규범을 만드는 일에 기업의 리더가 조심스럽게 접근하지 않거나 이에 대한 훈련이 되어 있지 않다면 문제가 발생할 수 있다. 실제로 우버의 트래비스가 그랬다. 예컨대 목소리가 크다거나 사내 정치를 잘한다거나 하는 여러 요인이 작용해 능력주의의 이상을 왜곡시켰던 것이다. 즉, 최고의 인재와 아이디어가 항상 최고가 되지는 않았다는 말이다.

이런 상황이 되면 직원들은 리더십을 불신하고 바람직한 행동이나 상호작용은 파괴된다. 결국 이런 모습들이 회사의 전반적인 문화로 자리를 잡는다. 브라질 카부수에서 조업 방식이 사람들의 의식과 생활 전반에 영향을 주었듯이 말이다.

규모가 확장되는 과정에서 우버가 신봉하던 능력주의는 진정한 능력주의에서 점점 더 멀어졌다. 그 결과 개인의 노력과 창의성이 공정하고 객관적으로 평가받을 것이라는 직원들의 믿음도 점점 더 희미해졌다. 우버에서는 능력주의의 고귀한 이상을 입으로만 떠들어대는 가짜 능력주의가 더욱 판을 쳤다. 슬프게도 최고의 인재와 아이디어가 늘 성공하지는 못하는 일이 우버에서도 일어났다. 왜 이러한 상황이 벌어진 것일까? 아이디어와 효율성과 이윤에 도움이 되기만 하면 사람들을 마구 깔아뭉개도 괜찮다고 우버의 문화가 허용했기 때문이다.

나중에 트래비스는 스스로를 비판하면서 놀라울 정도로 명확하게 문제점을 말했다. "능력주의와 다른 사람의 마음을 상하게 하는 태도를 허용하면 개인이 권력자에게 진실을 말할 권한을 부여할 수 있다. 하지만 그 권한은 사람들을 짓밟는 무기로 변할 수 있다." 내가 우버에서 일하는 동안에 배운 것을 트래비스도 알아차렸던 게 분명하다.

생각이 깊지만 말이 느린 사람들을 우버의 문화는 어떻게 대했을까? 목소리를 키우기보다는 남의 말에 귀를 기울이던 내성적인 사람들과 치열하게 다투는 걸 불편하게 여겼던 사람들을 어떻게 대했을까? 그들은 짓밟혔고 결국 침묵하고 말았다. 지나치게 공격적인 우버의 문화에 불편함을 느꼈던 인재들은 우버를 떠났다. 우버가 성장할수록 인적 자원과 잠재력은 타격을 받거나 낭비됐다. 타협을 모르는 이 회사의 문화에 영향을 받는 사람들은 점점 더 많아졌다. 직원에서부터 우버 운전자에 이르기까지 모두가 다 그랬다. 무시당하거나 상처받고 싶지 않아서 탈출하는 사람의 수가 몇 배씩 늘어났다.

이런 양상은 잠재적인 직원 손실로도 이어졌다. 내가 우버에 있는 동안에도 직원들의 자리가 많이 비어 있었지만 그 자리들은 좀처럼 채워지지 않았다. 마치 이익만이 가장 소중한 것은 아니라고 믿는 사람들이 우버의 문화를 혐오해서 우버에 입사하길 꺼리는 것 같았다.

"나는 공감보다 논리를 더 좋아했다. 그러나 때로는 자기가 옳음을 증명하기보다는 상대방 의견에 관심을 기울이는 것이 더 중요할 때도 있다. 나는 우버를 일으켜 세울 목적으로 올바른 개인들에게만 초점을 맞추었다. 올바른 팀을 만드는 데 충분한 노력을 기울였어야 했는데 그렇게 하지 않았다."

나중에 트래비스가 회고한 말이다. 때늦은 깨우침이지만 정확한 지적이다. 어떤 조직의 규모가 작을 때는 저절로 긴밀한 관계를 유지한다. 마치 가족처럼 신뢰와 상호존중이 확립되어 있으므로 이 조직의 사람들은 인간관계를 해치지 않으면서 열띤 토론을,

심지어 피가 튀는 전투적인 토론을 할 수 있다. 서로 무조건적으로 신뢰하고 존중하는 사람들 사이에서는 지나간 것은 지나간 대로 쉽게 잊어버릴 수 있다. 그러나 회사의 규모가 커지고 직원이 늘어난 후 사람들 사이에 아직 신뢰와 존중이 형성돼 있지 않을 때는 이야기가 달라진다. 그런 전투적인 환경을 편안하게 받아들일 사람은 아마도 거의 없을 것이다.

연구 결과에 따르면 깊은 신뢰는 조직이 규모를 확장하는 과정에서 강력한 변수로 작용한다.[9] 깊은 신뢰는 협력을 촉진하고 원활한 팀워크를 성장시키는 필수 조건이기 때문이다.[10] 우버의 신뢰 부족 현상은 겉으로는 능력주의를 내세우지만 실제로는 그렇지 않은 조직에서 나타나는 자연스러운 결과였다.

직원들은 자신들이 제각기 기울이는 회사를 위한 시간과 아이디어와 노력의 가치를 회사가 높이 평가할 것이라고 신뢰하지 않았다. 그들은 존중받지 못한다고 느꼈다. 무엇보다도 우버는 가장 중요한 회사의 존립 기반이라 할 수 있는 승객을 존중하지 않았다. 우버에게 이것은 자기파괴 행위나 다름없었다.

'갓 뷰God view'는 우버의 직원이 승객의 이동 동선을 본인이 알지 못하는 사이에 추적하는 도구인데, 우버가 이것을 이용해 유명인사 승객들의 동선을 추적한다는 사실이 세상에 폭로됐다. 그리고 인도 여성이 우버 운전자에게 강간당했다는 뉴스가 나오고 얼마 후에는 우버의 경영진이 이 여성이 하는 주장의 신빙성을 깎아내리기 위해 그녀의 의료 정보를 불법적으로 취득해서 회람했다는 폭로가 나왔다.[11] 우버가 승객을 무시한다는 사실을 입증하는 사건은 이뿐만이 아니었다. 또 다른 중요한 사건이 있었다. 뉴욕에서 택시 운전사들이 파업을 벌이는 동안에 우버가 승차요금을 인상한 것이다. 고객을 존중하지 않는 이런 태도는 우버의 규모 확장을 가로막았다.

우버는 안일하고 게으른 생각을 공격하는 데 뛰어났다. 그러나 역설적이게도 우버의 리더들은 기업 문화를 확장하는 방법을 찾는 데 안일했다. 나를 포함해서 지도적인 위치에 있는 사람들은 사업 아이디어 및 관행에 대해서 강력한 의문을 제기하도록 요구받았다. 그러나 그 누구도 회사의 문화에 강력한 의문을 제기하라는 요구는 받지 않았다. 우리가 숨을 쉬는 공기는 눈에 보이지 않는다. 그래서일까? 공기가 오염되었다는 사실을, 권력을 가진 사람 그 누구도 눈치채지 못했다. 아니, 눈치를 챘더라도 그 말을 할 용기가 없었다. 이런 일이 일어나면 누구든 간에 어떤 조치를 취해야 한다. 우버처럼 기업 문화를 내부에서부터 개혁할 수 없을 때 유일하게 동원할 수 있는 지렛대는 외부의 압력이다.

이 압력은 우버 내에서 성희롱을 너그럽게 용인한다는 파울러의 블로그 게시물이 인터넷에서 퍼지면서 시작됐다. 이 사건은 미국의 영화 제작자 하비 와인스타인Harvey Weinstein의 성범죄가 보도된 뒤 밀물처럼 터지는 미투 운동을 예고하는 사건이었다. 우버를 향한 대중의 압력은 법 집행과 정부 규제 기관들을 피할 목적으로 설계되고 사용되었다는 소프트웨어 그레이볼이 폭로되고, 트래비스가 우버 운전자에게 폭언을 퍼붓는 동영상이 나오면서 한층 더 강력해졌다. 트래비스가 파울러의 블로그 게시물과 자신의 폭언 동영상에 대해서 사과했지만 때는 이미 너무 늦었다. 나는 이 두 사건에서 그가 진심으로 후회하고 부끄러워했음을 알고 있다.

추락을 부르는 힘이 만들어지기까지는 많은 시간이 걸렸지만, 임계수준에 도달하는 순간 추락은 빠르고 또 강력하게 전개됐다. 우버를 괴롭혔던 온갖 사소한 문화적인 문제들이 누적됐다가 한꺼번에 폭포수처럼 쏟아졌다. 우버는 실수의 규모가 확장되도록 방치해 모든 것이 대규모로 무너졌다. 이 모습을 전 세계가 지켜보았다.

우버의 문화는 회사의 미래를 위협하는 전압 강하로 이어졌다. 그 문화를 만들었던 트래비스는 이사회 결정으로 밀려나야 했다. 2017년 6월에 트래비스는 CEO직에서 사임했고 2019년 12월에는 이사직에서도 물러났다. 나는 트래비스와 계속 연락을 주고받았다. 우버에서 보내는 마지막 몇 달 동안 그에게 조금이라도 유용한 도움을 주기 위해서였다. 또 그 일련의 과정을 거치면서 그가 리더이자 기업가로서 성숙해졌다고 믿었기 때문이다.

그는 커다란 실수를 저질렀음을 알았다. 그리고 후회도 했다. 직업을 잃었기 때문이 아니라 우버의 직원들에게 실망을 안겨주었음을 깨달았기 때문이다. 나는 트래비스 캘러닉이 나쁜 사람이라고는 생각하지 않는다. 그는 좋은 사람이다. 다만 여러 차례 잘못된 판단을 했을 뿐이다. 그것도 대규모로.

2017년 우버가 심각한 위기를 연이어 맞았을 때 잘못을 깨달은 트래비스는 직원들에게 보내려고 편지를 쓴 적이 있다. 끝내 보내지는 않았지만. 편지에서 그는 데이터를 분석할 때 했던 것과 동일한 수준으로 치열하게 우버의 DNA의 한 부분으로 규모 확장이 가능한 건강한 가치관을 회사 내에 정립했어야 했지만 그렇게 하지 못했음을 인정했다. 트래비스는 이렇게 썼다.

"결국 우리는 우리의 목적이 궁극적으로 무엇을 향해야 하는지를 잃어버렸습니다. 우리의 목적은 사람들을 향했어야 했습니다. 우리는 사람들을 최우선으로 생각해야 한다는 사실을 잊었습니다. 그 결과 회사가 성장하는 동안 함께 일했던 훌륭한 직원들을 너무도 많이 놓쳐버렸고, 동시에 봉사하던 그 멋진 협력자들을 너무도 많이 놓쳐버렸습니다. (…) 성장은 축하받을 일입니다. 그러나 적절한 견제와 균형이 없는 성장은 온갖 심각한 실수로 이어질 수밖에 없습니다. 규모가 확장된 환경에서는 우리가 저지른 실수들이 팀과 고객 그리고 우리가 봉사하는 지역사회에 훨씬 더 큰 영향을 줍니다. 그렇기에 소규모 기업이 성장해서 규모가 확장되었을 때는 접근법도 반드시 달라져야 합니다. 나는 작게 행동해서 성공했지만, 성공한 다음에 조금 더 크게 행동하지 못해서 실패했습니다."

물론 능력주의 문화를 신봉하다 많은 사람에게 실망을 안겨준 회사가 우버만은 아니다. 이런 문화는 산업계 전반에 퍼져 있다. '능력주의'는 기업계에서 오래도록 유행하는 개념이었다. 그러나 연구 결과에 따르면 해로운 규범들과 행동들이 바로 능력주의 문화에서 싹을 틔우는 경향이 있음을 확인했다. 해로운 규범과 행동들에는 급여 인상이나 성과 점수를 비롯한 성공한 경력의 척도로 사용되는 인종 차별과 성차별을 빚어내는 온갖 편견이 포함되어 있다. 그리고 안타깝고도 역설적이게 이런 기업이나 조직의 관리자들은 자기가 선택한 능력주의에 효과가 있다고 확신한다. 그래서 그런 편견들이 본인에게서 비롯된다고 생각하지 않는다. 당연히 사실을 규명하고 책임을 지는 데도 소극적이다. 이런 문화에서는 신뢰와 협력은 증발하고 온갖 문제들은 규모가 더 커진다.

이것은 우리에게 정말 커다란 질문 하나를 던진다. "능력주의 문화 규범이 확장성을 가지지 않는다면, 확장성을 가진 다른 문화 규범은 도대체 무엇일까?"

이 질문의 정답은 브라질의 어촌 카부수에 있다.

◆──── 신뢰와 팀워크가 먼저다

능력주의는 개인적인 성과에 대한 판단을 토대로 한다. 이것이 직원들이 집단의 이익보다 개인의 이익을 우선하도록 장려하고 모든 사람이 자기만 생각하는 문화를 만들어내는 것은 분명하다. 개인의 성과를 중시하는 것이 창업 초기에는 건전한 내부 경쟁을 촉진할 수 있다. 하지만 우버 사례에서 보았듯 회사가 성장할수록 점점 더 중요해지는 요소인 협력에는 도움이 되지 않는다. 우버가 회사의 성과를 높이려고 마련한 인센티브 구조에서는 '어떤 개인'이 새로운 아이디어를 혁신했을 때, '어떤 개인'이 그 아이디어를 검증했을 때, 그리고 '어떤 개인'이 그 아이디어를 구현했을 때, 그 '어떤 개인'이 보너스를 받았다.

카부수의 어부들에게는 신뢰, 관대함, 포괄성, 협력 등의 덕목이 일과 문화에 모두 깊이 새겨져 있더라는 연구 결과는 앞에서도 소개했다. 이 사실을 기억해야 한다. 일터에서 처음 비롯되었지만 마을과 일상생활로 확장되어서 사람들의 행동을 유도하는 보이지 않는 손이 있었다. 우리는 그들이 경제 관련 문제에서 산투이스테방의 어부들과는 전혀 다르게 선택하는 것을 현장실험에서 확인했다. 즉, 보이지 않는 손이 작용한 것이다. 이 어부들의 조업 방식은 우버의 개인주의적인 문화와 비슷했다.

우버에서는 보이지 않는 손이 없었고, 조직 전체를 지배하는 사회적 구조가 없었으며, 심지어 직원들이 함께 혁신을 개발하고 실천하도록 촉구하는 팀 단위의 보상이 없었다. 직원은 대부분 자기가 잡은 물고기를 자기 혼자 가졌다. 협력과 공동소유는 장려되지 않았으며, 집단과 집단 사이의 신뢰와 관용도 중요하지 않았다. 직원들은 같은 호수에서 물고기를 잡으면서도 한 배에 함께 타는 경우가 거의 없었다. 직원들이 하는 행동에는 이런 가치관들이 반영되어 있었다.

예를 들면 관리자들이 성과가 높은 직원들의 원활한 업무 진행을 위해 직장 내 성희롱 사건을 쉬쉬하며 덮는 행태에서부터 회의에서 상대방을 물어뜯는 것을 당연하게 여기는 태도에 이르기까지, 개인주의 문화는 우버 곳곳에 철저하게 녹아들어 있었다. 또 회사 내의 각 개별 단위가 일상적으로 고립해서 존재하는 모습에도 반영됐다. 심지어 회사가 맞닥뜨린 어떤 문제를 해결하기 위해 사업부와 사업부 사이의, 부서와 부서 사이의, 혹은 국가별 지점과 지점 사이의 협력이 반드시 필요한 경우가 있었지만 이때도 협력하지 않았다.

기업이 규모를 확장할 때 부문 간 협력cross-functional collaboration이 부족하다는 것은 특히 커다란 문제가 된다. 협력하지 않을 때 발생하는 기회비용은 규모가 확장함에 따라서 커지기 때문이다. 조직의 규모가 확장될수록 조직 내부에서 협력을 통해 이득을 볼 수 있는 부문 간 조합의 가능성은 훨씬 더 많아진다. 그런데 협력의 부재는 이런 조건을 최대한 활용할 수 없으므로 기회비용은 그만큼 더 커질 수밖에 없다.

이것을 다음과 같이 생각해보자. 전체 직원이 다섯 명인 회사가 있다고 치자. 이 다섯 명이 공동작업을 하는 것이 생산성이 높은 경우도 있겠지만, 대부분은 각자 따로 작업하는 것이 유리하다. 왜냐하면 다섯 명의 직원 각각은 다른 직원이 흉내 낼 수 없는 자기만의 기술을 갖고 있기 때문이다. 그러나 직원 5,000명이 근무하는 회사에서는 이야기가 달라진다. 회사의 어느 곳을 가든 함께 작업할 때 훨씬 더 편하게 작업할 수 있고 훨씬 더 나은 제품이나 서비스를 생산할 수 있는 동반자 관계의 동료가 적어도 한 명은 있게 마련이다. 회사 안에서 동료의식을 고취하는 인센티브와 문화를 설계하면 높은 전압을 보장하는 기회를 붙잡을 수 있다.

규모 확장 환경에서 협력의 강점을 이야기하고 있지만, 경쟁이 수행하는 긍정적인 역할 또한 무시하면 안 된다. '협력'을 주제로 다룬 또 다른 연구[12]는 회사의 각 부서 내에서 그리고 부서들 사이에서 협력과 경쟁이 건전하게 상호작용하는 것의 효용을 보여준다. 회사의 수익에서 고객만족에 이르기까지 모든 측면에서 개선 효과가 뚜렷하게 나타난다는 사실을 확인한 것이다. 관리자가 인센티브 구조를 조정해서 직원들이 부서별 성과나 회사 전체의 성과뿐만 아니라 개인별 성과에 따른 보상을 따로 받을 수 있도록 하면 경쟁과 협력 사이의 균형이 조화롭게 이루어진다. 이는 어떤 이익을 유도하는 귀중한 전문지식을 직원들이 서로 공유하는 '지식 이전'을 쉽게 이끌어낸다.

넷플릭스는 매우 혁신적이며 신뢰를 중시하는 기업 문화와 개별적으로 역량이 우수한 직원들을 갖고 있다. 이 기업은 협력형 경쟁coopetition을 추구하는 대표적인 사례로 꼽을 수 있다. 넷플릭스는 직원의 휴가 일수나 비용 지출을 추적하거나 제한하지 않는다. TV 및 영화 프로젝트를 개발하는 임원들 가운데 많은 수는 상사의 승인 없이 수천만 달러 규모의 결정을 독자적으로 처리할 수 있다. 넷플릭스 경영진은 직원들이 훌륭한 판단력을 발휘해서 넷플릭스의 유명한 '자유와 책임' 문화를 지켜나갈 것이라고 믿는다. 세부적인 사항까지 일일이 간섭하는 관리 방식인 마이크로매니징

micromanaging은 이 회사에서 찾아볼 수 없다. 확신이 있는 권한 위임이 있을 뿐이다.[13]

또한 넷플릭스의 직원들은 개인별 성과를 보너스로 받지 않는다. 급여 가운데서 얼마를 회사의 지분으로 받을지 스스로 선택할 수 있다. 직원이 받는 보상이 사실상 회사가 거두는 성과와 연동되는 셈이다.

회사가 정한 이런 정책 때문에 아주 가끔씩은 작은 문제들이 일어나곤 한다. 하지만 높은 성과를 내는 이 신뢰의 문화는 자율적인 문화다. 직원들이 빠르게 규범에 적응해서 자율적으로 그 규범을 지키게 된다는 말이다. 여기에서 중요한 점을 하나 확인할 수 있다. 이런 문화는 일단 자리를 잡고 나면 생각이 같은 사람들을 끌어들이는 한편 생각이 다른 사람들은 물리친다는 점에서 자기충족적이라는 사실이다. 보이지 않는 손이 효율적으로 작동해서 회사에 맞는 직원만 남아 있도록 만들고 그렇지 않은 직원은 걸러낸다.

그리고 직원들은 각자 아이디어를 내도록 격려받지만, 동료들에게 자신의 아이디어를 강요하는 행동에 대해서는 보상받지 못한다. 이와 관련해서 넷플릭스의 CEO 리드 헤이스팅스는 '똑똑한 골칫덩이들brilliant jerks'을 용납하지 않는다고 말했다.[14] 넷플릭스에서는 신뢰와 경쟁이 서로 배타적이지 않다.

회사의 규모가 확장된 후 분위기가 협력적이면서 동시에 높은 성과가 나타나도록 하려면 조직 구조에 팀워크를 구축해야 한다. 예를 들어 회사 내에서 여러 팀을 구성할 때 각 직원이 적어도 두 개의 팀에 속하도록 하고, 또 가능하다면 그 두 개의 팀이 다른 부서에 속하도록 하는 방식을 도입해야 한다. 이렇게 할 때 팀워크의 기회가 한층 더 많이 열리고 아이디어의 교차수정이 촉진된다. 또한 직원들은 단 하나의 팀이 아니라 두 개 이상의 팀이 성공하도록 노력하게 된다. 협력적인 동시에 높은 성과를 내는 문화를 만들려면 최고의 팀이 필요함은 두말할 나위도 없다. 중요한 직무를 수행하기 위해 그에 걸맞은 인재가 필요하듯이 말이다.

◆─────── 규모 확장 환경에서의 인재 영입

여러 해 전에 내 친구들인 제프 플로리Jeff Flory, 카라 헬랜더Kara Helander, 안드레아스 라이브란트, 닐라 라젠드라Neela Rajendra가 '다양성 과학 이니셔티브Science of Diversity Initiative, SODI'라는 멋진 단체를 함께 만들었다. 나는 이 단체에 처음부터 지금까지 이사 자격으로 참여하고 있다.[15] 이 단체는 다양한 분야의 학자들을 기업과 연결해주는 일을 한다. 최근 몇 년 동안 이루어진 강력한 연구조사들 덕분에 도저히 무시할 수 없는 개념이 된 다양성이야말로 조직의 성공을 보장한다. 이처럼 명백한 진실을 널리 홍보하는 일에도 이 단체는 힘을 쏟는다.

여기에서 말하는 '다양성'을 나는 인종, 성별, 나이, 민족성, 종교, 계급 배경, 성적 지향, 성 정체성, 신경 유형, 그리고 그 밖의 여러 특징 등 모든 의미에서의 다양성이라는 뜻으로 사용한다. 한자리에 모여 있는 사람들의 성장 및 교육 배경의 다양성은 인지적 다양성과 동일하다. 그리고 이 다양성은 한층 더 큰 혁신뿐만 아니라 한층 더 큰 회복력을 제공한다. 연구 결과에 따르면 다양성이 높은 집단일수록 더 나은 결정을 하고,[16] 더 나은 문제 해결 기술을 개발하며,[17] 더 복잡한 사고를 하고 더 좋은 성적을 낸다.[18] 또 이런 집단일수록 주식투자의 수익률도 상대적으로 높다는 연구논문[19]도 있다.

그러나 규모가 확장된 환경에서 팀이 높은 성과를 내도록 이끌 정도로 다양성을 높이기란 말처럼 쉽지 않다. 의식적이거나 무의식적인 편견처럼 금방 머리에 떠오르는 이유들 때문도 아니고, 다양성을 발휘할 최고의 인재들을 다른 회사가 미리 다 채갔기 때문도 아니다. 내가 조사한 결과에 따르면 채용보다 훨씬 더 이전에, 즉 인재 모집 공고 과정에서부터 이미 일이 잘못되었을 수 있다.

다양성이 상대적으로 높은 후보군을 확보하겠다는 선의의 노력이 놀라울 정도로 어긋날 수 있는 한 가지 영역이 바로 채용 광고다. 전 세계가 고용 시장의 불평등을 줄이려고 노력함에 따라 많은 나라에서는 '동등한 고용 기회Equal Employment Opportunity, EEO'를 보장하는 규정이 표준으로 자리 잡았다.

미국 내 기업과 조직은 연방정부가 정한 규정을 준수해야 한다. 그리고 이 요구사항을 준수한다는 것을 증명하는 동등한 고용 기회 진술은 기업이나 조직이 채용 광고를 낼 때 일반적인 관행이 됐다. 즉, 고용주가 모든 직무 설명에 다양성을 지키겠다는 약속을 한다는 뜻이다. 이것의 이면에 놓여 있는 논리는 단순하다. 만약 동등한 기회를 보장하겠다는 약속을 공표해서 한층 더 다양한 지원자들을 모으고 싶다면, 이런 포괄성 정책을 명시적으로 제시해야 한다는 뜻이다. 얼른 보면 옳은 말 같다. 그러나 이런 관행은 흔히 의도하지 않았던 결과를 낳는다. 이런 사실을 안드레아스 라이브랜트와 진행했던 현장실험[20]을 통해 확인했다.

우리는 실험에 동참하기로 한 몇 개 조직과 기업의 이름으로 행정보좌관 한 명을 뽑겠다는 채용 광고를 미국 10개 도시의 일자리 시장에 게재했다. 이때 우리는 인종적 구성이 제각기 다른 도시들로 그 10개 도시를 선정했다. 덴버, 댈러스, 휴스턴, 로스앤젤레스, 샌프란시스코는 백인이 다수인 도시였다. 시카고, 뉴욕시, 필라델피아, 워싱턴DC, 애틀랜타는 인종 구성이 한층 더 다양한 도시였다. 그리고 동등한 고용 기회 메시지가 있는 광고를 본 잠재적 지원자들로 구성된 실험 집단과 그 메시지가 없는 광고를 본 통제 집단을 각각 선정했다.

이 광고를 보고 지원한 사람은 2,500명 가까이 됐다. 우리는 이 지원자들에게 10달러짜리 아마존 상품권을 제공하는 방식으로 짧은 설문조사를 했다. 이는 지원자들이 특정 광고에 이끌리게 만든 요인과 관련해 한층 더 믿을 만한 데이터를 수집하기 위해서였다. 동등한 고용 기회 메시지가 있는 광고를 보고 지원한 집단에 인종적 소수자들이 더 많을 것이라는 게 우리가 설정한 가설이었다. 차이가 크진 않겠지만 분명 존재할 것이고, 최악의 경우라도 아무런 효과가 없을 뿐일 거라고 확신했다.

우리 예상은 빗나갔다. 동등한 고용 기회 메시지가 들어간 광고문은 소수인종 지원자들이 신청하는 것을 단념시켰으며, 그 비율이 무려 30퍼센트나 됐다. 그 진술이 완전히 역효과를 냈다는 말이다.

흥미롭게도 이 효과는 인구 구성이 덜 다양한 도시에서, 그리고 상대적으로 높은 교육을 받은 소수인종 지원자들에게서 특히 두드러졌다. 우리가 실시했던 설문조사에서 나온 증거들이 그런 결과가 나올 수밖에 없었던 이유를 잘 설명했다. 소수인종 지원자들은 토크니즘tokenism(사회적 소수 집단의 일부를 대표로 뽑아서 구색을 갖추는 정책적 조치나 관행-옮긴이)을 두려워했다.

동등한 고용 기회 메시지는 과거의 인종차별과 관련된 그들의 내부 경고 시스템인 정신적 더듬이를 자극했다. 자신이 채용된다 하더라도 능력을 인정받아서가 아니라 그저 구색을 갖출 목적으로 유색인종을 채용하는 데 이용당할 뿐이라는 생각에 사로잡히게 만들었다는 뜻이다. 다시 말해 구직자들은 다양성과 포괄성에 대한 명시적인 약속이 겉치레일 뿐이며 문화적 DNA에 진정으로 녹아든 것이 아닐지 모른다고 우려했다.

이 현상은 특히 백인 인구가 많은 도시의 지원자 및 고학력 소수인종 지원자에게서 두드러졌다. 아마도 그들은 교육을 받고 취업을 하는 과정에서 토크니즘을 경험한 적이 있었을 터다. 사실 이러한 부정적인 판단이 근거가 전혀 없지는 않다. 그 지원자들이 알았든 몰랐든 간에, 그 이전에 있었던 여러 연구[21]는 동등한 고용 기회 메시지를 사용하는 고용주들이 실제로 소수인종을 차별할 가능성이 높다는 것을 확인했다.

우리의 채용 광고와 설문조사에 응답한 수천 명의 참가자 덕분에 우리는 직원 채용 과정과 관련된 귀중한 통찰을 얻었다. 인재를 선발하고자 하는 조직이나 기업이라면 다양성에 전념한다고 말하는 것만으로는 충분하지 않다. 스스로 선언하는 기업 가치관이 채용된 직원들이 직접 경험하고 기여하게 될 살아 있는 가치관임을 보여주어야 한다. 다행히도 일정한 수준에 도달하기만 하면 다양성은 규모를 확장하기가 한층 쉬워진다. 이른바 '플라이휠 효과flywheel effect'가 나타나기 때문이다.

선순환의 수레바퀴가 일단 돌도록 만들어라. 그러면 누구나 확인할 수 있도록 온라인에 공개된 인종 구성과 관련된 당신 회사의 데이터[22]가 점점 더 많은 이야기를 쏟아내면서 점점 더 많은 효과를 창출한다. 유색인종 지원자들은 당신 회사를 찾아보며 전체 직원 가운데 유색인종 비율이 얼마인지, 또 유색인종이 회사 조직도에서 어떤 자리를 얼마나 많이 차지하고 있는지 등을 살펴볼 것이다.

규모 확장 환경에서 다양한 인재를 채용하는 데는 단순히 데이터나 숫자를 넘어서는 것들이 변수로 작용하기도 한다. 이는 그것들 외에도 놀라운 방법들이 가능하다는 말이다. 예를 들어 다양성과 아무런 관련이 없는 특정 정보를 구직 광고에 포함하는 것도 다양성을 높이는 방법이다.

미덕 과시에 숨어 있는 편익과 비용

지난 수십 년 동안 '기업의 사회적 책임Corporate Social Responsibility, CSR'에 대한 관심이 커지면서 대부분의 기업이 자신의 모습을 세상에 내보이는 방식이 바뀌었다. 광고나 사명 선언문 그리고 대중을 향한 다양한 시도를 통해 기업들은 지지하는 대의명분을 선전하고, 운영하는 자선재단이 하는 일을 보여준다. 또 비록 이윤 추구가 목적이긴 하지만 세상의 좋은 일과 나쁜 일에도 관심을 기울인다는 사실을 널리 알리려 애를 쓴다. 많은 대기업이 사회적 책임을 지는 활동과 더불어 자선 활동을 계획하고 실행하는 이유가 바로 이것이다. 관련 프로그램이나 사업에 해마다 수천억 달러의 비용을 지출하는 이유도 이것이다.

CSR은 대부분 관대한 기업 문화가 반영되어 순수한 마음으로 진행되는 것이긴 하지만, 때로는 마케팅 기법의 하나로 동원되기도 한다. 그러나 흥미롭게도 CSR을 마케팅 차원에서 활용했을 때 실제로는 사람들의 생각만큼 효과적이지 않다는 연구 결과가 있다.[23] 즉, CSR은 소비자 수요를 자극하는 확실한 접근법이 아니다. 연구 결과는, 사람들은 대부분 자선 지향적인 마케팅에 관심이 없으며 전혀 다른 이유로 해당 브랜드를 선택한다는 사실을 암시한다. 기업이 사회적 책임을 다하는 정책을 내팽개쳐도 된다는 뜻은 전혀 아니다. 그렇지만 사회적 책임을 다하는 정책들이 소비자들에게 따뜻한 인상을 심어주긴 하지만, 매출과 수익이 늘어나는 결과로 이어지지 않는다는 사실을 알고 나면 기업은 깜짝 놀랄 수밖에 없다.

그렇다면 기업의 사회적 책임을 강조하는 것이 최고 수준의 인재를 채용하는 데 도움이 될까? 아니면 동등한 고용 기회 메시지처럼 오히려 역효과를 낼까?

우리는 CSR이 정말로 미묘하면서도 꼭 필요한 역할, 즉 미덕 과시virtue-signaling의 역할을 할 수 있다고 직감했다. 다른 말로 풀어보자. 기업이 지속가능성이나 수익의 지역사회 환원 등 사회적 문제에 관심을 갖고 있음을 구직 지원자가 알게 되면, 그는 기업이 포괄적이고 공정하며 평등하고 친사회적 기업 문화를 가진 회사일 것이라고 추론하지 않겠느냐는 말이다.

나는 그 질문을 깊이 파보려고 훌륭한 경제학자인 대니얼 헤드블럼Daniel Hedblom, 브렌트 히크먼Brent Hickman과 함께 현장실험을 진행했다.[24] 이 실험은 동등한 고용 기회 진술을 놓고 했던 실험과 비슷했다. 다만 이번에는 HHL LLC라는 데이터 회사를 우리가 직접 설립했다. '구글 스트리트 뷰'의 사진에서 데이터를 수집하는 회사였다. 우리의 목표는 지원자 구성 집단뿐만 아니라 우리가 고용한 지원자가 어느 정도의 생산성을 발휘하는지 살펴보는 것이었다. 이 실험을 하기에는 데이터 입력 작업이 이상적이라고 보았는데, 생산성을 비롯해 여러 가지 성과 지표를 측정하기가 매우 쉽기 때문에 그렇다.

우리는 미국 12개 주요 도시의 온라인 벼룩시장 크레이그리스트에 채용 광고를 냈다. 업무는 데이터 입력 작업이고 보수는 해당 업무의 일반적인 보수와 같은 수준으로 지급한다고 했다. 수천 명의 지원자가 연락을 해왔다. 우리는 그들을 무작위로 뽑아 통제 집단과 실험 집단으로 분류했다. 통제 집단에는 해당 직책에 대한 표준 정보가 포함된 이메일 답장을 보냈다. 그리고 실험 집단에는 다음과 같은 CSR 관련 내용을 추가한 이메일 답장을 보냈다.

"우리는 다양한 조직과 기업에 서비스를 제공합니다. 그런데 이 가운데 어떤 곳들은 소외된 아이들의 교육 접근성을 높이는 것을 목표로 하는 프로젝트 등 다양한 자선사업을 하는 비영리기관입니다. 우리는 이런 조직이 세상을 더 나은 곳으로 만든다고 믿으며, 그들이 하는 일에 조금이라도 도움이 되고자 합니다. 그래서 우리는 자선 활동의 차원에서 이런 고객에게는 최소의 비용만 청구합니다."

그 후 두 집단에 속했던 각각의 지원자를 채용해서 '구글 스트리트 뷰' 이미지 정보를 입력하는 작업에 투입했다. 그리고 각 직원의 생산성을 측정하는 풍부한 데이터 세트를 주었다.

최종 연구 결과는 어땠을까? 광고에 CSR을 언급한 경우에는 동등한 고용 기회 메시지와 정반대의 효과가 나타났다. 구직 지원자가 25퍼센트 더 많아서 기업이 선택할 수 있는 다양한 구직자 풀이 창출됐다. 우리가 포괄적이라고 말하는 것보다 훨씬 더 포괄적인 풀이 만들어진 것이다! 그런데 긍정적인 결과는 그게 전부가 아니었다. 실험 집단에서 채용된 직원은 통제 집단에서 채용된 직원보다 생산성이 훨씬 높았으며 양질의 업무를 수행했다. 이것은 회사가 내세운 사회적 책임감에 그들이 강한 동기를 부여받았기 때문이라고 볼 수 있다. 즉 '나는 전 세계에 보탬을 주기 위해서라도 더 열심히 일하겠다'고 생각했을 것이라는 말이다. 정리하면 CSR을 언급할 때 한층 더 다양한 지원자를 모을 수 있을 뿐만 아니라 실제로 일을 더 잘하는 지원자를 모을 수 있다는 뜻이다.

회사나 조직은 인재 채용 과정 외에도 CSR 프로그램을 자기 문화의 일부로 만들어 규모를 확장하는 방법에 주의를 기울여야 한다. 친사회적 대의와 명분을 내거는 것이 더 다양하고 더 가치 있는 직원을 채용하는 데 도움이 된다. 하지만 자선 활동을 기업 사명의 정의적인 측면으로 제시하는 것이 잘못된 집단에 적용될 경우 부정적인 파급 효과가 빚어질 수 있다.

또 다른 현장실험[25]을 위해 나는 뛰어난 경제학자인 파테메흐 모메니와 함께 회사를 차렸다. 이번에는 데이터 입력 작업이 아니라 필사 작업을 하는 회사였다. 우리는 사람들을 채용해서 이 회사에서 얼마 동안 근무하게 했다. 그런 다음 전체 3,000명 직원 가운데 일부를 무작위로 선정해서 CSR 메시지를 소개했다. 결과는 우리가 예상한 대로였다. 이 메시지를 받은 집단의 생산성이 전반적으로 높아졌다. 그러나 잘못된 행동도 눈에 띄게 늘어났다. 20퍼센트 넘는 직원이 기본 업무를 회피했으며 심지어 부정행위도 11퍼센트나 늘어났다. 얼른 봐서는 도저히 일어나지 않을 것 같은 이런 결과가 빚어진 이유는 무엇일까?

사회적 책임에 관한 메세지가 부정행위와 같은 잘못된 개인주의적 행동을 유발하는 이유는 도덕적 허용moral licensing(도덕적 허가)이라는 심리적 현상과 관련이 있다. 사람 마음속에서 일어나는 이런 윤리적 타락 현상은 좋은 일을 했으니 나중에 나쁜 일을 해도 어느 정도까지는 용서가 된다고 느낄 때 나타난다.

예를 들어보자. 아침에 자선단체에 기부금을 낸 사람은 오후에 식료품점 계산대에서 새치기할 때 죄책감을 덜 느낀다. 혹은 일이 너무 많아서 나가떨어진 동료를 돕느라 밤늦게까지 야근을 한 직원이 다음 날 아침 탕비실에 있던 군것질거리를 주머니에 슬쩍 넣고 집으로 돌아갈 때의 심리도 마찬가지다. 이런 식으로 일부 직원들은 사회적 책임을 다하는 회사에서 일하는 좋은 행동 덕분에 본인은 어느 정도 잘못된 행동을 할 권리가 있다고 느꼈다.

관리자도 도덕적 허용의 구렁텅이에 빠질 수 있다. 우리가 했던 실험의 결과는 다양성과 포괄성에 관해서 관리자가 마음에 새겨야 점을 일러준다. 다양성 원칙에 입각해서 직원을 두어 명 채용한 후에 다양성에 관해서는 충분히 투자했으므로 앞으로 더 많은 투자를 하지 않을 권리가 있다고 의식적으로든 무의식적으로든 믿게 된다는 말이다. 분명하게 밝혀두지만 이러한 관리자의 접근법에는 확장성이 없다.

따라서 CSR 메시지는 배포 방법에 따라 규모 확장 환경에서 전압을 높일 수도 있고 떨어뜨릴 수도 있다. 신규 직원을 채용하는 상황에서 이 메시지를 사용하면 지원자 풀의 질이 높아진다. 이 접근법은 확장성이 좋다. 그러나 기존 직원 대상으로는 CSR 메시지를 조심스럽게 적용해야 한다. 왜냐하면 CSR이 일부 사람들에게는 동기부여가 되겠지만, 일부 사람들에게는 나쁜 행동을 정당화하는 수단으로 사용될 수 있기 때문이다. 이처럼 규모 확장에 따라서 의도하지 않은 결과가 증폭될 수 있음을 기억해야 한다. 물론 이 말이 CSR을 피해야 한다는 뜻은 아니다. 다만 그러한 가능성을 인식하고 면밀하게 살펴보라는 말이다.

채용 광고를 낼 때 기업의 사회적 책임에 대한 약속을 강조하는 것만이 다양한 지원자들을 끌어들이는 유일한 방법은 아니다. 내가 안드레아스와 함께 수행했던 또 다른 현장실험[26]은 약 2,500명의 구직자를 대상으로 했다. 이 실험은 구직 광고문에서 급여 협상 가능성을 언급하는 것이 얼마나 중요한지, 특히 여성 지원자들에게 미치는 효과가 얼마나 큰지를 밝혀냈다.

우리 사회에는 추악한 진실이 존재한다.[27] 기업의 CEO가 되거나 정부 기관에서 가장 높은 지위에 도달하는 여성은 남성에 비해 훨씬 적다. 정규직 여성은 정규직 남성에 비해 급여를 약 80센트밖에 받지 못한다.[28] 또 미국 회사에서 가장 높은 임금을 받는 다섯 가지 직책에서 남성 대 여성의 비율은 94 대 6이다.[29] 이런 차이를 만들어내는 이유는 많다. 연구 결과에서 드러났듯 여성이 연봉 협상에 참여할 가능성이 매우 낮은 것도 그 이유 중 하나다. 남성이 연봉 제안을 협상할 가능성이 여성에 비해 여덟 배나 높다는 사실은 확실히 도움이 되지 않는다.[30]

우리가 했던 현장실험이 보여주었듯 관리자와 채용 담당자는 이런 추세를 뒤집을 수 있다. 그저 다음의 몇 가지 단계를 밟기만 하면 된다. 급여에 대해서 얼마든지 협상할 수 있다고 분명히 밝힌 채용 광고에 더 많은 여성이 지원했다. 이들은 남성만큼 열심히 혹은 그보다 더 열심히 협상할 용의가 있었다.[31] 반면 남성은 보상 관련 규정이 모호한 게시물에 더 끌리는 경향이 있었다. 아마도 이런 기업은 여성과 비교해서 불균형적으로 많은 보상을 받는 곳이기 때문일 것이다.

이보다 더 골치 아픈 사실은 생산성이 낮은 남성은 급여가 모호할 때 적극적으로 협상에 나서는 반면, 매우 높은 성과를 내는 여성은 협상을 자제하는 경향이 있다는 점이다! 정말 중요한 점은 연구 결과 이런 현상이 모든 유형의 직무 및 산업 전반에 걸쳐 똑같이 나타날 수 있다는 사실이다. 그러므로 급여 협상이 가능하다는 사실을 채용 광고에 꼭 명시해야 한다. 만약 급여 협상의 가능성을 믿지 않는 여성이 그 자리에 취업한다면 그녀는 남성 동료보다 낮은 급여를 받고 일을 시작할 가능성이 크다.

이런 상황에서 시작된 임금 격차는 그 뒤 몇 년 또는 몇십 년 동안 지속될 수 있다. 생각해보면 이 모든 것은 채용 광고에서 시작된다. 포괄적 채용을 통해서 다양성의 규모를 확장하려는 조직이라면 이런 여러 가지 양상을 인식한 다음, 그에 따라 인재 채용 노력을 맞춤형으로 조정해야 한다.

그럼에도 여성은 채용 과정에서 여전히 불평등에 시달려야 한다. 예를 들어 2021년 실시한 연구[32]는 비공식적인 최종 후보자 명단에서 남성이 압도적으로 많다는 사실을 확인했다. 이런 현상이 일어나는 이유를 연구자들은 이렇게 분석했다. "최종 후보자들은 인맥을 기반으로 하는 비공식적인 채용이라는 체계적 편향과 성 역할에 충실할 것 같은 사람을 선택하는 암묵적 편향에 이중적으로 시달린다."

이 문제에 대한 해결책은 없을까? 해결책은 최종 후보자 명단의 규모를 대폭 늘리는 것이다! 예를 들어서 세 명이던 최종 후보자의 수를 다섯 명으로 늘리면 된다. 이렇게 하면 최종 후보자 집단이 한층 더 다양해질 뿐만 아니라, 다양한 지원자들이 최종 채용의 기회를 얻을 가능성도 높아진다.

이 모든 것이 중요한 이유는 직원 채용은 신뢰할 수 있고 협력적이며 확장성이 높은 직장 문화를 구축하는 데 핵심적인 부분이기 때문이다. 그뿐만 아니라 규모 확장의 환경에서도 이런 문화를 지속할 수 있는 최고의 도구이기 때문이다. 어떤 조직이든 성장하면 할수록 더 많은 사람이 필요하다. 조직이 좋은 인재를 지속적으로 채용하지 않으면 규모 확장의 환경에서 높은 전압을 유지할 수 없다.

◆──── **사과의 기술과 과학**

자, 당신이 지금까지 모든 단계를 적절하게 잘 수행했다고 치자. 채용 광고와 직무 설명을 잘했고, 우수하면서도 다양성을 갖춘 직원들을 채용할 수 있도록 최종 선발자 명단도 개선했다. 그뿐 아니라 사람들에게 조직의 규범과 팀의 규범 그리고 신뢰와 협동의 가치관을 심어주었다. 이렇게 당신은 높은 전압과 확장성이 높은 문화를 가진 자기만의 '카부수 어촌'을 만들었다.

그러나 해결해야 할 문제는 여전히 남아 있다. 신뢰를 쌓는 방법에 대해서는 과학적으로 많은 것이 알려져 있다. 반면 신뢰 위반이 어떤 결과를 초래하는지는 상대적으로 덜 알려져 있다. 신뢰가 훼손되었을 때 당신이 구축한 문화가 깨지는 것을 막으려면 어떤 조치를 취해야 할까? 이 질문에 대한 가장 간단하면서도 분명한 대답은 '사과한다'이다.

'사과'라는 행동은 인류의 역사만큼이나 오래됐다. 사람이든 조직이든 간에 반드시 잘못하는 경우가 있다. 점점 더 많은 직원을 채용하고 더 많은 고객에게 서비스를 제공하며 더 많은 지역 집단을 상대해야 한다. 그렇게 함에 따라 선의를 갖고 있었음에도 뜻하지 않게 사람들을 화나게 만드는 온갖 경우의 수가 점점 더 많아진다. 그러나 모든 사과가 똑같지 않다. 내가 했던 연구 결과를 놓고 보면 용서를 구하는 방법에도 옳은 것이 있고 그른 것이 있다.

우버 삭제 운동이 한창이던 2017년 1월에 나는 시카고 집 앞에서 휴대폰으로 우버 택시를 불렀다. 도시의 반대편에서 열리는 경제학 콘퍼런스에서 기조연설을 하기로 되어 있었다. 한데 연설문을 조금 더 다듬어야 했기에 직접 자동차를 운전해서 가기보다는 택시를 타고 가기로 했다. 우버 택시는 금방 왔다. 나는 택시를 타고 곧바로 노트북을 열었다. 새로 만들어야 하는 슬라이드가 몇 개 있었기에 마음이 급했다.

　20분 뒤에 목적지에 도착했다. 시계를 보니 연설을 하기로 예정
된 시각이 거의 다 됐다. 나는 미시간호의 짙푸른 색깔을 배경으로
시카고의 크롬빛 스카이라인이 펼쳐져 있을 것을 기대하며 고개
를 들었다. 그런데 차창 밖으로 보이는 건, 우리 집이 아닌가! 운전
자는 그때까지 계속 운전을 했는데, 어떻게 된 영문인지 택시는 다
시 출발점으로 돌아와 있었다. 등줄기에 식은땀이 흐르는 걸 느꼈
다. 나는 운전자에게 어떻게 된 거냐고 물었다. 그는 우버 앱이 제
대로 된 경로를 알려주지 않아서 혼란스러웠지만 나를 방해하고
싶지 않아서 아무 말도 하지 않았다고 했다.

　나는 화가 머리끝까지 났지만, 그 순간 한층 더 시급한 문제는
콘퍼런스가 열리는 곳으로 가는 일이었다. 곧바로 출발한다고 하
더라도 내 기조연설은 30분이나 늦을 수밖에 없었다. 운전자는 다
시 출발했고 나는 일일이 경로를 알려주면서 목적지까지 갔다. 주
최측과 청중이 양해해준 덕분에 마음을 가다듬고 최선을 다해서
준비했던 연설을 했다. 그러나 우버의 실망스러운 모습에는 화를
삭일 수 없었다.

　그 일은 그렇게 끝났다. 적어도 그때는 그런 것 같았다. 나는 콘
퍼런스를 마치고 집으로 돌아올 때 우버가 아니라 리프트를 이용
했다! 그날 밤 나는 우버 운전자의 실수를 회사 차원에서 솔직하게
인정한다는 내용이 녹음된 우버의 사과를 기대했지만 그런 일은
일어나지 않았다. 나는 그 일로 여전히 화가 나 있는 상태였다.

적어도 몇 주 안에는 샌프란시스코에 있는 우버 본사를 방문할 계획이 없었기 때문에 그날 저녁 늦게 트래비스 캘러닉에게 전화를 걸어서 내게 일어났던 일을 설명했다. 이 일은 뜻하지 않게 어쩌다가 일어나는 실수였다. 하지만 만일 비슷한 실수가 대규모로 일어난다면 더 나아가 우버 승차공유 서비스에서 하나의 패턴으로 자리를 잡는다면 문제는 완전히 달라진다. 얼마나 많은 고객이 화를 낼 것인가. 나는 우버 때문에 중요한 약속에 늦었음에도 아무런 사과도 받지 못했다. 비슷한 일이 수만 명의 다른 우버 고객에게도 분명히 일어났을 터였다. 이렇게 되면 훨씬 더 많은 고객이 휴대폰에서 우버 앱을 삭제할 것이고, 이것은 우버가 가장 원치 않는 일이다.

트래비스는 내 말을 끝까지 듣더니 내가 직접 나서서 그 문제를 해결하는 게 어떠냐고 제안했다. 나는 차라리 그게 좋겠다 싶어 그러겠다고 했다. 다만 단서를 달았다.

"만약 우버의 앱이나 관행에 어떤 문제가 있는 것으로 드러난다면, 그에 대해 우버가 고객에게 사과하는 최선의 방법이 무엇인지 알아내기 위한 현장실험을 해보고 싶습니다."

그러면서 이 실험은 직원들에게 아이디어의 가치를 증명할 기회를 주고 만약 그 가치가 입증된다면 그 아이디어를 실행할 권한을 부여하는 진정한 능력주의가 실현되는 좋은 사례가 될 것이라고 말했다. 트래비스는 내 제안을 흔쾌히 받아들였다.

나와 우버노믹스 팀은 작업을 시작했다. 우리가 넘어야 할 첫 번째 장애물은 내가 경험했던 것처럼 만족스럽지 못한 승차공유 때문에 우버의 평판이나 수익이 실질적으로 손상되었는지 여부를 검증하는 것이었다. 물론 통제 집단과 실험 집단을 선정하는 식의 오래된 전통적 실험 방법으로는 이 문제에 접근할 수 없었다. 승차 공유는 운전자와 승객과 회사가 하나로 얽혀 있는 사업이고, 또 무작위로 선정한 몇몇 사람에게 나쁜 승차 경험을 일부러 제공할 수 없었기 때문이다.

우리는 데이터에서 통계상의 '일란성 쌍둥이'를 찾아 나섰다. 그 것은 일정 시점까지는 동일한 승차 경험을 갖지만 이후에 한 소비자는 나쁜 승차 경험을 하고 다른 소비자는 좋은 승차 경험을 한 두 소비자를 묶어서 부르는 말이다. 우버에서는 하루에 거의 1,500만 회의 승차공유가 이루어지기 때문에 실험 대상으로 삼을 통계적 쌍둥이는 꽤 많았다.

수백만 명의 승객을 대상으로 한 데이터 분석 결과, 나쁜 승차 경험이 매우 중요하다는 사실이 분명하게 드러났다. 우리는 한 번 나쁜 경험을 한 승객이 한 번 좋은 경험을 한 승객보다 다음 90일 동안 우버 플랫폼에서 5~10퍼센트 적게 소비한다는 사실을 발견했다. 이것은 매출액으로 따지면 수백만 달러가 줄어든다는 뜻이었다.

두 번째 장애물은 이런 손실을 막을 방법을 찾는 일이었다. 우버의 어마어마한 규모를 놓고 본다면 나쁜 승차 경험을 모두 없앤다는 것은 불가능했다. 그러나 나쁜 경험을 한 고객에게 따로 약간의 위안을 줄 수는 있다. 문제는 어떻게 그 위안을 줄 것인가 하는 부분이었다.

나는 또 다른 현장실험을 진행했다. 확인 과정을 거쳐서 나쁜 승차 경험을 한 것이 확인된 150만 명을 몇 개의 무작위 집단으로 나눈 후 각 집단에 제각기 다른 사과문을 보냈다. 어떤 집단에는 기본적인 사과문을 보냈고, 어떤 집단에는 우리의 책임을 인정하는 더 낮은 자세의 사과문을 보냈다. 그리고 어떤 집단에는 앞으로는 그런 일이 일어나지 않도록 노력하겠다는 의지를 담은 사과문을 보냈다. 또 어떤 집단에는 이런 사과문과 함께 다음번에 우버택시를 사용할 때 쓸 수 있는 5달러짜리 쿠폰을 보냈다. 물론 사과문을 보내지 않은 통제 집단도 따로 분류했다. 그리고 나서 우리는 그 사람들의 우버 택시 이용 상황을 추적했다.

데이터를 분석한 결과 우리가 얻은 첫 번째 교훈은 전달되는 방식에 따라서 동일한 내용의 사과도 그 효과가 달라진다는 점이었다. 다른 사람에게 "내가 한 짓에 대해서 미안하다."라고 말하는 사과와 "내가 한 짓에 대해서 그렇게 느꼈다니 미안하다."라고 말하는 사과를 받아본 사람이라면 그 차이를 알 것이다. 마찬가지로 자기 책임을 인정하는 사과문을 받은 승객들이 기본적인 사과문을 받은 승객보다 우버를 계속 이용할 가능성이 높다는 사실 역시 그다지 놀랍지 않다.

새롭게 발견한 두 번째 사실은 한층 더 흥미로웠다. 모든 유형의 사과에 있어서 돈이 말보다 효과가 컸다. 5달러 쿠폰이 금전적 가치가 크기 때문이 아니었다. 우버가 보여준 작은 물질적 희생과 결합한 후회의 행동이 고객들에게는 자신이 어렵게 확보할 가치가 있는 고객임을 입증하는 증거이기 때문이었다.[33]

세 번째 발견이 사실은 가장 도발적이다. 그것은 사과를 너무 많이 하면 역효과가 난다는 사실이었다. 짧은 기간에 세 번 이상 사과하는 것은 사과를 아예 하지 않는 것보다 나쁘다. 나쁜 승차 경험을 한 뒤에 받은 첫 번째 사과는 고객의 충성도를 일시적으로 회복할 수 있다. 동시에 이 사과는 미래에 고객에게 더 나은 결과를 보장하겠다는 약속이기도 하다. 그러므로 기업이 이런 기대를 충족시키지 못하면 그 평판은 사과가 전혀 없었을 때보다도 더 나빠진다.

사과는 전략적으로 사용되어야 한다. 이상적으로 생각하면 사과는 예상치 못한 그 나쁜 결과가 가까운 미래에는 반복되지 않을 것임을 확인한 뒤에만 사용되어야 한다. 사과를 할 것인지 말 것인지 혹은 사과를 어떻게 할지를 고민할 때는 반드시 매도자 위험부담Caveat venditor(상품 거래에서 거래 상품과 관련된 위험을 매도자가 부담하는 것-옮긴이) 원칙을 고려해야 한다.

이후에 우버는 사과 정책을 바꾸었다. 물론 이것이 우버를 괴롭히던 신뢰 문제를 말끔하게 해결할 수는 없었다. 그러나 적어도 나처럼 나쁜 승차 경험을 했던 승객들의 신뢰를 회복하는 데는 도움이 되기를 기대했다. 그런데 더 중요한 사실이 있다. 어떤 회사에서나 일어날 수 있는 확장성이 높은 실수를 처리하는 방법에 대한 일반화된 통찰을 확인했다는 점이다. 회사를 운영하는 사람이라면 제품이나 서비스를 제공하려는 사람들에게 실수를 용서해주기만 하면 거기에 대한 대가를 기꺼이 치를 수 있음을 보여줘야 한다. 그 대가란 말뿐 아니라 금전적인 것도 포함한다.

　회사에서 상처를 받은 직원에게 어떻게 사과하는 것이 가장 좋은지 내가 직접 실험을 통해서 확인한 적은 없다. 그러나 선물이나 보너스와 함께 사려 깊은 사과를 하는 것이 최고의 방법임은 누가 보더라도 당연하다.

＊＊＊

　이러한 통찰이 암시하는 내용은 단순하게 기업 혹은 일터에만 한정되지 않는다. 카부수와 산투이스테방의 어부들에게서 보았듯 문화의 규모를 확장하는 문제는 개인적인 차원의 성공과 실패가 좌우되는 것보다 훨씬 더 중요한 이해관계에 의해 좌우된다. 우리가 일터나 직장에서 만드는 문화는 우리의 존재를 규정하는 더 크고 중요한 행동들에 영향을 줄 수 있다. 어떤 조직에서 리더로 권력을 갖고 있든 그렇지 않든 누구나 문화가 신뢰와 협력을 향해 나아가게 만들 수 있다. 반대로 불신과 이기주의를 향해 나아가게 만들 수도 있다.

　연구 결과에 따르면 어떤 조직의 문화는 그 조직의 바깥에 있는 사람들의 태도와 선택에 결정적이고 중요한 영향을 미친다. 심지어 그 영향은 크고 작은 인간 사회를 형성하는 과정에도 미묘한 방식으로 작용한다. 직장이나 일터에서의 규범을 한층 더 넓은 대인관계 규범 및 사회적 규범으로 확장하는 것은 너무도 심오한 의미를 담고 있다. 나아가 이런 규범들이 경제 성장이나 민주주의의 수준과 상관성이 있음을 시사하는 증거도 있다.[34]

카부수와 산투이스테방이라는 두 어촌 어부들의 이야기를 통해 기업의 규모 확장은 필연적으로 가치관의 확장임을 알 수 있었다. 규모 확장 조건에서 당신이 가꾸는 문화는 직원이 어떤 선택을 하고 어떤 생활을 할 것인지뿐만 아니라 당신의 회사가 높은 전압을 성취하도록 돕는데도 영향을 미친다. 또 사회 전체에 녹아들어 얼굴도 모르고 결코 만나지도 않을 수많은 사람이 어떤 선택을 하고 또 어떤 생활을 할 것인지 유도하는 잠재력을 갖는다.

그것은 또한 올세인츠만에서 물고기를 잡는 데 도움이 될 수도 있다.

지속 가능한 규모 확장으로 나아가는
9가지 비밀

2020년 2월에 이 책을 쓰기 시작했다. 그때 나는 한 해 일정이 예정대로 정확하게 진행될 것이라고 생각했다. 한 달에 한 번씩 샌프란시스코에 있는 리프트를 방문하는 일, 곳곳에서 들어오는 강연 요청에 응하는 일, 시카고에서 열리는 여름 콘퍼런스에 참석하는 일, 가족과 함께하는 여행 등등. 그리고 굳이 말할 필요도 없는 커다란 사건 때문에 모든 일이 계획대로 진행되지 않았다. 이 책의 원고를 쓰기 위해서 자료를 모으고 정리하기 시작한 지 딱 한 달 만에 코로나19가 확산되며 전 세계가 멈춰 섰다. 그리고 우리가 살아왔던 삶이 예전과는 근본적으로 달라졌다.

1년이 지난 지금, 이 글을 쓰는 시점을 기준으로 아직도 우리는 역사적으로 가장 이상하고 파괴적인 시기를 통과하고 있다. 코로나 팬데믹이 온갖 고통과 어려움을 안겨준 것은 부인할 수 없다. 하지만 개인적으로는 이 책을 쓰기에 더할 나위 없이 좋은 시간이었다. 규모 확장의 중요성이 과거 어느 때보다도 뚜렷하게 드러났기 때문이다.

코로나19에 대한 전 세계의 집단적 대응은 의심할 여지 없이 인류 역사상 가장 큰 규모의 도전이었다. 대중에게 안전수칙을 알리는 일, 필수 노동자를 보호하기 위해 방역 마스크를 신속하게 공급하는 일, 병원이 인공호흡기 및 기타 의료기기를 충분하게 마련하는 일, 코로나19 바이러스 검사가 필요한 사람들이 빠르게 검사를 받을 수 있도록 하는 일, 백신을 생산하고 배포하는 일 등 수많은 일을 해야 한다. 이런 일들을 대규모로 진행하는 것은 유사 이래로 처음이었고, 그야말로 거대한 사업이었다.

어떤 것들은 규모 확장이 훌륭하게 잘 진행됐다. 적지 않은 성장통이 있었지만, 코로나19 검사를 위한 기반 시설과 메커니즘은 처음 몇 달 동안 꾸준하게 개선되어 여섯 달 뒤부터는 빠른 속도로 안정됐다. 병원들이 빠르게 역량을 확충한 결과 치료 효과도 높아졌다. 마스크 착용과 사회적 거리두기를 독려하는 메시지는 수십억 명에게 전달됐다. 개인, 지방정부와 연방정부를 지원하는 경기부양책이 의회를 통과했다. 무엇보다도 1년도 안 돼 새로운 바이러스에 매우 효과적인 백신들이 개발되고 출시된 것은 그야말로 과학이 이뤄낸 기적이었다.

반면에 다른 것들은 그다지 잘 확장되지 않았다. 미국에서는 확진자 및 접촉자 추적에 실패했다. 특정 장소에서의 특정 사람들에게는 통했지만, 그것만으로는 미국 전체에서 추적에 성공했다고 말할 수 없었다. 몇몇 코로나19 검사 장비는 신뢰성이 낮았다. 이런 장비들의 효과를 초기에 높이 평가했던 것은 긍정 오류의 결과였음이 드러났다.[1] 많은 사람이 2차 지원금을 받지 못했다. 2020년 세금 신고서를 제출한 다음에야 지원금을 받을 수 있었다. 한편 초기에 집행되었던 경기 부양 지원금 가운데 14억 달러는 죽은 사람들에게 잘못 보내졌다. 이것은 2조 2,000억 달러 규모의 연방정부 경기부양 자금에 대한 실질적인 한계손실이었다.[2]

무엇보다 실망스러웠던 점은 대규모로 이루어졌던 초기 백신 배포였다. 속도도 느렸고 양도 들쭉날쭉했다. 이런 일은 제한된 백신 보관용 냉동 용량의 문제, 공급량 부족의 문제, 타당성 및 가용성에 대한 메시지가 충분하지 않았던 문제, 백신 주사를 놓는 의료 인력 부족의 문제 등 여러 가지 문제 때문에 나타났다. 마찬가지로 소규모 지역에서 백신이 효과적으로 배포되었다는 사실이 백신의 성공적인 전국 배포를 보여주는 사건이 될 수는 없었다.

이로 인한 파급 효과도 적지 않았다. 파급 효과 이야기는 해도 해도 끝이 없다! 불안을 조장하고 정치적 분열을 심화시키는 마스크 착용 명령에서부터 저조한 경제 실적과 갑작스러운 과열을 피하려면 철저한 감시가 필요한 경제 문제에 이르기까지 여러 문제가 있었다. 이처럼 전혀 의도하지 않았던 결과들이 빚어낸 온갖 복잡한 양상들을 우리는 지금까지 보아왔고 또 앞으로도 여러 해 동안 느끼며 살아갈 것이다.

코로나19에 대한 대응의 규모 확장은 분명 전압 상승을 낳았다. 그러나 동시에 전압 강하의 분위기가 무르익고 있다. 많은 사람은 이런 문제들이 트럼프 전 대통령을 비롯한 전 세계의 리더들이 적절하게 대응하지 못한 결과라고 주장한다. 이런 주장에 나도 어느 정도는 동의한다. 그러나 팬데믹이 요구하는 양과 속도로 노력과 자원의 규모를 확장한다는 것은 결코 쉽지 않다. 더구나 미국의 약 3억 3,000만 명 인구와 전 세계 약 80억 명의 인구에 맞춰 규모를 확장해야 한다. 그것은 누가 책임을 지고 규모 확장 과정을 이끌든 간에 결국 전압 강하가 초래될 가능성이 높다.

여기에는 두 가지 중요한 교훈이 담겨 있다. 이 교훈들은 이미 앞에서 언급했지만 한번 더 언급할 가치가 충분하다. 첫째, 어떤 조직이나 기업이 어떤 약점을 갖고 있다면 규모 확장 과정에서 이 약점이 필연적으로 드러나는데 대개는 고통이 동반된다. 둘째, 확장성이 있는 아이디어와 해결책은 세계에서 가장 시급한 문제들을 해결할 가장 귀중한 자원이다.

레프 톨스토이의 소설 『안나 카레니나』는 "행복한 가정은 모두 비슷하지만, 불행한 가정은 모두 제각각의 이유로 불행하다."는 유명한 문장으로 시작한다. 작가 재러드 다이아몬드Jared Diamond는 이 발상을 바탕으로 해서 '안나 카레니나 원칙Anna Karenina principle'을 대중화했다. 이 원칙은 수많은 요소 가운데 단 하나의 요소가 부족하면 실패하고, 성공은 한 가지 요소에 의해서가 아니라 수많은 실패

요소를 피해야만 가능하다는 것이다.

궁극적으로 규모 확장은 가장 약한 고리와 관련된 문제다. 어떤 것에 아무리 많은 노력을 기울인다 하더라도 이 노력 전체의 강도는 그 노력 중 가장 약한 고리의 강도와 같을 수밖에 없다. 이런 원리는 생물 다양성에서부터 환경보존이나 이민 정책에 이르는 모든 것에 적용된다. 암호화, IT 인프라, 사이버 보안, 그리고 심지어 공항 보안 등 많은 네트워크도 이런 특성을 갖고 있다. 미식축구에서도 이런 일은 벌어진다. 다른 선수들의 실력이 아무리 좋다고 하더라도 단 한 명의 선수가 '구멍'이면 그 팀은 질 수밖에 없다.

안나 카레니나 원칙은 의심할 여지 없이 규모 확장에도 적용된다. 즉, 규모 확장에 성공한 아이디어는 모두 비슷하다. 하지만 규모 확장에 실패한 아이디어는 모두 제각각의 이유로 실패한다. 어떤 아이디어를 정직하게 평가하려면, 규모가 확장되기 이전 상태에서 그 아이디어가 가진 생명력을 판단해야 한다. 코로나19에 대한 대응은 이 원칙을 생생하게 보여준다. 규모 확장의 비결은 마법의 해결책이 하나도 없다는 점이다. 어떤 아이디어가 규모 확장에 실패할 수 있는 길은 여러 가지다. 높은 전압을 달성하려면 '규모 확장을 가로막는 다섯 가지 활력 신호'(긍정 오류, 과대평가, 잘못된 판단, 파급 효과, 비용의 함정)를 하나하나 점검해야 한다. 그중 하나만 잘못되어도 당신의 배는 침몰할 수 있다.

일단 이 다섯 가지 장애물을 모두 넘어서면, 확장된 규모에서 성공 가능성을 높이기 위해 더 많은 것을 할 수 있다. 올바른 인센티브 설계하기, 한계적 사고를 사용해 자원을 최대한 활용하기, 조직이 성장해도 조직을 유연하고 효과적으로 유지하기 등이 그런 것들이다. 시간의 기회비용을 기준으로 의사결정을 내릴 수도 있고, 비교우위 요소를 발견할 수도 있다. 최적 포기의 방법을 배워서 가능성이 없는 것을 당당하게 포기하고 새롭고 더 나은 아이디어로 갈아탈 수도 있다. 그리고 경쟁과 개인주의가 아닌 신뢰와 협력을 바탕으로 다양하고 역동적인 조직 문화를 만들 수도 있다.

지금까지 내가 간략히 설명한 여러 규칙이나 원칙을 보고 당신이 굳이 스티브 잡스나 일론 머스크나 제프 베이조스가 되지 않아도 된다는 깨우침을 얻었길 바란다. 특정 개인을 숭배하는 것이 오늘날의 풍조지만, 가장 순수한 형태의 규모 확장은 한 개인의 인성과는 아무런 관련이 없다. 물론 제각기 다른 성격적 특성들이 제각기 다른 상황에서 도움이 되긴 한다. 그럼에도 대부분의 경우 중요한 것은 '누구'가 아니라 '무엇'이다.

또 스타트업을 창업했거나 번듯한 조직을 이끄는 사람이 아니어도 상관없다. 누구라도 내가 이 책에서 설명한 교훈에서 얼마든지 이익을 얻을 수 있다는 걸 명심해야 한다. 당신이 영향력을 행사할 수 있는 콘도 운영업체의 이사든, 예술가나 작가든, 전업주부든 상관없다. 누구든 간에 이 책에서 살펴본 원리들과 원칙들은 한층 더 현명한 결정과 더 나은 결과를 안겨줄 수 있다.

모든 사람이 세계적인 회사를 일구거나 전국적인 운동을 조직하거나 자신의 아이디어로 혁신을 일으키기를 꿈꾸지는 않는다.

그렇다고 해도 문제가 되는 것은 아무것도 없다. 우리 집에서는 할아버지와 아버지와 형이 가족 사업으로 소규모 트럭 사업을 했고 지금도 하고 있다. 이들은 특정한 수준을 넘어서면서까지 규모를 확장하지 않았지만, 충분한 돈을 벌어 만족스런 생활을 하면서 자부심을 갖고 살아간다. 나 역시 할아버지와 아버지와 형을 자랑스럽게 여긴다.

어떤 프로그램이나 제품 또는 어떤 꿈이 특정한 영역에서 특정한 사람들에게만 작동하더라도 얼마든지 영향력을 행사할 수 있다. 규모 확장의 가능성이 있다 하더라도 당사자가 작은 규모에 머무르기를 원하면 그럴 수 있다. 거기에는 그럴 만한 정당한 이유가 있을 것이다. 국내적으로 또 국제적으로 엄청난 성공을 거둔다는 것이 어쩌면 당사자에게 스트레스가 될지도 모른다. 내 경우에는 확실히 그렇다. 당신은 자신에게 가장 적합한 정도의 규모를 결정하고, 이 책에서 제시하는 여러 가지 교훈을 적용해서 스스로 정한 목표를 달성하면 된다.

만약 당신이 정책을 결정하는 분야에서 일한다면 당신이 계획하는 정책들이나 프로그램들이 규모 확장 환경에서 어떻게 진행될 것인지, 또 진정으로 효과적인 정책이나 프로그램을 어떻게 하면 개발할 수 있을지 고민하는 데 이 책이 도움이 될 것이다. 나는 그러기를 기대한다. 예를 들어 교육에서의 계층별·집단별 격차를 해소하고 사회적 이동성을 개선하는 정책이나 프로그램들 말이다.

당파적인 정치, 영토주의와 내분, 자금 조성을 위한 개인주의적 경쟁 등은 객관적인 지표와 복제 가능한 과학적 데이터에 자리를 내주고 물러나야 한다. 우리가 정책이나 프로그램에 얼마나 큰 기대를 걸었는지 혹은 이미 그것을 연구하거나 개발하는 데 자원을 얼마나 많이 투입했는지는 중요하지 않다. 만약 데이터 분석 결과 그런 것들이 효과가 없다고 나온다면 어떻게 해야 할까? 그 정책이나 프로그램의 규모를 확장하겠다는 생각으로 귀중한 자원을 추가로 낭비해서는 안 된다. 이미 시작했다면 최대한 빨리 포기하라. 그리고 연구자들은 20년 전에 확립되었던 '증거를 기반으로 하는 정책 사고방식'은 비참할 정도로 시대에 뒤떨어진 것임을 알아야 한다. 지금 우리는 '정책을 기반으로 하는 증거'를 만들어야 한다. 그렇게 하지 않으면 기회비용이 너무 크다.

내가 시카고하이츠유아센터에서 우리 커리큘럼의 규모를 확장할 때 그랬던 것처럼 당신도 아이디어를 키워나가는 과정에서 실패와 좌절을 경험할 것이다. 그러나 과학적 엄격함을 놓치지 않는다면 우리는 비로소 자신이 저지른 실수에서 교훈을 얻을 수 있다. 또 유망해 보이지만 신기루일 뿐임이 판명된 프로그램들에 투자하는 대신 사람들의 삶을 실제로 바꿔줄 잠재력을 가진 프로그램의 규모를 확장하는 데 에너지를 쏟을 수 있다.

나아가 데이터를 지속적으로 학습하고 평가하고 분석해야 한다. 이렇게 할 때만 비로소 현재와 미래에 조직의 규모를 확장하는 것과 관련된 새로운 통찰을 얻을 수 있다. 사회 변화를 가로막는 장벽은 사회 그 자체만큼이나 다양하다. 하지만 이것들을 하나로 연결하는 보이지 않는 장벽은 규모 확장의 장벽이다. 즉, 앞에 놓여 있는 여러 가지 것들(운동, 프로그램, 프로젝트 등)을 평가해서 가장 많은 사람에게 영향을 미칠 것 하나를 선택해야 하는데 그것들을 제대로 평가하지 못하는 것이다.

이런 의미에서 보자면 영리를 추구하는 기업에서든 혹은 비영리기관에서든 간에 데이터 과학자들은 세계 최고의 미개발 자원이다. 내가 속한 전문 분야를 대놓고 선전하는 것을 용서하시라! 기업계와 학계 사이에 그리고 과학자와 정책 입안자 사이에 동반자 관계를 구축함으로써 우리는 사회의 발전과 수익 추구라는 두 마리 토끼를 모두 잡을 수 있다. 이는 우리 모두에게 이익이 될 것이다.

지난 2016년 만난 실리콘밸리는 내게 새로운 세상이었다. 그러나 이제 실리콘밸리는 내가 걷는 여러 개의 세상 가운데 하나다. 이 실리콘밸리는 기업계에서 세계 각국의 정부로, 그리고 다시 시카고의 교육으로까지 뻗어 있다. 매우 다양한 분야에서 일하며 배운 것이 있다. 그것은 세상을 의미 있게 바꿀 유일한 방법이 분명히 존재한다는 것이다. 그 방법은 바로 규모 확장이다.

— 감사의 글 —

이 책의 씨앗은 아주 오래전에 뿌려졌다. 부모님이 내게 호기심과 끈기를 가지라고 할 때였다. 내가 아직 단어의 발음도 정확하게 하지 못하던 그때는 '구글 검색'이란 건 없었다. 그저 '여러 번 시도해보고 효과가 있는지 확인해보는 것'이 있을 뿐이었다. 그래서 나는 그렇게 했다. 번번이 틀리고 효과가 없을 때도 부모님은 "네가 할 수 있는 한 최대한 깊게 파고들어서 올바른 해답을 찾아라."라는 말로 나를 격려하고 응원했다.

이 책에 담긴 내용은 내가 지난 수십 년 동안 해왔던 과학적인 연구 작업의 결과물이다. 전체 2부로 구성된 이 책의 1부는 최근에 오마르 알-우바이들리와 다나 서스킨드와 함께 연구한 작업을 토대로 했다. '규모 확장을 가로막는 다섯 가지 활력 신호'와 관련된 내용은 다음 여러 연구자와 함께했던 작업을 토대로 했다. 파테메흐 모메니, 이브 제노, 로버트 멧커프, 안야 사메크, 이민석, 대니엘 로레, 클레어 매케비치우스, 자카리아스 마니아디스, 파비오 투파노, 팻 유젠트, 찰스 베일리 그리고 지금은 고인이 된 토머스 마틴 등이 그들이다.

그리고 2부는 내가 다음의 여러 연구자와 함께했던 작업을 토대로 했다. 안드레아스 라이브랜트, 유리 그니지, 제프 플로리, 탄짐 호사인, 롤런드 프라이어, 샐리 새도프, 스티븐 레빗, 이안 뮤어, 바실 할페린, 벤저민 호, 그리어 고스넬, 세다 에르타치, 레스터 통, 카렌 예, 켄타로 아사이, 하워드 누스바움, 알리 호르타츠, 어윈 불테, 댄 반 조이스트, 대니얼 론도, 아만다 추안, 알렉 브랜던, 크리스토퍼 클랩, 마이클 프라이스, 알렉스 이마스, 알렉산더 카펠렌, 베르틸 툰고덴, 양 쉬, 제프리 리빙스턴, 샹동 추, 어니스트 페어, 케네스 레너드, 브렌트 히크먼, 대니얼 헤드블럼, 마이클 헤이, 존 알레비, 수전 네커만, 채드 사이버슨, 토바 러빈, 에이미 캠다 등이 그들이다.

그리고 오랜 세월 내게 가르침을 주셨던 스승님들과 내가 가르친 학생들 그리고 내 동료들이 없었더라면, 또 시카고대학교와 리프트와 우버노믹스 팀이 없었더라면 이 책은 세상에 나오지 못했다. 고마운 마음을 전할 이름이 너무 많지만 다이애나 스미스는 꼭 언급하고 싶다. 내 인생의 스승인 셸비 저킹과 아르 드쥬 두 사람도 마찬가지다. 이들과 함께 작업할 수 있었던 것은 내게 큰 기쁨이고 특권이었다.

내가 그랬던 것처럼 다른 사람들도 이 책을 통해 이들이 가진 지혜의 혜택을 누리면 좋겠다. 케네스 그리핀과 앤 디아스는 내게 충실한 친구였을 뿐만 아니라 온 마음과 지갑을 열어서 이 책에서 소개하는 교육 관련 연구 작업을 지원했다. 그리핀 인큐베이터 Griffin Incubator는 이 책에서 다루는 여러 주제를 발전시킬 수 있었던 핵심 자원이었다.

출판 대행자인 제임스 레빈은 이 책의 가능성을 처음부터 알아봐줬다. 그리고 원고 집필부터 출간에 이르는 모든 과정에서 이 책의 품질을 높이려고 애를 썼다. 작가인 애런 슐먼은 처음에 원고 집필 작업에 도움을 받고 싶어서 만났지만, 지금은 속 깊은 이야기를 나누는 친구가 됐다. 그는 내게 독자들이 쉽게 읽을 수 있는 글쓰기를 가르쳐주었고, 내 '경제학'을 해부해서 규모 확장 성공으로 나아가는 핵심 비밀들을 상세히 풀어주었다. 또 필요한 경우에는 내 서툰 문장을 매끄럽게 다듬어주었다. 그리고 정말 중요한 사실이 있다. 정말 필요할 때는 글쓰기를 강제로 이끌다시피 했다는 점이다. 초기 원고를 지금과 같은 상태로 완성하는 과정에서 그는 내게 훌륭한 협력자였다. 이보다 더 훌륭한 협력자는 없을 것이다.

펭귄랜덤하우스의 편집장인 탈리아 크론과 함께 작업한 경험도 내게는 꿈처럼 멋진 일이었다. 통찰력 넘치고 인내심이 강하며 똑똑하고 호기심이 많고 공감할 줄 아는 그녀는 작업을 함께 하는 처음 순간부터 마지막 순간까지 이 책을 지켜냈다. 그녀의 예리한 지적과 권고는 이 책의 품격을 높여주었다. 함께 일할 수 있어서 고마웠던 마음은 영원히 지워지지 않을 것이다. 곧 다시 그녀와 작업할 수 있기를 기대한다.

이 책이 세상에 나오기까지 도움을 주었던 사람들을 생각하면 가슴이 뭉클해지며 고마운 마음이 든다. 스티븐 더브너는 내가 아는 사람들 가운데 가장 바쁜 사람이다. 하지만 그는 내가 보낸 이메일에 늘 빠르게 답장을 보내주었으며, 이 책의 뼈대에 대해서 초기에 중요한 의견을 보태주었다. 리프트의 로건 그린과 우버의 트래비스 캘러닉은 나를 믿고 내게 최고경제책임자 자리를 맡겼다. 그리고 이 두 회사의 많은 동료는 내 훌륭한 동반자였다. 그 사람들이 없었다면 이 책은 지금의 모습으로 독자를 만나지 못했을 것이다. 특히 이안 뮤어는 부지런한 일손과 흔들리지 않는 정신으로 우버의 우버노믹스 팀과 리프트의 경제학부를 이끌었다. 글렌 허버드와 미국 경제자문위원회는 내가 백악관에서 일할 수 있도록 길을 마련해주었다. 그리고 제이슨 쇼그렌과 그레그 맨큐는 내가 백악관에서 일하는 동안 소중한 지혜를 나눠주었다. 그 덕분에 나는 깊이 있는 정책적 관점과 일반적인 사항들을 배우고 또 챙길 수 있었다.

세상을 조금이라도 더 낫게 바꾸고 싶어 하는 동료들과 함께 일할 수 있다는 것은 정말 행운이다. 특히 영리기업과 비영리기관 그리고 정부에 몸담고 있던 수많은 사람이 정말 '중요하고 커다란' 질문들에 대한 해답을 얻을 수 있도록 도움을 주었다. 이런 지원이 없었다면 내가 이 책에서 말하는 많은 것들은 아예 가능하지 않았을 것이다. 시카고하이츠 학군 출신인 토마스 아마디오에게 특히 고맙다는 인사를 전하고 싶다. 그는 내가 가능할 것이라고는 상상도 못했던 탐구의 영역을 열어젖혔다. 제프리 라크만, 네이선 더스트, 제레미 하버, 그리고 시카고 화이트삭스의 다른 여러 동료는 프로스포츠의 세계에서 무엇이 진정한 규모 확장인지 깨닫게 해주었다. 부모님(조이스와 어거스트)과 아내의 부모님(레슬리와 로버트), 여덟 명의 아이들, 나의 누이와 형제(돈과 오기), 그리고 또 가족으로 맺어진 모든 사람(누구인지 본인은 알 것이다!)은 내가 선택한 규모 확장의 모험을 끈기 있게 지켜보았다. 그리고 무언가 잘 풀리지 않을 때는 용감하게 지적해주었다. 이 사람들이 없었다면 이 책은 지금의 모습으로 존재할 수 없었을 것이다.

마지막으로 내 인생의 동반자이자 규모 확장의 동반자인 다나 서스킨드는 규모 확장을 처음으로 다루었던 연구 작업을 시작으로 수많은 연구 작업을 나와 공동으로 진행했다. 또 이 책이 마지막 결승선을 통과하도록 도움을 주었고 영감과 사랑과 지혜를 내게 베풀었다. 내 인생은 다나가 없다면 아무것도 아니다.

^서_문 세상을 변화시키는 유일한 방법은 규모 확장이다

1 Uri Gneezy, Kenneth L. Leonard, and John A. List, "Gender Differences in Competition: Evidence from a Matrilineal and a Patriarchal Society," *Econometrica* 77, no. 5 (2009): 1637–1664.

2 Amee Kamdar, Steven D. Levitt, John A. List, Brian Mullaney, and Chad Syverson, "Once and Done: Leveraging Behavioral Economics to Increase Charitable Contributions," working paper, Science of Philanthropy Initiative, 2015, https://spihub.org/site/resource_files/publications/spi_wp_025_list.pdf.

3 Roland G. Fryer Jr., Steven D. Levitt, John List, and Sally Sadoff, "Enhancing the Efficacy of Teacher Incentives Through Loss Aversion: A Field Experiment," NBER Working Paper, 2012.

4 Omar Al-Ubaydli, Min Sok Lee, John A. List, Claire L. Mackevicius, and Dana Suskind, "How Can Experiments Play a Greater Role in Public Policy? Twelve Proposals from an Economic Model of Scaling," *Behavioural Public Policy* 5, no. 1 (2020): 2–49, doi:10.1017/bpp.2020.17.

5   Amy M. Kilbourne, Mary S. Neumann, Harold A. Pincus, Mark S. Bauer, and Ronald Stall, "Implementing Evidence-Based Interventions in Health Care: Application of the Replicating Effective Programs Framework," *Implementation Science* 2, no. 42 (2007).

6   "How to Solve U.S. Social Problems When Most Rigorous Program Evaluations Find Disappointing Effects (Part One in a Series)," Straight Talk on Evidence, March 21, 2018, https://www.straighttalkonevidence.org/2018/03/21/how-to-solve-u-s-social-problems-when-most-rigorous-program-evaluations-find-disappointing-effects-part-one-in-a-series/.

7   Anjani Chandra, Casey E. Copen, and Elizabeth Hervey Stephen, "Infertility and Impaired Fecundity in the United States, 1982–2010: Data from the National Survey of Family Growth," National Health Statistics Report No. 67, U.S. Centers for Disease Control, 2013, https://www.cdc.gov/nchs/data/nhsr/nhsr067.pdf.

1 긍정 오류 · 좋은 아이디어라는 거짓된 믿음

1   2007 D.A.R.E. Annual Report, https://web.archive.org/web/ 20090320022158/http://www.dare.com/home/documents/DAREAmericaAnnual07.pdf.

2   Steven L. West and Keri K. O'Neal, "Project D.A.R.E. Outcome Effectiveness Revisited," *American Journal of Public Health* 94 (2004): 1027–1029.

3   Earl Wysong, Richard Aniskiewicz, and David Wright, "Truth and DARE: Tracking Drug Education to Graduation and as Symbolic Politics," *Social Problems* 41 (1994): 448–472.

4   Erwin A. Blackstone, Andrew J. Buck, and Simon Hakim, "Evaluation of Alternative Policies to Combat False Emergency Calls," *Evaluation and Program Planning* 28, no. 2 (2005): 233–242.

5   M. J. Manos, K. Y. Kameoka, and J. H. Tanji, "Project Evaluation of Honolulu Police Department's Drug Abuse Resistance Education," program/project description, University of Hawaii at Manoa, 1986, https://www.ojp.gov/ncjrs/virtual-library/abstracts/evaluation-honolulu-police-departments-drug-abuse-

resistance.

6   William DeJong, "A Short-Term Evaluation of Project Dare (Drug Abuse Resistance Education): Preliminary Indications of Effectiveness," *Journal of Drug Education* 17, no. 4 (1987): 279–294, doi:10.2190/N2JC-9DXB-BLFD-41EA.

7   Susan T. Ennet, Nancy S. Tobler, Christopher L. Ringwalt, and Robert L. Flewelling, "How Effective Is Drug Abuse Resistance Education? A Meta-Analysis of Project DARE Outcome Evaluations," *American Journal of Public Health* 84, no. 9 (1994): 1394–1401.

8   T. DeGroot and D. S. Kiker, "A Meta-analysis of the Non-monetary Effects of Employee Health Management Programs," *Human Resources Management* 42 (2003): 53–69.

9   Richard Langworth, *Churchill by Himself: The Definitive Collection of Quotations* (New York: PublicAffairs, 2011), 573.

10 Amos Tversky and Daniel Kahneman, "Judgment Under Uncertainty: Heuristics and Biases," *Science* 185, no. 4157 (1974): 1124–1131, doi:10.1126/science.185.4157.1124.

11 E. Jonas, S. Schulz-Hardt, D. Frey, and N. Thelen, "Confirmation Bias in Sequential Information Search After Preliminary Decisions: An Expansion of Dissonance Theoretical Research on Selective Exposure to Information," *Journal of Personality and Social Psychology* 80, no. 4 (2001): 557–571; P. C. Wason, "On the Failure to Eliminate Hypotheses in a Conceptual Task," *Quarterly Journal of Experimental Psychology* 12, no. 3 (1960): 129–140; P. C. Wason, "Reasoning About a Rule," *Quarterly Journal of Experimental Psychology* 20 (1968): 273–281; R. E. Kleck and J. Wheaton, "Dogmatism and Responses to Opinion-Consistent and Opinion-Inconsistent Information," *Journal of Personality and Social Psychology* 5, no. 2 (1967): 249–252.

12 Daniel Kahneman and Amos Tversky, "Subjective Probability: A Judgment of Representativeness," *Cognitive Psychology* 3, no. 3 (1972): 430–454; Tversky and Kahneman, "Judgment Under Uncertainty"; Ariely, *Predictably Irrational*; Thomas Gilovich, Dale Griffin, and Daniel Kahneman, *Heuristics and Biases: The Psychology of Intuitive Judgment* (New York: Cambridge University Press,

2002).

13 Solomon E. Asch, "Effects of Group Pressure upon the Modification and Distortion of Judgments," in *Groups, Leadership and Men: Research in Human Relations*, edited by Mary Henle (Berkeley: University of California Press, 1961).

14 Lawrence Cohen and Henry Rothschild, "The Bandwagons of Medicine," *Perspectives in Biology and Medicine* 22, no. 4 (1979): 531–538, doi:10.1353/pbm.1979.0037.

15 M. A. Makary and M. Daniel, "Medical Error—the Third Leading Cause of Death in the US," *BMJ* 353 (2016): i2139, doi:10.1136/bmj.i2139.

16 Janette Kettmann Klingner, Sharon Vaughn, and Jeanne Shay Schumm, "Collaborative Strategic Reading During Social Studies in Heterogeneous Fourth-Grade Classrooms," *Elementary School Journal* 99, no. 1 (1998).

17 John Hitchcock, Joseph Dimino, Anja Kurki, Chuck Wilkins, and Russell Gersten, "The Impact of Collaborative Strategic Reading on the Reading Comprehension of Grade 5 Students in Linguistically Diverse Schools," U.S. Department of Education, 2011, https://files.eric.ed.gov/fulltext/ED517770.pdf.

18 Open Science Collaboration, "Estimating the Reproducibility of Psychological Science," *Science* 349, no. 6251 (2015), doi:10.1126/science.aac4716.

19 Aner Tal and Brian Wansink, "Fattening Fasting: Hungry Grocery Shoppers Buy More Calories, Not More Food," *JAMA Internal Medicine* 173, no. 12 (2013): 1146–1148, doi:10.1001/jamainternmed.2013.650.

20 Brian Wansink and Matthew M. Cheney, "Super Bowls: Serving Bowl Size and Food Consumption," *JAMA* 293, no. 14 (2005): 1727–1728, doi:10.1001/jama.293.14.1727.

21 Brian Wansink and Collin R. Payne, "The Joy of Cooking Too Much: 70 Years of Calorie Increases in Classic Recipes," *Annals of Internal Medicine* 150, no. 4 (2009).

22 Retraction Watch, http://retractiondatabase.org/, accessed May 11, 2021.

23 "JAMA Network Retracts 6 Articles," September 19, 2018, https://media.jamanetwork.com/news-item/jama-network-retracts-6-articles-that-included-dr-brian-wansink-as-author/.

24 Michael I. Kotlikoff, "Cornell University Statements," September 20, 2018, https://statements.cornell.edu/2018/20180920-statement-provost-michael-kotlikoff.cfm.

25 J. List, C. Bailey, P. Euzent, and T. Martin, "Academic Economists Behaving Badly? A Survey on Three Areas of Unethical Behavior," *Economic Inquiry* 39 (2001): 162–170.

26 Taylor Dunn, Victoria Thompson, and Rebecca Jarvis, "Theranos Whistleblowers Filed Complaints out of Fear of Patients' Health," ABC News, March 13, 2019, https://abcnews.go.com/Business/theranos-whistleblowers-filed-complaints-fear-patients-health-started/story?id=61030212.

2 과대평가 · 당신의 고객을 잘못 선정하는 실수

1 W. Arthur Lewis, "The Two-Part Tariff," *Economica* 8, no. 31 (1941): 249–270, doi:10.2307/2549332.

2 Dean Takahashi, "Ashley Madison 'Married Dating' Site Grew to 70 Million Users in 2020," Venture Beat, February 25, 2021, https://venturebeat.com/consumer/ashley-madison-married-dating-site-grew-to-70-million-users-in-2020/.

3 Tabitha Jean Naylor, "McDonald's Arch Deluxe and Its Fall from Grace," Yahoo, August 13, 2014, https://finance.yahoo.com/news/mcdonalds-arch-deluxe-fall-grace-190417958.html.

4 Abhijit Banerjee, Sharon Barnhardt, and Esther Duflo, "Can Iron-Fortified Salt Control Anemia? Evidence from Two Experiments in Rural Bihar," *Journal of Development Economics* 133 (2018): 127–146.

5 David L. Olds, Peggy L. Hill, Ruth O'Brien, David Racine, and Pat Moritz, "Taking Preventive Intervention to Scale: The Nurse-Family Partnership," *Cognitive and Behavioral Practice* 10, no. 4 (2003): 278–290.

6 Hunt Allcott, "Site Selection Bias in Program Evaluation," *Quarterly Journal of Economics* 130, no. 3 (2015): 1117–1165.

7 John A. List, Fatemeh Momeni, and Yves Zenou, "Are Measures of Early Education Programs Too Pessimistic? Evidence from a Large-Scale Field

Experiment," working paper, 2019, http://conference.iza.org/conference_files/ behavioral_2019/momeni_f28001.pdf.

8 Uri Gneezy, Andreas Leibbrandt, and John A. List, "Ode to the Sea: Workplace Organizations and Norms of Cooperation," *Economic Journal* 126, no. 595 (2016): 1856–1883.

9 John A. List, "Does Market Experience Eliminate Market Anomalies," *Quarterly Journal of Economics* 118, no. 1 (2003): 41–71.

10 John A. List, "The Nature and Extent of Discrimination in the Marketplace: Evidence from the Field," *Quarterly Journal of Economics* 119, no. 1 (2004): 49–89.

11 Joseph Henrich, Steven J. Heine, and Ara Norenzayan, "Most People Are Not WEIRD," *Nature* 466, no. 29 (2010).

12 Uri Gneezy, Kenneth L. Leonard, and John A. List, "Gender Differences in Competition: Evidence from a Matrilineal and a Patriarchal Society," *Econometrica* 77, no. 5 (2009): 1637–1664.

13 Gopuff, "About Us," https://gopuff.com/go/about-us, accessed May 11, 2021.

14 Cory Weinberg and Amir Efrati, "SoftBank's Secret $750 Million Investment in GoPuff," The Information, January 17, 2020, https://www.theinformation.com/ articles/softbanks-secret-750-million-investment-in-gopuff.

15 Sarah Whitten, "Taco Bell's Nacho Fries Are the Most Successful Launch in the Chain's History," CNBC, March 13, 2018, https://www.cnbc.com/2018/03/13/ taco-bells-nacho-fries-are–the-most-successful-launch-in-the-chains-history.html; Jordan Valinsky, "Taco Bell Is Bringing Back Nacho Fries After Trimming Its Menu," CNN, December 16, 2020, https://www.cnn.com/2020/12/16/business/ taco-bell-nacho-fries-menu/index.html.

16 Daniel Rondeau and John A. List, "Matching and Challenge Gifts to Charity: Evidence from Laboratory and Natural Field Experiments," *Experimental Economics* 11 (2008): 253–267.

3 잘못된 판단 · 성공 요인에 대한 오해

1 Matthew Norman, "Restaurant Review: Jamie's Italian," The Guardian, July 25, 2008, https://www.theguardian.com/lifeandstyle/2008/jul/26/restaurants.review.

2 이 이야기는 다음의 다양한 출처를 종합한 것이다. Jamie Oliver Group, "News," 2020, https://www.jamieolivergroup.com/news/jamie-oliver-group-launches-new-international-dining-concept/; Sean Farrell, "Not So Fresh: Why Jamie Oliver's Restaurants Lost Their Bite," The Guardian, February 17, 2018, https://www.theguardian.com/lifeandstyle/2018/feb/16/not-so-fresh-why-jamie-oliver-restaurants-lost-their-bite.

3 Matt Goulding, "The End of El Bulli?," Wall Street Journal, January 27, 2010, https://www.wsj.com/articles/SB10001424052748704094304575029580782188308.

4 Debra Kelly, "The Real Reason Jamie Oliver's Restaurant Empire Is Collapsing," Mashed, May 22, 2019, https://www.mashed.com/153506/the-real-reason-jamie-olivers-restaurant-empire-is-collapsing/.

5 Marina O'Loughlin and Camillo Benso, "The Food Isn't Actively Bad, Just Defiantly Mediocre," Sunday Times, December 16, 2018.

6 Amie Tsang, "Jamie Oliver's U.K. Restaurants Declare Bankruptcy," New York Times, May 21, 2019, https://www.nytimes.com/2019/05/21/business/jamie-oliver-uk-restaurants-bankruptcy-administration.html.

7 Steven Levitt, John List, Robert Metcalfe, and Sally Sadoff, "Engaging Parents in Parent Engagement Programs," Society for Research on Educational Effectiveness, 2016, https://eric.ed.gov/?id=ED567211.

8 U.S. Administration for Children and Families, "Early Head Start Turns 25 in 2020," February 6, 2020, https://eclkc.ohs.acf.hhs.gov/video/early-head-start-turns-25-2020; U.S. Administration for Children and Families, "The Origins of Early Head Start," February 7, 2020, https://eclkc.ohs.acf.hhs.gov/video/origins-early-head-start.

9 Lori A. Roggman, Gina A. Cook, Mark S. Innocenti, Vonda Jump Norman, Lisa K. Boyce, Katie Christiansen, and Carla A. Peterson, "Home Visit Quality

Variations in Two Early Head Start Programs in Relation to Parenting and Child Vocabulary Outcomes," *Infant Mental Health Journal* 37 (2016): 193–207.

10 Lori A. Roggman, Gina A. Cook, Carla A. Peterson, and Helen H. Raikes, "Who Drops Out of Early Head Start Home Visiting Programs?," *Early Education and Development* 19, no. 4 (2008): 574–599, doi:10.1080/10409280701681870.

11 Paul Midler, "'Quality Fade': China's Great Business Challenge," Wharton School, July 25, 2007, https://knowledge.wharton.upenn.edu/article/quality-fade-chinas-great-business-challenge/.

12 AARP, "2019 AARP Annual Report," 2019, https://www.aarp.org/content/dam/aarp/about_aarp/annual_reports/2019/2018-aarp-form-990-public-disclosure.pdf.

13 Alec Brandon, Christopher Clapp, John A. List, Robert Metcalfe, and Michael Price, "Smart Tech, Dumb Humans: The Perils of Scaling Household Technologies," 2021, https://cclapp.github.io/ChrisClapp.org/Files/Manuscripts/Brandon,%20Clapp,%20List,%20Metcalfe%20&%20Price%20-%20Smart%20Tech,%20Dumb%20Humans-The%20Perils%20of%20Scaling%20Household%20Technologies.pdf.

4 파급 효과 · 의도치 않은 결과가 일으키는 파장

1 Sam Peltzman, "The Effects of Automobile Safety Regulation," *Journal of Political Economy* 83, no. 4 (1975).

2 Lei Kang, Akshay Vij, Alan Hubbard, and David Shaw, "The Unintended Impact of Helmet Use on Bicyclists' Risk-Taking Behaviors," 2018, https://www.unisa.edu.au/siteassets/episerver-6-files/global/business/centres/i4c/docs/kang-et-al-2018.pdf; Ian Walker and Dorothy Robinson, "Bicycle Helmet Wearing Is Associated with Closer Overtaking by Drivers: A Response to Olivier and Walter, 2013," 2018, PsyArXiv, doi:10.31234/osf.io/nxw2k.

3 Adam T. Pope and Robert D. Tollison, "'Rubbin' Is Racin'": Evidence of the Peltzman Effect from NASCAR," *Public Choice* 142 (2010): 507–513.

4 Scott D. Sagan, "The Problem of Redundancy Problem: Why More Nuclear Security Forces May Produce Less Nuclear Security," *Risk Analysis* 24, no. 4 (2004): 935–946, doi:10.1111/j.0272-4332.2004.00495.x.

5 Jonathan V. Hall, John J. Horton, and Daniel T. Knoepfle, "Pricing in Designed Markets: The Case of Ride-Sharing," 2021, https://john-joseph-horton.com/papers/uber_price.pdf.

6 Dennis Egger, Johannes Haushofer, Edward Miguel, Paul Niehaus, and Michael W. Walker, "General Equilibrium Effects of Cash Transfers: Experimental Evidence from Kenya," NBER Working Paper, 2019, doi:10.3386/w26600.

7 Zoë Cullen and Ricardo Perez-Truglia, "How Much Does Your Boss Make? The Effects of Salary Comparisons," NBER Working Paper, 2021, doi:10.3386/w24841.

8 Bruce Sacerdote, "Peer Effects in Education: How Might They Work, How Big Are They and How Much Do We Know Thus Far?," in *Handbook of the Economics of Education*, vol. 3, edited by Eric A. Hanushek, Stephen Machin, and Ludger Woessmann, 249–277 (Amsterdam: Elsevier, 2011).

9 John A. List, Fatemeh Momeni, and Yves Zenou, "The Social Side of Early Human Capital Formation: Using a Field Experiment to Estimate the Causal Impact of Neighborhoods," NBER Working Paper, 2020, doi:10.3386/w28283.

10 Amanda Chuan, John List, and Anya Samek, "Do Financial Incentives Aimed at Decreasing Interhousehold Inequality Increase Intrahousehold Inequality?," *Journal of Public Economics* 196 (2021): 104382.

5 비용의 함정 · 규모의 경제가 실현될 수 없는 조건

1 이 이야기는 다음의 다양한 출처를 종합한 것이다. Jeffrey Bland, "Arivale Is Gone but Not Forgotten: What Did We Learn?," *Medium*, May 21, 2019, https://medium.com/@jeffreyblandphd/arivale-is-gone-but-not-forgotten-what-did-we-learn-6c37142f5f80; Paul Roberts, "Closure of High-Tech Medical Firm Arivale Stuns Patients," *Seattle Times*, April 26, 2019, https://www.seattletimes.com/

business/technology/closure-of-high-tech-medical-firm-arivale-stuns-patients-i-feel-as-if-one-of-my-arms-was-cut-off/; Todd Bishop and James Thorne, "Why Arivale Failed: Inside the Surprise Closure of an Ambitious 'Scientific Wellness' Startup," GeekWire, April 26, 2019, https://www.geekwire.com/2019/arivale-shut-doors-inside-surprise-closure-ambitious-scientific-wellness-startup/.

2 Niha Zubair, Matthew P. Conomos, Leroy Hood, Gilbert S. Omenn, Nathan D. Price, Bonnie J. Spring, Andrew T. Magis, and Jennifer C. Lovejoy, "Genetic Predisposition Impacts Clinical Changes in a Lifestyle Coaching Program," *Scientific Reports* 9 (2019): art. no. 6805.

3 Arivale website, http://www.arivale.com, accessed 2021.

4 Rachel Lerman, "Lee Hood's Arivale Raises $36M to Personalize Your Health Care," *Seattle Times*, July 13, 2015, https://www.seattletimes.com/business/technology/lee-hoods-arivale-raises-36m-to-personalize-your-health-care/.

5 Jim Picariello, "My Company Grew Too Fast—and Went Out of Business," CBS News, August 11, 2012, https://www.cbsnews.com/news/my-company-grew-too-fast-and-went-out-of-business/.

6 스페이스엑스의 공식적인 동영상은 유튜브에 지금은 존재하지 않는다. 그러나 다음에서 그 동영상을 볼 수 있다. "SpaceX Falcon Heavy STP-2 Launch and Booster Landing—FULL VIDEO," YouTube, posted by NASASpaceflight, June 27, 2019, https://youtu.be/f6GfeT_MIO0.

7 Matthew C. Weinzierl, Kylie Lucas, and Mehak Sarang, "SpaceX, Economies of Scale, and a Revolution in Space Access," Harvard Business School Case 720-027, April 2020 (revised June 2020).

8 Lauro S. Halstead, "A Brief History of Postpolio Syndrome in the United States," *Archives of Physical Medicine and Rehabilitation* 92, no. 8 (2011): P1344–1349.

9 Christopher Jepsen and Steven Rivkin, "Class Size Reduction and Student Achievement: The Potential Tradeoff Between Teacher Quality and Class Size," *Journal of Human Resources* 44, no. 1 (2009): 223–250, doi:10.3368/jhr.44.1.223.

10. Ernst Zermelo, *Über eine Anwendung der Mengenlehre auf die Theorie des Schachspiels* (Berlin: Springer, 1913).

6 인센티브 · 신속한 이익을 창출하는 동기부여의 기술

1 '땅에 떨어진 지갑(dropped wallet)' 실험은 다양하게 많으며, 현장에서 이루어지기도 했고(M. D. West, *Law in Everyday Japan: Sex, Sumo, Suicide, and Statutes* [Chicago: University of Chicago Press, 2005]), 실험실에서 이루어지기도 했다 (Martin Dufwenberg and Uri Gneezy, "Measuring Beliefs in an Experimental Lost Wallet Game," *Games and Economic Behavior* 30, no. 2 [2000]: 163–182).

2 Mike Isaac, "What You Need to Know About #DeleteUber," *New York Times*, January 31, 2017, https://www.nytimes.com/2017/01/31/business/delete-uber.html.

3 Ofer H. Azar, "The Economics of Tipping," *Journal of Economic Perspectives* 34, no. 2 (2020): 215–236, doi:10.1257/jep.34.2.215.

4 Greer K. Gosnell, John A. List, and Robert Metcalfe, "A New Approach to an Age-Old Problem: Solving Externalities by Incenting Workers Directly," NBER Working Paper, 2016, https://www.nber.org/system/files/working_papers/w22316/w22316.pdf.

5 Steven D. Levitt and John A. List, "Was There Really a Hawthorne Effect at the Hawthorne Plant? An Analysis of the Original Illumination Experiments," *American Economic Journal: Applied Economics* 3, no. 1 (2011): 224–238, doi:10.1257/app.3.1.224.

6 Daniel Kahneman, Jack L. Knetsch, and Richard H. Thaler, "Experimental Tests of the Endowment Effect and the Coase Theorem," *Journal of Political Economy* 98, no. 6 (1990).

7 Ziv Carmon and Dan Ariely, "Focusing on the Forgone: How Value Can Appear So Different to Buyers and Sellers," *Journal of Consumer Research* 27, no. 3 (2149): 360–370.

8 Tanjim Hossain and John A. List, "The Behavioralist Visits the Factory: Increasing Productivity Using Simple Framing Manipulations," *Management Science* 58, no. 12 (2012).

9 Erwin Bulte, John A. List, and Daan van Soest, "Toward an Understanding of the Welfare Effects of Nudges: Evidence from a Field Experiment in the

Workplace," *Economic Journal* 130, no. 632 (2020): 2329–2353.

10 John A. List, "Does Market Experience Eliminate Market Anomalies?," *Quarterly Journal of Economics* 118, no. 1 (2003): 41–71.

11 Lester C. P. Tong, Karen J. Ye, Kentaro Asai, Seda Ertac, John A. List, Howard C. Nusbaum, and Ali Hortaçsu, "Trading Modulates Anterior Insula to Reduce Endowment Effect," *Proceedings of the National Academy of Sciences* 113, no. 33 (2016): 9238–9243, doi:10.1073/pnas.1519853113.

12 Alex Imas, Sally Sadoff, and Anya Samek, "Do People Anticipate Loss Aversion?," *Management Science* 63, no. 5 (2016).

13 Roland G. Fryer Jr., Steven D. Levitt, John List, and Sally Sadoff, "Enhancing the Efficacy of Teacher Incentives Through Loss Aversion: A Field Experiment," NBER Working Paper, 2012, doi:10.3386/w18237.

14 Illinois State Board of Education, "2009–2010 School Year: Illinois State Report Card Data," https://www.isbe.net/pages/illinois-state-report-card-data.aspx.

15 Fryer et al., 2021. "Enhancing the Efficacy of Teacher Incentives Through Framing."

16 Steven D. Levitt, John A. List, Susanne Neckermann, and Sally Sadoff, "The Behavioralist Goes to School: Leveraging Behavioral Economics to Improve Educational Performance," *American Economic Journal: Economic Policy* 8, no. 4 (2016), doi:10.1257/pol.20130358.

17 다음 네 가지 연구논문이 그렇다. Levitt et al., "The Behavioralist Goes to School"; Alexander W. Cappelen, John A. List, Anya Samek, and Bertil Tungodden, "The Effect of Early Education on Social Preferences," NBER Working Paper, 2016, doi:10.3386/w22898; Uri Gneezy, John List, Jeff Livingston, Xiangdong Qin, Sally Sadoff, and Yang Xu, "Measuring Student Success: The Role of Effort on the Test Itself," *American Economic Review: Insights* (forthcoming); Steven D. Levitt, John A. List, and Sally Sadoff, "The Effect of Performance-Based Incentives on Educational Achievement: Evidence from a Randomized Experiment," NBER Working Paper, 2016, doi:10.3386/w22107.

7 한계혁명 · 놓치기 쉬운 기회를 포착하는 법

1   Stephen Breyer, *Breaking the Vicious Circle: Toward Effective Risk Regulation* (Cambridge, MA: Harvard University Press, 1993).

2   비용편익분석의 간략한 역사는 다음에서 볼 수 있다. David Pearce, "Cost Benefit Analysis and Environmental Policy," Oxford Review of Economic Policy 14, no. 4 (1998): 84–100.

3   William Niskanen, *Bureaucracy and Representative Government* (New York: Aldine-Atherton, 1971).

8 포기의 타이밍 · 시의적절하게 포기할 줄 아는 판단력

1   Shane Frederick, Nathan Novemsky, Jing Wang, Ravi Dhar, and Stephen Nowlis, "Opportunity Cost Neglect," *Journal of Consumer Research* 36 (2009): 553–561, doi:10.1086/599764.

2   T. D. Wilson, T. Wheatley, J. M. Meyers, D. T. Gilbert, and D. Axsom, "Focalism: A Source of Durability Bias in Affective Forecasting," *Journal of Personality and Social Psychology* 78, no. 5 (2000): 821–836.

3   Emil Persson and Gustav Tinghög, "Opportunity Cost Neglect in Public Policy," *Journal of Economic Behavior and Organization* 170 (2020): 301–312.

4   P. Legrenzi, V. Girotto, and P. N. Johnson-Laird, "Focussing in Reasoning and Decision Making," *Cognition* 49, nos. 1–2 (1993): 37–66.

5   Shane Frederick, Nathan Novemsky, Jing Wang, Ravi Dhar, and Stephen Nowlis, "Neglect of Opportunity Costs in Consumer Choice," 2006, https://www.researchgate.net/publication/228800348_Neglect_of_Opportunity_Costs_in_Consumer_Choice.

6   X Company, https://x.company/.

7   Eric "Astro" Teller, "The Unexpected Benefit of Celebrating Failure," TED2016, February 2016, https://www.ted.com/talks/astro_teller_the_unexpected_benefit_of_celebrating_failure.

8   Brian Stelter, "Netflix, in Reversal, Will Keep Its Services Together," *New York Times*, October 10, 2011, https://mediadecoder.blogs.nytimes.com/2011/10/10/netflix-abandons-plan-to-rent-dvds-on-qwikster/.

9   Angela Lee Duckworth and Patrick D. Quinn, "Development and Validation of the Short Grit Scale (Grit–S)," *Journal of Personality Assessment* 91 (2009): 166–174.

10 다음에서 이 논문의 전문을 무료로 읽을 수 있다. https://www.gutenberg.org/files/33310/33310-h/33310-h.htm.

11 Claire Cain Miller, "Why Twitter's C.E.O. Demoted Himself," *New York Times*, October 30, 2010, https://www.nytimes.com/2010/10/31/technology/31ev.html.

12 Conner Forrest, "How the 'PayPal Mafia' Redefined Success in Silicon Valley," Tech Republic, June 30, 2014, https://www.techrepublic.com/article/how-the-paypal-mafia-redefined-success-in-silicon-valley/.

13 "Would You Let a Coin Toss Decide Your Future?," *Freakonomics Radio* podcast, episode 112, January 31, 2013, https://freakonomics.com/2013/01/31/would-you-let-a-coin-toss-decide-your-future-full-transcript/.

14 Reid Hoffman, June Cohen, and Deron Triff, *Masters of Scale* (New York: Currency, 2021), 179.

9 문화의 규모 확장성 · 확장된 규모를 유지시키는 조직 문화

1   Uri Gneezy, Andreas Leibbrandt, and John A. List, "Ode to the Sea: Workplace Organizations and Norms of Cooperation," *Economic Journal* 126, no. 595 (2016): 1856–1883.

2   Ernst Fehr and John A. List, "The Hidden Costs and Returns of Incentives—Trust and Trustworthiness Among CEOs," Journal of the European Economic Association 2, no. 5 (2004): 743–771.

3   Jonathan E. Alevy, Michael S. Haigh, and John A. List, "Information Cascades: Evidence from a Field Experiment with Financial Market Professionals," *Journal of Finance* 62, no. 1 (2007).

4 Uri Gneezy, Kenneth L. Leonard, and John A. List, "Gender Differences in Competition: Evidence from a Matrilineal and a Patriarchal Society," *Econometrica* 77, no. 5 (2009): 1637–1664.

5 Susan J. Fowler, "Reflecting on One Very, Very Strange Year at Uber," February 19, 2017, https://www.susanjfowler.com/blog/2017/2/19/reflecting-on-one-very-strange-year-at-uber.

6 "A Note on Our Lawsuit Against Otto and Uber," Waymo website, February 23, 2017, https://blog.waymo.com/2019/08/a-note-on-our-lawsuit-against-otto-and.html.

7 Eric Newcomer, "In Video, Uber CEO Argues with Driver over Falling Fares," Bloomberg, February 28, 2017, https://www.bloomberg.com/news/articles/2017-02-28/in-video-uber-ceo-argues-with-driver-over-falling-fares.

8 Mike Isaac, "How Uber Deceives the Authorities Worldwide," *New York Times*, March 3, 2017, https://www.nytimes.com/2017/03/03/technology/uber-greyball-program-evade-authorities.html.

9 Federico Cingano and Paolo Pinotti, "Trust, Firm Organization, and the Pattern of Comparative Advantage," *Journal of International Economics* 100 (2016): 1–13.

10 Rafael La Porta, Florencio Lopez de Silanes, Andrei Shleifer, and Robert W. Vishny, "Trust in Large Organizations," *American Economic Review* 87, no. 2 (1997): 333–338, https://www.jstor.org/stable/2950941.

11 Mike Isaac, "Uber Fires Executive over Handling of Rape Investigation in India," *New York Times*, June 7, 2017, https://www.nytimes.com/2017/06/07/technology/uber-fires-executive.html.

12 Xueming Luo, Rebecca J. Slotegraaf, and Xing Pan, "Cross-Functional 'Coopetition': The Simultaneous Role of Cooperation and Competition Within Firms," *Journal of Marketing*, April 1, 2006.

13 Josef Adalian, "Inside the Binge Factory," *Vulture*, June 2018, https://www.vulture.com/2018/06/how-netflix-swallowed-tv-industry.html; Patty McCord, "How Netflix Reinvented HR," *Harvard Business Review*, January 2014, https://hbr.org/2014/01/how-netflix-reinvented-hr.

14 Maria Konnikova, "What if Your Company Had No Rules?," *Freakonomics Radio* podcast, September 12, 2020, https://freakonomics.com/podcast/book-club-hastings/.

15 다음에서 확인하라. http://sodi.org/.

16 John E. Sawyer, Melissa A. Houlette, and Erin L. Yeagley, "Decision Performance and Diversity Structure: Comparing Faultlines in Convergent, Crosscut, and Racially Homogeneous Groups," *Organizational Behavior and Human Decision Processes* 99, no. 1 (2006): 1–15.

17 Lu Hong and Scott E. Page, "Groups of Diverse Problem Solvers Can Outperform Groups of High-Ability Problem Solvers," *Proceedings of the National Academy of Sciences* 101, no. 46 (2004): 16385–16389, doi:10.1073/pnas.0403723101.

18 Paul A. Gompers and Sophie Q. Wang, "And the Children Shall Lead: Gender Diversity and Performance in Venture Capital," NBER Working Paper, 2017, doi:10.3386/w23454.

19 Gompers and Wang, "And the Children Shall Lead."

20 Andreas Leibbrandt and John A. List, "Do Equal Employment Opportunity Statements Backfire? Evidence from a Natural Field Experiment on Job-Entry Decisions," NBER Working Paper, 2018, doi:10.3386/w25035.

21 Marianne Bertrand and Sendhil Mullainathan, "Are Emily and Greg More Employable than Lakisha and Jamal? A Field Experiment on Labor Market Discrimination," *American Economic Review* 94, no. 4 (2004): 991–1013, https://www.jstor.org/stable/3592802; Sonia K. Kang, Katherine A. DeCelles, András Tilcsik, and Sora Jun, "Whitened Résumés: Race and Self-Presentation in the Labor Market," *Administrative Science Quarterly* 61, no. 3 (2016): 469–502.

22 예를 들어 이 책의 출판사 펭귄랜덤하우스의 인종 다양성은 다음에서 확인할 수 있다. https://www.penguinrandomhouse.com/about-us/our-people/.

23 Daniel Hedblom, Brent R. Hickman, and John A. List, "Toward an Understanding of Corporate Social Responsibility: Theory and Field Experimental Evidence," NBER Working Paper, 2019, doi:10.3386/w26222.

24 Hedblom, Hickman, and List, "Toward an Understanding of Corporate Social

Responsibility."

25 John A. List and Fatemeh Momeni, "When Corporate Social Responsibility Backfires: Theory and Evidence from a Natural Field Experiment," NBER Working Paper, 2017, doi:10.3386/w24169.

26 Andreas Leibbrandt and John A. List, "Do Women Avoid Salary Negotiations? Evidence from a Large Scale Natural Field Experiment," NBER Working Paper, 2012, doi:10.3386/w18511.

27 여성이 과소 대표되는 리더십의 다양한 영역은 다음에서 간략하게 확인할 수 있다. Judith Warner, Nora Ellmann, and Diana Boesch, "The Women's Leadership Gap," Center for American Progress, November 20, 2018, https://www.americanprogress.org/issues/women/reports/2018/11/20/461273/womens-leadership-gap-2/.

28 Francine D. Blau and Lawrence M. Kahn, "The Gender Wage Gap: Extent, Trends, and Explanations," *Journal of Economic Literature* 55, no. 3 (2017): 789–865, doi:10.1257/jel.20160995.

29 David A. Matsa and Amalia R. Miller, "Chipping Away at the Glass Ceiling: Gender Spillovers in Corporate Leadership," *American Economic Review* 101, no. 3 (2011): 635–639, doi:10.1257/aer.101.3.635.

30 예를 들어서 다음을 참조하라. Linda Babcock and Sara Laschever, *Women Don't Ask: Negotiation and the Gender Divide* (Princeton: Princeton University Press, 2009); L. Babcock, M. Gelfand, D. Small, and H. Stayn, "Gender Differences in the Propensity to Initiate Negotiations," in *Social Psychology and Economics*, edited by D. De Cremer, M. Zeelenberg, and J. K. Murnighan, 239–259 (Mahwah, NJ: Lawrence Erlbaum Associates, 2006); Deborah Small, Michele Gelfand, Linda Babcock, and Hilary Gettman, "Who Goes to the Bargaining Table? The Influence of Gender and Framing on the Initiation of Negotiation," *Journal of Personality and Social Psychology* 93, no. 4 (2007): 600–613, doi:10.1037/0022-3514.93.4.600; K. G. Kugler, J. A. M. Reif, T. Kaschner, and F. C. Brodbeck, "Gender Differences in the Initiation of Negotiations: A Meta-analysis," *Psychological Bulletin* 144, no. 2 (2018): 198–222.

31 Leibbrandt and List, "Do Women Avoid Salary Negotiations?"

32 Brian J. Lucas, Laura M. Giurge, Zachariah Berry, and Dolly Chugh, "Research: To Reduce Gender Bias in Hiring, Make Your Shortlist Longer," *Harvard Business Review*, February 2021, https://hbr.org/2021/02/research-to-reduce-gender-bias-in-hiring-make-your-shortlist-longer.

33 Basil Halperin, Benjamin Ho, John A. List, and Ian Muir, "Toward an Understanding of the Economics of Apologies: Evidence from a Large-Scale Natural Field Experiment," NBER Working Paper, 2019, doi:10.3386/w25676.

34 Stephen Knack and Philip Keefer, "Does Social Capital Have an Economic Payoff? A Cross-Country Investigation," *Quarterly Journal of Economics* 112, no. 4 (1997): 1251–1288; La Porta et al., "Trust in Large Organizations."

결론 지속 가능한 규모 확장으로 나아가는 9가지 비밀

1 Nadia Drake, "Why Unreliable Tests Are Flooding the Coronavirus Conversation," *National Geographic*, May 6, 2020, https://www.nationalgeographic.com/science/article/why-unreliable-tests-are-flooding-the-coronavirus-conversation-cvd.

2 Greg Iacurci, "IRS Sends Coronavirus Stimulus Checks to Dead People," CNBC, April 17, 2020, https://www.cnbc.com/2020/04/17/irs-sends-coronavirus-stimulus-checks-to-dead-people.html.

옮긴이 **이경식**

서울대학교 경영학과와 경희대학교 대학원 국문학과를 졸업했다. 옮긴 책으로 『넛지: 파이널 에디션』, 『무엇이 옳은가』, 『싱크 어게인』, 『두 번째 산』, 『댄 애리얼리 부의 감각』, 『플랫폼 제국의 미래』 등 다수가 있다. 저서로는 에세이집 『치맥과 양아치』, 『1960년생 이경식』, 소설 『상인의 전쟁』 등이 있다.

스케일의 법칙

작은 아이디어를 빅 비즈니스로 만드는 5가지 절대 법칙

초판 1쇄 발행 2022년 12월 1일
초판 3쇄 발행 2024년 1월 29일

지은이 존 리스트 **옮긴이** 이경식

발행인 이봉주 **단행본사업본부장** 신동해
편집장 조한나 **책임편집** 김동화
교정·교열 최서윤 **디자인** 프롬디자인
마케팅 최혜진 백미숙 **홍보** 반여진 허지호 정지연 송임선
국제업무 김은정 김지민 **제작** 정석훈

브랜드 리더스북 **주소** 경기도 파주시 회동길 20
문의전화 031-956-7355(편집) 031-956-7129(마케팅)
홈페이지 www.wjbooks.co.kr
인스타그램 www.instagram.com/woongjin_readers
페이스북 www.facebook.com/woongjinreaders
블로그 blog.naver.com/wj_booking

발행처 ㈜웅진씽크빅
출판신고 1980년 3월 29일 제406-2007-000046호

한국어판 출판권 ⓒ ㈜웅진씽크빅, 2022
ISBN 978-89-01-26643-5 03320